Barbara Ostyn

Die steinerne Rose

BARBARA OSTYN (Pseudonym) wurde 1925 in einer südostgalizischen Kleinstadt als Tochter eines polnischen Ehepaares geboren, ihre Mutter stammte aus einer jüdischen Familie. Der Zweite Weltkrieg beendete gewaltsam Barbaras Kindheit und damit ihre Schulausbildung. Im Mai 1942 geriet sie auf der Suche nach Arbeit in einen Fremdarbeitertransport, der sie nach Nürnberg führte. Hier blieb sie bis Juni 1943, als sie sich entschloss, aus Angst vor Entdeckung ihrer wahren Identität die Stadt illegal zu verlassen. Seit der Rückkehr nach Polen lebte sie bis zum Abzug der Deutschen in ständiger Angst vor Enttarnung und Verhaftung. Nach Kriegsende legte sie die mittlere Reife ab. Später arbeitete sie als Stenotypistin und in einer katholischen Verlagsbuchhandlung. Seit ihrer Emigration aus Polen in den siebziger Jahren lebt sie zurückgezogen in einem westeuropäischen Land.

WOLFGANG BENZ, Prof. Dr., ist Leiter des Zentrums für Antisemitismusforschung an der Technischen Universität Berlin; veröffentlichte zuletzt u. a.: Geschichtsmythen. Legenden über den Nationalsozialismus, Berlin 2003 (Hrsg.); Überleben im Dritten Reich. Juden im Untergrund und ihre Helfer, München 2003 (Hrsg.).

MICHAEL DIEFENBACHER, Dr., ist Leiter des Stadtarchivs Nürnberg; Vorsitzender der Arbeitsgemeinschaft bayerischer Kommunalarchive; Stellvertretender Vorsitzender des Vereins für Geschichte der Stadt Nürnberg und Wahlmitglied der Gesellschaft für fränkische Geschichte; Herausgeber mehrerer stadtgeschichtlicher Publikationsreihen des Stadtarchivs Nürnberg und des Vereins für Geschichte der Stadt Nürnberg.

GERHARD JOCHEM, Archivar, arbeitet beim Stadtarchiv Nürnberg mit den Forschungsschwerpunkten jüdische Geschichte und NS-Zeit.

Barbara Ostyn

Die steinerne Rose

Erinnerungen einer polnischen Fremdarbeiterin
in Deutschland 1942–1943

Herausgegeben von

Wolfgang Benz und Michael Diefenbacher

Mit Beiträgen von Wolfgang Benz und Gerhard Jochem

METROPOL

Ostyn, Barbara :
Die steinerne Rose : Erinnerungen einer polnischen Fremdarbeiterin in
Deutschland 1942–1943 / Barbara Ostyn. Herausgegeben von
Wolfgang Benz und Michael Diefenbacher
Mit Beiträgen von Wolfgang Benz und Gerhard Jochem
Berlin : Metropol, 2003

ISBN 3-936411-34-4

Umschlagbild:
Die steinerne Rose: Rosette über dem Westportal
der Lorenzkirche, um 1935
(Quelle: Stadtarchiv Nürnberg)

© 2003 Stadt Nürnberg, Stadtarchiv & Metropol Verlag
Kurfürstenstr. 135, D–10785 Berlin
www.metropol-verlag.de
Alle Rechte vorbehalten
Druck: Triggeragent oHG, Berlin

Inhalt

Vorwort 9

WOLFGANG BENZ
Zwangsarbeit im nationalsozialistischen Staat
Dimensionen – Strukturen – Perspektiven 11

GERHARD JOCHEM
Der Einsatz ausländischer Arbeitskräfte
während des Zweiten Weltkriegs
am Beispiel der Stadtverwaltung Nürnberg 39

BARBARA OSTYN
Die steinerne Rose
Erinnerungen einer polnischen Fremdarbeiterin
in Deutschland 1942–1943 79

    Einführung 81
    Woher wir kamen 82
    Zwei Welten 85
    Der Krieg, erster Teil 90
    Der erste Deutsche 93
    Lenka 95
    Pana Tosia 96
    Meine einsame Mama 99
    Zweiter Kriegswinter 100
    Lwow 105
    Bella giovinezza 110

Kleines Städtchen, noch kleineres Dorf	114
Wie ein Paradies	125
Der kleine Bahnhof	129
Sammellager Przemysl	136
Jozia oder Krista	141
Die schöne Reise	143
Etwas mitgebracht	151
Der Arzt und seine Gruppe	155
Das Siegel	157
Die schöne Stadt	161
Eisenwerk Tafel	169
Erster Besuch	175
Noch einmal Langwasser	181
Ein großer Betrieb	184
Blond sein (Juni 1942)	194
Deutsch oder Deitsch	196
Was Luther gesagt hat	198
Das Erntefest (28./29. August 1942)	200
Lager Regensburgerstraße	206
Verschwunden	217
Lager Witschelstraße (November 1942–Juni 1943)	218
Die russische Ärztin	223
Ein Frauenlager	224
Die Lagerführung	225
Die verlorene Zeit	226
Die geschenkte Zeit	229
Ein Foto	230
Rudi	232
Der Herr Pastor kommt (November 1942)	234
Weihnachten 1942	237
Eine Schneemanngeschichte (Winter 1942/43)	241
Vertrauen	242
Einige Worte über Traute	244
Die Lebensschule	247
Traute und die Politik	249

Halali (Juli 1942)	249
Die schöne Polin	250
Die Innensohle (November 1942)	251
Der Idiot (nicht von Dostojewski)	252
Einmal im Zug	253
Eine Weihnachtsfeier (Dezember 1942)	256
Fräulein Frieda und der liebe Gott (Winter 1942/43)	259
Schreibmaschinenkurs	263
Siebels Arie	265
Der singende Sklave	269
Ein Konzert	271
Eine vornehme Dame (Frühjahr 1943)	272
Die Nächte	276
Im Feuer (8./9. März 1943)	277
Der Weinbrand	282
Wider das Blut	283
Frosia (März 1943)	289
Ostern = Paska (April 1943)	293
Eine Niederlage	295
Die Stadt Streichers	298
Erste Vorwarnung	299
Über Rudi, nach Jahren	301
Ein Jahr ist vorbei	302
Zweite Vorwarnung	303
Letzte Vorwarnung	306
Amici Italiani	307
Arrivederci	313
Die Oper (25. Juni 1943)	314
Vollalarm	317
Der Reisesack	318
Abbildungen	321

Vorwort

Betrachtet man die Entstehungsgeschichte des Manuskriptes *Die steinerne Rose*, so drängt sich immer wieder – je nach Sichtweise – das Motiv des Zufalls oder der Fügung auf. Da geriet zunächst vor mehr als 60 Jahren eine junge Polin im von der Wehrmacht besetzten Ostgalizien unversehens in einen Transport, der Arbeitskräfte in das Deutsche Reich bringen sollte. Durch Herkunft und Persönlichkeit war sie mit einer besonders feinen Sensibilität für die Vorgänge in ihrer in Krieg und Terror aus allen Fugen geratenen Umwelt ausgestattet und verfügte zudem über ein stupendes Talent für Sprachen. Dies prädestinierte sie nach dem glücklichen Überleben des von den braunen Machthabern und ihren größenwahnsinnigen Gehilfen entfesselten Brandes wie kaum eine andere zur Berichterstatterin der Ereignisse in ihrer zerrissenen Heimat und jener fremden deutschen Stadt, in die man sie verschleppt hatte.

Ebenso wenig vorherzusehen war es, dass es viele Jahre später bei einem Besuch in Nürnberg zu einer Begegnung mit Menschen kommen würde, denen es gelang, sie als Autorin eines Textes über diese dramatische Phase ihres Lebens zu gewinnen. Deren und unser Glücksfall wurde ihre Lust am Umgang mit der deutschen Sprache, ihr hervorragendes Gedächtnis und ihr unermüdlicher Fleiß, die aus dem Werk mehr werden ließen als einen bloßen Zeitzeugenbericht. In Barbara Ostyns *Die steinerne Rose* werden zwei längst untergegangene Welten wieder lebendig, das vor Vitalität, aber auch Konflikten vibrierende Grenzland Galizien wie das mittelalterlich-verwinkelte Nürnberg vor seiner Zerstörung. Ihr Werk bietet einen Einblick in die alltägliche Realität von Herrschaftssystemen aus der Perspektive eines jungen Mädchens, dessen Bewusstsein ständiger Bedrohung seine Sinne geschärft hatte. Zugleich zeigt es die Auswirkungen auf das Verhalten der Menschen, die sich in den Umwälzungen der Zeit mal als Herren und Meister über andere wähnten, um kurz darauf selbst über ihre Hybris zu stürzen.

Uns blieb nur noch die Aufgabe, der Veröffentlichung eine Form zu geben und sie durch wissenschaftliche Texte ergänzen zu lassen, die den Kontext der laufenden Forschung über die Zwangsarbeit im NS-Staat und ihre Folgen auf übergreifender und lokaler Ebene herstellen.

Die Realisierung dieses Vorhabens ermöglichten schließlich das Stadtarchiv Nürnberg durch seine Finanzierung, der Metropol Verlag, dem wir in Person von Herrn Friedrich Veitl (Berlin) danken möchten, sowie Herr Gerhard Jochem (Nürnberg), der den freundschaftlichen Kontakt mit der Autorin pflegte und einen Textbeitrag beisteuerte. In erster Linie gilt unser Dank aber natürlich der Autorin, deren Wunsch, angesichts der noch immer spannungsreichen Thematik zum Schutz ihrer Privatsphäre anonym zu bleiben, wir zu akzeptieren haben. Wir betrachten ihr Buch als ein Geschenk, das hoffentlich dazu beitragen wird, das Phänomen des „Ausländereinsatzes" und die Erinnerung an die hiervon betroffenen Menschen als Bestandteil der jüngeren deutschen Geschichte im Gedächtnis seiner Leserschaft zu verankern.

Wolfgang Benz, Michael Diefenbacher

Wolfgang Benz

Zwangsarbeit im nationalsozialistischen Staat
Dimensionen – Strukturen – Perspektiven

Zwangsarbeit im nationalsozialistischen Deutschen Reich hatte viele Facetten. Je nach Herkunft, nach Einsatzort und Zeitpunkt war das Schicksal der „Fremdarbeiterin" oder des „Fremdarbeiters" erträglicher oder elender. Verpflichtete Niederländer mit einem Arbeitsvertrag hatten größere Freiheiten und waren weniger diskriminiert als Tschechen oder Polen. Italiener galten, solange das Deutsche Reich und der faschistische Staat Mussolinis verbündet waren, als Angehörige einer befreundeten Nation, ab 1943 nannte man sie Badoglioten und fand sie nur noch faul und aufsässig. Belgier oder Franzosen hatten, wenn sie z. B. in der Landwirtschaft oder in einem Handwerks- oder Gewerbebetrieb bei vernünftigen und menschlichen deutschen Arbeitgebern Dienst als Fremdarbeiter taten, eher freundliche Erinnerungen als Ukrainerinnen, die in einem Großbetrieb schufteten und im Barackenlager hungern und frieren mussten.

Erheblichen Unterschied machte es auch, ob man als Kriegsgefangener eingesetzt oder als Widerstandskämpfer gegen die deutsche Besatzungsherrschaft im KZ zum Arbeiten gezwungen wurde, ob man als Jude im „geschlossenen Arbeitseinsatz" in Rüstungsprojekten verwendet wurde oder als Angehöriger einer „artverwandten" Nation als Fachkraft mit gefragten Fertigkeiten ein Minimum an Lebensqualität zugebilligt erhielt.

Die Geschichte der Zwangsarbeit im NS-Staat beginnt 1933 in den Konzentrationslagern und 1938 mit dem „geschlossenen Arbeitseinsatz" von Juden.[1] Es waren Deutsche, die mit den Nürnberger Gesetzen 1935 zu

---

[1] Wolf Gruner, Der geschlossene Arbeitseinsatz deutscher Juden. Zur Zwangsarbeit als Element der Verfolgung 1938–1943, Berlin 1997.

Fremden minderen Rechts gemacht worden waren. Ende 1938 wurden (im Zusammenhang mit der radikalen Ausgrenzung der Juden aus der deutschen Gesellschaft nach der „Reichskristallnacht") die sozialunterstützten, ab 1940 dann alle deutschen Juden von den Arbeitsämtern zwangsweise bei Rüstungs- und Bauprojekten öffentlicher und privater Arbeitgeber eingesetzt. 1941 waren 50 000 jüdische Zwangsarbeiter in Kolonnen, d. h. isoliert von Nichtjuden, beschäftigt. Der „geschlossene Arbeitseinsatz" als letzte Station vor der Deportation war – wie die Arbeit der KZ-Häftlinge – ebenso Verfolgungsmaßnahme wie Arbeitspolitik. Ab Herbst 1939 wurde dies in den besetzten Gebieten extensiv praktiziert. In Polen wurde der Arbeitszwang für Juden am 26. Oktober 1939 dekretiert und in Ghettos und Arbeitslagern unter Regie der SS und der Reichsarbeitsverwaltung vollzogen.

Die Erinnerung an erzwungene Arbeit im nationalsozialistischen Deutschland hat, je nach damaliger Position, ganz unterschiedliche Perspektiven. Im Rückblick war der ukrainische Fremdarbeiter, der im Krieg einen deutschen Hof aufrechterhalten hatte, „der Iwan" mit Familienanschluss, dem es gut gegangen war und der sich vor nichts so gefürchtet hatte wie vor der Repatriierung in die Sowjetunion. Möglicherweise sah Iwan seinen Aufenthalt in Deutschland ähnlich, sicherlich war aber die Erinnerung der Mehrzahl der Zwangsarbeiter von Gefühlen der Demütigung, anhaltenden Hungers und herrischer Behandlung bestimmt.

Für Sergej Owraschko etwa, einen 16-jährigen Juden aus der Ukraine, wurde Zwangsarbeit zum Auftakt einer Odyssee, die ihn schließlich durch die Konzentrationslager Buchenwald, Riga und Sachsenhausen führte, weil er aus dem Zwangsarbeitslager Plauen hatte fliehen wollen. Es begann mit seiner Rekrutierung: „Im Frühjahr 1942, es war am 28. Mai, kommt unser ukrainischer Polizist zu uns ins Haus und nimmt mich mit. Ich saß gerade am Tisch, aß und hatte gerade aufgegessen; irgendwohin nach Deutschland. Die Deutschen hatten den Befehl gegeben, aus dem Dorf 65 Personen auszuwählen, junge Menschen, und sie zur Arbeit nach Deutschland zu schicken. Wir wurden zur Eisenbahnstation gebracht. Das war 28 km entfernt. Wir gingen einen ganzen Tag. Ich hatte noch nie eine Lok gesehen [...]. Wir wurden in Waggons verladen und nach Kiew gebracht. In Kiew war ein Arbeitsamt [...]. Dort fand eine ärztliche Untersuchung statt. Diejenigen, die krank waren oder irgendetwas hatten, wurden aussortiert und die anderen wurden in Güterwaggons gesteckt [...]. Ein deutsches Militärblasorchester spielte [...]. Wir kamen nach Deutschland, nach Chemnitz. In diesem Chemnitz war auch ein Arbeitsamt. Von Zeit zu Zeit kamen Herrschaften in dieses Arbeitsamt und suchten sich eine Arbeitskraft aus [...]. Einzeln wurden unsere Dorfbewohner ausgewählt [...]. Wir wurden nach Plauen in das Werk von Doktor Horn gebracht. Alle Deutschen kamen, um uns zu sehen, was wir für welche sind."

Das Deutsche Reich war im Zweiten Weltkrieg zum Sklavenhalterstaat geworden.[2] Für seine Kriegsanstrengungen, in der Rüstungsproduktion und als Ersatz für die zur Wehrmacht eingezogenen Arbeitskräfte, erzwang das NS-Regime die Arbeit von Millionen Menschen, die als Kriegsgefangene und ausländische Zivilarbeiter rekrutiert im deutschen Herrschaftsgebiet eingesetzt waren.[3] Dazu kamen Hunderttausende KZ-Häftlinge. Kein einziger Betrieb nennenswerter Größe hat *keine* Zwangsarbeiter beschäftigt, jedoch mieteten nicht alle Firmen KZ-Häftlinge von der SS. Im Raum Berlin existierten etwa 1000 Lager, in denen Zwangsarbeiter lebten. Hundert davon betrieb der Generalbauinspektor für die Reichshauptstadt, der Zehntausende Zwangsarbeiter für die Neugestaltung der Reichshauptstadt (das megalomanische Projekt „Germania") beschäftigte, die im Verlauf des

---

2 Die Dichotomie zwischen kapitalistischem System, das im Gegensatz zur Feudalwirtschaft auf einem freien Arbeitsmarkt basiert (auf dem Besitzlose ihre Arbeitskraft den Eignern der Produktionsmittel gegen Entgelt zur Verfügung stellen), und einer Sklavenhaltergesellschaft, wie sie der NS-Staat in der letzten Phase auch war, ist ein theoretisches Problem, bei dem „freie Lohnarbeit" und Zwangsarbeit die Parameter der Definition bilden. Vgl. Götz Rohwer, Kapitalismus und „freie Lohnarbeit". Überlegungen zur Kritik eines Vorurteils, in: Hamburger Stiftung zur Förderung von Wissenschaft und Kultur (Hrsg.), „Deutsche Wirtschaft". Zwangsarbeit von KZ-Häftlingen für Industrie und Behörden, Hamburg 1991, S. 171–185 (zit. „Deutsche Wirtschaft").

3 Grundlegend: Ulrich Herbert (Hrsg.), Europa und der „Reichseinsatz". Ausländische Zivilarbeiter, Kriegsgefangene und KZ-Häftlinge in Deutschland 1938–1945, Essen 1991; ders., Fremdarbeiter. Politik und Praxis des „Ausländer-Einsatzes" in der Kriegswirtschaft des Dritten Reiches, Bonn 1985; Mark Spoerer, Zwangsarbeit unter dem Hakenkreuz. Ausländische Zivilarbeiter, Kriegsgefangene und Häftlinge im Deutschen Reich und im besetzten Europa 1939–1945, Stuttgart 2001; Sklavenarbeit im KZ, Dachauer Hefte 2 (1986); Zwangsarbeit, Dachauer Hefte 16 (2000).

Kriegs aber zunehmend zum Bau von Luftschutzeinrichtungen und zur Beseitigung von Luftkriegsschäden eingesetzt waren. Außer dem Modellprojekt der Arbeiterstadt „Große Halle", die 1939 in Berlin-Spandau in Form fest gebauter kasernenartiger Massenunterkünfte errichtet wurde – geplant war die Kapazität von 8000, realisiert war 1939 eine Belegungsstärke von 3000 Mann –, handelte es sich vor allem um Barackenlager, manchmal auch um Abrisshäuser, Lagerhallen, Fabrik- oder Turnhallen und dergleichen mehr, die der Gemeinschaftsunterbringung dienten.[4] Ähnlich war die Situation in anderen Großstädten, so auch in Nürnberg.

Verweigerte Erinnerung

Lange war die Erinnerung an die Zwangsarbeit aus dem kollektiven Gedächtnis der Deutschen verbannt, weil niemand mit Krieg und Terror, mit Konzentrationslagern, mit dem Nationalsozialismus überhaupt konfrontiert sein wollte. Die einstigen Arbeitgeber – Industrie, Kommunen, Handwerk und Gewerbe, Kirchen und Behörden – verweigerten sich mehrheitlich der unangenehmen Erinnerung. Unfreiwillig zahlte Ende der 50er-Jahre nach einem langen Rechtsstreit, den Norbert Wollheim als ehemaliger Sklavenarbeiter in Auschwitz angestrengt hatte, die I. G. Farbenindustrie in Auflösung eine Pauschale als Arbeitslohn. Die 30 Millionen D-Mark gingen nach der Zusicherung, dass künftig niemand mehr Ansprüche an die I. G. Farben stellen werde, an die Jewish Claims Conference. Diese hatte die Verpflichtung übernommen, das Geld unter allen Anspruchberechtigten zu verteilen. Es waren schließlich 5855 jüdische Berechtigte in 42 Ländern, 5000,– DM erhielt jeder, der länger als sechs Monate im Buna-Werk der I. G. Farben in Auschwitz Zwangsarbeit geleistet hatte.[5]

---

4 Arbeitskreis Berliner Regionalmuseen (Hrsg.), Zwangsarbeit in Berlin 1938–1945, Berlin 2003; s. a. Winfried Meyer/Klaus Neitmann (Hrsg.), Zwangsarbeit während der NS-Zeit in Berlin und Brandenburg. Formen, Funktion und Rezeption, Potsdam 2001.
5 Wolfgang Benz, Der Wollheim-Prozeß. Zwangsarbeit für I. G. Farben in Auschwitz, in: Ludolf Herbst/Constantin Goschler, Wiedergutmachung in der Bundesrepublik Deutschland, München 1989, S. 303–326.

Bei der Milliardentransaktion des Flick-Konzerns in den 80er-Jahren, als die Firma Dynamit-Nobel AG den Besitzer wechselte, übernahm die Deutsche Bank als Käuferin unter öffentlichem Druck das moralische Erbe Flicks und stellte fünf Millionen D-Mark Entschädigung für die ehemaligen Zwangsarbeiter zur Verfügung. Das machte etwa 3000,- DM für jeden überlebenden KZ-Häftling aus, der für Dynamit-Nobel gearbeitet hatte. Es war ein Nürnberger Unternehmen, das im Dezember 1997, nach Turbulenzen in der lokalen Öffentlichkeit wegen der Verleihung der Ehrenbürgerwürde an den 90-jährigen Senior, von sich aus beschloss, für die jüdischen Zwangsarbeiterinnen in einstigen schlesischen Produktionsstätten – Häftlingsfrauen aus Groß-Rosen – einen Fonds zu errichten, aus dem sie rasch und unbürokratisch entschädigt wurden. Die *New York Times* würdigte dieses „Out-of-Court Settlement" der Firma Diehl in einem kritischen Artikel über die Volkswagen AG, die erst im Sommer 1998 in einer Kehrtwendung von ihrer ursprünglich abweisenden Haltung abwich und Zahlungen in Aussicht stellte.[6] Es dauerte aber noch lange, bis die großen Konzerne ihre Geschichte im Nationalsozialismus von Historikern aufarbeiten ließen und daran dachten, nachträglichen Arbeitslohn als Entschädigung an ehemalige Zwangsarbeiter zu zahlen.

Im September 1997 war eine alte Dame aus Luxemburg vom Fernsehen eingeladen worden, um mit einem Vertreter des Elektrokonzerns, für den sie einst Zwangsarbeit verrichtet hatte, und einem Historiker über ihre Erfahrungen als Fremdarbeiterin zu diskutieren. Veranstaltungen dieser Art, die Öffentlichkeit herstellen sollen, um Problembewusstsein zu erzeugen, gab es öfter. Dass ein Sprecher der Firma Siemens teilnehmen wollte, war eher sensationell. Kurz vor der Sendung sagte er jedoch wieder ab. Stattdessen wurden drei lakonische Statements der Firma übermittelt. Das erste lautete: „Die Beschäftigung ausländischer Arbeitskräfte war während des Zweiten Weltkriegs Bestandteil der totalitären Wirtschaftslenkung des Nazi-Regimes. Siemens wurde, wie die gesamte Großindustrie, während des Krieges in dieses System einbezogen und hat auch Menschen beschäftigt, die gegen ihren Willen für die deutsche Wirtschaft arbeiten mussten. Unter ihnen waren in den letzten Kriegsjahren auch Häftlinge aus Konzentrations-

---

6   New York Times, 8. 7. 1998.

lagern." Das zweite Statement verwies auf einen Bericht der Bundesregierung, nach dem ausländische Zwangsarbeiter nicht berechtigt seien, „direkte Ansprüche gegen den Krieg führenden Staat oder seine Unternehmungen" geltend zu machen. Das sei allgemein anerkanntes Völkerrecht. Und die dritte Botschaft aus dem Hause Siemens lautete: „Wir drücken den Menschen, die zur Arbeit in Siemensbetrieben verpflichtet wurden, unser tiefes Mitgefühl aus. Wir bedauern, dass Menschen von denen missbraucht oder misshandelt worden sind, die auch unser Unternehmen und seine Mitarbeiter damals gezwungen haben, in diesem unmenschlichen System zu arbeiten."

Kleinmut und Selbstmitleid im Großkonzern, der auf Völkerrecht pochte, um die befreiende Auseinandersetzung mit einer moralischen Verpflichtung – die völlig unabhängig ist von der Schuld einstiger Täter – zu vermeiden, kam in der Reaktion zum Ausdruck. Der Verweis auf den Staat als Rechtsnachfolger des Dritten Reiches und kleinliches Taktieren, ratloses Zögern oder gar die selbstgerechte Attitüde, Deutschland habe schließlich viel getan und erhebliche Summen an Entschädigung und „Wiedergutmachung" geleistet – das gehörte zum Repertoire der Verweigerung und war nicht untypisch.

Erst im Sommer 1998 ist Bewegung in die starren Fronten der Abwehr berechtigter Ansprüche und Forderungen geraten. Die großen Assekuranzen und Bankkonzerne, die den Opfern des Holocaust und ihren Nachkommen Versicherungssummen und Vermögenswerte jahrzehntelang vorenthalten haben, die Firmen, die Lohn für Sklavenarbeit nicht zahlen wollten, die auf den Staat als Alleinschuldner verwiesen und ihre Hände in Unschuld wuschen – sie errichteten nun Stiftungen und zahlten in Entschädigungsfonds, aus denen die Verfolgten des Regimes späte Leistungen erhalten. Die von Konzernen in Auftrag gegebene historische Aufarbeitung ihrer Aktivitäten im Dritten Reich dokumentiert, was viele lange Zeit nicht wahrhaben wollten, dass die Firmen die Beschäftigung von Zwangsarbeitern nicht willenlos erdulden mussten, sondern aktiv und oft energisch daran beteiligt waren. Dieses Eingeständnis und die Entschädigungsleistungen sollen Frieden stiften und die Diskriminierung von Opfergruppen beenden, die lange nach ihrer Verfolgung anhielt. Druck von außen war notwendig gewesen, das ist die weniger erfreuliche Seite der schließlichen Einsicht.

Klagedrohungen aus den USA, nicht so sehr eigene Reflexion, haben das Blatt gewendet. Der späte Zeitpunkt und der lange Zank um die Errichtung der Stiftung „Erinnerung, Verantwortung und Zukunft" zur Entschädigung der ehemaligen Zwangsarbeiter sind kein Ruhmesblatt für die Haftpflichtigen, der scheinbar stattliche Gesamtbetrag von fünf Milliarden Euro löst sich, verteilt auf einzelne Menschen, in Zahlungen an der Almosengrenze auf. Aber immerhin ist das Abkommen im Sommer 2000 unterzeichnet worden und die noch säumigen Schuldner zahlen vielleicht auch ihre noch ausstehenden Anteile am Arbeitslohn der einst unfreiwillig Beschäftigten in den Stiftungsfonds ein.[7]

Kriegsbeute Arbeitskraft

Bis Herbst 1939 erfolgte die Beschäftigung ausländischer Arbeitskräfte in Deutschland in Formen traditioneller Vertragsarbeit durch Anwerbung und Vereinbarung der Entlohnung und sozialer Leistungen. Nach dem Polenfeldzug ergab sich außer Raum und Rohstoffen eine neue Art Beute, nämlich menschliche Arbeitskraft. Im Generalgouvernement, dem besetzten polnischen Gebiet, wurden Juden zur Zwangsarbeit herangezogen, und zwar zunächst völlig planlos: Die deutschen Stellen fingen auf der Straße so viele Menschen ein, wie sie brauchten. SS-Brigadeführer Globocnik, damals zuständig für den Distrikt Lublin, organisierte anschließend die Rekrutierung durch das Judenreferat beim SS- und Polizeiführer. Bei einer Besprechung im April 1940 wurde erwähnt, dass im Distrikt Lublin etwa 50 000 jüdische Zwangsarbeiter registriert waren.

Zu Kriegsbeginn befanden sich etwa 650 000 ausländische Arbeiter im Deutschen Reich. Ein Jahr später, im September 1940, waren es etwa 1,3 Millionen, von denen 741 000 in der Landwirtschaft und 556 000 in der gewerblichen Wirtschaft beschäftigt wurden. Im Mai 1941 arbeiteten drei Millionen Ausländer und Kriegsgefangene im Reichsgebiet, 1942 waren es 4,2 Millionen, 1943 6,3 Millionen und 1944 7,1 Millionen. Der ständig steigende Bedarf der Rüstungsindustrie konnte aber bei weitem

---

7   Susanne-Sophia Spiliotis, Verantwortung und Rechtsfrieden. Die Stiftungsinitiative der deutschen Wirtschaft, Frankfurt a. M. 2003.

nicht gedeckt werden.[8] 1944 waren 22 bis 23 Prozent aller Beschäftigten Zwangsarbeiter, 5 Prozent davon Häftlinge in Konzentrationslagern, etwa 400 000 in absoluter Zahl. Sie waren überwiegend in den Raketen- und Jägerprogrammen der Luftwaffe eingesetzt.

Den größten Anteil „fremdvölkischer Arbeiter" stellte das Millionenheer von Kriegsgefangenen und „Ostarbeitern" aus der Sowjetunion, ihnen folgten 1,5 Millionen Zivilarbeiter und 500 000 Kriegsgefangene aus Polen. Aus Frankreich kamen über 1,5 Millionen Arbeiter, aus Jugoslawien wurden 160 000 Kriegsgefangene serbischer Nationalität unmittelbar in ein Zwangsarbeitsverhältnis überführt; von den 725 000 italienischen Militärinternierten des Jahres 1943 kamen die meisten unter Zwang in den Arbeitseinsatz.[9] In Belgien und den Niederlanden wurden Arbeiter und Kriegsgefangene dienstverpflichtet, eine erschöpfende Aufzählung würde Angehörige wohl aller europäischen Nationen umfassen.

Für die NS-Ideologie entstand aus der Anwesenheit so vieler „Fremdvölkischer", die deutschen Boden bebauten und für die Rüstung produzierten, mindestens ein Erklärungsproblem. In einer Schulungsunterlage der Reichsorganisationsleitung der NSDAP zum Thema „Unsere Haltung gegenüber Fremdvölkischen!" kam die Ambivalenz zwischen Ideologie und Kriegsnotwendigkeit zum Ausdruck: „Im heutigen Zeitpunkt der Mobilisierung aller Arbeitsreserven und unter dem obersten Gebot der deutschen Kriegswirtschaft, die Steigerung der Rüstungsproduktion auf ein Höchstmaß zu bringen, muss das deutsche Volk eine einheitlich abgeglichene, einwandfreie Haltung gegenüber allen Fremdvölkischen einnehmen."

Zwischen Rassedoktrin, sozialpolitischer Beschwichtigung und Appell an den deutschen Überlegenheitsanspruch lavierend hieß es weiter: „Wer für uns arbeitet, hilft uns. Deshalb ist unser Grundsatz, dass wir jeden Fremdvölkischen gerecht behandeln. Der fremde Arbeiter soll seinen gerechten Lohn bekommen, seine gerechte Behandlung, sein ihm zustehendes Essen, seinen sozialen Schutz gegen Unfall und Krankheit. Niemals aber

---

8   Vgl. Statistische Übersichten bei Hans Pfahlmann, Fremdarbeiter und Kriegsgefangene in der deutschen Kriegswirtschaft 1939–1945, Darmstadt 1968.
9   Gabriele Hammermann, Zwangsarbeit für den „Verbündeten": die Arbeits- und Lebensbedingungen der italienischen Militärinternierten in Deutschland 1943–1945, Tübingen 2002.

darf ein Betriebsführer einen Fremdvölkischen höher einschätzen als einen Volksgenossen, nur deshalb, weil dieser vielleicht nach seinem Stachanow-Drill einige Verrichtungen schneller versieht als der Deutsche."[10]

Aus solchen Maximen, die im vierten Kriegsjahr für den Umgang mit „fremdvölkischen" Arbeitern postuliert wurden, lassen sich Rückschlüsse auf die Realität der Fremdarbeiterbeschäftigung ziehen. Zum einen wurde streng unterschieden zwischen den einzelnen Nationalitäten. Angehörige germanischer Völker galten wegen des „stammverwandten Blutes" und wegen der Freiwilligen in der Waffen-SS als nahe stehende Mitglieder einer Schicksalsgemeinschaft. Franzosen und Italiener standen (bei den Letzteren war es auch eine Frage des Zeitpunkts) darunter, aber noch hoch über den Polen, denen mit Distanz und Härte zu begegnen war: „Scheinbare Unterwürfigkeit darf uns niemals zu Weichheit verleiten und uns vielleicht glauben machen, dass wir es gerade mit einem ‚anständigen' Polen zu tun haben. Niemals darf uns die Gleichheit des Religionsbekenntnisses dazu verleiten, die unüberbrückbare Kluft zwischen Deutschen und Polen zu verwischen."[11]

Es war allerdings eine seltsame Auffassung von sozialer Gerechtigkeit, nach der die Arbeits- und Existenzbedingungen der polnischen Arbeiter gestaltet wurden.[12] Das Prinzip der Diskriminierung wurde nämlich auch im Bereich der Sozial- und Arbeitsordnung konsequent eingehalten. So wurde in der 1940 erlassenen „Reichstarifordnung für polnische landwirtschaftliche Arbeiter" der Arbeitslohn auf 50 bis 80 Prozent der Einkünfte deutscher Arbeiter festgesetzt. Die Beschäftigung polnischer Zivilarbeiter war damit erheblich billiger als die deutscher Landarbeiter. Noch kostengünstiger waren aber Kriegsgefangene. Eine unerwünschte Wirkung des Lohngefälles war jedoch die Neigung der Arbeitgeber, die teureren deutschen Arbeiter zugunsten billiger Polen zu entlassen. Um dem entgegenzuwirken, aber auch zur sichtbaren Markierung des Abstands zwischen Deutschen

10 Reichsorganisationsleiter der NSDAP/Hauptschulungsamt (Hrsg.), Schulungs-Unterlage: Unsere Haltung gegenüber Fremdvölkischen! (um 1943).
11 Ebenda.
12 Vgl. Eva Seeber, Zwangsarbeiter in der faschistischen Kriegswirtschaft. Die Deportation und Ausbeutung polnischer Bürger unter besonderer Berücksichtigung der Lage der Arbeiter aus dem sogenannten Generalgouvernement (1939–1945), Berlin (Ost) 1964.

und Polen, wurde 1940 eine fünfzehnprozentige Sondersteuer unter der Bezeichnung „Sozialausgleichsabgabe" für Polen (bald darauf auch für Juden und „Zigeuner" und später in ähnlicher Form für die „Ost"-Arbeiter) eingeführt. Damit war ein Teil des Arbeitslohns abgeschöpft, ohne Vorteil für den Arbeitgeber. Formal begründet war die Sondersteuer damit, dass die Betroffenen keine Wehrsteuer und Abgaben für die Deutsche Arbeitsfront, das Winterhilfswerk usw. leisten müssten. Weitere Verschlechterungen des Arbeitsrechts für Polen folgten auf dem Fuß, wie der Grundsatz, nur für tatsächlich geleistete Arbeit zu entlohnen, keine Zulagen zu bezahlen und gerade das Existenzminimum zu gewähren.[13] Dass die polnischen Zivilarbeiter nicht freizügig bei der Wahl des Arbeitsplatzes waren, verstand sich von selbst.

Durch eine Verordnung vom 4. Dezember 1941 wurden Polen und Juden in den annektierten Ostgebieten unter Sonderstrafrecht gestellt. Unter dem Postulat einer unbegrenzten Gehorsamspflicht gegenüber dem deutschen Volk war für Delikte wie „hetzerische Betätigung einer deutschfeindlichen Gesinnung", aber auch schon bei „deutschfeindlichen Äußerungen" die Todesstrafe vorgesehen. Das Verfahren war standgerichtsähnlich, die Urteile waren sofort vollstreckbar, und das ganze Polen-Sonderstrafrecht wurde im Januar 1942 auch auf Delikte ausgedehnt, die vor Erlass der Verordnung begangen waren; das Sonderstrafrecht galt auch für polnische Fremdarbeiter im Reichsgebiet.[14]

Sanktionen: Die Arbeitserziehungslager

Für Personen, denen Verstöße gegen die Arbeitsdisziplin im Krieg vorgeworfen wurden, entstand 1940 ein neues Instrument der Disziplinierung: das „Arbeitserziehungslager". Pate gestanden hatte dabei das traditionelle Arbeitshaus, weiterentwickelt durch Elemente des KZ. In die „Arbeitserziehungslager" wurden Arbeiter, die sich der „Bummelei" oder der „Arbeitsverweigerung" schuldig gemacht hatten, eingewiesen. Sie sollten unter KZ-ähnlichen Bedingungen bei harter Arbeit bestraft und erzogen werden,

---

13 Vgl. Herbert, Fremdarbeiter. Politik und Praxis des „Ausländer-Einsatzes", S. 92 f.
14 Reichsgesetzblatt 1941 I, S. 759 ff., und Reichsgesetzblatt 1942 I, S. 52.

gleichzeitig setzte man auf die abschreckende Wirkung der Maßnahme, die von der Gestapo durchgeführt wurde. Der Aufenthalt im „Arbeitserziehungslager" war befristet auf maximal 56 Tage, es konnte sich aber die Überstellung in ein KZ anschließen. Opfer dieser „Erziehung", die durch Erlasse Himmlers vom 28. Mai und 12. Dezember 1941 geregelt war, sind überwiegend ausländische Zwangsarbeiter gewesen. Die Übergänge zum KZ-System waren fließend.

Für die Öffentlichkeit waren es Konzentrationslager, die Inhaftierten empfanden es nicht anders, nur die formalen Unterschiede waren beträchtlich. Unter der Hoheit der Gestapo entwickelte sich ein eigener Lagertyp, der Bestandteil des allgemeinen Systems von Terror und Repression wurde, zugleich aber auch Ausdruck eines polizeilichen „Erziehungsanspruchs" war, der Arbeiter in die „Volksgemeinschaft" zwingen wollte und schließlich als Strafmaßnahme gegen ausländische Zwangsarbeiter angewendet wurde. Im Mai 1941 existierten acht solcher Lager mit 2000 Insassen, bis zum Frühjahr 1945 überzog dann ein dichtes Netz von mehr als 200 dieser Haftstätten das Land, in denen mehrere 100 000 Menschen insgesamt als Zwangsarbeiter und Gefangene, unter ihnen auch Frauen, eingesperrt waren.[15] In Kooperation mit der Gestapo betrieben Rüstungsindustrie und Kommunen Filialen des Lagersystems als „kommunale Auffang- und betriebliche Erziehungslager". Die „Arbeitserziehungslager" waren Ausdruck des uferlosen Herrschaftsanspruchs des NS-Staats im Konglomerat von Staat und Kriegswirtschaft, Polizei und Verwaltung.

Rekrutierung der Zwangsarbeiter: „Ob sie wollen oder nicht"

Mit den Erfolgen gegen die Rote Armee und der Besetzung sowjetischen Territoriums gewannen die deutsche Wehrmacht und die deutsche Kriegswirtschaft den Zugriff auf weitere Arbeitskräfteressourcen von beträchtlicher Größenordnung. Insgesamt waren etwa 15 Millionen Sowjetbürger in der einen oder anderen Form zu Arbeitsleistungen für die deutsche Seite rekrutiert worden: 2,8 Millionen Menschen wurden als „Ostarbeiter" ins Reich

---

15 Gabriele Lotfi, KZ der Gestapo. Arbeitserziehungslager im Dritten Reich, Stuttgart/München 2000.

deportiert, 5,7 Millionen Kriegsgefangene der Roten Armee waren in deutscher Hand, und ca. 6,4 Millionen Sowjetbürger waren in den besetzten Gebieten zur Arbeit eingesetzt. Zunächst, bis Ende 1941, kam der Arbeitseinsatz der sowjetischen Kriegsgefangenen für die deutsche Wirtschaft aber aus ideologischen Gründen nicht in Frage. Im Weltanschauungskrieg gegen den Bolschewismus beabsichtigten die Nationalsozialisten ja die Vernichtung des Gegners, und das Novembertrauma von 1918 war in Deutschland noch gegenwärtig: Die Furcht vor einer kommunistischen Infizierung der Heimat, die vereint mit einer wiedererstehenden deutschen Arbeiterbewegung das nationalsozialistische Regime destabilisieren könnte, motivierte die politische und die militärische Führung zur barbarischen Behandlung der sowjetischen Kriegsgefangenen außerhalb des Reichsgebiets mit dem Ziel ihrer Dezimierung und Vernichtung. In den Lagern des Generalgouvernements starben täglich 3000 bis 4000 Gefangene. Als im Oktober 1941 die Zahl sowjetischer Kriegsgefangener drei Millionen überschritten hatte und der Bedarf an Arbeitskräften im Deutschen Reich immer größer wurde, entschied Hitler, diese „billigsten Arbeitskräfte", die man ohnehin füttern müsse, baldigst produktiv einzusetzen, und zwar vor allem bei der Bauarmee „Organisation Todt" für Straßenbau, Erdarbeiten bei Befestigungen, anfangs auch noch für die Umgestaltung Berlins und Münchens.[16] Vor dem Einsatz im Reich ausgesondert wurden Juden, Asiaten und Deutschsprechende.

Gleichzeitig mit dem Einsatz der Kriegsgefangenen begann auch die Zwangsrekrutierung von zivilen Arbeitskräften („Ostarbeiter") auf dem Gebiet der Sowjetunion. Der Zusammenbruch des Blitzkriegkonzepts, der im Dezember 1941 vor Moskau evident wurde, brachte auch die Wende in der Politik zur Beschaffung von Arbeitskräften. Das Jahr 1942 wurde, mit dem Höhepunkt im Frühsommer, zum Jahr der größten Deportation von Arbeitskräften aus dem Operationsgebiet der deutschen Wehrmacht im Osten: Im Mai wurden 148 000, im Juni 164 000 Menschen vom Wirtschaftsstab-Ost für den Arbeitseinsatz im Deutschen Reich „angeworben". Um die Jahreswende 1942/43 nahm die Zahl der zwangsrekrutierten Ostarbeiter ab, gleichzeitig gingen jedoch die Anforderungen in die Höhe. Die

---

16 Christian Streit, Keine Kameraden. Die Wehrmacht und die sowjetischen Kriegsgefangenen 1941–1945, Stuttgart 1978, S. 192 f.

Bevölkerung in den besetzten sowjetischen Gebieten wurde nun systematisch zur Arbeitspflicht für das Deutsche Reich in Anspruch genommen; die „Partisanenbekämpfung" diente auch der Sklavenjagd.

Der im März 1942 zum Generalbevollmächtigten für den Arbeitseinsatz ernannte Gauleiter von Thüringen, Fritz Sauckel, verstand seine Pflicht folgendermaßen: „Ich habe meinen Auftrag von Adolf Hitler erhalten, und ich werde die Millionen Ostarbeiter nach Deutschland holen ohne Rücksicht auf ihre Gefühle, ob sie wollen oder nicht."[17] Entsprechend operierten, nach anfänglicher Werbung um Freiwillige, die deutschen Besatzungsbehörden in den eroberten Gebieten. Ereignisse, die sich in Riga abspielten, beschreibt ein Bericht vom 4. Juni 1942: Ein Lastwagen war an einem Verkehrsknotenpunkt vorgefahren, darauf wurden wahllos Menschen verladen und in ein Auffanglager deportiert. „Vor der Zentralmolkerei wurden sämtliche nach Milch anstehenden Frauen umstellt, verladen und zum Auffanglager geschleppt. Dabei entband eine hochschwangere Frau auf dem Wege zum Auffanglager. Am Nachmittag waren die Straßen ziemlich ausgestorben, und unter der Bevölkerung herrschte Panik und Furcht."[18] Wenn sich die arbeitsfähige Bevölkerung durch Flucht in die Wälder und zu den Partisanen der Rekrutierung entzog, erfolgten drakonische Strafmaßnahmen wie die Beschlagnahmung von Getreide, die Brandlegung an Bauernhöfen, Misshandlungen und der Abtransport gefangener Zivilisten in Fesseln zum Arbeitseinsatz im Deutschen Reich.

Der Historiker Rolf-Dieter Müller bewertet die Vorgänge eindeutig: „Die der Zwangsrekrutierung und den Sklavenjagden ausgelieferte Bevölkerung war zum Opfer eines rasseideologischen Dogmatismus und eines weitgehend enthemmten militärisch-industriellen Komplexes geworden. Ausmaß und Brutalität der Gewaltmaßnahmen wurden im deutschen Machtbereich nur noch durch das System der Konzentrations- und Vernichtungslager übertroffen."[19] Einen letzten Schub von Zwangsarbeiterrekrutierungen

---

17 Zit. bei Rolf-Dieter Müller, Die Rekrutierung sowjetischer Zwangsarbeiter für die deutsche Kriegswirtschaft, in: Ulrich Herbert (Hrsg.), Europa und der „Reichseinsatz". Ausländische Zivilarbeiter, Kriegsgefangene und KZ-Häftlinge in Deutschland 1938–1945, Essen 1991, S. 234–250, Zit. S. 237.
18 Ebenda, S. 239.
19 Ebenda, S. 247.

gab es im Frühjahr 1944, als beim deutschen Rückzug noch einmal große Bevölkerungsteile ins Reich verschleppt wurden.

Zuständigkeiten

Der Kompetenzendschungel des NS-Staats war auch beim Einsatz der ausländischen Arbeitskräfte charakteristisch für das Herrschaftssystem des NS-Staats. In irgendeiner Weise zuständig waren das Reichsarbeitsministerium und das Wirtschaftsministerium, aber auch Görings Vierjahresplan-Behörde und – selbstverständlich – das Rüstungsministerium sowie die Deutsche Arbeitsfront (DAF) und die Wehrmacht, insbesondere das Wirtschaftsrüstungsamt des OKW. Rüstungswichtige Betriebe befanden sich durch „Rüstungskommandos" unter der Obhut eines Wehrmachtsteiles. Die Rüstungskommandos waren zuständig für die Zuteilung von Arbeitskräften je nach Dringlichkeitsstufe. Im Mai 1942 wurden die Rüstungskommandos, die den Rüstungsinspektionen nachgeordnet waren, dem Reichsministerium für Bewaffnung und Munition, also Speer, unterstellt. Damit wurden sie de facto zivile Behörden. Nicht zuletzt war aber das Reichssicherheitshauptamt (RSHA) als die den Staat und die Ideologie nach innen sichernde Instanz an der Frage der Beschäftigung fremder Arbeiter lebhaft interessiert. Die Interessen und Ziele der diversen Instanzen waren keineswegs gleichgerichtet. Argumentierten Rüstungsministerium und Industrie mit der schieren Notwendigkeit des Bedarfs sowjetischer Arbeiter, so sperrte sich aus ideologischen Gründen das RSHA mit Himmler im Rücken dagegen.

Die Neuordnung der Rüstungskompetenzen Anfang 1942, als Albert Speer Nachfolger Fritz Todts an der Spitze des Ministeriums für Bewaffnung und Munition wurde, war flankiert von der Errichtung einer zentralen Koordinierungsstelle für den Menscheneinsatz, und zwar aller deutschen wie nichtdeutschen Arbeitskräfte. Der Generalbevollmächtigte für den Arbeitseinsatz, Sauckel, dem gleichzeitig die Rekrutierung „fremdvölkischer" und die Motivierung deutscher Arbeiter zu Höchstleistungen oblag, spielte politisch eine wichtige Rolle. Sein Amt, das formal in Görings Vierjahresplanbehörde ressortierte, diente auch dazu, den Einfluss der Deutschen Arbeitsfront und die Ansprüche Robert Leys auf die Gestaltung der Existenzbedingungen der Fremdarbeiter abzublocken, und es neutralisierte gleichermaßen das Arbeitsministerium wie den Beauftragten für den Vierjahresplan Göring. Die wichtigste Funktion hatte der Generalbevollmächtigte Sauckel jedoch als Teil des Machtdreiecks, zu dem Albert Speer als Rüstungspotentat und das Reichssicherheitshauptamt als polizeiliche Aufsichtsinstanz über die „Fremdvölkischen" gehörten. Zwischen den mit produktionstechnischer Notwendigkeit motivierten Anforderungen Speers und dem repressiven, erst auf Fernhaltung, dann auf Überwachung und Diskriminierung abzielenden Streben der Staatssicherheitsbehörde war der Generalbevollmächtigte für den Arbeitseinsatz die Instanz, die rüstungswirtschaftliche Notwendigkeiten mit der ideologischen Position des Regimes in Einklang bringen musste.

Behandlung und Lebensbedingungen

Die Kontroverse zwischen kriegswichtiger ökonomischer Effizienz und nationalsozialistischer Rassenpolitik bildete das zentrale Problem des Einsatzes ausländischer Arbeiter im Zweiten Weltkrieg. Der schon durch die Form der Rekrutierung kategorisch erhobene Anspruch auf höchstmögliche Arbeitsleistung war durch keinerlei Verzicht auf Rassengrundsätze rationalisiert. Eine mit viel Propaganda angekündigte Verbesserung der Lebensverhältnisse der Ostarbeiter im Frühjahr 1942 auf Anordnung Hitlers blieb Episode.

Die Kluft zwischen deutschen „Herrenmenschen" und – abgestuft von Westen nach Osten – den Fremdarbeitern, die im Dienst der deutschen Sache ihre Arbeitskraft einbringen mussten, war ideologischer Bestandteil des Ausbeutungssystems. Das wurde den deutschen Werktätigen, denen die natürliche Rolle der Vorarbeiter, Kontrolleure, Aufseher zugeschrieben war, immer wieder ins Bewusstsein gerufen. Zugleich wurde ihr Misstrauen geschärft. Im Aufsatz eines Beamten des Reichsarbeitsministeriums über die „arbeitsrechtliche Behandlung der Polen" war ausdrücklich von den Gefahren die Rede, die vom „absoluten Vernichtungswillen gegenüber dem deutschen Volkstum" ausgingen: „Die deutsche Staatsführung ist sich bewusst, dass der Arbeitseinsatz der Polen mit Gefahren für die

Reinerhaltung unseres Volkstums verbunden ist. Wenn sie trotzdem den Polen als Arbeiter in das Reich hereinnimmt, so nur deshalb, weil bei der Fülle der Arbeit und Aufgaben keine andere Wahl bleibt. Der in Deutschland beschäftigte Pole ist daher nur ein notwendiges Übel. Die ihm zufallende Aufgabe beschränkt sich darauf, eine möglichst hohe Arbeitsleistung zu erzielen. Genauso wenig, wie der Pole zur Volksgemeinschaft gehört, darf es auch keine soziale Gemeinschaft mit ihm geben. Der Umgang mit Polen ist auf das zur technischen Erledigung der Arbeiten erforderliche Maß zu beschränken. [...] Die gemeinsam zu verrichtende Arbeit darf aber niemals dazu führen, dass die völkische Feindschaft beider Nationen dadurch verwischt wird. [...] Der Masseneinsatz polnischer Arbeitskräfte hat zwangsläufig auch polizeiliche Maßnahmen erforderlich gemacht, die den Polen vom Deutschen sichtbar abheben."[20]

Durch Polizeiverordnung vom 8. März 1940 unterlagen „im Reich eingesetzte Zivilarbeiter und -arbeiterinnen polnischen Volkstums" einer Kennzeichnungspflicht, d. h. sie mussten ein viereckiges gelbes Abzeichen mit dem Buchstaben „P" auf der Kleidung tragen.[21] Zwei Jahre später, im Januar 1942, wurde durch Verordnung gegenüber den Zwangsarbeitern, die auf dem Gebiet der Sowjetunion rekrutiert wurden, die Kennzeichnung mit dem Abzeichen „Ost" verfügt, nach amtlicher Definition standen sie in einem „Beschäftigungsverhältnis besonderer Art", das heißt, sie waren wie Polen (und Juden) aus der sozialen Gemeinschaft ausgegrenzt und durften rechtlich und menschlich noch schlechter behandelt werden als die Polen.

Den deutschen Arbeitern wies die NS-Ideologie den privilegierten Status zu, der unter allen Umständen galt und zu pflegen war, wie einem Rundschreiben des Reichsführers SS über die „Gefahrenabwehr beim Ausländereinsatz" zu entnehmen war: „Die Hervorhebung des deutschen Menschen spielt eine besondere Rolle in Anbetracht der Tatsache, dass die ausländischen Arbeiter selbst in sabotage- und spionagemäßig hoch emp-

---

20 Hans Küppers, Die arbeitsrechtliche Behandlung der Polen, in: Monatshefte für NS-Sozialpolitik 8 (1941), H. 1/2, S. 13 ff., zit. nach Clemens von Looz-Corswarem (Hrsg.), Zwangsarbeit in Düsseldorf. „Ausländereinsatz" während des Zweiten Weltkrieges in einer rheinischen Großstadt, Essen 2002, S. 208.
21 Reichsgesetzblatt I, S. 555, Reichspolizeiverordnung vom 8. 3. 1940.

findlichen Betrieben oft die Mehrheit bilden. Aufgabe und Ziel muss sein, dem deutschen Arbeiter das Bewusstsein der Mitverantwortung zu geben. Dies ist nur dann möglich, wenn er sich merklich als Glied der Volksgemeinschaft angesprochen fühlt und z. B. dem ausländischen Arbeiter nicht untergeordnet wird und eher als dieser die Möglichkeit erhält, durch weitere Anlernung und Ausbildung einen gehobeneren Platz im Betrieb zu erhalten. Der deutsche Mensch muss ein ganz wesentlicher Faktor der Gefahrenabwehr sein."[22]

In der Praxis bedeuteten die ideologischen Prämissen des Fremdarbeitereinsatzes Diskriminierung und elende Lebensumstände. Ein Ukrainer berichtet von der Ankunft in Deutschland, die mit einer Desinfektion unter menschenunwürdigen Umständen beginnt: „Hier wurden wir gleich zu einem Badehaus geschickt, das sich am Rande der Stadt in einem Waldstück befand. Unsere Kleidung haben wir zur Desinfektion abgegeben. Als wir aus dem Bad rauskamen, stellte es sich heraus, dass unsere Kleidung verbrannt worden war. Wir wurden nackt und hungrig durch die ganze Stadt getrieben."

Dann wurden die Arbeitskräfte auf Betriebe verteilt. Das vollzog sich in den Formen eines Sklavenmarkts, bei dem die Interessenten an Arbeitskraft als „Käufer" wahrgenommen wurden: „Und am nächsten Morgen haben die Käufer auf uns gewartet. Die ersten waren die Fabrikanten. Man ließ alle in einer Reihe antreten und hat je 50 Menschen genommen, wobei man sie an der Hand aus der Reihe herausgezogen hat. So landete ich in der Rüstungsfabrik."[23] Im „Ostarbeiterlager" des Betriebes ist nur für das absolute Minimum an Unterbringung gesorgt: „Wir haben im Lager in Holzbaracken gewohnt. Die Betten waren zweistöckig, die Matratzen aus Baumwolle und mit Holzspänen gefüllt. Wir bekamen nur Filzdecken. Geschlafen haben wir zu zweit oben und unten, wobei wir uns mit einer Decke zudecken mussten. Im Winter war es kalt, der Schnee drang in die Baracke ein. In einer Baracke waren 100 Personen untergebracht. Um den Raum warm zu machen, gab es in der Mitte der Baracke einen Eisenofen,

---

22 Rundschreiben RFSS, 7. 12. 1942, S. 228.
23 Angelika Heider, Erinnerungen ehemaliger „Ostarbeiter", in: Dachauer Hefte 16 (2000), S. 71–86, Zit. S. 76.

es war kalt. Die Baracken wurden abgeschlossen. Als Toilette dienten uns Blechtonnen, die wir abwechselnd wegtrugen."²⁴ Ein anderer Zwangsarbeiter schildert ähnliche Erfahrungen: „Für uns wurden Holzbaracken gebaut, ohne Fenster, nur im Flur gab es kleine verdunkelte Luken. In den Baracken waren 200 Personen untergebracht. In der Mitte stand ein kleiner Eisenofen, der aber einen solchen Raum nicht beheizen konnte. Wir wärmten uns mit dem eigenen Atem. [...] Wir standen früh auf, bedeckt mit Schnee (wegen der Spalten in dem Barackendach), liefen nach draußen und formierten uns in Reihen, um dann zur Arbeit zu gehen."²⁵

Den Luftangriffen waren die in Lagern untergebrachten Zwangsarbeiter schutzlos ausgesetzt: „Luftalarm gab es manchmal drei- oder viermal täglich. Wir haben bekleidet geschlafen. Als wir noch im Wald unter freiem Himmel in Zelten untergebracht waren, gab es einen Bombenangriff, der dem Jüngsten Gericht ähnelte. Die ganze Stadt stand in Flammen, der Wald um uns herum brannte, wir wurden von Luftdruckwellen auseinandergefegt. [...] Einmal gab es einen Luftangriff [...], bei dem die Flugzeuge mehrere Runden machten. Fast alles wurde zerbombt, von unserem Lager blieb nur Asche. Gott sei Dank sind die Menschen nicht verbrannt, weil der diensthabende Polizist die Tore geöffnet hatte, mit denen die Baracken von außen verschlossen wurden. Viele hatten starke Brandwunden oder sind Krüppel geworden, aber sie sind am Leben geblieben. Das Lager lag in Schutt und Asche."²⁶

Auch über die Ernährung, in der eine dünne Suppe, von den Ukrainern „Balanda" genannt, die Hauptrolle spielte, war nur Unerfreuliches zu berichten: „Man hat uns um vier Uhr am Morgen geweckt, und wir bekamen einen Kanten Brot von 300 Gramm und einen Becher ungesüßten Kaffee. [...] Wir haben halb hungrig gearbeitet. Mittagessen hat man vom Frauenlager gebracht. Zum Mittagessen gab man uns eine Kelle Futterrüben, Kohlrabi oder Kohl. Das war unser Mittagessen. Und wieder haben wir bis sieben Uhr abends gearbeitet. Danach kehrten wir um zehn Uhr ins Lager zurück. Dann bekamen wir eine Kelle Balanda ohne Brot, danach Zählappell und um elf Uhr Nachtruhe." Dieser Tagesablauf, die unzurei-

---

24 Ebenda, S. 77.
25 Ebenda.
26 Ebenda, S. 78.

chende Versorgung beim gleichzeitigen Übermaß an Arbeit, führte dazu, dass die „Ostarbeiter" nach einiger Zeit erschöpft und unterernährt waren. Zusätzliche Nahrungsmittel konnten sie nur illegal und völlig überteuert kaufen, da sie keine Lebensmittelkarten erhielten. „Ein Kilo Brot kostete 16,- Mark. Wir mussten dafür zwei Monate lang arbeiten."[27]

Ebenso wie die Anwerbungen im Osten in Treibjagden auf Arbeitskräfte übergingen, waren Bemühungen zur Steigerung der Produktivität (Akkordsystem, Prämien, Leistungsernährung) konterkariert durch ein ausgedehntes System von Kontrollen und Strafen, zu denen die „Arbeitserziehungslager" als Vorstufe zum KZ und schließlich die Konzentrationslager selbst gehörten. Die Todesstrafe für Geschlechtsverkehr mit Deutschen war ebenso ein Indiz für die Intransigenz praktizierter Rassenideologie wie die abgestufte Diskriminierung aller „Fremdvölkischen". Zur Diskriminierung gehörten nicht nur die äußerliche Kennzeichnung als Polen oder als Ostarbeiter und die Lebensbedingungen – ganz abgesehen von der ebenso unklugen wie barbarischen Psychologie der Verachtung –, sondern auch die Unterstellung der „Fremdvölkischen" unter Polizeirecht bzw. die Kontrolle des Reichssicherheitshauptamts. Der deutlichste Hinweis auf die Dominanz der Rassenideologie über kriegstechnische Vernunft aber war, dass der Tod der ausländischen Arbeitskräfte ohne weiteres in Kauf genommen wurde: Auch den ausländischen Arbeitern gegenüber wurde der Krieg der Deutschen, zu dem sie als Hilfskräfte beitragen mussten, als Weltanschauungs- und Rassenkrieg geführt.

Propaganda „für den Sieg einer besseren Welt"

Die elenden Lebensbedingungen der Fremdarbeiter aus Osteuropa, ihre Diskriminierung, ihre anhaltend schlechte Behandlung schlugen sich in geringer Produktivität ihrer Arbeit nieder. Im Januar 1943 startete das Regime eine neue Kampagne, in der der Generalbevollmächtigte Sauckel vor Funktionären des Arbeitseinsatzes rhetorisch die Richtung wies: „Wirkliche Leistungen vollbringt ein Ausländer nur dann, wenn er mit seiner

---

27 Ebenda.

Leistung zufrieden ist. Ich dulde nicht, dass Menschen bestialisch schlecht behandelt werden. Wir müssen sie dienstverpflichten, wir müssen unter Umständen abführen lassen, aber wir vergehen uns nicht, wir quälen und schikanieren nicht. [...] Wer in Deutschland ordentlich arbeitet, genießt den besten Schutz seines Lebens und seiner Gesundheit."[28]

Als Teil eines umfassenden Konzepts – den Anstrengungen des „Totalen Krieges" – warb Goebbels nach der Katastrophe von Stalingrad im Februar 1942 in einem Rundschreiben an die Polizei- und Sicherheitsbehörden für einen zweckmäßigeren Umgang mit den Fremden in Deutschland: „Jede Kraft des europäischen Kontinents, auch vor allem der Ostvölker, muss in den Kampf gegen den jüdischen Bolschewismus eingesetzt werden. Es verträgt sich hiermit nicht, diese Völker, insbesondere die Angehörigen der Ostvölker direkt oder indirekt, vor allem in öffentlichen Reden oder Aufsätzen herabzusetzen oder in ihrem Wertbewusstsein zu kränken. Man kann diese Menschen der Ostvölker, die von uns ihre Befreiung erhoffen, nicht als Bestien, Barbaren usw. bezeichnen und dann von ihnen Interesse am deutschen Sieg erwarten. [...] Ebenso unangebracht ist eine Darstellung der künftigen Neuordnung Europas, aus der die Angehörigen fremder Völker den Eindruck gewinnen könnten, als ob die deutsche Führung sie in einem dauernden Unterwerfungsverhältnis zu halten beabsichtige."[29]

Zum Bild des europäischen Kreuzzugs gegen den „jüdischen Bolschewismus", das die nationalsozialistische Propaganda unermüdlich beschwor, gehörte auch das Buch „Europa arbeitet für Deutschland", das im Frühjahr 1943 verbreitet wurde. Sauckel verkündete darin, wie bei vielen anderen Gelegenheiten, die Philosophie des Fremdarbeitereinsatzes zum Wohle einer – angeblich gemeinsamen – besseren Welt: „Partei, Deutsche Arbeitsfront, Staat und Wirtschaft haben in nationalsozialistischer Zusammenarbeit einen Arbeitseinsatz geschaffen, wie er in solcher Sauberkeit und Korrektheit, Fürsorge und Gerechtigkeit noch niemals in der Kriegsgeschichte aller Zeiten zu verzeichnen gewesen ist. [...] Selbst die Mehrzahl der deutschen Volksgenossen und Volksgenossinnen hat [...] keine vollkommen klare Vorstellung darüber, wie gemein die Verhetzung gewesen ist, durch die

---

28 Looz-Corswarem (Hrsg.), Zwangsarbeit in Düsseldorf, S. 254.
29 Ebenda.

das internationale Judentum in aller Welt den Hass der Völker gegen Deutschland geschürt hat. [...] Ein gewaltiges Schicksal hat Millionen verführter und betrogener Menschen zum Arbeitseinsatz nach Deutschland geführt. Ihnen offenbart sich nun unwiderruflich die Wahrheit. Darum leisten sie durch ihre Arbeit einen wertvollen Beitrag für den Sieg einer besseren Welt und erweisen sich damit selber und ihren eigenen Völkern den größten Dienst."[30]

KZ-Häftlinge als Zwangsarbeiter

Die Konzentrationslager waren der Ort, an dem das NS-Regime von Anfang an Arbeit erzwungen hatte. Zunächst bildete die Arbeit eine der Formen von Unterdrückung, Demütigung und Misshandlung: Ein beträchtlicher Teil der Häftlingsarbeit in den frühen KZ war sinnlos, und das sollten die Inhaftierten auch deutlich spüren. Der wirtschaftliche Effekt der Häftlingsarbeit war anfangs sekundär und bis 1941 auf die SS-eigenen Unternehmen beschränkt gewesen. Mit dem wachsenden Arbeitskräftebedarf wurden die Häftlinge auch ökonomisch interessant, Ausdruck davon war die Eingliederung der KZ-Inspektion in das Wirtschafts- und Verwaltungshauptamt der SS. Die Anstrengungen Himmlers, ein SS-eigenes Rüstungsimperium zu schaffen, wurden, als sie fehlgeschlagen waren, abgelöst von der Einladung an die Industrie, Produktionsstätten bei den Konzentrationslagern zu errichten – das spektakulärste Beispiel lieferten die I. G.-Farben in Auschwitz. Die Vermietung von Arbeitssklaven an Großbetriebe wie das Volkswagenwerk, die Reichswerke Hermann Göring, Krupp, Siemens usw., aber auch an alle anderen Unternehmen, die Häftlinge anforderten, wurde zum neuen Tätigkeitsfeld der SS.[31]

---

30 Friedrich Didier, Europa arbeitet in Deutschland, Berlin 1943, S. 7.
31 Vgl. Klaus-Jörg Siegfried, Das Leben der Zwangsarbeiter im Volkswagenwerk 1939–1945, Frankfurt a. M./New York 1988; Ulrich Herbert, Von Auschwitz nach Essen. Die Geschichte des KZ-Außenlagers Humboldtstraße, in: Dachauer Hefte 2 (1986), S. 13 f.; Gerd Wysocki, Häftlingsarbeit in der Rüstungsproduktion. Das Konzentrationslager Drütte bei den Hermann-Göring-Werken in Watenstedt-Salzgitter, ebenda, S. 35 f.; Benz, Der Wollheim-Prozeß, S. 303 f.

Anfang 1942, zeitgleich mit der Entstehung der Institution des Generalbevollmächtigten für den Arbeitseinsatz, wurde die Struktur der Konzentrationslager den Kriegsnotwendigkeiten angepasst. In den letzten drei Kriegsjahren spielten die KZ in der Kriegswirtschaft eine wichtige Rolle. Dazu wurde ab Februar 1942 die Lenkungsorganisation der KZ umgebaut. Aus den Hauptämtern „Finanzen und Bauten" und „Verwaltung und Wirtschaft" entstand mit Oswald Pohl an der Spitze das SS-Wirtschaftsverwaltungshauptamt (WVHA), in das die „Inspektion der Konzentrationslager" am 16. März 1942 eingegliedert wurde. Dieser Apparat bildete nun die „Amtsgruppe D: Konzentrationslager", das Amt D II war zuständig für den Arbeitseinsatz der Häftlinge.[32]

Vor Ort wurden ab Herbst 1942, nachdem Himmlers Konzept der Verlagerung von Rüstungsproduktion unter SS-Regie in die Konzentrationslager gescheitert war, in großer Zahl Außenkommandos der Konzentrationslager gebildet, die in der Nähe von Rüstungsbetrieben oder auf deren Gelände selbst eingerichtet wurden. Das Prinzip, im September 1942 bei einer Führerbesprechung der SS beschlossen, lautete nun, KZ-Häftlinge als Arbeitskräfte gegen Entgelt an die private Industrie zu vermieten. In der Folge dieses Beschlusses entstanden bis zum Kriegsende immer neue Außenlager der KZ, schließlich waren es ungefähr 1200 solcher Filialen, mit teilweise vielen Tausenden von Häftlingen, die jeweils Industriebetrieben zugeordnet waren.[33]

---

32 Vgl. Hermann Kaienburg, KZ-Haft und Wirtschaftsinteresse. Das Wirtschaftsverwaltungshauptamt der SS als Leitungszentrale der Konzentrationslager und der SS-Wirtschaft, in: ders. (Hrsg.), Konzentrationslager und deutsche Wirtschaft 1939–1945, Opladen 1996, S. 29–60; Walter Naasner, SS-Wirtschaft und SS-Verwaltung. „Das SS-Wirtschafts-Verwaltungshauptamt und die unter seiner Dienstaufsicht stehenden wirtschaftlichen Unternehmungen" und weitere Unternehmungen, Düsseldorf 1998.

33 Vgl. Vorläufiges Verzeichnis der Konzentrationslager und deren Außenkommandos sowie anderer Haftstätten unter dem Reichsführer-SS in Deutschland und deutschbesetzten Gebieten (1933–1945), hrsg. vom Internationalen Suchdienst Arolsen 1969; Verzeichnis der Konzentrationslager und ihrer Außenkommandos gemäß § 42 Abs. 2 BEG, in: Bundesgesetzblatt I (1977), S. 1786–1852 (Änderung und Ergänzung des Verzeichnisses in: BGBl.I (1982), S. 1571–1579; Gudrun Schwarz, Die nationalsozialistischen Lager, Frankfurt a. M. 1990.

Ab Sommer 1942 wurden immer mehr Außenlager an Produktionsstätten errichtet, die sich wie Groß-Rosen in Schlesien oder Dora-Mittelbau bei Nordhausen zu eigenen Komplexen entwickelten. In Groß-Rosen waren zwischen 1941 und 1945 ca. 120 000 Häftlinge, überwiegend aus Polen, Ungarn und der Sowjetunion, unter ihnen etwa 57 000 jüdische Zwangsarbeiter und 26 000 Frauen. In Außenlagern wurden von den Häftlingen Flugzeuge montiert, Kampfgase erzeugt, Feldhaubitzen und Kugellager produziert oder abgestürzte Feindflugzeuge zerlegt.[34] Im Lager Dora-Mittelbau im Südharz, das erst im August 1943 errichtet wurde, spielte – wie im Dachauer Außenlager Kaufering – der ursprüngliche Zweck, Terror und Repression gegen politische und ethnische Minderheiten auszuüben, nur noch die Nebenrolle. Hauptsache waren die Fertigung der V 2-Raketen, das Jägerprogramm der Luftwaffe und ähnliche Rüstungsproduktionen, mit denen der Endsieg doch noch erzwungen werden sollte.

Das Paradoxe am Einsatz der jüdischen Zwangsarbeiter in der letzten Kriegsphase bestand darin, dass das Regime zuerst so große Anstrengungen unternommen hatte, die deutschen Juden, die ab Ende 1938 in steigendem Maß zur Zwangsarbeit verpflichtet waren, in die Vernichtungslager des Ostens zu deportieren, um das Deutsche Reich „judenfrei" zu machen. Die Deportationen waren ja gegen die Interessen der Rüstungswirtschaft erfolgt. Ab Mai 1944 diente nun Auschwitz auch als Schleuse für jüdische Zwangsarbeiter, die vor allem aus Ungarn, dem letzten größeren Arbeitskräftereservoir im deutsch okkupierten Europa, ins Deutsche Reich transportiert wurden. An den rassenpolitischen Zielen des Regimes hatte sich nicht das Geringste geändert, und das Dilemma zwischen der abgestuften Verachtung „Fremdvölkischer" und der Notwendigkeit, ihre Arbeitskraft auszubeuten, hatte von Anfang an bestanden. Es gab eine Hierarchie derer, die nur ihrer Arbeitskraft wegen geduldet waren und entsprechend behandelt wurden. Die KZ-Häftlinge bildeten darin die unterste Stufe.[35]

34 Vgl. Alfred Konieczny, Das Konzentrationslager Groß-Rosen, in: Dachauer Hefte 5 (1989), S. 15 f.; Isabell Sprenger, Groß-Rosen. Ein Konzentrationslager in Schlesien, Köln 1996.
35 Vgl. Falk Pingel, Häftlinge unter SS-Herrschaft. Widerstand, Selbstbehauptung und Vernichtung im Konzentrationslager, Hamburg 1978; ders., Die Konzentrationslagerhäftlinge im nationalsozialistischen Arbeitseinsatz, in: Wacław Długoborski (Hrsg.), Zweiter Weltkrieg und sozialer Wandel, Göttingen 1981, S. 151 f.

Um Entschädigungsforderungen abzuwehren, wurde von Unternehmern lange argumentiert, die Beschäftigung von Zwangsarbeitern, insbesondere von KZ-Häftlingen, sei gegen ihren Willen, jedenfalls ohne Mitwirkungsmöglichkeiten und ohne Chance der Verweigerung durch die Betriebe, von Staats wegen erfolgt. Gerichte übernahmen diese Lesart lange Zeit ungeprüft. Herrschende Meinung in der Geschichtswissenschaft ist indessen seit längerer Zeit, dass die Zwangsarbeiter nicht oktroyiert, sondern immer angefordert worden sind. Zahlreiche Dokumente und Aussagen der Verantwortlichen auf Seiten der SS und staatlicher Behörden beweisen dies.

Mit den Betrieben, die Häftlinge als Zwangsarbeiter zugeteilt erhielten, wurde ein Vertrag geschlossen, in dem Fragen der Unterkunft, Bewachung, medizinischen Betreuung usw. und das Entgelt für die Arbeitskraft der Häftlinge geregelt waren. Zu den Verleihbedingungen der Häftlinge gehörte nach den Aussagen des ehemaligen Kommandanten des KZ Buchenwald Folgendes:

„Gute, gesunde Unterbringung der Häftlinge, Betten mit Einlagen, wollene Decken, gute Wasch- und Badegelegenheiten, Gestellung von Küchenanlagen, getrennt für Häftlinge und Wachmannschaften. Wenn irgend möglich, von Zivilarbeitern getrennte Arbeitsstätten. [...] Von unserer Seite wurde zugesagt: Kostenlose Gestellung des Kommandoführers, Wachmannschaften, Verwaltungsunterführer, Koch und Schreiber, Schneider, Schuhmacher. Sanitätspersonal getrennt für SS und Häftlinge.
Berechnung der Häftlinge: Facharbeiter pro Tag, bei elfstündiger Arbeit, gleichviel ob bei Tag oder Nacht: RM 6,00.
Hilfsarbeiter: RM 4,00
SS-Personal wurde nicht berechnet, dagegen musste freie Unterkunft gestellt werden."[36]

Die Zustände in den bei Produktionsbetrieben errichteten Außenlagern entsprachen diesen Bedingungen freilich in der Praxis keineswegs. Das Verfahren der Ausleihe war zunächst so geregelt, dass der Industriebetrieb über das zuständige Rüstungskommando an das Amt D II des WVHA herantrat, das nach Bestätigung der Dringlichkeit des Arbeitsvorhabens durch das Rüstungsministerium entschied, ob Häftlinge zur Verfügung

---

36 Aussage Hermann Pister, Nürnberger Dokument NO 254.

gestellt wurden. Der zuständige Lagerkommandant und sein Arbeitseinsatzführer hatten zuvor die Arbeits-, Unterkunfts- und Bewachungsmodalitäten im Werk zu prüfen. Nach Genehmigung des Antrags wurden die Firmen aufgefordert, die Arbeitskräfte im KZ auszusuchen. Das erfolgte in der Regel als entwürdigende Prozedur in Form von Selektionen. Ein Beispiel dafür berichtet eine junge Tschechin, die im Frauen-KZ Ravensbrück für das Flugmotorenwerk Genshagen der Daimler-Benz AG rekrutiert wurde: „Dann kam der Tag, wo wir wieder zum Appell aufgerufen wurden. Wir mussten uns auf dem Platz versammeln, und es kamen Herren von Daimler-Benz und suchten Mädels aus für Genshagen. Sie suchten junge Mädchen aus, die gesund aussahen. Wir mussten unsere Hände zeigen und die Zunge und die Zähne, so, wie wenn man Kühe kauft. [...] Ja, wir wurden ausgesucht wie Vieh, wir waren alle nackt, und die Herren prüften uns genau, sie sahen sich die Hände an, sahen in den Mund [...] und dann wurden wir auf einen Lastwagen aufgeladen, und auf diesem offenen Lastwagen sind wir nachts losgefahren."[37]

Produktivität und Profit

Die lange Zeit gängige und als selbstverständlich geltende Annahme, die Industrie habe mit billiger Häftlingsarbeit gewaltige Profite erzielt, ist von der wirtschaftshistorischen Forschung nicht bestätigt worden. Überlegungen zum Produktivitätsniveau von KZ-Häftlingen, angestellt auf der Basis der Mietgebühr von RM 6,- für Facharbeiter und RM 4,- für Ungelernte und Frauen zeigen für die metallverarbeitende Industrie, dass weibliche Häftlingsarbeit allenfalls dann kostengünstiger war, wenn deren Produktivität höher lag als 63 Prozent (in der elektrotechnischen Industrie 58 Prozent). Eine fiktive kostenneutrale Produktivität wird in der metallverarbeitenden Industrie bei Facharbeitern mit 45 Prozent, bei Angelernten mit 36 Prozent, bei Hilfsarbeitern mit 46 Prozent und bei Arbeiterinnen mit 63 Prozent angenommen.[38] Die tatsächliche Produktivität der Häftlinge war nach Schätzun-

---

37 Interview, zit. nach Barbara Hopmann u. a., Zwangsarbeit bei Daimler-Benz, Stuttgart 1994, S. 93.
38 Mark Spoerer, Profitierten Unternehmen von KZ-Arbeit? Eine kritische Analyse der Literatur, in: Historische Zeitschrift 268 (1999), S. 61–95, hier S. 68.

gen gering, in der Sparte Bau lag sie bei durchschnittlich 33 Prozent, in der industriellen Produktion bei 40–60 Prozent. Demnach waren KZ-Häftlinge in der Regel nicht oder allenfalls geringfügig billiger als vergleichbare deutsche Arbeitskräfte, und das bedeutet auch, dass – unter Berücksichtigung der Arbeitsproduktivität – die Mietgebühren für die Häftlinge nach betriebs- und volkswirtschaftlichen Gesichtspunkten sogar marktkonform schienen.[39]

Diese Feststellung, die selbstredend unabhängig von der moralischen Bewertung der Zwangsarbeiterbeschäftigung ist, führt zur Frage nach den Motiven, Erwartungen und strategischen Zielen der Unternehmer, die im Zweiten Weltkrieg mit der Arbeitskraft von Häftlingen produzierten, und nach dem Entscheidungsspielraum, der im NS-System für die Wirtschaft bestand. Viele Dokumente und die Aussagen führender SS-Funktionäre belegen die generelle (wenngleich nicht ganz ausnahmslose) Rekrutierung der Häftlinge durch Anforderung der Industrie, und die Möglichkeit, auf den Einsatz von Zwangsarbeitern zu verzichten, bestand selbstverständlich auch. Daraus folgt, dass unternehmerische Ziele mit der Beschäftigung von Zwangsarbeitern verbunden waren, da die Annahme, die Industrie habe aus ideologischen Gründen stets im Gleichklang mit dem NS-Regime agieren wollen, ebenso ausscheidet wie die Vermutung, Zwangsarbeiter seien von der Industrie beschäftigt worden, um sie vor der Vernichtung zu retten. Der Historiker Mark Spoerer kommt in einer Untersuchung zur Frage, ob Unternehmer von KZ-Arbeit profitierten, zu Feststellungen, die Grundsatzcharakter haben, nämlich

- dass durch die Existenz eines KZ-Kontingents nicht ohne weiteres auf das Einverständnis des Betriebs mit Zwangsarbeiterbeschäftigung geschlossen werden kann,
- dass es zwar einige Fälle gibt, in denen Unternehmen den Einsatz von KZ-Häftlingen abgelehnt haben,
- dass aber in der überwiegenden Mehrheit der dokumentierten Fälle die Privatwirtschaft sich um Häftlingskontingente bemühte, und zwar in Kenntnis der elenden Lebens- und Arbeitskonditionen der Zwangsarbeiter.[40]

39 Ebenda, S. 70.
40 Ebenda, S. 88.

Welches waren dann also die Gründe für die Anforderung von Zwangsarbeitern, wenn Profiterwartungen nur eine eher marginale Rolle spielen konnten? Einmal wollten Unternehmer Positionsverluste auf dem Markt vermeiden, die mit dem Verlust von Aufträgen verbunden waren. In der staatlich dirigierten Rüstungswirtschaft drohte der Verlust von Fachpersonal oder von ganzen Betrieben, wenn Rüstungsaufträge nicht durchgeführt werden konnten. Die Hoffnung, durch möglichst viele Rüstungsaufträge den Bestand an Facharbeitern und Maschinen über das Kriegsende hinweg retten und sichern zu können, war zweifellos eine der wichtigsten Triebfedern für die Entscheidung zum Häftlingseinsatz. Der Vorstandsvorsitzende von Daimler-Benz fand für die Situation und die daraus resultierende Unternehmensstrategie im April 1944 gegenüber dem Vorstand die Worte: „Die Dinge mögen sich verändern, eines ist sicher: Der, der es verstanden hat, sich über den Krieg die Produktionsmittel zu verschaffen, wird der Stärkere sein."[41]

Der Zugriff auf die letzten Reserven des Produktionsfaktors Arbeit – die KZ-Häftlinge – sollte also vor allem der Rettung des Produktionsfaktors Kapital dienen. Darin bestand letztlich das unternehmerische Kalkül beim Einsatz von Zwangsarbeitern am Ende des Zweiten Weltkriegs. Die Perspektive der Zwangsarbeiter kannte dagegen in erster Linie Hunger und Elend, Lebensgefahr, Entkräftung, Todesangst.

Die letzte Möglichkeit, Arbeitskräfte zu rekrutieren, bestand in der Deportation von Juden, die eigentlich zur Ermordung nach Auschwitz transportiert worden waren, zu den Produktionsstätten auf deutschem Boden. Im Frühjahr 1944, als Hitler das befahl, betraf das in der Mehrzahl Juden, die durch die Besetzung Ungarns im März 1944 gerade erst in den Sog des Völkermords geraten waren. 100 000 ungarische Juden wurden von Hitler als Sklaven ins Deutsche Reich befohlen, das kurz zuvor triumphierend „judenfrei" gemeldet worden war. Der Kreis schloss sich damit: Zwangsarbeit hatte mit dem Einsatz von KZ-Insassen und Juden begonnen. Das letzte Aufgebot des NS-Regimes vor dem Zusammenbruch bestand aus den zur Vernichtung bestimmten ungarischen Juden, die aus Auschwitz zur deutschen Rüstungsindustrie umdirigiert wurden.

41 Barbara Hopmann u. a., Zwangsarbeit bei Daimler-Benz, Stuttgart 1994, S. 492; vgl. Angela Martin, „Ich sah den Namen Bosch". Polnische Frauen als KZ-Häftlinge in der Dreilinden Maschinenbau GmbH, Berlin 2002.

GERHARD JOCHEM

Der Einsatz ausländischer Arbeitskräfte während des Zweiten Weltkriegs am Beispiel der Stadtverwaltung Nürnberg

Vorbemerkung

Ergänzend zu Barbara Ostyns authentischer Schilderung des „Fremdarbeitereinsatzes"[1] wird im Folgenden versucht, ihrer persönlichen Sicht die Aussagen der archivalischen Überlieferung gegenüberzustellen, um zu zeigen, welche Handlungsspielräume für die Verantwortlichen vor Ort bestanden, wie sie diese nutzten und welche Konsequenzen ihr Tun für die Menschen hatte, die in ihrer überwiegenden Mehrheit unfreiwillig in Nürnberg arbeiten mussten.

Die Beschränkung auf Beispiele aus dem Bereich der damaligen „Stadt der Reichsparteitage Nürnberg" ist dabei zunächst der konzentrierten Darstellung geschuldet, zu der ein solcher Rahmen zwingt. Ausschlaggebend für den Forscher ist aber, dass für die Nürnberger Stadtverwaltung im Gegensatz zu den privaten Beschäftigungsbetrieben ein Quellenfundus zugänglich ist, der trotz großer Lücken fundierte Aussagen zumindest über Teilaspekte des Themas zulässt. Dieses Faktum ist umso wichtiger, da in Nürnberg wie in den meisten deutschen Großstädten zentrale Überlieferungen, insbesondere der Arbeitsämter, als Totalverlust anzusehen sind – obwohl sie nach Kriegsende nachweislich noch vorhanden waren.[2]

---

1   Zur Terminologie s. Wolfgang Benz/Hermann Graml/Hermann Weiß (Hrsg.), Enzyklopädie des Nationalsozialismus, Stuttgart 1997, S. 470 f., Artikel „Fremdarbeiter" von Peter Widmann.
2   Vgl. Stadtarchiv Nürnberg (künftig: StadtAN), F 6 Nr. 100, Bericht der Militärregierung Nürnberg an ihre vorgesetzte Dienststelle über durch Kriegseinwirkung

Zusätzlich bietet diese Herangehensweise die Möglichkeit, wegen der Einbindung der Stadtverwaltung in grundsätzliche Angelegenheiten des Arbeitseinsatzes wie die Gesundheitsfürsorge oder die Bereitstellung von Flächen für Lagergelände auch übergreifende Themenbereiche auszuleuchten.[3]

Vorbereitungen für den massenhaften Einsatz ausländischer Arbeitskräfte 1938–1940

Wie konkret die Planungen für den Krieg bereits zu diesem Zeitpunkt selbst auf lokaler Ebene waren, zeigt ein Aktenvermerk des Hochbauamtes/Abt. Materialbewirtschaftung (H/M) an die gesamtstädtische Personalverwaltung vom 23. 9. 1938 anlässlich der so genannten Sudetenkrise. Darin stellt H/M, das später tatsächlich für den Betrieb der kommunalen Fremdarbeiterlager zuständig war, bezüglich der von ihm verwalteten Infrastrukturen auf dem Reichsparteitagsgelände lakonisch fest, dass „in einem Mob[ilmachungs-]Fall [...] mit einer eventuellen Verwendung der bestehenden Lager (SS-, SA- u. Arbeitsdienstlager) als Gefangenen- u. Internierungslager" gerechnet werden müsse.[4]

Blieb die Nutzung des als Nürnberger Spezifikum anzusehenden weitläufigen und verkehrs- wie versorgungstechnisch gut erschlossenen Areals im Südosten der Stadt im Falle der „Sudetenkrise" noch aus, so folgte knapp ein Jahr später nach dem Überfall auf Polen die Nagelprobe. Schon zwei Wochen nach dem Einmarsch richtet die Wehrmachts-Kommandantur Nürnberg-Fürth am 19. 9. 1939 ein geheimes Schreiben an den Nürnberger Oberbürgermeister als Geschäftsführer des Zweckverbandes Reichsparteitag Nürnberg (ZRN), in dem es ihn „um Sicherstellung des ganzen SA-Lagers Langwasser einschließlich der Baracken" bittet. Weiter heißt es darin: „Das Lager ist zum Teil bereits belegt und wird in den nächsten

---

    vernichtete Unterlagen in Stadt- und Landkreis Nürnberg vom 16. 7. 1945. Hier wird lediglich ein Verlust von 5 % der einschlägigen Akten des Nürnberger Arbeitsamtes gemeldet (zum Vergleich: Polizei 70 % Verlust).

3 Zu vergleichbaren Resultaten bezüglich der Rolle der Gemeinden gelangt Annette Schäfer, Zwangsarbeit in den Kommunen. „Ausländereinsatz" in Württemberg 1939–1945, in: Vierteljahrshefte für Zeitgeschichte 49 (2001), S. 53–75.

4 StadtAN, C 32 Nr. 73, Personalverhandlungen 1937–1944.

Tagen dringend zur Errichtung eines Kriegsgefangenenlagers benötigt."⁵ Die sofort im „Stammlager XIII" (Stalag XIII) zusammenströmenden Kriegsgefangenen, zunächst aus Polen, seit Mai 1940 entsprechend dem Kriegsverlauf auch aus Belgien, Frankreich und Serbien, bildeten das erste frei verfügbare Arbeitskräftepotenzial, dessen sich auch die Stadtverwaltung Nürnberg bediente.⁶

Die Beschäftigung von Kriegsgefangenen bei der Stadtverwaltung Nürnberg

Das unmittelbar nach Kriegsbeginn eingerichtete (Mannschafts-)Stammlager (im Gegensatz zu den „Oflag" genannten Offizierslagern) differenzierte sich ab August 1940 in ein System mit drei Stalags im Bereich des Wehrkreises XIII (XIII A Hohenfels bei Parsberg, XIII B Weiden, XIII C Hammelburg) mit bis zu 500 Arbeitskommandos, davon allein 150 im Stadtgebiet Nürnberg, zu denen nach einer Umgruppierung im August 1943 wieder das Stalag XIII D auf dem Reichsparteitagsgelände hinzutrat.⁷ Nach derselben Quelle stand der regionalen Wirtschaft in Nordbayern zwischen 1943 und Ende 1944 ein durchschnittliches Arbeitskräftereservoir von ca. 32 000 arbeitspflichtigen Gefangenen zur Verfügung, auf das man mittels eines Leihvertrags mit der jeweiligen Lagerleitung zugreifen konnte, wenn hierfür das Einverständnis der Arbeitseinsatz- und Rüstungsbehörden vorlag. Leihgebühren und Löhne waren an die Wehrmacht abzuführen.

Erste Versuche seitens der Stadtverwaltung, solche Arbeitskräfte zu rekrutieren, lassen sich anhand der Akten seit dem Oktober und November 1940 feststellen, als nacheinander beim Entwässerungsamt, Gartenbauamt

---

5   StadtAN, C 32 Nr. 1190, Schriftverkehr über die Verwendung des SA-Lagers als Kriegsgefangenenlager 1939–1944.

6   Trotz intensiver Recherchen konnte für die Stadtverwaltung Nürnberg der „geschlossene Arbeitseinsatz" der ansässigen Juden vor ihrer Deportation nicht nachgewiesen werden. Zur Quellenlage für die Stadt Würzburg s. Dieter Maier, Arbeitseinsatz und Deportation. Die Mitwirkung der Arbeitsverwaltung bei der nationalsozialistischen Judenverfolgung in den Jahren 1938–1945, Berlin 1994, S. 46 ff.

7   Angaben nach: StadtAN, C 36/I Nr. 322, Anlagen zur Stadtchronik, Brief von Major a. D. Pellet, ehem. Kommandant des Stalag XIII D, vom 17. 5. 1949 an das Stadtarchiv.

und städtischen Gaswerk Kommandos aus französischen und belgischen (wallonischen) Kriegsgefangenen in einer Stärke zwischen 10 und 40 Mann zum Einsatz kamen.[8] Eine merkliche Ausdehnung erfuhr die Verwendung der Kriegsgefangenen in der Folgezeit beim Bunkerbau-programm unter der Leitung des Hochbauamtes/Abt. Luftschutz (H/L). Georg Wolfgang Schramm[9] beziffert die von H/L und den von diesem beauftragten Regiefirmen bei den Bunkerbauten der ersten Welle ab November 1940 eingesetzten Kriegsgefangenen mit Standzahlen zwischen 44 (Dez. 1940) und 195 (Jan. 1941).

Zum Jahresende 1940 hatte die Beschäftigung von Kriegsgefangenen bei der Stadt Nürnberg bereits einen solchen Umfang angenommen, dass den Dienststellen mit der Direktorialverfügung Nr. 181 „Beschäftigung von Kriegsgefangenen (Zusammenfassung der zur Zeit geltenden Vorschriften)" vom 20. 12. 1940 eine detaillierte Handlungsanweisung gegeben werden musste, in der sämtliche Aspekte von Unterkunft und Verpflegung über Arbeitskleidung, hygienische Maßnahmen bis hin zur Festlegung der Arbeitszeit geregelt wurden. Als charakteristisch für den Grundton der Verordnung sei hier der Wortlaut der Regelungen zur Arbeitszeit und zum Umgang mit den Kriegsgefangenen auszugsweise wiedergegeben:[10]

„Bei der Regelung der Arbeitszeit der Kriegsgefangenen ist davon auszugehen, daß hinter den Erfordernissen der deutschen Wirtschaft alle sonstigen Rücksichten zurückzutreten haben. Die Arbeitskraft der Kriegsgefangenen ist auf das schärfste anzuspannen. [...] Besonders die deutsche Frau darf in keinerlei Beziehungen zu den Kriegsgefangenen treten; sie verliert sonst ihr höchstes Gut, ihre Ehre. Eine deutsche Frau bezeigt den Kriegsgefangenen überhaupt kein Interesse. [...] Hauptgrundsatz: <u>Feind bleibt Feind!</u>"

Der Überfall auf die Sowjetunion am 22. 6. 1941 eröffnete auch auf lokaler Ebene einen schier unerschöpflichen Nachschub an menschlicher Arbeitskraft, dessen Attraktivität noch dadurch gesteigert wurde, dass hier

---

8   Zahlen und Daten kompiliert aus StadtAN, C 18/I Nr. 610 und 611.
9   Georg Wolfgang Schramm, Der zivile Luftschutz in Nürnberg 1933–1945. 2 Bde., Nürnberg 1983, Bd. I, S. 355.
10 Exemplar in StadtAN, C 118 Nr. 1120 (Hervorhebung im Original).

im Gegensatz zu den Westalliierten auch die höher qualifizierten Offiziersränge zur Arbeit gezwungen werden konnten, da die Sowjetunion nicht der Genfer Konvention beigetreten war, die dies den Kombattanten verbot. Bereits am 21. 8. 1941 erging deshalb über den Regierungspräsidenten in Ansbach eine Richtlinie des Wehrkreiskommandos XIII über den Arbeitseinsatz sowjetischer Kriegsgefangener im Reichsgebiet an potenzielle Beschäftigungsbetriebe wie die Nürnberger Stadtverwaltung.[11] Eine erste gezielte Anforderung solcher Kräfte durch die Werke und Bahnen der Stadt Nürnberg (WuB) findet sich unter dem Datum 12. 3. 1942 in den Akten des Personalamtes,[12] in der „100 russische Kriegsgefangene oder Zivilarbeiter" zur Schließung der durch die sich ständig ausweitenden Einberufungen von Stammpersonal zur Wehrmacht gerissenen Lücken erbeten werden. Da weitere Bearbeitungsvermerke fehlen, kann die Realisierung dieses Wunsches nicht verifiziert werden.

Den zahlenmäßigen Höhepunkt der Verwendung von Kriegsgefangenen bei der Stadt Nürnberg bildete die für November/Dezember 1944 mittels Lohnlisten[13] nachweisbare Beschäftigung der Arbeitskommandos 410 und 410a bei der Abteilung Sofortmaßnahmen des Hochbauamtes (H/S), die aus insgesamt maximal 1279 sowjetischen Kriegsgefangenen bestanden und im Krippenheim Wetzendorfer Straße bzw. dem teilzerstörten Lutherschulhaus untergebracht waren. Entsprechend der Intensivierung des Luftkrieges waren Schutträumung und Reparaturarbeiten an der öffentlichen Infrastruktur die Hauptaufgaben dieser Männer. Ebenfalls belegbar sind seit dem Luftangriff vom 25. 2. 1943 fallweise Einsätze von Kriegsgefangenenbaubataillonen (Dachdecker, Glaser, Schreiner) auf Anforderung des Oberbürgermeisters, die reichsweit von der Wehrmacht koordiniert wurden, und bei verschiedenen Luftschutzbaumaßnahmen.[14]

Eine Hochrechnung aus den einschlägigen städtischen Provenienzen (Personalamt, Hochbauamt, Kriegsschädenamt) ergibt, dass unter Berücksichtigung der Fluktuation während des Krieges ca. 1415 Kriegsgefangene

---

11 Abdruck in StadtAN, C 18/I Nr. 610.
12 Vermerk WuB, Abt. Straßenbahn, an Personalamt in: StadtAN, C 18/I Nr. 610.
13 StadtAN, C 52/I Nr. 55, Lohnlisten des „M.-Stammlagers XIII D", November und Dezember 1944.
14 StadtAN, C 118 Nr. 24–30, Einsatz- und Abrechnungsunterlagen 1943–1944.

unmittelbar für die Stadt Nürnberg arbeiteten, davon in der überwiegenden Mehrheit Soldaten der Roten Armee. Damit befand sich die Stadtverwaltung neben den Rüstungsfirmen MAN (ca. 2000) und Siemens (ca. 1500) in der Spitzengruppe der Beschäftigungsbetriebe von Kriegsgefangenen in Nürnberg.[15] Über die oft erbärmlichen Lebensbedingungen gerade der sowjetischen Kriegsgefangenen als Angehörigen einer der niedrigsten Kategorien innerhalb der Hierarchie ausländischer Arbeitskräfte geben lokale Untersuchungen und Erinnerungen von Zeitzeugen Auskunft.[16]

Die Anfänge des zivilen Fremdarbeitereinsatzes bei der Stadt Nürnberg 1940–1942: Italiener und Polen

Sämtliche Kontakte der Stadt Nürnberg im Zusammenhang mit der Gewinnung von ausländischen Arbeitskräften liefen im fraglichen Zeitraum über das Personalamt. Es verfasste auf Veranlassung der ihren Kräftebedarf anmeldenden Dienststellen die Anträge an das (Gau-)Arbeitsamt Nürnberg oder berichtete monatlich die Beschäftigtenzahlen an den Regierungspräsidenten für Mittel- und Oberfranken in Ansbach.

Dementsprechend erscheinen die ersten konkreten Aussagen über ausländische Zivilarbeiter aus nicht verbündeten Staaten bei der Stadtverwaltung in Unterlagen dieser Dienststelle: Seit dem 18. 11. 1940 arbeiteten 13 polnische Müllauflader beim städtischen Reinigungsamt, seit 27. 11. 1940 weitere 15 Polen im Schlachthof als Reinigungskräfte, nachdem dort zuvor Versuche mit ins Reichsgebiet umgesiedelten Wolhynien- und Bessarabiendeutschen gescheitert waren.[17] Der späte Zeitpunkt der dauerhaften Heranziehung solcher Arbeiter, 15 Monate nach Kriegsbeginn und nahezu zeitgleich mit dem Einsatz der ersten Kriegsgefangenen, mag zunächst verwundern. Dabei gilt es zu berücksichtigen, dass es nach dem für Deutschland erfolg-

15 Angaben nach: StadtAN, C 36/I Nr. 322, Anlagen zur Stadtchronik, Brief von Major a. D. Pellet, ehem. Kommandant des Stalag XIII D, vom 17. 5. 1949 an das Stadtarchiv.
16 Erika Sanden, Das Kriegsgefangenenlager Nürnberg-Langwasser 1939–1945. Ergebnisse einer Spurensuche, Nürnberg 1993.
17 StadtAN, C 18/I Nr. 630, Verwendung von ausländischen Arbeitern (Polen usw.) bei städtischen Dienststellen 1940–1942.

reichen Abschluss des Polen- und Frankreichfeldzuges zu Entlassungen aus dem Wehrdienst gekommen war, die auch die gelichteten Reihen des städtischen Personals wieder aufgefüllt hatten.

Die allmähliche Zunahme der ausländischen Beschäftigten bei der Stadt ließ die Frage der Unterbringung für die Verantwortlichen dringlich werden.[18] Zur Lösung des Problems griff man zunächst auf Einrichtungen des Zweckverbandes Reichsparteitag Nürnberg (ZRN) zurück. Ab Oktober bzw. Dezember 1940 richtete man in der Regensburger Straße 215 und der Alten Regensburger Straße 44 so genannte Gemeinschaftslager für die Arbeiter des ZRN, der Stadt und privater Unternehmen ein, durch die bis Kriegsende Tausende von Bulgaren, Italienern, Polen, Franzosen, Serben, Rumänen, Kroaten, Belgiern und „Ostarbeitern" liefen.[19]

Mit Stand vom 28. 10. 1941 liegt eine erste verlässliche Statistik für das Stadtgebiet Nürnberg vor, die die Gesamtzahl der Ausländer in Firmenunterkünften und Gemeinschaftslagern wiedergibt.[20] Auf der Grundlage von Zahlenmaterial des städtischen Quartieramts, der Deutschen Arbeitsfront und des Arbeitsamtes Nürnberg befanden sich zu diesem Zeitpunkt 6102 Kriegsgefangene, 1879 zivile Fremdarbeiter und 214 Fremdarbeiterinnen, also insgesamt 8195 ausländische Arbeitskräfte in Nürnberg.

Laut einem Schreiben des Personalamtes an das Regierungspräsidium in Ansbach vom 25. 10. 1941 hatte sich der Personalstand der zivilen ausländischen Arbeitskräfte bei der Stadt etwa zum selben Zeitpunkt auf folgende Kopfzahlen erhöht:[21]

„150 italienische Zivilarbeiter (Fach- oder Hilfsarbeiter),
30 polnische Zivilarbeiter (darunter 17 Schuhmacher),

---

18 Eine wegen der Vielzahl derartiger Einrichtungen im Stadtgebiet zwangsläufig unvollständige Verortung der Arbeiterlager im Stadtgebiet versuchte: Bildungszentrum Nürnberg (Hrsg.), Das NS-Staatsverbrechen. Zur Enttabuisierung der zwölf Nürnberger Nachfolgeprozesse. Zwangsarbeit in Nürnberg 1939–1945, bearb. von Gabi Müller-Ballin, Nürnberg 1987, S. 8–11.
19 Da Verwaltungsakten der Lager nicht mehr vorhanden sind, mussten diese Angaben aus folgenden Beständen kumuliert werden: StadtAN, C 7/VIII (Kommunalregistratur), C 18/I (Personalamt/Allgemeine Akten), C 31/III (Ausländerpolizeiakten) und C 31/IV (Ausländerpolizei/Firmenakten).
20 StadtAN, C 7/I Nr. 1647a, Kriegsgefangene 1939–1941.
21 StadtAN, C 18/I Nr. 630.

12 kroatische Zivilarbeiter (darunter 4 gelernte Schlosser),
2 französische Zivilarbeiter,
1 belgischer Zivilarbeiter,
1 volksdeutscher Zivilarbeiter aus Rumänien,
1 Protektoratsangehöriger."

Der tabellarischen Aufstellung folgt ein Bericht über das Verhalten der Arbeitskräfte nach einem von der Bezirksregierung vorgegebenen Formular. In dieser Beurteilung ergibt sich zwischen den beiden größten Fremdarbeitergruppen, den freiwilligen Italienern und den aus dem besiegten Polen stammenden Kräften, ein unerwartetes Ergebnis: Den Italienern wird hinsichtlich ihrer Arbeitsleistung bescheinigt, sie seien „im überwiegenden Maße [...] weit unter dem Durchschnitt. Besonders auffällig ist der Leistungsrückgang bei kaltem und regnerischem Wetter. Entscheidend für die mangelnde Leistung dürfte wohl auch die persönliche Einstellung der Leute sein; ein Interesse an der Arbeit ist nicht vorhanden". Wenig schmeichelhaft ist auch die Feststellung, dass seitens der Italiener „Tätlichkeiten gegen Poliere der Firmen und deutsche Arbeiter [...] auf wenige Einzelfälle beschränkt" geblieben seien.[22]

Das in Folge vom Berichterstatter belobigte Betragen der Polen lag sicherlich nicht zuletzt in deren Bewusstsein über die drakonischen Strafen begründet, mit denen sie der NS-Staat im Gegensatz zu den Italienern bedrohen konnte. Jedenfalls konstatiert das Personalamt, die Arbeitsleistung „der bei der Straßenreinigung eingesetzten polnischen Hilfsarbeiter ist gut und zufriedenstellend; verschiedentlich sogar der Arbeitsleistung der deutschen Arbeiter gleichzusetzen. Ein Rückgang der Leistung durch Witterungseinflüsse war nicht zu beobachten". Ebenso positiv äußerst man sich über ihr allgemeines Verhalten: „Streit oder Tätlichkeiten sind nicht vorgekommen."[23]

Die NS-Propaganda hatte jedoch dazu geführt, dass sich die für den Arbeitseinsatz angeworbenen Polen nicht bei allen Teilen der Nürnberger Bevölkerung ähnlicher Beliebtheit erfreuten wie bei ihren dienstlichen Vorgesetzten. Bereits am 27. Juli 1940 war bei der Leitung des städtischen

22 StadtAN, C 18/I Nr. 630.
23 Ebenda.

Klinikums ein Beschwerdebrief eingegangen, aus dem unverhohlen der von den Nazis geschürte Rassenhass spricht:[24]

„Die gesamten Patienten der II. und Klinik B. 14 nehmen es nicht mehr länger hin, daß dauernd Polen mitten unter die Patienten der Volksgenossen liegen. Dieselben nehmen gemeinsam an den Mahlzeiten sowie allen sonstigen Einrichtungen des allgemeinen städt. Krankenhauses teil. Es ist uns allen auch gut in Erinnerung, daß während des Polenfeldzuges von diesen niedrig gesinnten Leuten ja taußende bester Volksgenossen in geradezu bestialischer und grausamster Weise hingemordet wurden.
Jedesmal wenn ein solcher Patient als Zugang den Krankensaal betritt steigt in allen Herzen ein Gefühl der Wut und Empörung auf, das werden sie auch wohl verstehen können. Daß man diese Leute nicht mit denselben Rechten behandeln darf, wie alle andere ehrenwerte Bürger unserer Stadt steht fest da dies ja Kriegsgefangene sind, ohne jeglichen Verdienst um die Stadt.
Wir bitten daher aus obigen Gründen von diesen Maßnahmen in Zukunft abzusehen, da wir uns sonst genötigt sehen einen höheren Instanzenweg zu beschreiten. In Annahme daß unseren Ersuchen baldiges Entgegenkommen gewährt werden wird zeichnen mit deutschem Gruß Heil Hitler [...]."

Die internen Stellungnahmen und Rechtfertigungen der Abteilungs- und Klinikleitung auf diesen von acht Patienten unterschriebenen dumpfen Drohbrief heben vor allem darauf ab, dass es sich nicht um Kriegsgefangene, sondern um in Industrie und Landwirtschaft dienstverpflichtete Kräfte handle. Schließlich erübrigten sich weitere Schritte wegen der Entlassung der erzürnten „Volksgenossen" aus dem Krankenhaus.[25]

---

24 StadtAN, C 23/I Nr. 316, Versorgung von Kriegsgefangenen im Städtischen Krankenhaus 1940–1943 (Orthografie und Interpunktion nach dem Original).
25 Eine vergleichbare Klage der dortigen NSDAP-Kreisleitung über die gemeinsame Unterbringung von Polinnen und Deutschen im Krankenhaus von Pfaffenhofen (Oberbayern) erwähnt Anton Grossmann, Fremd- und Zwangsarbeiter in Bayern 1939-1945, in: Klaus J. Bade (Hrsg.), Auswanderer – Wanderarbeiter – Gastarbeiter. Bevölkerung, Arbeitsmarkt und Wanderung in Deutschland seit der Mitte des 19. Jahrhunderts. 2 Bde., Ostfildern 1984, Bd. 2, S. 609.

Chronischer Kräftemangel und Konkurrenz mit der Industrie als Konstanten des Arbeitseinsatzes bei der Stadtverwaltung

Die Statistiken des Personalamtes für die Gauwaltung Franken der Deutschen Arbeitsfront, Hauptabteilung Arbeitseinsatz, über die zivile Ausländerbeschäftigung bei der Stadt Nürnberg weisen bis zum April 1942 zunächst einen massiven Rückgang und anschließend eine Stagnation auf niedrigem Niveau aus. Ersterer hatte wohl den Fortschritt an den vom Hochbauamt geleiteten Bunkerbauten[26] der ersten Welle zur Ursache, durch die die noch für Oktober 1941 genannten 150 italienischen Bauarbeiter mittlerweile aus kommunaler Zuständigkeit ausgeschieden waren. Ansonsten sanken die Zahlen im Frühjahr 1942 von 62 (Februar) auf 52 (April) ausländische Arbeitskräfte, von denen die meisten beim Reinigungsamt (19 bzw. 14, überwiegend Polen) und der Wirtschaftsstelle (14 bzw. 13) beschäftigt waren.[27] Bei der Wirtschaftsstelle lag der Sonderfall vor, dass hier 13 polnische Schuster für den Bedarf der Bevölkerung geschlossen eingesetzt waren.

Dass diese Entwicklung nicht dem tatsächlichen Bedarf an Arbeitskräften bei der Stadtverwaltung entsprach, zeigt ein Vorgang beim Reinigungsamt (RgA), der sich über mehr als ein Jahr hinzog.[28] Demnach hatte das RgA bereits am 1. 11. 1941 über das Personalamt einen Antrag auf zusätzliche „Zuweisung von 20 ausländischen Hilfsarbeitern" für die Müllabfuhr gestellt. Nachdem man sich erst gegen die Aufforderung zur Abgabe weiterer polnischer Arbeitskräfte in den Bergbau wehren und nochmals nachhaken musste, teilte das Arbeitsamt der Stadtreinigung am 26. 6. 1942, also mehr als ein halbes Jahr nach dem ursprünglichen Ersuchen, mit: „In ähnlicher Angelegenheit und bei gleicher Dringlichkeit hat der Generalbevollmächtigte für den Arbeitseinsatz einen Auftrag auf Hereinnahme von ausländischen Arbeitskräften bereits abgelehnt." Eine telefonische Rücksprache des Personalamtes mit dem Arbeitsamt am 23. 7. 1942 brachte das wenig befriedigende Ergebnis, dass derzeit „keine Möglichkeit [bestehe], aus-

---

26 Vgl. Schramm, Der zivile Luftschutz, S. 355 f.
27 StadtAN, C 18/I Nr. 630.
28 StadtAN, C 7/VIII Nr. 54.

ländische Arbeitskräfte zuzuweisen, da solche Kräfte restlos für die Rüstungsindustrie eingesetzt werden müssen",[29] es sei jedoch Vormerkung erfolgt. Erst ein Jahr nach der Initiative des Reinigungsamtes erhielt die Stadt am 3. 11. 1942 von der Arbeitsverwaltung das Angebot, 20–25 Polen für die Müllabfuhr einzusetzen. Da aber bis zum 28. 12. 1942 wiederum keine konkrete Zuweisung erfolgt war, brachte erst eine Erinnerung an das Arbeitsamt im Februar 1943 den gewünschten Erfolg: Am 5. 3. 1943 vermerkte das Personalamt: „10 Ostarbeiter wurden zugeteilt. 6 weitere werden angefordert."[30]

Dieser Ablauf steht exemplarisch für die Konflikte, denen sich die Funktionäre bei der Stadt und den lokalen Stellen der Arbeitseinsatzverwaltung gegenübersahen und die immer wieder in den Akten aufscheinen: Dem Rückgang des Arbeitskräfteangebots standen sowohl der stetig wachsende Bedarf in der Rüstungsindustrie als auch seit Beginn der Großangriffe Ende August 1942 die städtischerseits zu behebenden Folgen des eskalierenden Luftkriegs als letztlich nicht mehr zu bewältigende Aufgabe gegenüber.

Gelang es der Stadtverwaltung einmal, sich Arbeitskräfte zu sichern, so musste sie möglicher Eingriffe seitens Staat und Partei gewahr sein. Am 19. 2. 1944 etwa erhielt der Nürnberger Oberbürgermeister vom Bauvollmächtigten im Bezirk der Rüstungsinspektion XIII eine gereizte Demarche wegen des vorgeblich zweckfremden und zu laschen Einsatzes von Kriegsgefangenen und ausländischen Arbeitskräften bei Schneeräumungsarbeiten:[31]

„Sehr geehrter Herr Oberbürgermeister,

In den letzten Tagen wurde ich wiederholt in Besprechungen bei der Gauleitung, beim Präsidenten des Gauarbeitsamtes und in der Rüstungskommission darauf aufmerksam gemacht, daß Kriegsgefangene und zivile ausländische Arbeitskräfte zu Schneeräumungsarbeiten in der Stadt eingesetzt sind. Dabei erregt die mangelnde Arbeitsintensität dieser Kräfte erhebliche Beunruhigung in der Bevölkerung und bei den mit dem Arbeitseinsatz befaßten Dienststellen.

---

29 StadtAN, C 7/VIII Nr. 54.
30 Ebenda.
31 Abschrift in StadtAN, C 7/VIII Nr. 6079.

Ich konnte dazu nur feststellen, daß meine Zustimmung zu einem Einsatz der für Bauarbeiten zugeteilten Arbeitskräfte für Schneeräumarbeiten weder eingeholt noch erteilt wurde [...]. Sollte im Bereich der Stadtverwaltung eine derartige Beschäftigungsmöglichkeit nicht gegeben sein, bin ich jederzeit in der Lage eine für einige hundert Arbeitskräfte ausreichende Einsatzmöglichkeit bei vordringlichen Bauarbeiten in der Rüstungsindustrie nachzuweisen. Auf keinen Fall kann es vertreten werden, daß gerade in diesen Tagen, in denen der letzte deutsche Mann und die letzte deutsche Frau zum freiwilligen Arbeitseinsatz aufgerufen wird, der Eindruck entsteht, daß Hunderte von Ausländern in den Straßen der Stadt herumfaulenzen.
[...] Es ist Ihnen, sehr geehrter Herr Bürgermeister, ja bekannt, daß in der Bauwirtschaft innerhalb des Rüstungsinspektionsbereichs XIII ein Fehlbedarf von einigen Tausend Fach- und Hilfskräften besteht. Sie werden es daher verstehen, daß ich gezwungen bin, die für Bauarbeiten im Bereich der Stadt Nürnberg zugeteilten Arbeitskräfte dann zu anderen Bauarbeiten umzusetzen, wenn ich feststellen muß, daß sie hier für andere als Bauarbeiten eingesetzt und nicht zu Höchstleistungen angehalten werden."
Die Stadtspitze reagierte ausgesprochen kleinlaut auf die ideologisch mit dem „Volksempfinden" verbrämten Vorwürfe des Baubevollmächtigten und wies die zuständigen Dienststellen an, künftig Sonderkräfte für Schneeräumung nur durch Vermittlung des Arbeitsamtes einzustellen und zu verwenden.[32] Offenbar war man sehr daran interessiert, das Verhältnis zum Rüstungskommando nicht unnötig zu belasten, da man gegenüber der Industrie ohnehin meist die schlechteren Karten bei der Kräftezuweisung hatte.[33]

---

[32] StadtAN, C 7/VIII Nr. 6079, Vermerk Dezernat IV vom 15. 3. 1944 an Stadtreinigungsamt.
[33] Schäfer, Zwangsarbeit in den Kommunen, S. 58 ff., kann anhand der Beispiele Stuttgart und Heidenheim die massiven Konflikte zwischen Industrie, Gemeinden und Arbeitseinsatzverwaltung noch nach dem Ostarbeitereinsatz belegen, die selbst persönliche Interventionen der (Ober-)Bürgermeister nicht bereinigen konnten.

Die Stadt Nürnberg als Kostenträgerin von Ausländerbordellen

Mit Beginn der massenhaften Ausländerbeschäftigung im Reichsgebiet tat sich durch den unvermeidlichen Kontakt zwischen Fremdarbeitern und deutscher Bevölkerung ein unlösbares Dilemma zwischen den ideologischen Ansprüchen der NS-Rassendoktrin und den tatsächlichen Erfordernissen des Alltags auf, dessen konkrete Ausformungen hinreichend dargestellt sind.[34] Der panischen Angst des Systems vor einer menschlichen Annäherung mit der vermuteten Gefahr einer Aufweichung des Feindbildes oder gar einer politischen Infiltration versuchte man durch brutalste Bestrafung der Ausländer zu begegnen, den deutschen Beteiligten drohten Haft und soziale Ächtung. Da aber selbst die Nationalsozialisten nicht ernsthaft glauben konnten, die menschliche Natur durch einfache Ver- und Gebote reglementieren zu können, versuchte man sie zu verwalten.

Schon am 17. 9. 1941 erhielt das Personalamt der Stadt Nürnberg über das Arbeitsamt ein Rundschreiben des Reichsarbeitsministers unter dem Titel „Schaffung von Bordellen für fremdvölkische Arbeiter".[35] Darin lobt dieser angesichts von damals fast 1,2 Millionen „fremdvölkischen" Arbeitern im Reich die Eigeninitiative von Großbetrieben bei der Einrichtung von Bordellen. Da solche Aktivitäten jedoch Einzelfälle geblieben seien, müsse „die Schaffung von Bordellen für fremdvölkische Arbeiter [...] nunmehr in größerem Umfange und beschleunigt in Angriff genommen werden". Weil aber nicht jeder Beschäftigungsbetrieb ein solches unterhalten könne, sei ein Zusammenschluss wünschenswert, den die Deutsche Arbeitsfront zum Zwecke der Errichtung und Verwaltung von Bordellbaracken mit der Gründung einer Firma unter dem unverfänglichen Namen „Häuser- und Baracken-Bau G.m.b.H., Berlin" unterstützen werde. Im Zusammenwirken von Gestapo, den Gauobmännern der Deutschen Arbeitsfront, den Präsidenten der Industrie- und Handelskammern und den Kommunaldezernenten seien die Einzelheiten des Betriebs zu regeln. Der Aufruf des

---

34 Zur Praxis auf lokaler Ebene z. B. Andreas Heusler, Ausländereinsatz. Zwangsarbeit für die Münchner Kriegswirtschaft 1939–1945, München 1996, und Wolfgang Kucera, Fremdarbeiter und KZ-Häftlinge in der Augsburger Rüstungsindustrie, Augsburg 1996.
35 StadtAN, C 18/I Nr. 630.

Ministers gipfelt in dem Satz: „Ich bitte daher, die Betriebsführer mit Nachdruck darauf hinzuweisen, daß die Schaffung von Bordellen auch aus biologischen Gründen eine unausweichliche Pflicht ist."[36]

Zur Abwicklung dieses Vorhabens auf lokaler Ebene meldete sich mittels eines streng vertraulichen Schreibens die Industrieabteilung der Wirtschaftskammer Bayern, Zweigstelle Nürnberg, am 22. 12. 1941 beim Oberbürgermeister der Stadt, um den auch in dieser Frage zentralen Aspekt der Finanzierung zu klären. Es stehe nun fest, dass die im Verlauf des Briefes nur noch verschämt „B-Baracken" genannten Gebäude auf Kosten der Beschäftigungsbetriebe gebaut und unterhalten werden müssten. Der Polizeipräsident habe deshalb die Wirtschaftskammer mit der Erhebung der erforderlichen Beiträge bis zum 1. 1. 1942 beauftragt. Angesichts der Gesamtbeschäftigtenzahl männlicher Ausländer in Nürnberg und den Fixkosten pro „B-Baracke" von RM 120 000,- entfielen demnach RM 1225,- als Beitrag auf die Stadt. Die Zahlung sei bis zum angegebenen Datum auf das Sonderkonto „Barackenbau" bei der hiesigen Zweigstelle der Bank der Deutschen Arbeit zu leisten.

Auch seitens der Stadt wird dieses heikle Thema verwaltungskonform und ohne jeden moralischen oder ideologischen Widerstand erledigt: Das Personalamt aktualisiert die der Wirtschaftskammer vorliegenden Beschäftigtenzahlen mit Stand vom 30. 12. 1941 auf 57 männliche Fremdarbeiter in Diensten der Verwaltung und gelangt so zu einem Betrag von 1995,- RM, den es pünktlich am 30. 12. 1941 überweist. Anschließend zieht es die Teilbeträge von den betroffenen Dienststellen wieder ein.

Letztmals erwähnt wird die Existenz eines von der Stadt Nürnberg mitgetragenen Ausländerbordells in der kommunalen Überlieferung Ende Oktober 1942.[37] Die Akten geben keine Auskunft über den Standort der „B-Baracke" oder die weitere Entwicklung, ebenso wenig über die Rekrutierung der dort beschäftigten Frauen.[38]

36 Ebenda.
37 Ebenda.
38 Die vergleichsweise dichte Überlieferung insbesondere der Polizei erlaubt es Heusler, Ausländereinsatz, S. 212–222, die lokale Entwicklung der Bordellbaracken in München ausführlicher zu beschreiben. Zur Situation in Württemberg s. Schäfer, Zwangsarbeit in den Kommunen, S. 73 ff.

Dass die Verwaltung des Geschlechtstriebs der Ausländer und der eigenen Bevölkerung selbst durch ein totalitäres System letztlich zum Scheitern verurteilt war, beweist eine Auswertung der beim Staatsarchiv Nürnberg vorhandenen Sondergerichtsakten aus der Zeit von 1939 bis 1945 unter dem Aspekt von Delikten, die unter Beteiligung von Ausländern begangen wurden.[39] Bei 299 in diesem Zeitraum im Oberlandesgerichtsbezirk Nürnberg verhandelten einschlägigen Fällen lautete in 202 die Anklage auf „verbotenen Umgang" von deutschen Frauen mit Ausländern. Die gegen die Frauen ausgesprochenen Strafen bewegten sich hierbei von 8 Monaten Gefängnis für einen Tanz mit einem französischen Kriegsgefangenen über 1 1/2 Jahre für das Küssen eines Russen bis hin zu 5 Jahren Zuchthaus für Geschlechtsverkehr mit einem sowjetischen Kriegsgefangenen.[40]

Der Einsatz von Ostarbeitern seit Juni 1942

Die „Ostarbeitererlasse" vom 20. 2. 1942, mit denen nach langem Widerstreben der Ideologen in Partei und Reichssicherheitshauptamt die Grundlage für eine Eingliederung dieser Personengruppe in das NS-System als rassisch minderwertige Verfügungsmasse geschaffen wurde, und die Installation des thüringischen Gauleiters und „Alten Kämpfers" Fritz Sauckel am 21. 3. 1942 als „Generalbevollmächtigter für den Arbeitseinsatz" markierten einen tiefen Einschnitt, der den gesamten Charakter der Ausländerbeschäftigung im Reich veränderte und dessen Folgewirkungen bereits wenige Wochen später in Nürnberg zu spüren waren. Am 13. 4. 1942 erhielt die Geschäftsführung des Zweckverbandes Reichsparteitag Nürnberg das Protokoll einer Besprechung vom gleichen Tag über die Errichtung von Wohnbaracken für die zu erwartenden Arbeitskräfte aus dem besetzten Teil der Sowjetunion.[41] Unter dem Vorsitz von Direktor Dr. Knott

---

39 Staatsarchiv Nürnberg (künftig: StAN), Findbuch Sondergerichtsakten, 3 Bde.
40 Zahlreiche Beispiele solcher Delikte, vor allem aus dem ländlichen bayerischen Raum, und deren Konsequenzen für die ausländischen und deutschen Beteiligten beiderlei Geschlechts bietet Anton Grossmann, Polen und Sowjetrussen als Arbeiter in Bayern 1939–1945, in: Archiv für Sozialgeschichte XXIV (1984), S. 355–397, hier S. 381–387.
41 StadtAN, C 32 Nr. 1196.

von den Siemens-Schuckert-Werken und in Anwesenheit von Vertretern der Rüstungsinspektion und der größeren Nürnberger Industriefirmen referierte zunächst der Leiter des Landesarbeitsamtes, Regierungsdirektor Ritter,

> „daß durch die Maßnahmen des neuen Beauftragten für den Arbeitseinsatz, Sauckel, mit einer sehr schnellen Vermehrung der russischen Zivilarbeiter in Nürnberg gerechnet werden müsse. 5000 Russen befänden sich bereits im Sammellager Hammelburg, 6–7000 wären z. Zt. im Anrollen, weitere 4000 seien angekündigt. Von diesen 15–16 000 Zivilrussen würde Nürnberg innerhalb eines Monats rund 10 000 bekommen. Das bedeute, daß diese Arbeitskräfte viel früher hier eintreffen würden, als Unterkünfte beschafft werden könnten".[42]

So verlockend diese Perspektive für die Bedarfsträger sein musste, so immens waren auch die organisatorischen Herausforderungen, berücksichtigt man, dass sich zur Jahreswende 1941/42 im Stadtgebiet von Nürnberg und Fürth gerade einmal 8040 ausländische Arbeitskräfte[43] aufgehalten hatten, von denen die Mehrheit nicht den strengen Auflagen hinsichtlich Bewachung, geschlossenem Arbeitseinsatz und separater Lagerunterbringung unterworfen war wie die „anrollenden" Ostarbeiter. Ritters Vorschlag zur Unterbringung zielte auf die Errichtung von „große[n] Ausländerkolonie[n] in Barackenform, getrennt nach Nationen" rund um Nürnberg. Wie langfristig damals selbst Beamte der Mittelebene das „Tausendjährige Reich" vorausplanten, zeigt Ritters Nachsatz, es sei bei allen Überlegungen zu berücksichtigen, „daß die Arbeitskräfte aus dem Osten auch nach dem Kriege hier bleiben müßten".[44]

Unter Einbeziehung der Stadt machte man sich unmittelbar nach dieser Besprechung an die Lösung der Detailprobleme, insbesondere die Suche nach schnell verfügbaren Arealen für die Ostarbeiterlager. Wie schon zu Jahresende 1940 traten hierbei zunächst die Geländereserven des Zweckverbandes Reichsparteitag Nürnberg in den Blickpunkt, von denen

---

42 StadtAN, C 32 Nr. 1196.
43 StAN, Regierung von Mittelfranken, Kammer des Innern, Abgabe 1978 Nr. 1773, Veränderungsanzeige der ausländischen Zivilarbeiter vom Polizeipräsidium der Städte Nürnberg und Fürth an den Regierungspräsidenten vom 1. 12. 1941.
44 StadtAN, C 32 Nr. 1196.

spätestens ab Juni 1942[45] auf der so genannten Russenwiese und im Ordonnanzlager der SA neben den vorhandenen Baracken auch provisorische Zeltlager zur Unterbringung von 3000 bzw. 2000 Ostarbeitern genutzt wurden. Da diese Flächen aber nicht ausreichend waren und dem Nutzungsvorbehalt durch den Zweckverband unterlagen, verfolgte der „Arbeitsausschuß für die Behandlung der Unterkunftsfragen für ausländische Arbeiter" (Mitglieder: Stadtverwaltungen Nürnberg und Fürth, Rüstungsinspektion XIII, Landesarbeitsamt, Deutsche Arbeitsfront, Werkluftschutzbereichsstelle, Industrieabteilung) bereits ab April den Plan, ein ständiges Ostarbeiterlager mit zunächst 1800 Plätzen im Südwesten Nürnbergs auf einem der Gemeinnützigen Wohnungsbaugesellschaft der Stadt gehörenden, ca. 29 450 qm großen Gelände an der Witschelstraße zu errichten, das bereits baureif und in Ansätzen erschlossen war. Daraus entwickelte sich in der Folgezeit das erste von der Deutschen Arbeitsfront betreute „Gemeinschaftslager" für Ostarbeiter aus verschiedenen Nürnberger Betrieben, darunter auch städtischen Dienststellen.[46]

Auswirkungen bei der Stadtverwaltung

Die Intensivierung der „Anwerbungen" insbesondere in der besetzten Ukraine lässt sich unschwer auch an der Beschäftigungsstatistik der Stadtverwaltung[47] ablesen. Durch die Ostarbeiter versechsfachte sich innerhalb des Jahres 1942 die Zahl der bei der Kommune beschäftigten Ausländer, um im Juni 1944 schließlich ihren Höhepunkt zu erreichen.

---

45 Das genaue Datum der jeweiligen Nutzung ist den Akten nicht zu entnehmen. Die ersten Zuweisungen von Ostarbeitern an Nürnberger Rüstungsfirmen in großem Umfang erfolgten nach StadtAN, C 31/IV, ab dem 20. 6. 1942, was das Vorhandensein ausreichender Unterbringungsmöglichkeiten voraussetzt.

46 StadtAN, C 32 Nr. 1196. Dass die aktive Rolle der Stadt bei der Schaffung von Gemeinschaftslagern keine Nürnberger Besonderheit war, zeigt Schäfer, Zwangsarbeit in den Kommunen, S. 65 f., am Beispiel Stuttgarts.

47 Der Aussagewert der folgenden Aufstellungen ist durch das Fehlen kontinuierlich dokumentierter Gesamtzahlen für alle städtischen Mitarbeiter in den Unterlagen des Personalamtes stark eingeschränkt. Die wenigen relevanten Daten befinden sich am Ende dieses Textes.

Zivile Fremdarbeiter bei der Stadt Nürnberg
Oktober 1941 bis September 1944[48]

Stand	Ausländer	davon Ostarbeiter(innen)
10/1941	197	–
02/1942	62	–
03/1942	56	–
04/1942	52	–
10/1942	237	188 (188 m)
11/1942	331	184 (159 m, 25 w)
12/1942	360	313 (288 m, 25 w)
09/1943	479	265 (182 m, 83 w)
10/1943	517	266 (183 m, 83 w)
06/1944	537	230 (184 m, 46 w)
09/1944	469	234 (159 m, 75 w)

m = männlich, w = weiblich

Aufschlussreich ist an dieser Stelle die Einschaltung von Vergleichszahlen für den zivilen Fremdarbeitereinsatz in Nürnberger Großbetrieben (über 100 ausländische Beschäftigte) für den Zeitraum zwischen Juli und Dezember 1942:[49]

Firma	deutsche Belegschaft	zivile Fremdarbeiter	Stichtag
Vereinigte Deutsche Metallwerke (VDM)	2 000	150	6. 7. 1942
MAN	10 500	191	8. 7. 1942
Süddeutsche Telephon-Apparate-, Kabel- und Drahtwerke AG (Te-Ka-De)	1 500	115	13. 7. 1942

48 Nach StadtAN, C 18/I Nr. 630 und 631.
49 Auswertung von StadtAN, C 31/IV (Ausländerpolizei/Firmenakten).

Triumph-Werke AG	1 700	189	11. 9. 1942
Kabelmetall Neumeyer	3 346	567	26. 9. 1942
AEG	2 000	159	1. 10. 1942
Reichsbahnausbesserungswerk	2 300	270	19. 10. 1942
AG A. Hering Maschinenfabrik	430	104	21. 10. 1942
Metall & Eisen	1 500	158	26. 11. 1942
Eisenwerk Nürnberg AG	850	156	5. 12. 1942
Viktoria-Werke	1 300	293	10. 12. 1942

Entsprechend dem nun verfügbaren Reservoir an Arbeitskräften nahm auch die Durchsetzung der städtischen Aufgabenbereiche mit Ausländern sprunghaft zu. Eine Auswertung der amtlichen Unterlagen zeigt, dass es kaum einen kriegswirtschaftlich relevanten Bereich gab, in dem nicht „fremdvölkische" Fach- oder Hilfsarbeiter eingesetzt wurden:

Nachweisbare städtische Einsatzdienststellen
von zivilen Fremdarbeitern und Kriegsgefangenen 1940–1945[50]

Badeamt	Reinigungsamt
Bestattungsamt	Schlacht- und Viehhof
Desinfektionsanstalt	Sebastianspital
Fahrbereitschaft	Soldatenheim der Stadt
Flughafenverwaltung Nürnberg	Stadtentwässerungsamt
Frauenklinik	Straßenbauamt
Gartenbauamt	Studentenwerk
Heilig-Geist-Spital	Theaterbetriebsamt
Hochbauamt	Veterinäruntersuchungsamt
Kraftwagenpark	Werke und Bahnen
Krankenhaus	

50 Angaben aus folgenden Beständen kumuliert: StadtAN, C 7/I, C 7/VIII, C 18/I, C 31/III, C 31/IV.

Im Juni 1944 arbeiteten folgende relevante (mehr als 10 Beschäftigte) Nationalitätengruppen bei der Stadt Nürnberg:[51]

Nationalität	Gesamtzahl
Ostarbeiter	230
Franzosen	133
Protektoratsangehörige	40
Polen	37
(West-)Ukrainer	36
Italiener	29
Holländer	27

Von insgesamt 537 ausländischen Arbeitskräften waren zu diesem Zeitpunkt 426 männlich und 111 weiblich. Auch bei der Geschlechterverteilung zeigt sich, welch tief greifende Wende das Jahr 1942 gebracht hatte: Bis Oktober 1941 hatten keinerlei Fremdarbeiterinnen in städtischen Diensten gestanden, im April 1942 waren lediglich 3 Belgierinnen und zwei Ungarinnen im Pflege- und Hausdienst von Krankenhaus, Sebastianspital und Badeamt eingesetzt gewesen.[52] Doch durch die Zuführung von Ostarbeiterinnen erhöhte sich nicht nur der absolute ausländische Frauenanteil. Wie unten noch zu zeigen ist, wurden sie ohne geschlechtsspezifische Rücksichten auf Stellen eingesetzt, deren männliche Inhaber in andere Bereiche umgeschichtet worden waren.

Fallstudie 1: Die Ausländerbeschäftigung bei den Werken und Bahnen der Stadt der Reichsparteitage Nürnberg (WuB)

Die folgenden drei Fallstudien richten den Blick auf die Praxis bei drei städtischen Dienststellen seit der Zäsur des Ostarbeitereinsatzes. Den Anfang macht hierbei ein zentraler Bereich der kommunalen Grundversorgung, dessen Funktionieren sowohl für die Stadtbevölkerung wie auch die Rüstungsindustrie von existenzieller Bedeutung war.

---

51 Nach StadtAN, C 18/I Nr. 631, Verwendung von ausländischen Arbeitern (Polen usw.) bei städtischen Dienststellen 1943–1945.
52 StadtAN, C 18/I Nr. 630.

Die „Werke und Bahnen der Stadt der Reichsparteitage Nürnberg" (WuB) wurden 1933 unter einer einheitlichen Verwaltung zusammengefasst. Der Geschäftsbereich umfasste bis zur Neustrukturierung zu den heute noch bestehenden (Kommunal-)Unternehmen N-ERGIE, VAG und StWN im Wesentlichen folgende Bereiche: Elektrizitätswerk, Gas- und Wasserwerk, Kraftwagenpark, Verkehrsbetriebe und kaufmännische Verwaltung.[53]

Obwohl die in den WuB zusammengefassten kommunalen Versorgungs- und Verkehrsbetriebe von größter Bedeutung für das gesamte Gemeinwesen waren, machte sich im Kriegsverlauf selbst hier ein immer gravierenderer Mangel an Fach- und Hilfsarbeitern geltend. Zunächst versuchte die Leitung von WuB, den Einberufungen und den Aufhebungen der „uk-Stellung" (Unabkömmlichkeitserklärung kriegswichtiger Fachkräfte für den Militärdienst) von Mitarbeitern mit Umsetzungen deutscher Arbeitskräfte innerhalb des Geschäftsbereichs zu begegnen. Nachdem die internen Möglichkeiten zum Ausgleich der Engpässe erschöpft waren, bemühte sich die Werkleitung um Kriegsgefangene aus den Stalags.[54]

Nach den Akten des Personalamts[55] beschäftigte WuB spätestens seit November 1940 im städtischen Gaswerk 14 belgische Kriegsgefangene. Im gleichen Monat wurden weitere 14 Kriegsgefangene für das Gas- und das Elektrizitätswerk sowie die Straßenbahn auf mehrfache dringende Anforderung beim Arbeitsamt Nürnberg und bei der Wehrmacht zugeteilt. Die Bewachung der nur zum geschlossenen Arbeitseinsatz zugelassenen Kriegsgefangenenkommandos oblag ebenso wie bei den Arbeitskommandos in der Rüstungsindustrie Landesschützen-Bataillonen aus Lauf und Schwabach.

Wiederholte Anforderungsschreiben an das Arbeitsamt Nürnberg[56] lassen erkennen, dass trotz der bis Kriegsende andauernden Beschäftigung von durchschnittlich 100 Kriegsgefangenen bei WuB ein ständiger Fehlbedarf vorhanden war. Dieser wurde noch verschärft durch die Flucht von Kriegsgefangenen aus den Arbeitskommandos und den Abzug durch die Wehrmacht für den Eigenbedarf oder zur Umschichtung in die Rüstungs-

---

53 Organisationsgeschichtliche Angaben nach StadtAN, GSI 125 Nr. 204.
54 StadtAN, C 36/I Nr. 322.
55 StadtAN, C 18/I Nr. 610.
56 StadtAN, C 18/I Nr. 610 und 611.

wirtschaft.⁵⁷ Die letzte Zuweisung eines Kriegsgefangenen erfolgte im November 1944. Laut einem Vermerk des Personalamtes vom 13. 11. 1944 kam ein belgischer Kriegsgefangener als Elektromonteur zu WuB, Abteilung Straßenbahn.⁵⁸

Ostarbeiter bei WuB

Den Sachstand der Arbeitskräftesituation beim Gaswerk fasst ein vertraulicher Vermerk von WuB an das Personalamt vom 24. 4. 1942 folgendermaßen zusammen:

„Nach dem ursprünglichen Mobilmachungsplan sollten dem Werk mit Beginn der Mobilmachung 33 Betriebsarbeiter, darunter einige Facharbeiter, zugeteilt werden. Dies war leider nicht der Fall. Erst nach langen Bemühungen erhielt Gsw [Gaswerk] 63 belgische und französische Kriegsgefangene zugewiesen, deren Zahl durch Entlassungen aus der Gefangenschaft seit 1941 auf 45 zurückgegangen ist."⁵⁹

Da in der Zwischenzeit das neue Potenzial der Ostarbeiter erschlossen worden war, konnte im Juni 1942 der dringenden Bitte des Gaswerks mit der Zuweisung von „60 Russen"⁶⁰ entsprochen werden. Unter welchen Umständen diese später bei WuB beschäftigten Menschen nach Nürnberg gelangten und wie sie hier lebten und arbeiteten, schildert fast sechzig Jahre später Frau Marija Sawision-Talowirja aus der Ukraine, die nachweislich der erhaltenen Unterlagen vom 25. 10. 1942 bis Kriegsende bei WuB/Abteilung Straßenbahn eingesetzt war, in einem Brief an das Stadtarchiv:⁶¹

„Man deportierte mich im Oktober 1942 zwangsweise nach Deutschland. Wir fuhren in Güterwaggons mit bewaffneten Soldaten. Sie brachten uns ins Lager in der Witschelstraße. Das Lager war groß, 1000 Leute. Um es herum war eine hohe Betonmauer mit drei Reihen Stacheldraht darauf. Untergebracht war ich in einer Holzbaracke mit Stockbetten aus Holz und einem Eisenofen in der Mitte. In den Ecken der Baracke waren

---

57 Z. B. in StadtAN, C 18/I Nr. 610, Reklamation von aus den Straßenbahnwerkstätten von der Militärverwaltung eigenmächtig abgezogenen Kriegsgefangenen, Juli 1941.
58 StadtAN, C 7/VIII Nr. 54.
59 Ebenda.
60 Ebenda.
61 StadtAN, Dienstakten Az 412-23-02, Brief mit Eingangsstempel vom 26. 2. 2001 (Übersetzung aus dem Russischen von Claudia Teuschel, Erlangen).

Löcher, durch die es im Sommer regnete und im Winter schneite. Morgens bekam man 200 g Brot und ungesüßten Tee und abends Steckrübensuppe. Zur Arbeit und von der Arbeit zurück ging es mit Polizei. Wir arbeiteten von 8 bis 5 Uhr. Wir reinigten Bretter auf der Baustelle, verluden Kohle, putzten Einrichtungen und Straßenbahnen. Das Schlimmste waren die Bombenangriffe. Es waren 18. Im Lager gab es keine Bunker, nur Gräben, in die wir uns legten, egal ob es schneite oder regnete. Dort verkühlte ich mir die Nieren. Ich kehrte bereits krank nach Hause zurück."

Die sprunghaft ansteigende Zahl der bei WuB beschäftigten Ostarbeiterinnen und Ostarbeiter[62] machte im Dezember 1942 die Einrichtung eines von WuB in eigener Regie betriebenen Ostarbeiterlagers an der Hinteren Marktstraße 2 im Stadtteil Schweinau notwendig, das zunächst mit 277 Ostarbeitern belegt wurde. Die Korrespondenz zwischen der Lagerleitung und der staatlichen Ausländerpolizei gewährt zumindest schlaglichtartige Einblicke in den Arbeits- und Lageralltag der Ostarbeiter.

Überstellungen von Ostarbeitern an die Gestapo
Die „Arbeitserziehungslager" Russenwiese und Langenzenn

Besonders bemerkenswert und für die Betroffenen folgenschwer sind die von der kaufmännischen Verwaltung WuB an die Ausländerpolizei mitgeteilten Überstellungen städtischer Ostarbeiterinnen und Ostarbeiter an die Gestapo, bei denen nur in Ausnahmefällen die Gründe angegeben werden. Im Einzelnen sind folgende Fälle dokumentiert:

- Am 17. 4. 1943 wurde ein Ostarbeiter „an Gestapo abgeliefert".[63]
- Mitteilung vom 4. 5. 1943 über „Ablieferung" eines Ostarbeiters an die Gestapo mit Vermerk der Ausländerpolizei „abgemeldet in das KL Ravensbrück".[64]
- Mitteilung vom 17. 1. 1944 über die Übergabe eines Ostarbeiters „wegen schlechter Arbeitsleistung" an die Gestapo.[65]

---

62 Z. B. StadtAN, C 31/IV Nr. 144, Bl. 1: Meldung eines weiteren Zugangs von 100 Sowjetrussen an das Kommando der Schutzpolizei vom 13. 7. 1942.
63 StadtAN, C 31/IV Nr. 144, Bl. 27 v.
64 Ebenda, Bl. 29.
65 Ebenda, Bl. 58.

- Mitteilung vom 26. 2. 1944 über die Überstellung eines Ostarbeiters wegen Diebstahls an die Gestapo.[66]
- Mitteilungen vom 19. 4. 1944 über die Einlieferung von insgesamt sieben Ostarbeitern an die Gestapo.[67]

Insbesondere die Auslieferung eines Ostarbeiters aus einem nichtigen Grund wie „schlechter Arbeitsleistung" erscheint aus heutiger Sicht unverständlich, weil dies die Einweisung in ein „Arbeitserziehungslager" (AEL) zur Folge hatte. Da die ausländischen Arbeitskräfte nach Verbüßung ihrer von der Gestapo verhängten Haftstrafe im Regelfall wieder einem Arbeitgeber in der Region zugewiesen wurden,[68] ist davon auszugehen, dass die mit der Materie befassten städtischen Beamten über die Zustände in den AEL informiert waren. Die Nürnberger Öffentlichkeit erfuhr davon erst nach Kriegsende durch die Gerichtsverhandlung gegen den Leiter des AEL Langenzenn (20 km nordwestlich von Nürnberg), in dem zahlreiche Fremdarbeiter aus dem Großraum inhaftiert waren. Zuvor hatte ein solches Lager vom Oktober 1942 bis zu seiner Zerstörung durch einen Luftangriff im August 1943 auf der schon als temporäres Ostarbeiterlager erwähnten so genannten Russenwiese bei Fischbach bestanden:[69]

„[In Langenzenn] wurden ab 1943 an Polen, Russen, Russinnen, Franzosen und Belgiern Strafen vollstreckt, die jeweils von den Leitern der Gestapostellen wegen geringfügiger Delikte verhängt worden waren. Das Lager war offiziell nur vorgesehen zur Verbüßung von Haftstrafen bis zu 51 Tagen. In Wirklichkeit herrschte dort ein unbeschreibliches Schreckensregiment. Die Häftlinge erhielten bereits bei ihrer Einlieferung eine größere Anzahl Schläge mit Ochsenziemern, ebenso bei ihrer Entlassung. Außerdem wurde für jeden Häftling in den Zugangspapieren eine bestimmte Anzahl Schläge festgelegt. Die Häftlinge mußten bei den Mißhandlungen die Schläge selbst zählen, verzählten sie sich, so wurde mit den Schlägen von vorne begonnen. Außerdem wurden sie bei jeder kleinen Verfehlung oder Unregelmäßigkeit in der unbarmherzigsten Weise

---

66 Ebenda, Bl. 64.
67 Ebenda, Bl. 67 f.
68 Z. B. ebenda, Bl. 97: Schreiben WuB an Gestapo Nürnberg vom 14. 11. 1944 über die Zuweisung zweier Ostarbeiter vom AEL Langenzenn.
69 Prozessberichterstattung in: Nürnberger Nachrichten, 26. 10. 1949.

geschlagen, besonders dann, wenn sie bei Vernehmungen nicht die gewünschten Aussagen machten. Die nicht zur Arbeit ausrückenden Häftlinge mußten den ganzen Tag über im Lager im Kreis marschieren, an- und wegtreten, sich dabei hinwerfen und wieder aufstehen. Wer dabei erschöpft zu Boden sank, wurde so lange geschlagen, bis er wieder aufstand. Diese Behandlung erhielten auch Frauen.
Dazu kam, daß die hygienischen und sanitären Einrichtungen im Lager fast nicht vorhanden waren und die Häftlinge als Nahrung täglich nur einen halben Liter schwarzen Kaffee ohne Zucker, 100 Gramm Brot und 2 Liter [...] Suppe bekamen (300 Litern Suppe wurden jeweils 250 Gramm Margarine zugesetzt). Dazu gab es dann pro Häftling höchstens 2 gekochte Kartoffeln. Viele Häftlinge verfielen in Siechtum und starben. In Einzelfällen wurden Häftlinge auch zu Tode geprügelt. Vielfach wurde den Mißhandelten das Fleisch vom Gesäß geschlagen. Teils mußten sie mit gefesselten Händen arbeiten, so daß sie eiternde Wunden bekamen. Bei ungenügender Arbeitsleistung erhielt der Gefangene 25 Stockschläge und außerdem Kostentzug."

Fluchtversuche aus dem Lager Hintere Marktstraße

Rückschlüsse auf die Lebensumstände der Insassen lassen die in den Unterlagen dokumentierten Fluchtversuche von Ostarbeitern aus dem städtischen Lager Hintere Marktstraße zu. Auch hierüber erstattete WuB / Kaufmännische Verwaltung der Nürnberger Ausländerpolizei Bericht. Folgende Fluchtversuche aus dem städtischen Ostarbeiterlager Hintere Marktstraße 2 sind belegt:[70]

- Mitteilung vom 29. Juni 1943 über Flucht von 6 Ostarbeitern am 27. Juni 1943.
- Mitteilung vom 27. Mai 1944 über Flucht eines zuvor aus einem Straflager entlassenen Ostarbeiters am 23. Mai 1944.
- Mitteilung vom 30. Mai 1944: „Der Ostarbeiter Nr. 340 Malichin Iwan, geb. 18. 8. 18 ist am 29. 5. 44 vom Ausgang nicht mehr ins Lager zurückgekehrt. Ostarbeiter Nr. 408 Efimow Petr, geb. 17. 1. 03 hat sich am 29. 5. 44 ohne Erlaubnis aus dem Lager entfernt und ist nicht mehr zurückgekehrt."

70 StadtAN, C 31/IV Nr. 144, Bl. 35, 77–79, 84, 86, 89, 95.

- Mitteilung vom 14. Juni 1944 über Flucht von 6 Ostarbeitern am 11. Juni 1944.
- Mitteilung vom 31. Juli 1944 über Flucht von 2 Ostarbeitern am 30. Juli 1944.
- Mitteilung vom 14. August 1944 über die Flucht von 3 Ostarbeitern.
- Mitteilung vom 18. September 1944 über Flucht von 4 Ostarbeitern am 17. September 1944.
- Mitteilung vom 14. November 1944 über Flucht eines Ostarbeiters am 13. November 1944.

Die Häufung der Verhaftungen und der Fluchtversuche im Verlauf des Jahres 1944 dürfte auf mehrere Faktoren zurückzuführen sein. Zu den seit Beginn des Ostarbeitereinsatzes gegebenen statusbedingten Erschwernissen traten nun zunehmend Verschlechterungen der allgemeinen Lebensumstände in Nürnberg, die diese Menschen das Risiko eingehen ließen, im Falle einer Verhaftung in ein KZ eingeliefert zu werden.[71]

Arbeitsbedingungen, Lohn, Kleidung

Über die Art der Arbeit, die auch Frauen leisten mussten, gibt ein Vermerk der Abteilung Straßenbahn vom 25. 8. 1944 an das Personalamt[72] Aufschluss. Zunächst wird darin die Entwicklung des Personalstands während des Krieges rückblickend dargestellt. Danach hatten die Straßenbahnwerkstätten einen Vorkriegsstand von 400 Beschäftigten, der sich im bisherigen Kriegsverlauf auf 302 Arbeitskräfte, davon 79 Ausländer, und 30 nur bedingt einsatzfähige Arbeiter verringert hatte. Diesem massiven Personalrückgang stand eine wesentliche Aufgabenmehrung gegenüber, da aus Gründen der Einsparung kriegswichtiger Betriebsstoffe ein großer Teil des innerstädtischen Gütertransports durch die Straßenbahn abgewickelt werden musste. Seit dem letzten Antrag auf Zuteilung von Arbeitskräften im Mai 1944

---

71 Dass es sich bei den Verhaftungen und Fluchtversuchen im Lager Hintere Marktstraße bzw. bei WuB nicht um Einzelfälle handelte, belegen für die städtische Fahrbereitschaft nachweisbare Fälle in StadtAN, C 31/IV Nr. 39, Bl. 21 (Verhaftungen April 1944), Bl. 24 (Mitteilung über Verhaftung, Haftentlassung und erneute Zuteilung eines Ostarbeiters vom 17. 6. 1944), Bl. 27 (Verhaftung zweier Ostarbeiter Juni 1944) und Bl. 26 (Mitteilung über Flucht eines Ostarbeiters Juli 1944).
72 StadtAN, C 7/VIII Nr. 54.

seien „die Verhältnisse für die Werkstätten der Strab [Straßenbahn] noch wesentlich ungünstiger geworden. [...] 3 Ostarbeiter sind geflohen, 1 Ostarbeiter und 1 Volksdeutscher wurden von der Geheimen Staatspolizei verhaftet". Deshalb forderte WuB/Strab das Personalamt auf, zur teilweisen Deckung des Fehlbestands beim Arbeitsamt Nürnberg die Zuweisung von 20 Frauen zu beantragen mit der Begründung: „Durch den Einsatz eines Teiles dieser Frauen zur Fahrzeugreinigung können Ostarbeiterinnen freigemacht werden, welche dann für schwerere Arbeiten, die in normalen Zeiten von Männern zu leisten sind, zum Einsatz kommen."

Dementsprechend lautet der Antrag vom 30. 8. 1944 auf Zuteilung von weiblichen Arbeitskräften für „verhältnismäßig schwere Frauenarbeit" bei einer 60-Stunden-Woche und 55 RPf Stundenlohn, von denen die Kosten für Lagerverpflegung (durchschnittlich 1,10 RM/Tag), Unterkunft (50 RPf/Tag) und Kleidung (z. B. Damenmantel 8 RM, Herrenmantel 15 RM[73]) abgezogen wurden. Zusätzlich zu entrichten waren Beiträge zur Kranken- und Unfallversicherung sowie eine um eine „Sozialausgleichsabgabe" erhöhte Lohnsteuer (je nach Steuerklasse zwischen 4,50 und 7,20 RM/Monat).[74] Eine Lohnzahlung erfolgte bis zur Novellierung der „Verordnung über die Einsatzbedingungen der Ostarbeiter" im März 1944 nur für tatsächlich geleistete Arbeit. Im Krankheitsfall war der Beschäftigungsbetrieb lediglich zur kostenfreien Gewährung von Unterbringung und Verpflegung verpflichtet. Ab März 1944 wurden die Kosten für die (im Fall der Arbeitsunfähigkeit reduzierten) Verpflegung und Unterbringung von den in Krankheitszeiten gewährten Leistungen abgezogen.[75]

73 Preisangaben in StadtAN, C 28 Nr. 7.
74 Zahlen für Verpflegung und Unterkunft nach § 8 Abs. 1 „Verordnung zur Durchführung und Ergänzung der Verordnung über die Einsatzbedingungen der Ostarbeiter" vom 26. 3. 1944, veröffentlicht z. B. in Amtsblatt des Reichspostministeriums (Ausgabe A) 68/1944, S. 295-299. Darin (§ 3 Abs. 8) auch Regelung der Lohnzahlungen für „jugendliche Ostarbeiter unter 14 Jahren". Lohnsteuersätze nach „Amtliche Bekanntmachung über die Steuern der Ostarbeiter" des Oberfinanzpräsidenten Nürnberg, veröffentlicht in: Fränkische Tageszeitung vom 8. 6. 1944.
75 Vgl. „Verordnung über die Einsatzbedingungen der Ostarbeiter" vom 30. 6. 1942 (Reichsgesetzblatt I Nr. 71/1942, S. 419-424), § 6, und „Verordnung zur Durchführung und Ergänzung der Verordnung über die Einsatzbedingungen der Ostarbeiter" vom 26. 3. 1944, § 9.

Der Erledigungsvermerk des Personalamtes zur Anforderung von WuB/ Strab (27. 10. 1944) lautet: „Der Strab wurden am 25. 10. 44 durch das Arbeitsamt 20 Ostarbeiterinnen zugewiesen."[76]

Die letzte nachzuweisende Zuteilung von Zivilarbeitern an WuB erfolgte noch zwei Monate vor Kriegsende. Am 19. 2. 1945 wurden der Abteilung Gas- und Wasserwerk 17 Ostarbeiter zugewiesen, die die internen „Verzeichnisnummern" 469 bis 485 erhielten.[77]

Lebensmittelversorgung

Am 8. 1. 1944 ordnete das für die Lagerverpflegung zuständige städtische Ernährungsamt B eine Reduzierung der *Höchst*sätze für die „Versorgung mit Speisekartoffeln und Ausgleichszuteilungen für fehlende Speisekartoffeln" an.[78] Diese Kürzung wirkte sich besonders gravierend für die sowjetischen Kriegsgefangenen und Ostarbeiter aus, da für sie im Gegensatz zu deutschen Arbeitskräften und Fremdarbeitern aus anderen Ländern im gewerblichen Einsatz die zugeteilten Kartoffeln die Grundlage ihrer täglichen Ernährung bildeten, denn wegen des unbedingten Lagerzwangs hatten sie nicht die Möglichkeit, sich außerhalb des Lagers auf legalem Wege mit zusätzlichen Lebensmitteln zu versorgen. Das Pro-Kopf-Kontingent der Ostarbeiter wurde mit Wirkung vom 13. 12. 1944 von 24 kg auf 20 kg für eine Zuteilungsperiode (28 Tage) reduziert. Während sogar Justizhäftlinge als Ausgleich für entgangene Kartoffelzuteilungen Anspruch auf Roggenmehl, Roggengrütze und Nährmittel hatten, wurden den Menschen aus der Sowjetunion als Ersatz nur Steckrüben (8 kg/Zuteilungsperiode) gewährt.

Fallstudie 2: Ausländerbeschäftigung und -versorgung bei den städtischen Krankenanstalten

Wie oben am Beispiel der Beschwerde aufgebrachter Nürnberger Patienten über die Anwesenheit von Polen im Allgemeinen Krankenhaus (Kh) der Stadt gezeigt, war dieses schon im Jahre 1940 vom „Ausländereinsatz" in Nürnberg unmittelbar betroffen.

---

76 StadtAN, C 7/VIII Nr. 54.
77 StadtAN, C 31/IV Nr. 144, Bl. 101 f., Vermerk WuB vom 26. 2. 1945.
78 Merkblatt und Übersicht in StadtAN, C 28 Nr. 7.

Zu Beginn des Ostarbeitereinsatzes im Frühjahr 1942 wurden auf Reichsebene Richtlinien zur Behandlung erkrankter Arbeitskräfte erlassen, die im April durch ein vom Oberbürgermeister herausgegebenes „Merkblatt für die Nürnberger Betriebsführer zur Verhütung der Einschleppung gefährlicher übertragbarer Krankheiten durch ausländische Arbeiter"[79] bekannt gemacht wurden. Demnach konnte „eine *Krankenhausunterbringung* erkrankter ausländischer Arbeiter nur ausnahmsweise und *nur in den dringendsten Fällen* erfolgen. [...] Für die Behandlung kranker ausländischer Arbeiter sind die Betriebs- oder Revierärzte zuständig; das Aufsuchen der Sprechstunde von Privatärzten ist verboten".

Solange dies der Kriegsverlauf zuließ, wurden chronisch erkrankte und damit dauerhaft arbeitsunfähige Personen, aber auch schwangere Frauen über das Durchgangslager Neumarkt in der Oberpfalz in ihre Heimat „zurückgeführt" und damit ihrem Schicksal überlassen.[80] Als diese Abschiebung nach der Offensive der Roten Armee an der Ostfront im November 1942 nicht mehr möglich war, mussten die Probleme vor Ort gelöst werden. Zusätzlich führten die steigende Zahl der in der Stadt beschäftigten Ausländer, die damit verbundene Zunahme von solchen Patienten, Interessenkonflikte zwischen Beschäftigungsbetrieben, Krankenhaus und Gesundheitsamt, das grundsätzlich über jede Einweisung eines Ausländers in die städtischen Kliniken zu entscheiden hatte, sowie die allgemeine Verknappung der Ressourcen auch bei der Gesundheitsfürsorge zu einer Verschärfung der Lage.

Bereits am 16. 1. 1943 forderte die Krankenhausdirektion vom Personalamt unter dem Betreff „Errichtung von Krankenbaracken für Ausländer im Gelände Poppenreutherstr. 56"[81] für diese Ausländerabteilung 10 männliche und 10 weibliche Pfleger, 8 Hausgehilfinnen, 2 Betriebsarbeiter, 1 Hilfs-

---

79 Exemplar in StadtAN, C 32 Nr. 1196 (Hervorhebungen im Original).
80 StadtAN, C 31/IV Nr. 144, Bl. 26: Mitteilung WuB 16. 4. 43: Tschaika, Andreij, geb. 1. 10. 1890 zu Selo Michalowka, Chersonskaja Oblast. Wegen Lungentuberkulose nach Neumarkt/Opf. transportiert zwecks Rückführung. Bl. 38–41: Rückführungsmeldungen August und Oktober 1943 für 3 Ostarbeiter wegen Arbeitsuntauglichkeit. Bl. 55: Rückführungsanzeige vom 17. 1. 1944 wegen Arbeitsuntauglichkeit.
81 StadtAN, C 7/VIII Nr. 54.

köchin, 1 Wäschereiarbeiterin und eine Schreibkraft an, die bis auf die Sekretärin aus dem Ausland stammen könnten. Wie hoch auf der Prioritätenskala der beteiligten Stellen zu diesem Zeitpunkt die Schaffung eines solchen Ausländerkrankenhauses unter städtischer Ägide stand, zeigt die vergleichsweise unproblematische Zuweisung von 12 Ostarbeiterinnen am 30. 3. 1943. Nun wirkte sich allerdings der Kriegsverlauf in Nürnberg selbst negativ auf die Verwirklichung des Projekts auf dem Klinikgelände aus:[82] „Die Inbetriebnahme der ersten 5 Ausländerbaracken verzögert sich leider infolge der beiden Luftangriffe [Großangriffe am 25./26. 2. und 8./9. 3. 1943], von Einberufungen, infolge Personalmangels und weil H/L [Hochbauamt/Abteilung Luftschutz] wegen der neuerdings geforderten dringenden Luftschutzmaßnahmen [...] Arbeitskräfte von den Ausländerbaracken abziehen mußte."
Auch nach der Eröffnung der Ausländerabteilung haben offenkundig die geschaffenen Kapazitäten nie zur Aufnahme zumindest der schwersten Erkrankungsfälle ausgereicht, da solche ebenfalls in den Krankenrevieren der Ostarbeiterlager behandelt werden mussten.[83]

Derweil gewannen im Allgemeinen Krankenhaus die Ausländer nicht nur als Patienten, sondern auch als dringend gesuchte Arbeitskräfte an Bedeutung, zu deren Aufgaben schließlich sogar die Versorgung der deutschen Insassen und damit der ideologisch bedenkliche direkte Umgang mit ihnen gehörte. Einen Eindruck davon, wie die Betroffenen diesen unfreiwilligen Dienst an der Nürnberger Bevölkerung erlebten und welche Konsequenzen er für sie persönlich hatte, vermittelt der Bericht einer ehemaligen Ostarbeiterin aus der Ukraine:[84]

„Am 1. Mai 1943 teilten uns Polizisten mit, daß alle, die zwischen 1923 und 27 geboren wurden, nach Deutschland gebracht würden. Man mobilisierte uns und holte uns am 14. Mai ab. Dabei sagte der Kommandant, daß die ganze Familie erschossen würde, wenn jemand flüchten

---

82 Aktenvermerk der Kh-Verwaltung vom 4. 5. 1943 in: StadtAN, C 23/I Nr. 316.
83 Vgl. Meldung der Lagerleitung Hintere Marktstraße in StadtAN, C 31/IV Nr. 144, Bl. 94, vom 9. 11. 1944: „Wir teilen Ihnen mit, daß unser Ostarbeiter Nr. 123 Lepelenko Wassili, geb. 27. 10. 24, heute früh verstorben ist."
84 StadtAN, Dienstakten Az 412-23-02, Brief von Maria Michailowna Porodko aus Saporosche (Ukraine) vom 10. 3. 2001 (Übersetzung aus dem Russischen von Claudia Teuschel, Erlangen).

würde. Aus Angst um die Angehörigen ist deshalb niemand weggelaufen. Wir wurden in Waggons gesteckt, in denen früher Vieh transportiert worden war. (Mädchen und Burschen, alle zusammen.) Als Toilette hatten wir nur zwei Löcher: in einer Ecke des Waggons eines für die Mädchen, in der anderen eines für die Burschen. Stellen Sie sich das vor, wie konnte man da zur Toilette gehen! Am Boden des Waggons lag Stroh für Vieh zusammen mit Mist. Man konnte nicht atmen. Fenster zum Lüften gab es nicht. Es gab nur Türen, an denen zwei Polizisten mit Gewehren standen, so daß wir wieder Angst hatten und kehrtmachten.

[...] Sie brachten uns in irgendein Lager. Dort waren so viele von uns! Niemand gab uns zu essen, so daß unsere letzte Rettung der restliche Zwieback war. Die letzten drei Tage hatten wir gar kein Essen.

Die Leute im Lager wurden schnell geholt. Mich und ein paar andere Mädchen nahm eine Deutsche namens Rosa. Sie brachte uns in das Krankenhaus nach Nürnberg. Dort kümmerte man sich um uns. Wir wurden gebadet, bekamen andere Kleidung und Essen und wurden ins Lager gebracht. Ich arbeitete im Gebäude für Haut- und Geschlechtskrankheiten ohne freie Tage. Wecken war um 6 Uhr morgens. Rosa führte uns geschlossen zur Arbeit. Wir begannen um 7 Uhr morgens mit der Arbeit und arbeiteten bis 7 Uhr abends. Wochentags kümmerte ich mich um die Schwerkranken, die nach Bombenangriffen große Verbrennungen hatten. Ich fütterte sie, wusch Fußböden, putzte Fenster und Paneelen. Ich renovierte Krankenzimmer, Gänge und die Toilette. Ich brachte den Patienten das Essen auf die Krankenzimmer und spülte danach das Geschirr (viermal pro Tag). An arbeitsfreien Tagen hatte ich am Eingang Dienst und zeigte den Besuchern, wo ihre kranken Angehörigen lagen.

[...] Wenn wir ein Krankenzimmer renovierten, arbeiteten Frau Fleischmann und Frau Maier bei uns. Frau Fleischmann war eine sehr gute Frau. Sie war damals 30 bis 32 Jahre alt. Sie hatte einen zehnjährigen Sohn und ihr Mann war an der Front. Frau Maier war eine ältere Frau und sehr grausam. Sie beleidigte und stieß uns, weil wir nicht gut Deutsch verstanden. Sie konnte nichts ruhig sagen und wurde handgreiflich. Krankenschwester Wilhelmine, ebenfalls eine ältere Frau, war wie eine Mutter zu uns und hatte Mitleid mit uns. Ich möchte anmerken, daß alle medizinischen Mitarbeiter (die Krankenschwestern und die Ärzte) sich sowohl uns als auch ausländischen Patienten gegenüber sehr gut benahmen.

[...] Bei der Zwangsarbeit in Deutschland mußten wir alles machen, was uns befohlen wurde. Dabei beleidigte und schlug man uns. Wir wollten nur heim! Und als wir ankamen, zeigte sich, daß man hier nicht auf uns gewartet hatte. Sie hielten uns für Vaterlandsverräter."

Fallstudie 3: Der Torfstich des Wirtschaftsamtes Nürnberg in Parksteinhütten

Fast zeitgleich mit seiner Proklamation durch Goebbels im Berliner Sportpalast erreichte der „Totale Krieg"[85] im Februar 1943 auch Nürnberg, indem die Stadt und ihre Bevölkerung nun immer häufiger zum Ziel alliierter Luftangriffe wurden.

Die Auswirkungen des Bombenkrieges stellten die Stadtverwaltung vor immer größere Herausforderungen hinsichtlich der Aufrechterhaltung der elementarsten Funktionen der Kommune und steigerten entsprechend die Bedeutung des Faktors der „fremdvölkischen" Arbeitskraft. So konstatiert Schramm für das unter Federführung des Hochbauamtes laufende Ausbauprogramm der Felsenkeller unter der Altstadt als Luftschutzräume, dass „ein großer Teil der Arbeiten [...] von Kriegsgefangenen und Ukrainerinnen ausgeführt [wurde]. Ihr Einsatz brachte neue Probleme: die offiziellen Verpflegungsrationen der Gefangenen reichten mit Mühe zum Leben, jedoch nicht zum Arbeiten".[86] Ebenfalls unter der Leitung des Hochbauamtes standen die Großeinsätze zur Schutträumung und Enttrümmerung, etwa am 21.11.1943, als 1200 sowjetische kriegsgefangene Mannschaften, ferner 1000 vom DAF-Lager Witschelstraße zur Verfügung gestellte Ostarbeiterinnen und Ostarbeiter sowie 300 sowjetische Offiziere der Firma Metall und Eisen hierfür zusammengezogen wurden.[87]

Neben den Kriegsschäden musste die Stadt auch versuchen, die sich ausweitenden Versorgungslücken zu beseitigen, etwa den Mangel an Brennstoffen für die Nürnberger Privathaushalte. Hierbei ging das städtische

---

85 Zu Begrifflichkeit und Bedeutung s. gleichnamiges Kapitel in Wolfgang Benz, Geschichte des Dritten Reiches, München 2000, S. 187–229.
86 Schramm, Der zivile Luftschutz, S. 431 f.
87 StadtAN, C 52/I Nr. 38, Rundschreiben des Hochbauamtes, Abt. für bauliche Sofortmaßnahmen, vom 18. November 1943.

Wirtschaftsamt neue Wege, indem es am 17. 9. 1942 mit dem staatlichen Forstamt Weiden einen Pachtvertrag über den in Eigenregie zu betreibenden Torfstich Parksteinhütten zwischen Weiden und Pressath abschloss. Die abgeschiedene Lage des am 26. 2. 1943 eröffneten Torfwerks[88] (78 km nordöstlich von Nürnberg) und die dadurch bedingte Notwendigkeit der schriftlichen Korrespondenz des Werkleiters mit seiner vorgesetzten Dienststelle führten dazu, dass der diesbezügliche Akt des Wirtschaftsamtes die Spielräume und Beschränkungen der Verantwortlichen in der letzten Kriegsphase detailliert dokumentierte und ihn so zu einer besonders aufschlussreichen Quelle werden ließ.

In einem Schreiben an das städtische Personaldezernat resümiert das Wirtschaftsamt am 8. 7. 1944 die bisherige Entwicklung des Torfstichs:[89]

„Da das vom Staatsforst pachtweise überlassene Gelände erst gerodet (15-jähriger Waldbestand), entwässert und planiert werden mußte, konnte mit der eigentlichen Fabrikation sehr spät begonnen werden. Dabei gab es noch außerordentliche Schwierigkeiten dadurch, daß alte, seit Jahren nicht mehr in Betrieb befindliche Maschinen verwendet werden mußten und sonstiges Rollbahnmaterial erst zu beschaffen war. Für die dort beschäftigten 10 Ostarbeiterinnen und 24 Ostarbeiter mußte ein Barackenlager erstellt, außerdem Brunnen gebohrt sowie eine Verladebühne am Bahnhof gebaut werden. Mit großer Mühe und Zähigkeit gelang es schließlich, die aufgetretenen Hemmungen und Hindernisse zu überwinden und im vergangenen Jahr eine Produktion von 40 000 Ztr. zu erreichen. [...] Wenn besondere Maschinenschäden im laufenden Wirtschaftsjahr nicht auftreten, kann mit einer Produktion von 100 000 Ztr. gerechnet werden. [...] Neben den vorhandenen 34 Ostarbeitern stehen an deutschem Personal ein Werkmeister, ein Zimmermann und ein Maschinenhilfsarbeiter zur Verfügung."

Die Abbauzahlen belegen zunächst, dass Parksteinhütten eine erhebliche Bedeutung für die Brennstoffversorgung der Großstadt Nürnberg hatte. Was der Sachbearbeiter mit „großer Mühe und Zähigkeit" meinte, geht

---

88 Laut stadtinternem Schreiben des Wirtschaftsamtes (WiA) vom 19. 5. 1944 in: StadtAN, C 28 Nr. 7.
89 Ebenda.

plastisch aus den Berichten des Torfmeisters Eduard Montag hervor, der das Werk bis zu seiner Einberufung zur Wehrmacht im September 1944 leitete. In seine Zuständigkeit fielen nicht nur die Produktion, sondern sämtliche Aspekte der Existenzfürsorge seiner Schützlinge. Auch wenn ihm auftragsgemäß vor allem an der Effizienz des Betriebs gelegen haben mag, zeigen seine schriftlichen Äußerungen auch Empathie mit den ausländischen Arbeitskräften, die schwerste Arbeit unter schwierigen äußeren Bedingungen verrichten mussten. So meldete er etwa mit Schreiben vom 22. 11. 1943 nach Nürnberg:[90]

> „Betreffs des Verladens teile ich noch mit, daß uns heute von der Zugmaschine die Antriebskette gerissen ist und müssen Ersatzglieder bezw. muß ich diese erst reparieren lassen. [...] Desgleichen ist die Zugmaschine zu schwach. Ein Wagen faßt ca. 70 Ztr. Torf. Ich brauch, wenn ich die Wagen nur halb voll machen lasse, immer noch 4 Mann zum Schieben. Die Verladerampe liegt etwa 50 cm tiefer als der Eisenbahnwaggon, auch hier kann nicht gestürzt, sondern müssen die Wagen restlos eingeschaufelt werden. [...] Das größte Übel an der Geschichte ist unser Vertrag mit der Reichsbahn. Hier müssen die Waggon von uns selbst zur Waage in die Station geschoben werden. Dies ist nicht menschenwürdig, sondern Menschenquälerei. In kalter Jahreszeit werden die Leute durch das Schwitzen alle krank. Sie können sich sogar den Tod auf der Stelle holen; hier wurden wir sogar in unserem Schweiß von dem Packpersonal bewundert und als ungehörig hingestellt."

Obwohl das Amt Montag nicht nur in diesem Fall mit Hinweis auf technische Probleme vertröstet, macht er immer wieder auf Missstände aufmerksam und versucht diese im Interesse seiner Kräfte abzustellen. Schon eine Woche später, am 29. 11. 1943, spricht er die fortdauernden Transportprobleme ein weiteres Mal an:[91]

> „Ich hatte den besten Wagen genommen und die 10 Sack Zement von der Station mit 3 Mädels geholt. Dabei habe ich festgestellt, daß der Wagen bei dem flotten Gefälle im Wald von Parksteinhütten bis zur Kurve am Weg durchaus von 4 Personen dauernd geschoben werden mußte [...].

---

90 Ebenda (Orthografie und Interpunktion nach dem Original).
91 Ebenda (Orthografie und Interpunktion nach dem Original).

Die [Torf-]Verladung kann so nicht weiter durchgeführt werden, sie käme in ihren Verladungskosten zu hoch. Zur Verladung dürfen nicht mehr als 1 Maschinist, 1 Einlader und Auflader gebraucht werden. Zur Zeit reichen zur Verladung kaum die 10 Mädel aus."

Auch in diesem Fall beschränkte sich die vom Wirtschaftsamt angebotene Problemlösung auf wohlfeile Hinweise zur technischen Überarbeitung des rollenden Materials.

Angesichts der Schwere der zu leistenden Arbeit und der isolierten Lage des Torfstichs – die nächst größeren Wohnsiedlungen befanden sich 17 bzw. 25 km weit entfernt – war die ausreichende Versorgung der Arbeitskräfte mit sämtlichem Bedarf des alltäglichen Lebens ein zentraler Aufgabenbereich des Torfmeisters. Immer wieder kreist seine Korrespondenz mit den Nürnberger Vorgesetzten um die Beschaffung von Röcken und Blusen, Schürzen, Mänteln, Mullbinden, Handtüchern, Hemden, Unterhosen Hand-, Leder- und Holzschuhen oder Fußlappen – deren Kaufpreis bei der Ausgabe an die Ostarbeiter freilich von deren ohnehin kärglichem Lohn abgezogen wurde.[92]

Bemerkenswert ist, dass es im diesbezüglich dokumentierten Zeitraum vom 13. 7. 1943 bis 4. 5. 1944 gelang, den Anteil der als Schwerarbeiter anerkannten Arbeitskräfte in Parksteinhütten trotz der logistischen Probleme bei der Lebensmittelversorgung aus Nürnberg – ein Antrag des Wirtschaftsamtes auf direkte Versorgung der Werkküche aus dem Nürnberger Großmarkt wurde im Mai 1944 sowohl vom städtischen Gartenbau- wie dem Ernährungsamt abgelehnt[93] – von zehn auf 22 zu erhöhen, was diesen pro Zuteilungsperiode zusätzlich 66 kg Roggenmehl und 18 kg Freibankfleisch-Wurst einbrachte. Dass die Arbeitskräfte diese Zulagen verdient hatten, steht bei 44 „verfahrenen" Wochenstunden, d. h. Torfverladearbeiten, selbst über die Weihnachtsfeiertage 1943 und bei Schneeverwehungen, außer Frage.[94] Beim Gemüse setzte man offensichtlich auf

---

92 Ebenda, Mitteilung WiA an Torfwerk vom 3. 5. 1944: „Die Röcke und Blusen können hinausgegeben werden gegen Kassierung eines Beitrags von je RM 6,– (Rock, Bluse, 1 Paar Strümpfe)."
93 StadtAN, C 28 Nr. 7, Vermerk vom 10. 5. 1944.
94 Ebenda, Berichte Montags an WiA vom 20. und 27. 12. 1943.

Selbstversorgung, was die Zusendung von Saatgut aus Nürnberg nahe legt.[95] Auch wenn es sich beim Torfstich Parksteinhütten sicherlich nicht um eine ländliche Idylle handelte, so boten doch seine 24 Hektar Fläche, die noch dazu weitab vom luftkriegsbedrohten Nürnberg lagen, hierfür recht günstige Voraussetzungen.

Neben der medizinischen Grundversorgung – schwerer erkrankte Ostarbeiter wurden in das Krankenhaus Weiden gebracht – und den ständig notwendigen Hygienemaßnahmen gegen Schnaken- und Mäuseplagen galt die Aufmerksamkeit der Werkleitung bereits seit Juli 1943 auch dem Aufbau einer kleinen Lagerbibliothek, die neben muttersprachlichen Zeitungen und Unterhaltungsliteratur auch Gesellschaftsspiele enthielt und bis Kriegsende gepflegt wurde.[96]

In dem mehrfach zitierten Akt des Nürnberger Wirtschaftsamtes hat sich außer dem üblichen Verwaltungsschriftgut auch ein Zeugnis für die Gemütslage der Eltern erhalten, die um das Schicksal ihrer Kinder im fernen Deutschland bangen mussten. Offenbar mit Hilfe von Wehrmachtssoldaten gelangte eine am 23. 6. 1943 abgestempelte Feldpostkarte – es gab zwar einen beschränkten Postverkehr zwischen der Heimat und den Ostarbeitern, solange dies die Situation im Osten zuließ, die Verwendung der Feldpost war aber nicht der reguläre Weg[97] – von Frau Paraska Pantschenko aus dem ukrainischen Dorf Kalita nach „Deutschland, Nürnberg, Abteilung Kohle, dem Herrn Kommandant, Königstraße 93", in der sich die besorgte Mutter nach ihrem Sohn erkundigte:[98]

> „Herr Kommandant, ich bitte Sie antworten Sie mir bitte, wo ist mein Sohn Krischa Kudelja. Er arbeitete bei Sie und ich habe 5 Monat keine Brief von meines Sohn. Ich bitte sehr Sie schreiben Sie mir ist er lebend oder ist gestorben?
> Mit herzlichen Gruß
> Paraska Pantschenko"

---

95 Ebenda, Schreiben WiA vom 4. 5. 1944.
96 Ebenda, Schreiben WiA vom 21. 4. 1944.
97 Zur Zeit des Vorgangs gültige Vorschriften zusammengefasst in Amtsblatt des Reichspostministeriums (Ausgabe A) 105/1942, S. 803 f., und 5/1943, S. 40 f., jeweils „Sonderregelung für den Nachrichtenaustausch von Ostarbeitern im Reich mit ihren Heimatgebieten".
98 StadtAN, C 28 Nr. 7 (Orthografie und Interpunktion nach dem Original).

Das Antwortschreiben[99] des zuständigen Beamten beim Wirtschaftsamt ist neben den Berichten des Torfmeisters Montag eines der ganz wenigen städtischen Aktenstücke, die trotz der verwaltungsmäßigen Sprache Mitgefühl mit den Verschleppten und ihren Angehörigen und somit eine gewisse Resistenz gegen die Untermenschen-Propaganda der Nazis beweisen:

„Auf Ihre Anfrage vom 23. 6. 1943 teile ich Ihnen mit, daß Ihr Sohn Kudelja Grigori, geb. 22. 4. 1923, noch in unserem Torfwerk beschäftigt ist und sich bester Gesundheit erfreut. Ich werde ihn veranlassen, daß er baldigst an Sie schreibt. Im Laufe der nächsten Woche wird die ganze Belegschaft in einer Gruppenaufnahme fotografiert und Ihrem Sohn Gelegenheit gegeben, eine solche Aufnahme Ihnen zu übersenden, damit Sie sich von seinem Gesundheitszustand überzeugen können."

Mit seinen 20 Jahren lag Grigori Kudelja etwa zwei Jahre über dem Altersdurchschnitt der bei der Stadt Nürnberg beschäftigten Ostarbeiter. Die jüngsten, die ermittelt werden konnten, waren gerade einmal 13 und 14 Jahre alt.[100]

Kriegsende und Bilanz

Die letzte während des Krieges reichsweit publizierte Statistik nach Gauarbeitsamtsbezirken vom September 1944[101] wies 58 668 ausländische Beschäftigte[102] im Zuständigkeitsbereich des Nürnberger Arbeitsamtes[103] aus.

99 StadtAN, C 28 Nr. 7, Entwurf vom 4. 8. 1943.
100 StadtAN, C 31/IV Nr. 39, Bl. 30–35: Liste der bis 17. 8. 1944 bei der Fahrbereitschaft der Stadt der Reichsparteitage eingesetzten Ostarbeiter, darin aufgeführt Bronislaw Schurasch geb. 31. 5. 1931, und Wolodimir Wastschenko, geb. 4. 10. 1929.
101 Mark Spoerer, NS-Zwangsarbeiter im Deutschen Reich. Eine Statistik vom 30. September 1944 nach Arbeitsamtsbezirken, in: Vierteljahrshefte für Zeitgeschichte 40 (2001), S. 665–684.
102 37 239 Männer, 21 429 Frauen, davon 23 816 Ostarbeiter beiderlei Geschlechts.
103 Das Gauarbeitsamt Franken umfasste die Sprengel der Arbeitsämter Nürnberg, Ansbach und Weißenburg in Bayern. Also zählen z. B. die Industriestädte Fürth und Erlangen statistisch zu Nürnberg, was keine unmittelbare Relation zu den für den Stadtkreis erhobenen Angaben ermöglicht.

Den seit dem Großangriff vom 2. Januar 1945 zunehmenden Auflösungserscheinungen des öffentlichen Lebens in Nürnberg und seinen Konsequenzen für die zum Ausharren in der Trümmerwüste verdammten Fremdarbeiter[104] folgte nach der Befreiung der Stadt am 20. April 1945 die zahlenmäßige Bilanz. In seinem Quartalsbericht vom 10. 8. 1945 stellte der DP-Offizier der Nürnberger US-Militärregierung fest, dass sich bei der Kapitulation der Stadt „approximately 30,000 foreign workers" hier befunden hätten.[105]

Die Zahlen, die die UNRRA-Suchstelle für Ausländer Nürnberg im Oktober 1947 über die während des Krieges in Nürnberg befindlichen Ausländer dem Bayerischen Staatsministerium des Innern vorlegen konnte, zeigen deutlich, dass dies nur eine Momentaufnahme des Massenphänomens des Fremdarbeitereinsatzes war: Die Mitarbeiter der Vereinten Nationen kamen auf ein Gesamtergebnis von 117 912 Menschen (110 043 Zivilisten und 7869 Kriegsgefangene), die unter Berücksichtigung der Fluktuation, etwa wegen individueller Umsetzungen oder der Verlagerung ausgebombter Betriebe, noch rückwirkend bei Behörden und Industrie im Stadtkreis Nürnberg erfasst werden konnten.[106] Bei den Zivilisten stellten 24 724 Sowjetbürger, 24 066 Franzosen, 16 430 Italiener, 13 428 Tschechen und Slowaken sowie 11 723 Polen die größten Gruppen. Die stärksten Kontingente unter den Kriegsgefangenen bildeten Angehörige der Roten Armee (3787), der französischen Truppen (2056) und ab September 1943 die so genannten Internati Militari Italiani (1161).

Diese Angaben decken sich recht genau mit den persönlichen Erinnerungen des für die Ausländerinspektion bei den Betrieben zuständigen Mitarbeiters beim Arbeitsamt Nürnberg, Michael Schreiber, der bereits bei seiner Vernehmung durch die Amerikaner am 28. 8. 1946 zu Protokoll

---

104 Eine eindringliche Schilderung der Endphase des Regimes aus der Sicht eines belgischen Zwangsarbeiters bietet George John Beeston, Erinnerungen eines Zwangsarbeiters in Nürnberg. Übersetzt und kommentiert von Gerhard Jochem, in: Dachauer Hefte 17 (2001), S. 183–202, hier S. 193–200.
105 StadtAN, F 6 Nr. 47.
106 StadtAN, C 31/IV Nr. 11, Bl. 49–52. Die Summe in der Originalliste ist rechnerisch unrichtig und wurde entsprechend korrigiert.

gegeben hatte:[107] „Wir hatten in Nürnberg und Umgebung schätzungsweise 400 000 Beschäftigte, davon waren 100 000 Ausländer."

Da eine amtliche Statistik hierüber fehlt, muss zur Darstellung der Beschäftigung ausländischer Arbeitskräfte bei der Stadt Nürnberg während des Zweiten Weltkriegs eine grobe Hochrechnung herangezogen werden: Von Ende 1939 bis zum 1. 4. 1945 erhöhte sich entsprechend der Aufgabenexplosion in Kriegswirtschaft und -bürokratie der Gesamtmitarbeiterstand von 5594[108] Beamten, Angestellten und Arbeitern auf 10 684.[109] In den Ausländerpolizeiakten des Stadtarchivs Nürnberg,[110] die in etwa den Stand der in Nürnberg bei Kriegsende wohnhaften 30 000 Ausländer wiedergeben, sind insgesamt 1028 zivile Fremdarbeiter bei der Stadtverwaltung namentlich nachgewiesen. Setzt man diesen Wert mit der Gesamtzahl der Ausländersuchstelle von 1947 (über 100 000) in Relation, so ergibt sich ein Multiplikationsfaktor von 3, um die Fluktuation im Kriegsverlauf zu erfassen. Demzufolge ist von einer Summe von insgesamt mehr als 3000 städtischen zivilen Fremdarbeitern auszugehen, zusammen mit der bereits für die Kriegsgefangenen genannten Zahl etwa 4500. Dass solche Dimensionen des „Ausländer-Einsatzes" auch in der Nürnberger Stadtverwaltung durchaus realistisch waren, zeigt ein Vergleich mit den in der Rüstungsindustrie tätigen Kontingenten.[111]

Diese Zahlen machen angesichts der Bevölkerungsentwicklung Nürnbergs während des Zweiten Weltkrieges – von Mai 1939 bis Frühjahr 1945 war die Gesamteinwohnerzahl von 420 349 auf 196 270 Menschen zusammengeschmolzen[112] – hinreichend deutlich, in welchem Umfang alle Bereiche des Lebens von Fremdarbeitern durchdrungen waren. Dabei leisteten

---

107 StAN, KV-Anklage Interrogations Nr. 1, S 133, Interview 2, S. 11.
108 Statistisches Amt (Hrsg.), Statistisches Jahrbuch der Stadt der Reichsparteitage Nürnberg für 1939, Nürnberg 1940, Tab. 222 und 223 (S. 106 f.).
109 Stadt Nürnberg (Hrsg.), Verwaltungsbericht der Stadt Nürnberg 1945–1949, Nürnberg 1951, S. 15.
110 StadtAN, C 31/III.
111 Vgl. Zeugenaussagen in: Bildungszentrum Nürnberg (Hrsg.), Das NS-Staatsverbrechen, S. 6 f.
112 Verwaltungsbericht 1945–1949, S. 1. In die Zahl für 1945 sind 21 000 nicht näher spezifizierte „Ausländer" eingerechnet.

die bei den öffentlichen Arbeitgebern wie Kommune, Reichsbahn oder Reichspost beschäftigten Ausländer – unter ihnen auch KZ-Häftlinge[113] – nolens volens einen wichtigen Beitrag zur Aufrechterhaltung der lebensnotwendigsten Funktionen des Gemeinwesens, von der alle seine Bewohner profitierten.

Auf tragische Weise zwang der Luftkrieg sie zusätzlich in eine Schicksalsgemeinschaft mit denen, deren Armeen zuvor ihre Heimatländer überfallen, bombardiert und besetzt hatten. Da Ostarbeitern der Zutritt zu den öffentlichen Bunkern prinzipiell verwehrt war und die Luftschutzeinrichtungen in den Firmen- und Gemeinschaftslagern oftmals nur aus so genannten gedeckten Splitterschutzgräben,[114] also Zickzackgräben mit aufgeschütteten Bohlendecken, bestanden, lag der Anteil der Fremdarbeiter und Kriegsgefangenen an der Zahl der im Bombenkrieg Umgekommenen besonders hoch: Von 6111 Nürnberger Luftkriegsopfern waren 705 ausländische Männer, 119 Frauen und 1 Kind.[115]

---

[113] Der Einsatz von KZ-Kommandos für Zwecke der Stadtverwaltung ist in Nürnberg nicht zu belegen, jedoch z. B. bei der Reichsbahn; vgl. zusammenfassend Gerhard Faul, Sklavenarbeiter für den Endsieg. KZ Hersbruck und das Rüstungsprojekt Dogger, Hersbruck 2003, S. 84 f., und „I Deportati". Ein italienischer Häftling, in: Fritz Blanz/Johannes Graßl/Gerd Vanselow, KZ Hersbruck: Überlebende berichten, Hersbruck 1983, S. 28–51, hier S. 46–50.

[114] Zur Konstruktionsweise vgl. z. B. StadtAN, C 20/V Nr. 19431, Errichtung eines Barackenlagers und Entwesungsanlage Katzwanger Straße 150, Sportplatz, Conradtystraße (SSW) 1942–1956. Auch nach der teilweisen Zerstörung des Lagers bei einem Luftangriff und der Anerkenntnis der hohen Luftgefährdung mitten auf dem Werksgelände besteht der Baubevollmächtigte im Bezirk der Rüstungsinspektion XIII in seinem Bescheid vom 8. 6. 1943 auf einer Ausführung der Luftschutzdeckungsgräben „für sowjetische Kriegsgefangene in einfachster Bauart".

[115] StadtAN, Dienstakten Az 412-41-10/2, Gutachten vom 14. 11. 1985.

Barbara Ostyn

Die steinerne Rose

Erinnerungen einer polnischen Fremdarbeiterin
in Deutschland 1942–1943

Einführung

Unser Zug hielt am Samstagabend vor Pfingsten in Nürnberg-Langwasser. In der Nähe war das Lager, das einst den Teilnehmern der Nazirituale auf dem daneben liegenden Gelände als Unterkunft diente, dann aber Zeuge des Elends wurde, dem diese Riten und Feste vorangegangen sind. Der Zug brachte die Fremdarbeiter aus Ostpolen, damals Galizien genannt. Wir sollten zunächst in Langwasser untergebracht werden, in einem Sammellager, in der Nachbarschaft des Kriegsgefangenen-Offizierslagers.

Ich war 17 Jahre alt. Der Krieg hatte begonnen, als ich 14 war, und war zu Ende, als meine Generation außer wenigen Ausnahmen die schönsten Jahre des Lebens verloren hatte und sie nicht mehr nachholen konnte. Dazu kam die Bürde der Grausamkeiten, die diese Jahre und uns, die sie überlebt haben, gezeichnet hat. Wir aus dem Osten hatten bereits die sowjetische Besatzung erlebt (September 1939 bis Juli 1941). Das hieß Verhaftungen, Verfolgungen, Erschießungen, KGB, Deportationen nach Sibirien oder Kasachstan. Dann kamen die Nazis: Vernichtung der Juden, die Schoa, wieder Verhaftungen, Gestapo, KZ und Zwangsarbeit. „Die schönsten Jahre des Lebens …" Aus diesen Jahren habe ich aber eine ganz und gar untypische Erfahrung mitgenommen: Das war meine Nürnberger Etappe.

Obwohl man im Fall eines Fremdarbeitertransports von Glück kaum sprechen kann, hat er sich für mich als eine Chance erwiesen. Dank ihr bin ich einer noch viel größeren Gefahr entkommen. Die zweite Chance war, dass ich eben in dieser Stadt gelandet bin und hier guten, wirklichen Menschen begegnete.

Das war eine Begegnung, die mit der Zeit nicht übereinstimmte und schon gar nicht mit dem Regime, dem diese Stadt so gefiel, dass es sie zu seinem Symbol machte, hier seine Feste feierte, hier seine schlimmsten Gesetze verkündete. Mit diesen Gesetzen sind meine Erfahrungen wirklich nicht in Einklang zu bringen.

Mit den Jahren wurde mir der einzigartige Charakter dieser Erfahrung immer deutlicher. Darüber zu sprechen wagte ich kaum. Nicht alle haben eine solche Chance gehabt wie ich. Das beraubt sie eines Teils ihres positiven Charakters. Nürnberg war damals die Stadt der vielen tausend Fremdarbeiter und Kriegsgefangenen. Viele von ihnen haben unbeschreiblich gelitten, viele ihr Leben unter den Bomben gelassen. Wie vielen von ihnen war es wie mir beschieden, wenigstens zwei oder drei gerechten Menschen in dieser Stadt zu begegnen?

Vielleicht sind „meine" Nürnberger aus dieser unheimlichen Zeit etwas wie ein Vorwurf für viele andere, denen es nicht gelungen ist oder denen es immer noch nicht gelingt, innerlich frei zu bleiben und danach zu handeln. Vor allem aber gehören sie zu der echten, unvergesslichen Schönheit dieser Stadt.

Woher wir kamen

Unser Transport kam aus dem Osten, aus jenem Teil Polens, den man „Klein-Polen" (Małopolska) oder Land „am östlichen Rand" (Kresy Wschodnie) nannte. Der Begriff des Landes am Rand, an der Grenze, liegt auch dem Namen der Ukraine zugrunde: „u kraja", am Rand. Auch war dieses Land ein richtiger Knotenpunkt der Wege und der Grenzen. Was die östliche Seite betraf, die seit 1918 die sowjetische Grenze war, noch mehr als eine Grenze, man sprach schon damals vom „Eisernen Vorhang", der nicht nur zwei Länder, sondern zwei verschiedene Welten voneinander abschloss. An der südlichen Seite, die Karpaten entlang lief die friedliche Grenze mit Rumänien und der Tschechoslowakei. Vor dem Ersten Weltkrieg und dem Versailler Vertrag gehörten alle diese Länder k. u. k. Österreich an. Das Land, von dem ich hier spreche, war der östliche Teil des Gebietes, das man damals Galizien nannte.

Ein besonders schönes Land ist es gewesen. Gewesen, da es heute nicht mehr so ist wie einst. Es wurde durch die tragischen Ereignisse so geprüft, dass sogar seine Landschaft eines Teiles ihres Zaubers beraubt wurde. Das, was die Menschen und ihre Städte, Städtchen und Dörfer dort innerhalb des letzten Jahrhunderts erlebt haben, lässt sich kaum beschreiben. Wir, die dort geboren wurden und jetzt in der Welt verstreut sind und immer weniger werden, sind oft nicht tapfer genug, um dieses Land als Touristen zu besuchen. Wir wollen nicht riskieren, dass das schöne, mit uns gerettete alte Bild des Landes beim Zusammenstoß mit der gegenwärtigen Realität zugrunde geht. Doch gibt es auch viele, die es wagen. Sie finden nicht immer die alten Spuren des Lebens. Viele von ihnen wurden absichtlich gründlich ausgelöscht. Auch kämpft das ganze Land immer noch mit sehr vielen ökonomischen Problemen. Einst wurde es mit einer Kornkammer verglichen.

Auch die Menschen, die heute dort leben, sind sich bewusst, dass das Land, dessen ursprüngliche Pracht sie nur aus den Erzählungen ihrer Eltern kennen, in den letzten fünfzig Jahren verwüstet und entstellt wurde. Eine Gruppe französischer Touristen, die die Gegend um Lwow in den neunziger Jahren besuchte, hörte einen Hiesigen sagen: „Verzeihen Sie uns, dass es uns nicht möglich ist, Ihnen unsere Stadt und Gegend in ihrer ursprünglichen Schönheit zu zeigen."

Hier kreuzen sich, wie gesagt, verschiedene Wege, Wege der Kriege und des Handels, von Osten nach Westen, vom Schwarzen Meer bis zum Baltikum. Ein ausgezeichneter Raum für kulturelle und ethnische Kontakte und den Austausch. Die Grenzländer, wie auch Schlesien, das Elsass und andere, scheinen eine ganz besondere Berufung zu haben – zur Begegnung. Das ist eine kostbare Berufung, sie kostet eben viel, diese Länder sind fast immer schwer geprüfte Länder. Man zwingt sie zu oft, sich zu entscheiden, „wem sie angehören" oder „welches ihre Identität ist". Ihre Identität ist die freundliche Aufnahme des Andersartigen. Anstatt solche Länder mit „Wahlen" und „Plebisziten" zu foltern, wäre es besser, ihre eingeborenen Talente und Fähigkeiten zu entwickeln. Diese Länder sind zur Partnerschaft geboren, zum Zwillingsleben, zu einer Grenzmission – und vor allem zu einem ganz neuen Verständnis der ethnischen Identität.

Die Hauptstadt dieses Landes hieß Leopolis, Lwow, Lviv, Lemberg. Man nannte sie auch „Klein-Wien". Sie besaß einen einzigartigen Zauber, war ein Treffpunkt der Kultur, Kunst und der Wissenschaften mit ihren Universitäten und Schulen. Zu ihrem Reichtum gehörte eben das Zusammenleben der verschiedenen Nationalitäten, ihre wechselseitigen Beziehungen und Kontakte, ihre Verflochtenheit, vor allem im Familienleben. Solange man nicht über die nationalen Probleme nachzugrübeln begann, die die Mauern des Hasses und des Misstrauens zwischen den Menschen bauten, waren diese vielfachen Identitäten einfach da und machten das Land schön. Es genügte, nur einen Gesamtblick auf die Stadt Lwow zu werfen, etwa vom Schlossberg aus, um zu sehen, wie dort verschiedene Stile eng beieinander lebten. Das konnte man gut an der Architektur der religiösen

Bauten sehen: die römisch-katholische Kathedrale, die griechisch-katholische (man nannte sie damals die ruthenische, dann ukrainische, oder noch byzantinisch-katholische) Kirche mit einer großen Kuppel, der armenische Dom, die orthodoxe Kirche und viele andere, vor allem die Synagoge. Galizien gehörte zu der Region, wo die größte jüdische Diaspora Europas lebte, es war das Land der „Schtetl", hier entstand der Chassidismus, hier kam zur Welt und lebte sein Gründer, Israel ben Elieser, später Baal Schem Tow genannt (1700–1760).

Während der zwanzig Jahre der Unabhängigkeit Polens nach dem Ersten Weltkrieg war die ganze Aufmerksamkeit des jungen Staates der Konsolidierung der polnischen Identität gewidmet, der Befreiung von den Resten der Okkupation und der Entwicklung der polnischen Kultur. Bald aber ließ sich die Freude an der wiedereroberten Freiheit vom Chauvinismus verführen, dann von den Träumen von der Macht des Staates,[1] eines Staates, wie er einst zur Zeit der Dynastie der Jagellonen gewesen ist. Kein Wunder, diese Träume, denn die Freiheit wurde schwer durch Opfer bezahlt.

Die großen Imperien waren nicht mehr da, die kleinen Nationen wollten sich behaupten, die Minoritäten erhoben ihre alten Ansprüche. Nationalismus ist eine große Gefahr. Er spielt mit den höchsten Werten, mit allem, was einem am Herzen liegt, mit der Tradition, mit allem, was man „heilig" nennt, mit den vergangenen Tragödien und Opfern. Er reißt die religiösen Motive an sich und schleicht sich mit ihnen ins Herz hinein. Er begrenzt die Kontakte oder vernichtet sie. Dort, wo er zur Geltung kommt, werden in wenigen Stunden die Nachbarn zu Feinden. Die gemischten Familien und Freundschaften stehen dieser Gefahr wehrlos gegenüber.

Die Kirchen, die seit jeher der Freiraum für die bedrückten Nationen gewesen sind, wurden bald in diesen ideologischen, sozialen und ethnischen Prozess verwickelt. Je nachdem, wie sie ihre Rolle und Mission verstanden haben, folgten sie mehr oder weniger den Ideologien der Nationen oder wurden von ihnen verfolgt.

---

1 In den dreißiger Jahren behauptete sich die Naziideologie in Deutschland immer stärker. Manche Ideen dieser Ideologie fanden auch in Polen Anhänger: Macht, Boden, Rasse – das waren die Slogans, die man damals in der Presse fand, „Polen den Polen! Polen von einem Meer bis zum anderen!"

Der Krieg begann mit der Niederlage Polens. Der Schock war fast unerträglich. Für uns in Ostgalizien bedeutete es die Tag und Nacht durchziehende Flut der Regierung, der Beamten, der Armee, der Zivilisten aus Warschau und aus den westlichen Gebieten Polens. Alle flüchteten in Richtung der rumänischen Grenze. Warschau wurde schwer durch Bomben beschädigt, Lemberg hat auch seinen Teil an den Bomben gehabt. Die Deutschen rückten immer näher. Dann kamen einige Tage des Stillstands. Am 17. September 1939 ließen sich die Motoren der Roten Armee vernehmen.

Zwei Welten

In Zeiten, in denen sich nationalistische Tendenzen behaupten und das politische und gesellschaftliche Leben beeinflussen, schleicht sich Unruhe in die „gemischten" Familien. Man hört viel von der „Identität" sprechen, die Namen, die Herkunft werden auf einmal zum Gegenstand der Aufmerksamkeit, Untersuchungen und Kommentare. Je mehr solche Gedanken das Leben beeinflussen, desto schlimmer wird die Stimmung. Dann kommen andere emotionale Motive zur Geltung, die Akte der Gewalt auslösen.

Meine Eltern stammten aus zwei verschiedenen Welten. Mein Vater kam vom Dorf. Der Großvater arbeitete bei der k. u. k. Eisenbahn als Schrankenwärter und hatte dabei ein kleines Stück Land. Mein Vater konnte nur in einer orthodoxen Kirche getauft werden, da es keine andere in dieser Gegend gab. Sie gehörte zu denen, wo man je nach der politischen Lage immer wieder den Druck erlebte, sich als Angehöriger dieser oder jener Konfession zu bekennen, denn die Konfession war mit der ethnischen Identität verbunden: Der Orthodoxe war Russe, der Griechisch-Katholische war Ruthene, später Ukrainer, der Pole war römisch-katholisch.

Einmal zur k. u. k. Armee einberufen, wäre mein Vater wahrscheinlich dort im Dienst geblieben, wenn es den Ersten Weltkrieg nicht gegeben hätte. Aus diesem Krieg blieb ihm Invalidität, eine partielle Lähmung, vor allem des rechten Arms. Zu dieser Zeit hat er seine erste, sehr junge Frau verloren. Aus diesen Erfahrungen ist er erschöpft und resigniert hervorgegangen.

Meine Mutter stammte aus einer jüdischen Familie. Sie verheimlichte es, ich weiß nicht warum. Auch meinem Vater hat sie gesagt, dass sie aus einer „guten schwäbischen Familie" stamme. Das Wort „schwäbisch" (szwabski) bezeichnete bei uns die Deutschen im Allgemeinen auf eine familiäre Weise, man konnte diesem Ausdruck aber einen negativen, einen freundlichen oder einen witzigen Beiklang geben. So erklärte sie ihren Familiennamen, der genauso deutsch wie jüdisch sein konnte. Mehr jüdisch vielleicht als deutsch, aber darum kümmerte man sich kaum unter der k. u. k. Regierung in dieser Gegend, die schon an sich ein Mosaik der Völker war. Dem Typus nach war meine Mutter ausgesprochen semitisch. Ich habe fast keine Gelegenheit gehabt, ihre Familie kennen zu lernen, doch die Mitglieder, die ich gesehen habe, waren alle genauso semitisch, mit schwarzen Augen, schwarzem krausen Haar, bräunlicher Haut, hervorragender Nase.

Das, was meine Mutter aus ihrer Kindheit in Lwow berichtete, in den wenigen Momenten, wenn sie darüber sprach oder sich die Erinnerungen ihrer bemächtigten, ohne dass sie sich kontrollierte, wies deutlich auf die jüdische Welt hin: Man aß die traditionellen jüdischen Speisen, man mischte niemals Fleisch- mit Milchgerichten, es gab schöne Kerzen an den Festtagen. Und wie elegant war ihr Vater in seinem langen schwarzen Mantel mit dem Hut aus Samtfilz auf dem Kopf! Er trug nur weiße Socken. Das war die gewöhnliche Kleidung eines Juden, ein typisches Bild aus den jüdischen Stadtvierteln, wie man es noch auf alten Fotos sieht. Niemals konnte ich erfahren, wo er arbeitete. Nur einmal sagte sie „im Büro der Gemeinde". Diese Gemeinde war sicher nicht der Magistrat der Stadt Lwow.

Dabei gab es einen Zweig dieser Familie, der in Wien lebte, einen anderen in Krakau und in Oberschlesien und sogar in Tschechien. Dieser Zweig wurde schon seit langem dort assimiliert, wo er wohnte. Durch die Heirat mit Deutschen oder Tschechen kamen auch schon andere Namen ins Spiel. Auch diese Namen wurden den Verhältnissen entsprechend polonisiert, tschechisiert, germanisiert. Ich war etwa sechs Jahre alt, als mich meine Eltern auf eine Reise nach Krakau und Schlesien mitnahmen. Es waren schon die dreißiger Jahre, ich meine damit, mein Vater wollte unbedingt diese „schwäbische" Familie meiner Mama wenigstens einmal sehen. Es war eine kurze Reise, ein flüchtiger Besuch, alles ist gut verlaufen.

Die Verwandten aus Schlesien waren schwarz- und kraushaarig, aber sie schienen durchaus „Schlesier" zu sein. Schlesien ist auch ein „Land an der Grenze".

Sobald wir zurück nach Hause kamen, fragte mich meine Mutter: „Wo sind wir gewesen? Hast du es wenigstens gelernt?" – „In Krakow und in Schlesien." – „Gut. Und wenn dich jemand fragt: ‚Wo wohnt Mamas Familie?', was wirst du antworten?" – „In Schlesien." – „Gut. Vergiss es nicht!"

Das war kein Geografieunterricht, das war eine Vorbereitung auf eventuelle Fragen, die die Familie betreffen konnten. Sonst unterhielt meine Mutter keinen Kontakt mit ihrer Familie. Ihre Mutter habe ich nur einmal und nur flüchtig gesehen. Da die Familie des Vaters von meiner Mutter nichts wissen wollte, erlebte ich die ersten Jahre meines Lebens ohne jeden Kontakt mit der Familie. Erst im letzten Sommer vor dem Krieg lernte ich eine Schwester meines Vaters kennen.

Ich weiß nicht, wann meine Mutter Christin geworden ist, ob es ihre Wahl war oder ob es für sie entschieden wurde. Aus welchen Gründen, weiß ich auch nicht. Jedenfalls ist es ihr niemals gelungen, sich der christlichen Religion und Gesellschaft wirklich anzupassen. Es ist möglich, dass sie in dieser Hinsicht eine Enttäuschung erlebt hat. Sie war immer auf Distanz. In der Kindheit habe ich sie fast niemals eine Kirche betreten sehen – meinen Vater allerdings auch nicht. Dem Vater, dem schwer geprüften, waren solche Probleme vollkommen egal, meine Mutter machten sie nervös und verlegen. Kurzum, alles, was sich in diesem Land abspielte, oft unter den schönen und hehren Slogans und im Namen der großen Werte, ließ auf seinem Weg solche mehr oder weniger Behinderte zurück, die nicht mehr wussten, was sie sagen sollten, wo sie hingehörten, die entweder gleichgültig oder verbittert wurden.

Die Ehe meiner Eltern war kein Erfolg, schon in den ersten Monaten erwies sie sich als Irrtum. Sie waren beide nicht mehr jung, also weniger anpassungsfähig. Dazu kam der gründliche Unterschied der Welten, aus denen sie kamen. Wenn diese zwei Menschen aus so verschiedenen Welten geheiratet hatten, um der Einsamkeit zu entfliehen, so war es eben eine Niederlage. Sie lebten bald zusammen, bald getrennt. In den dreißiger Jahren war die Krise so groß, dass sie zu einem Drama wurde. Es war eben die

Zeit, als die schönen nationalen Ideen die Menschen zu Feinden machten. In dieser Zeit erlebte und hörte ich manches, was die Kräfte eines Kindes übersteigt. Diesmal war die Scheidung schon fast entschieden. Sie hätte schon früher stattgefunden, aber es gab ein Hindernis, das war ich. Ich wohnte entweder mit der Mutter, oder mit dem Vater, oder dort, wo man für mich einen Platz fand. Eine Zeit lang sprach man von Adoption durch eine Familie, bei der ich oft verweilte und die ich sehr gerne hatte. Ich weiß nicht, warum diese Verhandlungen abgebrochen wurden. Mein Vater begann zu trinken. Er wohnte allein, dann mit einer Haushälterin, er war krank.

Als Kind habe ich die politischen Orientierungen und Tendenzen wohl vernommen, man sprach davon, man las die großen Schlagzeilen in den Zeitungen, man spürte die Stimmungen – aber ich nahm das alles nicht ernst. Die Presse war damals voll von nationalistischen Slogans und Artikeln. Die so genannten gut christlichen, katholischen Blätter waren antisemitisch. Ich las sie, aber legte darauf keinen Wert. Man sollte nicht bei den Juden kaufen? Es gab sehr wenige nichtjüdische Geschäfte und wenn es welche gab, so waren die Preise fünfmal höher. Ich wäre niemals auf den Gedanken gekommen, dass diese Sachen, von denen die Blätter schrieben, etwas mit unserem Familienleben zu tun haben könnten. Die Konflikte meiner Eltern, das war eben nur ein Streit zwischen „ihm" und „ihr", traurig genug.

In der Volksschule gab es keine Probleme dieser Art. Es ist schon wahr, dass unsere jüdischen Mitschülerinnen sich eher abseits hielten. Sie waren diskret, immer freundlich, ein bisschen scheu. Sonst hatte ich in den Schulen, die ich wegen der familiären Situation oft wechseln musste, das große Glück, immer sehr gute, stille Kameradinnen zu finden. Einmal ist aber etwas passiert, während einer Religionsstunde. Der Priester, der zum Unterrichten überhaupt kein Talent hatte, wollte wahrscheinlich die Zeit mit etwas füllen, denn nach zehn Minuten hatte er nichts mehr zu sagen. Er stellte uns Fragen über unsere Eltern und Familien. Wie heißt die Mutter mit Mädchennamen? Ob die Eltern in die Kirche gehen? In welche Kirche? Und immer so weiter. Als ich an die Reihe kam und den Mädchennamen meiner Mutter sagte, da runzelte er die Stirn und kniff die Augen zusammen: „Deine Mutter ist eine Umgetaufte, na?" Das Wort, das er benutzte, war ein Wort, das sich nicht leicht in eine andere Sprache übersetzen lässt: „wychrzta, wychrzcianka", das will wohl sagen „umgetauft", es ist aber mit einem besonderen Klang, mit etwas wie Verachtung verbunden, kurzum, kein elegantes Wort. Es stellt die Tatsache der Taufe in Frage, macht aus der Taufe ein konformistisches Manöver, etwas Unechtes. Ich stand verdutzt da.

„Nein", sagte ich, „nein!"

„Und der Name, na?"

„Mama ... stammt aus einer guten schwäbischen Familie", stammelte ich und sah, dass es auch keine gute Antwort war, aber er ließ mich in Ruhe.

Meine Schulzeit war aus allen diesen Gründen gestört. Ich habe die Schule mehrmals gewechselt, auch war ich keine gute Schülerin. Heute hätte man es verstanden, damals aber gab es für die schlechten Schüler keine Ausrede und keine Verzeihung. Ich fühlte mich sehr schuldig, denn ich war wirklich kein Trost für meine Eltern. Ich lebte ziemlich einsam, hatte keine Möglichkeit, meine Mitschülerinnen einzuladen, und selten Erlaubnis auszugehen. Dagegen las ich sehr viel, und zum Glück sind es fast immer gute Bücher gewesen. Im nach-österreichischen Galizien gab es viele deutsche Bücher, jetzt brauchte man sie nicht mehr. Die schönen Ausgaben und Alben behielt man noch, das war eine schöne Dekoration. So gab es zu Hause ein großes, schweres Album „Hausgalerie der berühmten Gemälde", das, so glaube ich, in Dresden herausgegeben worden war. Das war mein erster Kontakt mit der Kunst. Der Text war in gotischen Buchstaben gedruckt. In meiner Umgebung konnte man mir nur die Buchstaben zeigen, sonst nichts. Ich entzifferte die Texte, ohne zu wissen, wie man sie aussprach und wovon sie erzählten. Etwas besser ging es mir dann nach dem ersten Jahr des deutschen Sprachunterrichts in der Mittelschule; ich hatte eine Stunde in der Woche.

Bei einer Schulkollegin fand ich auf dem Dachboden riesengroße und sehr schwere Bände der Klassiker der deutschen Literatur, eine Luxusausgabe mit feinen, sehr romantischen Radierungen. Ich schleppte diese Bände buchstäblich im Schweiße meines Angesichts, denn es waren gerade Ferien und große Hitze, von einer Vorstadt bis zur anderen. Um sie zu lesen, musste ich diese Bände auf den Boden legen und selbst auf dem Bauch liegen. Ich las – das wäre zu viel gesagt. Ich verkehrte mit ihnen, ich besuchte sie und kroch auf meine Weise in sie hinein.

Nach und nach, mit Hilfe der Bilder, habe ich damals meine Bekanntschaft mit Goethes „Faust" gemacht. Wenn man die schweren Fragmente überspringt, ist der Rest doch wie ein mittelalterliches Märchen. Wegen Gretchens Drama war das eine Lektüre „nicht für die Jugend", also umso interessanter. Auch habe ich mir bald eine sehr gute polnische Übersetzung beschafft, von einem großen polnischen Dichter, Leopold Staff. So konnte ich, eine Zeile nach der anderen, die beiden Texte vergleichen, nur vergleichen. Die Übersetzung war zwar sehr gut, vortrefflich gereimt, sie konnte aber nicht wörtlich sein. Das war aber vielleicht noch besser, um den Sinn in den beiden Texten zu entdecken und ihn zu empfinden. Es war ein echtes Leseabenteuer.

Überhaupt waren die Sprachen eine Zauberwelt für mich, obwohl ich niemals die Möglichkeit hatte, mindestens eine von ihnen gründlich lernen zu können. Dabei sei gleich gestanden, dass ich in der Schule in Deutsch nur ein armseliges „genügend" bekam und das auch nur aus Erbarmen.

Als der Krieg begann, der unsere Schuljahre ein für allemal zerstörte, hatte ich einen sonderbaren und ungeordneten Vorrat zur Verfügung, lauter Brocken von Kenntnissen, viele gelesene Werke, leicht und mit Spaß zu Eigen gemachte Texte. Ich hatte ein gutes Gedächtnis, lernte wie ein Papagei. Am meisten aber lernte ich, was ich liebte. Ich kann heute sagen, dass diese Liebe erwidert wurde. Diese kleinen Brocken haben mir gute Dienste geleistet, wie es die Geschichte meiner Kriegswanderung bezeugen wird.

Der Krieg, erster Teil

Am 17. September 1939 rückten die Sowjets bei uns ein. Sie wurden von einem Teil der hiesigen nationalistischen ukrainischen Bewegung als willkommen begrüßt. Riesige Bilder von Marx, Engels, Lenin, Stalin wurden überall aufgehängt. Ein Teil der jüdischen Bevölkerung atmete auf: Das war besser als die Nazis. Viele junge Juden waren in den kommunistennahen Verbänden versammelt. Ich habe von einer meiner älteren Kameradinnen gehört, dass sie schon seit Jahren dem Komsomol angehörte. Diese Hoffnungen sollten aber bitter enttäuscht werden. Es war keine Rede von der freien, autonomen Ukraine für die Ukrainer, und die Anhänger des

Kommunismus in seiner „westlichen" Form wurden nach Russland deportiert, oft in die Gulags. Vorläufig beschränkte sich die Verfolgung vor allem auf die Polen, die in dieser Gegend eine Minderheit waren, doch wurden die reichen Juden und Ukrainer auch nicht verschont. Dann fingen die Deportationen an, nach Kasachstan, nach Sibirien. Innerhalb weniger Stunden aus dem Haus gejagt, mit sehr wenig Hab und Gut, zogen die Kolonnen der Wagen und der Menschen vorbei.

Mein Vater war schon schwer krank, es waren die letzten Wochen seines Lebens, er war bettlägerig. Eines Abends sind sie gekommen, drei bewaffnete Ukrainer mit roten Binden am Arm. Sie haben die Wohnung vollständig durchwühlt, alles durcheinander gebracht, mitgenommen, was irgendeinen Wert hatte, und zum Schluss zu Vater gesagt: „So, nun werden Sie mit uns gehen." Er hat die ungeheure Anstrengung gemacht sich zu erheben, mit einem vor Schmerz verzerrtem Gesicht, er war schon nicht mehr als Haut und Knochen. Ich fing an zu schreien wie sonst nie in meinem Leben. Ein Wunder ist wohl geschehen – man konnte sonst bei solchen Gelegenheiten schreien und heulen, auf die Knie fallen und flehen, das änderte grundsätzlich nichts an der Sache. Doch diesmal hat einer von ihnen gesagt: „Schrei nicht so, wir lassen deinen Vater." Sie sind gegangen. Mein Vater starb bald danach.

Ich war 15, also nicht mündig. Nun musste meine Mutter sich meiner annehmen. Sie hat ihre kleine Wohnung in Lwow aufgegeben und sich entschlossen, die Wohnung des Vaters zu übernehmen und in der Provinz zu leben. Das hatte in der hungrigen Kriegszeit seine Vorteile. Zugleich aber war dieser Entschluss ein großer Fehler. Sie zog in eine Gegend, wo sie niemanden kannte und ohne sicher zu sein, ob sie länger in der Wohnung bleiben können würde.

Sonst aber verlief die Zeit der sowjetischen Besatzung ziemlich ruhig – die Angst ausgenommen. So wie meine Kameradinnen ging auch ich in die Dörfer zum Tauschhandel, im Herbst 1940 und im Frühling 1941 zur Arbeit auf die Felder. Einige Monate lang konnte ich im Sägewerk arbeiten, bei den Bestellungen und Lieferungen. Die Arbeit war nicht schwer, nur war der Weg recht weit, etwa sieben Kilometer. Dieses Sägewerk hatte schon eine sowjetische Verwaltung, sein Leiter war aber noch immer ein hiesiger Jude, der meinen Vater gekannt hatte. Eines Tages war der Leiter nicht mehr da, sein Sekretär auch nicht. Neue Menschen sind erschienen, auch Russen und Russinnen, einige in Uniformen. Man hat mir gesagt, dass ich entlassen bin, und glücklicherweise hat man mich nicht anderswohin „versetzt".

In dieser Zeit, als es keine Bibliotheken gab, habe ich Zutritt zu einem riesigen Haufen von Büchern gefunden. Alle privaten Bibliotheken, die in der neuen Situation nicht funktionieren konnten und sicherheitshalber alle polnischen Bücher loswerden wollten, haben sie im Pfarrhaus abgelegt, besser gesagt aufeinander geworfen. Als ich das zufällig erfuhr, bat ich, einen Blick in diese Bücher werfen zu dürfen. Das wurde mir erlaubt, nicht ohne Verwunderung, es gab nämlich nicht viele eifrige Leser zu dieser Zeit. Allerdings wurde eine Bedingung gestellt: Ich sollte diesen riesigen Haufen nach Kategorien ordnen und in den Keller bringen. Für mich war das ein Luxusvorschlag. Bei dieser Gelegenheit las ich alles, was mir in die Hände fiel. Außerdem bekam ich am Mittag etwas zu essen, oft so viel, dass ich einen Teil davon nach Hause tragen konnte.

Die Bücher, das war eine ganz besondere Mischung. Es gab darunter ein Buch, das von Deutschland und auch vom sowjetischen Russland sprach, diese beiden Welten begegneten sich in diesem Buch. Das war die erste Lektüre dieser Art in meinem Leben und sie hat auf mich großen Eindruck gemacht. Das Buch und seinen Verfasser konnte und kann ich immer noch nicht beurteilen. Die Übersetzung aus dem Deutschen war sehr schlecht, den deutschen Text habe ich niemals gefunden. So wie viele andere Bücher hat es mir während meiner „Jugendreise" gute Dienste erwiesen.

Die zweite Sache lässt sich ganz kurz berichten: Sie ist mit der ersten verbunden. Inmitten des Krieges und seiner Gräuel, unter der Sowjetmacht, gab es zu Pfingsten 1940 ein Fest in diesem Pfarrhaus. Viele Gäste waren eingeladen und, durch Zufall, fast zum Schluss, zwei meiner Kolleginnen und ich. An einem gemeinsamen Tisch sah ich nicht nur Polen, sondern auch Ukrainer. Man sprach vom gemeinsamen Verständnis und von gemeinsamen Sorgen. Das war etwas ganz anderes als das, was man im Alltag erlebte, und doch war es möglich. Dieser Abend und dieses Zusammensein haben auf mich einen tiefen Eindruck gemacht. Ich war fast sicher, dass ich eine Perspektive, einen Weg zu einer besseren Welt ohne Verfolgung und Krieg, ohne Nationalismus und Rassismus schimmern sah. Zwei Jahre später, am Pfingstabend 1942, im Lager Langwasser, dachte ich an diesen Abend, an diese Perspektive, immer noch, allem zum Trotz, mit Hoffnung.

Im Juli 1941 brach der deutsch-russische Krieg aus. Wieder gab es abziehende Truppen und die mit dem Rückzug verbundenen Gräuel, dann „no man's land" und die Plünderungen. Auch wir sind Plündern gegangen, wie jeder, der nur im Stande war, etwas zu erwischen. Sicher war das, was für die Schwächsten übrig blieb, kein Luxus, z. B. Säcke mit Weizengrieß. Sie waren schrecklich schwer, aber zu zweit mit meiner Kameradin Danuta, mit der wir schon viele Wege gemeinsam gemacht hatten, um Lebensmittel zu finden, haben wir es doch geschafft. Es war wirklich höchste Zeit: Bei Danuta hatte man schon seit zwei Tagen nichts gegessen. Dabei sei gesagt, dass der Weizengrieß, mit Wasser gekocht, als einzige Speise wochenlang eine harte Prüfung für den Magen werden kann. Er kann Brot oder Kartoffeln nicht ersetzen.

Der erste Deutsche

Juli 1941.

Nach den Plünderungen, nach dem Abzug der ungarischen Truppen[2] kam wieder die Stille des „no man's land", eine Stille voll Unruhe. Das Städtchen war tot, alle Fensterläden, alle Geschäfte geschlossen. Auf dem Marktplatz sah es besonders unheimlich aus. Hier wohnen die Juden – oder wohnten sie?

Es ist, als ob sie alle verschwunden wären. Kein Ladenschild mehr. Irgendwo auf der dem Platz abgewandten Seite ihrer Häuser oder in den Kellern harren jetzt bangende Menschen. Hinter den von der Julisonne erwärmten Mauern dieser verschlossenen Häuser beben Hunderte von Herzen. Wenn man sie hören könnte, würde es zur finsteren Musik, etwa wie ein Trommelwirbel bei einem Begräbnis. Das ahnten wir aber noch nicht, diese heranziehende unheimliche Gefahr.

---

2   Ab dem 30. 6. 1941 beteiligten sich ungarische Verbände am Überfall auf die Sowjetunion, rückten über die Karpaten in das südöstliche Galizien ein und erreichten am 6. Juli den Dnjestr.

Wir ahnten es nicht. Das kann man nicht vorausahnen. Der Gefahr will man nicht ins Gesicht sehen. Im ersten Reflex wendet man ihr den Rücken zu, man bedeckt sich die Augen, wie es spielende Kinder tun: Ich bin nicht da, du bist nicht da. Und dennoch kann dieses hinter den Mauern verschlossene Grauen nicht ganz unbemerkt bleiben. „Die Jüdle haben Angst, jetzt wird es ihnen schlecht ergehen!" („Żydki się boją, teraz to dopiero zobaczą!") Das sagen die einen. „Sie werden deportiert, nach Madagaskar", fügen die anderen hinzu. Das lenkt die Gedanken von uns ab. Uns wird doch so etwas nicht geschehen, hoffen wir.

Hie und da denkt man an die Aussiedlung der Juden als eine günstige Gelegenheit. Man wird vielleicht Nutzen daraus haben, hat man nicht auch die russischen Güter geplündert? Von dieser ganz „pragmatischen" Einstellung mancher Leute werden wir erst später erfahren. Zurzeit weiß ich nichts davon. Wenn ich an Lenkas Haus vorbeigehe – es ist auch verschlossen, das Messingschildchen des Arztes, ihres Vaters, ist verschwunden – denke ich: „Sie sind verreist, es ist besser so." Lenka ist meine beste Freundin, sie fehlt mir, aber es ist besser, sie verreist zu wissen.

Dann gibt es Bewegung in der Stadt, man bereitet etwas vor wie ein Fest. Man sieht ukrainische Volkstrachten, Dekorationen, Blumensträuße. Davon werden die Polen wieder nichts wissen, sie müssen fern bleiben. Die ukrainische nationale Bewegung wird die einrückende deutsche Armee feierlich begrüßen. Dann, so hoffen sie, werden die lokalen Ukrainer die Macht ergreifen, unter deutschem Protektorat. Alles ist schon vorbereitet, geschniegelt und gebügelt. Man hört die Motoren dröhnen, die Masse aufschreien, Händeklatschen. Die Stadt bekommt eine deutsche Besatzung mit einer Kommandantur. Die Polen atmen, wenn man so sagen darf, auf: Was wäre aus uns geworden, hätten die Deutschen die Stadtverwaltung den schon darauf wartenden Ukrainern überlassen? Mit den Deutschen sind wir im Krieg, sie sind aber ein Kulturvolk, „Ordnung wird sein".

Dem ersten Deutschen in diesem Zweiten Weltkrieg bin ich am kleinen Postamt begegnet, zwei oder drei Tage später. Am Schalter stand ein strammer junger Mann in Uniform (vielleicht war es eine SS-Uniform?). Er sprach mit der Beamtin, höflich und sachlich, in tadellosem Polnisch. Als ich dann meinen Weg zur Vorstadt hinabging, sah ich ihn, etwa 30 Schritte vor mir, in derselben Richtung gehen. Seine Stiefel glänzten.

Sonst war niemand auf der Straße zu sehen. Sie war zu 95 Prozent, wenn nicht mehr, von Juden bewohnt. In dieser Gegend stand auch eine Synagoge.

Auf einmal geschah etwas vor mir, so blitzschnell, dass ich nur Bruchstücke davon wahrnahm: Plötzliche dumpfe Tritte der Stiefel und heftige Gebärden des Mannes in Uniform wie in einer Tanzfigur. Ich sah ein großes graues Knäuel vor ihm in die Gosse fallen. Blitzschnell erhob sich das Knäuel wieder, lief oder besser rollte gebückt, den Kopf mit den Händen bedeckend, davon und verschwand. Das Knäuel war eine alte jüdische Frau.

Ich blieb stehen, als hätte mich ein Blitz getroffen. Unterdessen war die Uniform schon weit weg und die Straße leer.

Dass er diese Frau mit Füßen getreten und in die Gosse geworfen hatte, das war klar, aber warum hatte er das gemacht? Hatte die Alte etwas Böses gesagt oder geflucht? Es musste sich dort etwas abgespielt haben, was ich nicht gesehen hatte – a"ber trotzdem! Wie konnte sich so ein kultivierter junger Offizier so benehmen? Dabei sprach er doch Polnisch ...

Dann denke ich auf einmal an das, was unsere älteren Kameraden über die Boykott-Tage in Lwow erzählt hatten, über die jüdischen Geschäfte, die an solchen Tagen geschlossen blieben, über den Numerus Clausus an der Universität, über das Spiel „am Bart ziehen" und andere Geschichten, die noch schlimmer waren. Sie lachten dabei, die Jungen, sie ergötzten sich daran, gute brave Jungen, Patrioten, Christen, kultivierte Menschen.

Jetzt mache ich es so wie die meisten Menschen im Angesicht des Ungeheuers, ich will nichts damit zu tun haben. Was ich gesehen habe, ist meine Sache, Schluss damit, gut dass ich Kartoffeln kaufen konnte.

Lenka

In derselben Straße, wo ich meinen ersten Deutschen „in Aktion" beobachten konnte, bin ich wenige Tage später auch Lenka begegnet. Ich sah sie aus einem kleinen Nebengässchen herauskommen, aus dem Viertel, in dem ganz unten die Synagoge stand. Lenka hatte den Gehweg überquert und lief nun in der Gosse in meiner Richtung. Sie schien mich gar nicht bemerkt zu haben. Lenka! Seit wann hatte ich sie nicht mehr gesehen? Ich glaubte, sie und ihre Eltern seien verreist!

Ich laufe ihr entgegen, rufe: „Lenka!" Sie gerät in Panik, springt weg, fast in die Mitte der Straße, macht eine abweisende Geste mit der Hand und stottert etwas wie: „Nein, nein, geh weg, ich kann nicht mit dir sprechen, geh weiter!" Sie trägt das alte blaue Mäntelchen, das sie schon in der Grundschule trug, zu eng, zu kurz, abgerieben. Um den Arm hat sie einen Binde mit dem blauen Davidstern, einen anderen, gelben Stern auf der Brust. „Lenka, ich will nur wissen, wo ich dich sehen kann. Wo wohnst du jetzt?" Das runde, sonst rosige Gesicht voll goldener Sommersprossen ist jetzt ganz weiß, keine Spur von Lachen, nur Schrecken und fast etwas wie Hass. „Geh weg! Geh weg!", schreit sie und läuft davon. Mein Rufen hat keinen Sinn mehr, schon ist sie weit von mir. Sie läuft die Straße hinauf, immer in der Gosse.

Lenka, meine beste Freundin, die humorvolle, helfende, treue und geduldige Kameradin, wie ist es möglich, dass sie zu mir „Geh weg!" gesagt hat? Hätte sie mich geschlagen, wäre es erträglicher gewesen.

Ich habe niemand von dieser Begegnung erzählt. Als ich einen unserer Priester sah, der einst unser Religionslehrer war, hätte ich ihm fast sagen wollen: „Einmal, in der Schule, haben Sie mit mir lange gesprochen, um mir von der Freundschaft mit einer Jüdin abzuraten, da ich doch so viele christliche Kameradinnen hatte. Sehen Sie, Ihr Wunsch ist in Erfüllung gegangen, sie will mit mir nichts mehr zu tun haben ..." Aber so etwas zu sagen hätte keinen Sinn gehabt, er hätte es nicht verstanden.

Ich schwöre mir, Lenka zu suchen, sobald es möglich sein wird. Und wenn sie und ihre Eltern emigrieren sollten? Ich werde sie schon finden.

Damals wusste ich nicht, dass ich Lenka zum letzten Mal gesehen hatte.

Pana Tosia

Die Apotheke war groß, auf eine altertümliche Weise ausgestattet, mit schweren hölzernen Schränken und Regalen, blitzblanken Gläsern mit lateinischen Beschriftungen und feinen metallenen Waagen. Das war eine Welt für sich, es gab aber keine Möglichkeit, diese Welt zu erforschen, denn der Apotheker mochte Kinder nicht. Er meinte, seine Kunden sollten die Erwachsenen sein. Sein einziger Sohn sollte die Apotheke übernehmen.

Er studierte Pharmazie in Lwow, ein groß gewachsener eleganter Junge, der eine Studentenmütze trug, die wir bewunderten. Man sagte von ihm aber, dass er faul war und sein Studium nur sehr langsam voranschritt. Dann kam eine andere Komplikation hinzu: Die Universität in Lwow wurde zum Schauplatz der antisemitischen Aktionen seitens der ultranationalistischen Jugend, auch wurde der Numerus Clausus eingeführt und andere peinliche Maßnahmen für die jüdischen Studenten. Sie mussten z. B. stehen und ganz hinten in den Sälen den Vorlesungen beiwohnen. Etwa um diese Zeit verschwand der Sohn des Apothekers. Man vermutete, dass er nach Amerika emigriert war.

Der Apotheker, seit langem geschieden, lebte allein. Einen angenehmen Charakter hatte er sicher nicht, war eher mürrisch und wurde leicht zornig. Es gab nur eine Person, die mit ihm seit Jahren auszukommen wusste, die ihm den Haushalt vorzüglich führte, ausgezeichnet kochte und sogar einen Gemüsegarten hinter der Apotheke pflegte. Ihr Name war Pana Tosia, Frau Tosia, die Haushälterin.

Ich kannte Frau Tosia seit langem. Ich war noch sehr jung, als wir eines Sommers Bekanntschaft am Gartenzaun hinter der Apotheke machten. Wenn der Apotheker die Kinder nicht mochte, so war Tosia gerade sein Gegenteil. Wir haben von den Himbeeren und Johannisbeeren gesprochen, die in ihrem Garten standen, voll schöner Früchte, und gleich durfte ich über den Zaun in den Garten kommen und von diesen Früchten so viel essen wie ich wollte. Auch durfte ich in die Küche kommen. Sie war mehr als sauber, sie war koscher, blitzblank und sehr modern dabei. Dass Tosia ausgezeichnete Gerichte und Kuchen zu bereiten wusste, habe ich auch gleich praktisch und persönlich erfahren können.

Tosia war mutig: Sie hat es so weit gebracht, dass ich einmal mittags am selben Tisch aß wie der Herr Apotheker und Frau Tosia, die alle seine mürrischen Bemerkungen als Scherz betrachtete. Sie beherrschte völlig die Situation. Es gab nur ein Wesen, das mir trotz Tosias Anwesenheit Angst einjagte, das war ihr kleines Hündchen. Es hieß Zarcik, „Scherzlein", ein Rassehund, fein auf seinen dünnen Pfoten, schön, aber furchtbar aggressiv und eifersüchtig. Er bellte so laut und so wütend, dass es kaum zum Aushalten war, dabei zeigte er seine Zähne, kurzum Zarcik war kein einfacher Hund, er war sehr misstrauisch.

Kurz nachdem ich Lenka begegnet war, dachte ich an die Apotheke. Es gab schon seit langem nichts mehr zu kaufen, die Apotheke war geschlossen wie alle anderen Geschäfte. Ich kannte aber den Weg an der Gartenseite – und über den Zaun. Ich wollte wissen, ob Tosia da war, wie es ihr ging, ob sie von Lenkas Familie etwas wusste (Lenkas Vater war doch Arzt). Und, sollte es möglich sein, wollte ich Aspirin-Tabletten kaufen. Eine kleine Schachtel würde es doch vielleicht noch geben?

Als ich an der Küchentür klopfte, hörte ich Zarcik bellen und war froh, dann aber öffnete sich die Tür, nicht ganz, nur ein wenig, und ich sah Tosia mit einem ganz entstellten, vor Angst verzerrten Gesicht. „Ja, was wollen Sie?", fragte sie unwirsch, fast unangenehm, ihre Stimme war ganz verändert. „Was suchen Sie hier?" Ihre Hände zitterten. „Frau Tosia, ich möchte mit Ihnen sprechen ..." – „Sprechen!? Um Himmels willen! Ich habe keine Zeit und keine Nerven zum Sprechen!" Hinter ihr sah ich eine Bäuerin. Ich kannte sie, eine junge Frau, die seit langem Milch und Butter aus einem nicht weit entfernten Dorf in die Stadt brachte. Sie war dabei, große Säcke zu packen und zusammenzuschnüren. Sie sah mich ganz feindlich an und höhnte: „Die da, sprechen will sie, was denn noch ..." Dann wurde die Tür zugemacht.

Ich blieb noch eine Weile lang tief im Garten versteckt. Die Bäuerin ging mit zwei sehr dicken Säcken heraus. Sie kehrte zurück und trug wiederum zwei große Bündel nach draußen. Sie trug sie auf dem Rücken, sie mussten schwer sein. Wahrscheinlich lud sie alles auf einen Wagen. Dann wurde es still.

War es ein Tauschhandel oder die Vorbereitung der Flucht zu den Bauern? Es gab Leute, die bei sich eine Zuflucht anboten, gegen ein – manchmal sehr großes – Entgelt. Auch war manchmal ein solches Angebot nur ein Vorwand, um sich der Güter zu bemächtigen.

Ich habe nie erfahren, was aus Tosia geworden ist und aus dem Apotheker. Zarcik hat man sicher für immer beruhigt. Wenigstens für ihn hatte man sicher etwas in der Apotheke übrig.

Meine einsame Mama

Es musste schon tief in der Nacht gewesen sein. Ich konnte nicht schlafen und lag ganz still. Auf einmal hörte ich ihre Stimme, sie sprach leise, aber ganz deutlich, und ich vernahm den Satz im Ganzen. Auch habe ich ihn nie vergessen. Sie sagte: „Powinnam była zostać z moim ludem. Z moimi. To wszystko przez to że odeszłam." – „Mit meinem Volke hätte ich bleiben sollen, mit den Meinen. Alles kommt nun davon, dass ich weggegangen bin."

Ich traute meinen Ohren nicht und doch gab es keinen Zweifel, sie hatte es eben gesagt. Aber mit welcher Stimme! Das war eine ganz andere Stimme als die gewöhnliche Stimme meiner Mutter, die ich seit jeher kannte. Diese Stimme war tiefer, sie war warm und bitter zugleich. Eine andere Mama hatte gesprochen – und sie war mir viel näher. So wie damals, in diesen höllischen Nächten der Streitereien zwischen den Eltern, als ich, noch ganz klein, sie bitter weinen hörte und sie trösten wollte. Jetzt war sie noch näher, ihr innerstes Wesen hatte gesprochen. „Mit den Meinen ..." Ja, sie war einsam, sie sehnte sich nach ihrer Familie.

„Mama", sagte ich, „mit wem möchtest du sein, mit der Großmutter? Mit Onkel Toni?" – „Was?!" Sie erhob sich jäh in ihrem Bett. „Was, du schläfst nicht?" – „Nein, ich habe dich sprechen hören ..." – „Nichts hast du gehört! Du hast geträumt! Schlaf jetzt und lass mich in Ruhe!" Sie sprach jetzt mit ihrer „Alltagsstimme", zwei Tonlagen höher und gereizt. „Nein, ich habe nicht geschlafen, Mama. Auch denke ich genau wie du. Wenn wir der Familie näher wären ..." – „Das geht dich nichts an, ist nicht deine Sache! Schlafe und lass mich in Ruh!"

Es folgte ein bedrückendes Schweigen, dann aber wagte ich noch einmal etwas zu sagen: „Mama, ich werde es doch fertig bringen, du wirst sehen. Jetzt wird es vielleicht leichter sein als früher unter den Russen. Ich werde nach Tarnopol, nach Lwow fahren und vielleicht sogar nach Schlesien." – „Bist du endlich ruhig?", schrie sie fast, „Hörst du auf, dummes Zeug zu erzählen? Lass mich schlafen! Schluss!"

Ich sagte nichts mehr, aber schlafen konnte ich doch nicht. Viel später hörte ich noch etwas, diesmal ein verzweifeltes leises Murmeln, dem Weinen nah, ein leises lautes Denken: „Blond müsste man sein, eine

Gretchenfrisur tragen und ein Dirndlkleid. Aber die Augen, die Augen ..."
Diese Augen schienen dann in Verzweiflung zu ertrinken, und alles war still.

Es wurde nie mehr davon gesprochen. Daran gedacht – ja. Meine Mama war und ist noch immer ein Rätsel für mich. Eines ist aber für mich klar: Dieses Rätsel heißt Einsamkeit. Ich kann ihr nicht helfen, dieser Art von Einsamkeit kann ich nichts entgegensetzen.

Zweiter Kriegswinter

Danuta, meine Kameradin, und ihre ganze Familie sind verreist, zu den Verwandten im „Generalgouvernement"[3] umgezogen. Ich weiß nicht, wie sie das zustande gebracht haben, aber es ist ihnen gelungen. Das war die letzte Chance. Sie besaßen schon nichts mehr, die letzten Möbel haben sie verkauft, auch die Betten. Danuta, ihre Mutter, zwei Buben und das jüngste Schwesterchen schliefen auf den Strohsäcken am Fußboden. Sie waren alle wie Skelette. Das kleine zierliche Haus, einst mit so gutem, einfachem Geschmack möbliert, ist jetzt leer, geschlossen, und niemand weiß, was mit ihm sein wird.

Noch eine Freundin weniger, aber doch bin ich froh zu wissen, dass sie alle bei ihrer Familie sind und wenigstens etwas zum Essen haben. Es war unerträglich zu sehen, wie sich Danutas Mutter verzehrte aus Sorge und auch aus blankem Hunger. Wenn man nichts mehr besitzt, keine Wirtschaft, kein Feld, wenn alles nur vom Vater abhängt, der jetzt seine Familie nicht unterhalten kann, muss man sich unbedingt irgendwo anschließen. Man weiß nicht, was aus Danutas Vater geworden ist. Er diente bei der polnischen Polizei. Jetzt ist schon die bloße Erwähnung seines Namens eine Gefahr für die Seinen.

3   Teil Polens, der nicht unmittelbar in das Deutsche Reich eingegliedert wurde, als Verwaltungseinheit geschaffen durch „Führererlass" vom 12. 10. 1939, nach dem Überfall auf die Sowjetunion am 17./22. Juli 1941 um (Ost-)Galizien erweitert; Hauptstadt Krakau, Generalgouverneur Hans Frank (1900 – 1946 hingerichtet); Distrikte des Generalgouvernements seit 1941: Galizien (Hauptstadt Lemberg), Krakau, Lublin, Radom, Warschau. Das Generalgouvernement wird hier synonym verwendet für Zentralpolen.

Wir besitzen auch nichts und bald wird die Situation meiner Mutter und von mir genauso sein wie die der Familie Danutas.

Das erste Problem heißt: Wo werden wir wohnen? Mein Vater hatte mit der Hausbesitzerin keine Probleme gehabt. Jetzt aber will sie das ganze Haus für sich und für ihre Familie haben und nicht an „Gott weiß wen" vermieten. Ebenso hat sie sich ausgedrückt. Sie ist Ukrainerin, wir sind Polen, wenn sie aber von „Gott weiß wen" sprach, da schaute sie meine Mutter mit Nachdruck an. Es ist wahr, sie hatte sie früher niemals gesehen. Mama empfand diesen Ausdruck „Gott weiß wen" als etwas Unerhörtes. Auch erwiderte sie gleich, dass wir auch nicht bei „Gott weiß wem" und „Gott weiß wo" wohnen würden, und darauf gab man uns zehn Tage, um die Wohnung zu verlassen.

Die Möbel, die noch übrig geblieben waren, wurde man schnell los. Sie wurden ohne Mühe gegen Lebensmittel an die Bauern verkauft. Bettwäsche und Kleider wurden in die Korbkoffer eingepackt, zwei Betten zusammengelegt – das war alles. So zogen wir um. Die erste Unterkunft, die man uns empfohlen hatte, war ein Raum, „Zimmer" genannt, ohne Fußboden, ohne Licht, mit einem unmöglichen Klo weit im Garten. Die Besitzerin entpuppte sich als richtige Hexe. Wenn man sie um etwas bat, um den Zugang zum Herd zum Beispiel, wurde sie wütend, schimpfte und schrie. Sie sagte, dass sie hier keine Landstreicher wolle. Sie habe sich überreden lassen, aber sie wolle das fremde Gesindel nicht. Vielleicht seien wir keine Christen. Solche Leute zu beherbergen sei ein Verbrechen, und so weiter. Das hörten wir den ganzen Tag.

Nach einer Woche zogen wir fort. Diesmal war es eine weit entfernte Vorstadt, eher ein Weiler. Das Haus gehörte einer friedlichen polnischen Bauernfamilie. Die Verhältnisse waren zwar auch primitiv, aber aushalten konnte man es schon. Es blieben uns noch drei oder vier Teppiche und einige Textilien (für einen großen Teppich bekam man jetzt noch drei Kilo Butter!). Die Mutter besaß noch einige Schmuckstücke. Wie lange würde man davon überleben können?

In der Kellerecke habe ich unsere Vorräte in Sicherheit gebracht. Im Herbst habe ich bei der Kartoffelernte eine ansehnliche Menge Kartoffeln verdient. Karotten und Petersilie wurden im Sand untergebracht, Äpfel im Stroh, ein wenig Kraut, auch Sauerkraut, im Fass. Außerdem war noch ein

Vorrat an Mehl und Graupen da. Sonst lebte man von dem, was man gerade aufstöbern konnte, etwas Speck, Eier, Milch. So verging der Winter. Im Frühjahr, Ende Februar, ging ich wieder aufs Land zum „Organisieren".

Auf der kleinen, in den Feldern verlorenen Bahnstation, etwa 14 Kilometer von dem Ort entfernt, in dem meine Tante wohnt, habe ich das Glück, Menschen zu begegnen, die noch einen Platz in ihrem Pferdeschlitten frei haben. So brauche ich diesen langen Weg durch die Nacht und den ziemlich hohen Schnee nicht allein zu machen. Erst im Städtchen lassen mich meine Reisegefährten allein. Es taut auf, alles liegt still, nicht mal ein Hund lässt sich hören. Nach weiteren sieben Kilometern Fußmarsch ist endlich der Weiler da und auch das Haus meiner Tante.

Es ist etwa 3 Uhr am Morgen. Ich klopfe an die Fensterläden und höre eine erschrockene Stimme: „We-wer ist da?"

Meine Tante lebt jetzt allein, nur mit einer Magd, „die nicht weggelaufen ist, vielleicht aus Gewohnheit, oder – sie wartet darauf, dass man mich hinausjagt oder umbringt, dann wird sie, so glaubt sie wenigstens, hier die Herrin sein", sagt die Tante. Sie lebt in Angst. Terror herrscht in dieser Gegend. Die Polen sind hier in der Minderheit. Ob ich wisse, fragt sie, was sich in Lemberg abgespielt hat? Und in Stanislawow? Von den Massenmorden?

Sie hat ihre Pferde verkauft, die Kühe auch, außer einer. Die einst so schöne Wirtschaft steht auf Sparflamme. Doch sie will das Haus nicht verlassen, nicht zur Tochter flüchten.

„Ich dachte, Tante, dass es vielleicht besser wäre, in solcher Zeit zusammen zu sein. Ich dachte sogar, meine Mutter davon zu überzeugen." Sie lässt mich nicht zu Ende sprechen. „Ja, was hast du dir denn da ausgedacht? Siehst du nicht, in welcher Welt wir leben?" – „Ja, doch. Ich sehe es, ich erfahre es jeden Tag mehr. Ich verstehe es noch nicht ganz, aber ich suche die Mittel, um zu überleben."

Zwei Tage bin ich bei ihr geblieben. Es gab buchstäblich nichts zu tun in dieser schneebedeckten Welt. Ich betrachtete die weißen Hügel, im Sommer mit einem Weizen-Dschungel bedeckt, die einsame Triangel der Landmarke auf dem Hügel, den jetzt unzugänglichen Obstgarten – die Landschaft meiner letzten Ferien vor dem Krieg und des großen Staunens im Angesicht der Natur.

Wir sprechen aber doch ein wenig mit der Tante, vor allem am Abend, wenn wir schon im Bett sind, im Dunkeln. Ich verstehe es immer besser: Diese Welt – ich meine die Welt der Familie meines Vaters, vor dem Krieg wie inmitten des Krieges – war und ist nicht die Welt meiner Mutter. Einen Moment lang habe ich geglaubt, dass sich daran etwas ändern könnte. Das wird vielleicht einmal kommen, in der Zukunft. Vorläufig aber scheint es unmöglich zu sein.

„Ich sollte es dir vielleicht nicht sagen, aber die Heirat meines Bruders, das war ein Unglück." – „Ich verstehe, Tante, nur frage ich mich ..." – „Du verstehst nichts! Vielleicht ist es besser so." – „Tante, ich weiß, dass sie und ihre Familie sich mit Mama nicht gut verstanden ..." – „Was sagst du da? Nicht gut verstehen? Das war etwas anderes, etwas ganz anderes, ein Unglück!" – „Tante, aber warum? Warum war es ein so großes Unglück?" – „Nun ... eben so. Weißt du etwas über die Familie deiner Mutter?" – „Sehr wenig, fast nichts, das ist wahr." – „Da siehst du es! Schlimm, sehr schlimm ..." – „Aber warum?"

Sie antwortet nicht.

Am nächsten Morgen versuche ich noch einmal darüber zu sprechen: „Ich war so froh, als ich vor dem Krieg zum ersten Mal hierher kommen und meines Vaters Familie kennen lernen konnte. Jetzt werde ich ganz behutsam Mutters Familie aufsuchen. In Tarnopol, in Lemberg, es gibt auch Angehörige in Schlesien und noch weiter in Deutschland ... Es ist Krieg, einfach wird es nicht sein, aber doch ist es nicht mehr so aussichtslos wie zur Zeit der Russen."

Die Tante sieht mich jetzt ganz boshaft und höhnisch an mit ihren tatarischen Schlitzaugen: „Ja, ja, ‚gute schwäbische Familie', ich habe schon dieses Liedchen gehört. Dumme Gans, hüte dich nur, ja hüte dich. Was willst du noch? Diese ‚gute schwäbische Familie' finden?" – „Sicherlich, warum nicht? Einmal wird der Krieg vorbei sein. Muss man denn alle Menschen als Feinde ansehen? Sagen Sie, Tante, Ihre Mutter, meine Großmutter war doch aus Russland, so viel ich weiß. Mit den Russen waren wir oft im Krieg, aber daneben lebten die Menschen miteinander, heirateten, hatten Kinder?"

„Bist du aber dumm!", seufzte die Tante. „Du verstehst nichts vom Leben und ich kann es dir nicht beibringen. Das, was ich dir sagen könnte, das würdest du nicht ertragen können." – „Tante, ich bitte Sie ..." – „Nein, kein ‚Bitte'. Nur ein Rat: Lass dieses Familiensuchen und gib gut Acht. Sie, das heißt deine Mutter, ist in Gefahr. Und sie selbst ist auch eine Gefahr. Sie soll jetzt stillsitzen, womöglich versteckt ..." – „Warum versteckt? Und wo?", frage ich, schon fast verzweifelt. „Du bist außerdem auch in Gefahr, und kannst auch gefährlich sein ..."

Großer Gott, die Tante spinnt! Das muss schon von ihrer Einsamkeit und Angst kommen. Aber ich kann hier nichts machen, nichts.

Mehr wird dann nicht davon gesprochen. Am nächsten Tag kam ein weiterer Verwandter, um Weizengrieß und Butter zu suchen. Er hat die Bilder mitgebracht aus dem Hof des Gefängnisses in Lemberg nach dem Abzug der sowjetischen Truppen. Hier hat der NKWD fast keinen lebendigen Gefangenen zurückgelassen, deformierte und misshandelte Körper liegen auf diesem Hof herum. Er hat noch andere Bilddokumente mitgebracht, aus Stanislawow. Hier war der NKWD am Werk, dort die Deutschen, woanders die Ukrainer. Ich wundere mich, dass die Tante diese schrecklichen Bilder mit so großer, eisiger Ruhe betrachtet. Sie sind unerträglich. Die Welt ist zu einem Netz des Hasses geworden.

Am nächsten Tag packen wir unsere Säcke voll. Ich trage Weizengrieß und Graupen. Ein Dutzend Eier hat man in diese Graupen gesteckt, zwei Kilo Butter, etwas Mehl und sogar ein Stückchen geräucherten Speck. Schätze trage ich davon!

Wir machen den Weg zur Bahnstation über die Schneefelder zu Fuß. Im Zug gibt es eine Unmenge von Menschen, die wie ich Schwarzhandel treiben. Werden wir Glück haben? Denn in Stanislawow wird der Zug manchmal noch vor dem Bahnhof angehalten und dann gibt es ein richtiges Weltende, eine Jagd. „Alle heraus! Gepäck auf die Erde werfen! Hände hoch!" Der Zug wird durchsucht, alles wird beschlagnahmt und man ist noch glücklich, wenn man nicht zu sehr mit dem Gummiknüppel geschlagen oder ganz einfach in einen anderen Wagen geworfen wird, um Gott weiß wohin verschleppt zu werden. Wir werden deshalb immer stiller, je mehr wir uns Stanislawow nähern, aber heute haben wir Glück: Der Zug, der zuvor kam, musste die Razzia mitmachen.

Damit ist aber meine Reise nicht zu Ende, ich muss noch umsteigen. Als ich auf meinen Zug warte, werden wir auf einmal vom Bahnschutz aus der Halle herausgejagt. „Raus, raus!" Und schon sind wir draußen. Es ist schon spät, die Sperrstunde naht, der Frost wird immer stärker. Die Leute klammern sich noch an die Pforte am Eingang, ein Bauer jammert und fleht, im Gedränge beim Herausjagen ist seine Pelzmütze auf den Boden gefallen, er konnte sie nicht aufheben. Man sieht sie gut, sie liegt in der Mitte der leeren Halle. Die Menschen drinnen machen sich nichts aus diesem Jammern, sie lachen sogar. Dabei ist diese Mütze ein unschätzbarer Schutz gegen den Frost, oft dient sie auch als Tasche. Unter dem Futter kann man z. B. Geld oder persönliche Papiere verstecken. Der Arme hört nicht auf zu flehen. Ich gehe mit meinen Säcken die dunkle Straße beim Bahnhof entlang und suche eine Ecke oder ein Versteck, um vor dem Frost etwas geschützt zu sein, da höre ich rasche Schritte. Eine Frau geht vorbei, sie bemerkt mich und fragt, was ich hier mache, dann kurz entschlossen: „Hier können Sie nicht bleiben, Sie werden erfrieren, kommen Sie mit!"

Diese Nacht verbrachte ich in einer armseligen Wohnung im Untergeschoß. Es gab sehr viele Leute in dieser Wohnung, eine große Familie, Erwachsene und Kinder auf Stockbetten. Man hat mich auf eine sehr einfache, selbstverständliche Weise aufgenommen. „Nicht einmal einen Hund hätte man bei solchem Frost draußen gelassen!" Man hat noch ein Bett für mich gefunden, eine Decke und ein Kopfkissen. Es war immer noch dunkel, als ich diese Unterkunft verließ, erwärmt und dankbar. Es gab solche, die die Menschen hinausjagten, und andere, die die Unbekannten aufnahmen.

Noch ein Zug, noch ein kleiner Bahnhof, noch ein Weg über die verschneiten Felder, endlich komme ich zum Ziel. Mama ist zufrieden, als ich ihr meine Schätze zeige. Sie fragt: „Und, wie geht es deiner Tante? Sie hat wenigstens noch immer etwas zu essen und ein eigenes Dach über dem Kopf, wollte sie dich nicht bei sich behalten?"

Lwow

Um Ostern 1942 kam Mama zu dem Entschluss, dass doch etwas gemacht werden müsse. Eines Tages würde sie nichts mehr besitzen, was gegen eine Wohnung eingetauscht werden könnte. Die Lebensmittel würde ich schon besorgen wie bis jetzt. Im Frühling könnte ich auch wieder auf dem Feld arbeiten, vor allem aber ging es um eine Herberge.

Als ich sage, dass ich nach Lwow gehen will, um dort nachzusehen, ob ich nicht eine Lösung fände, da sie dort so viele Freunde habe, ist ihre erste Antwort: „Nein, viele Freunde hatte ich nicht und jetzt noch weniger." Aber sie hat nichts dagegen, dass ich eine Freundin, diese eine, die sicher eine Freundin geblieben ist, besuche. Sie wohnt immer noch in derselben Straße, wo wir auch einst eine Weile lang gewohnt hatten.

So verlasse ich meine Mama in der Hoffnung, dass ich doch etwas finden werde, wenn nicht in Lwow, dann anderswo, auf dem Dorfe, wo unsere einstige Hausangestellte wohnt. Ich habe mehrere Adressen aufgeschrieben, ich habe Vorräte gemacht, zwei von meinen Kolleginnen haben mir versprochen, meine Mutter von Zeit zu Zeit zu besuchen. Eine Frau, die meinen Vater kannte, verspricht es mir auch. Sie wohnt recht weit, aber ich weiß, dass ich ihr vertrauen kann.

Lwow, die schönste Stadt unserer Kindheit, ist nun traurig geworden. Zwei, drei Wochen Krieg genügen, um eine Stadt zu verunstalten, sie ihres Charakters zu berauben. Nach der sowjetischen Besatzung, nach den Plünderungen, jetzt unter dem Naziregime, ist mir diese Stadt fast fremd geworden. Ich muss mich anstrengen, um ihr so trautes Gesicht wiederzufinden.

Frau Isa, die Freundin meiner Mutter, lebt noch in demselben Haus. Ihr Mann steht eben vor dem Eingang, als ich ankomme. Er war Professor an der Technischen Hochschule in Lwow gewesen, jetzt ist er pensioniert. Dieser einst in der Gesellschaft so beliebte Mann ist sehr ernst geworden. Auch die Wohnung, die ich seit langem kenne und die ich immer bewunderte, hat sich verändert. Im Speisezimmer sieht man das prächtige honigfarbene Kristallservice nicht mehr, die einzigartigen Porzellanstücke sind verschwunden, viele Bilder auch. Der einst geheimnisvolle Halbschatten dieser Wohnung ist jetzt zum grauen Licht eines nicht genug beleuchteten Hinterhofs geworden, die Wohnung ist düster.

Tante Isa (so nannte ich sie) empfängt mich herzlich, ja, natürlich, ich kann mich bei ihnen aufhalten, nur ist leider die Wohnung viel kleiner geworden, die Zimmer an der Straßenseite wurden beschlagnahmt. Auch bleibt leider kein Bett übrig, ich werde auf den zusammengestellten Stühlen schlafen müssen. Im kleinen Zimmer der Köchin (sie ist nicht mehr da) hinter der Küche wohnt jetzt ein Ehepaar. Es sind Freunde, Flüchtlinge, sie werden hier sicher noch einige Zeit bleiben müssen. Das ist ein ganz besonderes Problem, ein Familienproblem, deshalb soll man sehr diskret sein, die beiden nicht befragen und von den beiden darf niemand etwas erfahren, ob ich es verstehe? – Und ob, habe ich nicht genug Familienprobleme erlebt, über die ich sehr diskret sein musste?

Dieses Ehepaar, eine blonde Frau und ein rothaariger Herr mit einem kleinen Bart, ist sehr sympathisch. Sie haben ein herziges Töchterchen, etwa vier Jahre alt, dessen Haare wie dunkles Kupfer aussehen. Das Kind ist lebhaft und fröhlich. Es möchte laufen und spielen, doch es ist gezwungen, in der kleinen Wohnung zu bleiben. Es läuft von einem Zimmer zum anderen, fällt jedem in die Arme und lacht. Diese überschwängliche Lebensfreude scheint irgendwie die Erwachsenen zu bekümmern, obwohl sie sich doch so verhalten, als ob sie an diesem Spiel wirklich teilnähmen.

Etwas für uns beide in Lwow finden ... Frau Isa findet diese Idee nicht so einfach zu verwirklichen. „Deine Mama hätte nicht auf ihre Wohnung in Lwow verzichten sollen, das habe ich ihr schon damals gesagt, doch sie wollte sich nicht überreden lassen." – „Sie meinte", sage ich, „dass das Leben in einem kleinen Ort leichter sein würde, sie glaubte sich dort in Sicherheit." – „In Sicherheit?" Frau Isa sieht bekümmert aus. „In Sicherheit ist man heutzutage nirgends. Und doch, meine ich, ist es in einer Großstadt viel leichter, unauffällig zu sein, zu verschwinden."

Verschwinden? Frau Isa sieht, dass dieses Wort Eindruck auf mich gemacht hat. Sie spricht von anderen Sachen, vor allem, was sich in Lwow seit dem Kriegsbeginn ereignet hat, und von der aktuellen Situation. Ob ich wisse, dass, nachdem die abziehenden NKWD-Truppen die polnischen Gefangenen massenhaft erschossen hatten hier in Lwow, im Gefängnis „Brygidki", die Deutschen gleich bei ihrer Ankunft eben solche, wenn nicht schlimmere Massenmorde begangen hätten? Im vorigen Juli hätten sie viele Repräsentanten der polnischen Intelligenzia erschossen, Schriftsteller, Universitätsprofessoren und Gelehrte, darunter viele Freunde. Das Schicksal der Juden sei ebenfalls besiegelt, falls man nicht etwas mache, um sie diesem Schicksal zu entziehen. Seit letztem Herbst werde jeder, der den Juden hilft, zum Tode verurteilt. Man müsse jetzt vor allem auf der Straße sehr vorsichtig sein, es fänden schon Razzien statt, so etwas wie eine Jagd.

Die Lastwagen kämen, die Menschen würden regelrecht eingefangen, aufgeladen und Gott weiß wohin deportiert.

„Tante Isa", frage ich, „damals, als Sie noch jung waren und meine Mama auch, haben Sie doch viele Deutsche gekannt?" – „Das war eine ganz andere Sache", unterbricht sie mich, „man kann das nicht vergleichen, das war eine ganz andere Welt, sie ist nicht mehr da."

Da sie mir sonst keinen Rat gibt, erzähle ich ihr, was ich vorhabe. Ich will etliche Personen besuchen, mit denen Mama in Freundschaft lebte, auch solche, die sie nur flüchtig kannte, die aber im Stande sind, einen guten Rat zu geben, da sie viele Kontakte haben. Frau Isa wirft einen Blick auf meine Adressenliste. Dann nimmt sie einen Bleistift und streicht ganz einfach einige von ihnen: „Die ist nicht mehr da. Der ist schon tot. Hier fange nur nicht an. Mit den anderen, naja, versuche es. Aber pass auf, besonders auf der Straße!"

In den nächsten Tagen mache ich in Lwow meinen Rundgang. Ich gehe in ein Kloster, in dem einst eine Schule und ein Pensionat untergebracht waren. Ich suche dort einstige Lehrerinnen und Erzieherinnen auf. Ob sie sich noch an meine Mama erinnern?

„Ja, flüchtig. Wie geht es ihr, wo ist sie? Gut, dass sie in der Provinz wohnt, in der Stadt wird das Leben immer schwerer! Was, ein Zimmer mieten, heutzutage? Kommt nicht in Frage! Hier im Kloster ist kein Plätzchen mehr übrig! Man wird außerdem doch immer überwacht! Schade, wir haben leider keine Möglichkeit, um Ihnen zu helfen."

Man wünscht mir alles Gute und ich gehe weiter. Eine alte Kollegin meiner Mutter: Sie kann nicht helfen, sie ist krank und wohnt bei ihren Verwandten. Eine andere: Sie ist der Meinung, dass Mama dort bleiben soll, wo sie jetzt ist, sie kann wenigstens Kartoffeln kaufen. Nein, diese Dame versteht nicht, um was es sich handelt.

So vergehen die Tage. Als ich eines Abends nach Hause komme, sehe ich, wie Frau Isa zittert: „Ich habe so große Angst gehabt, man hat wieder von einer großen Razzia gesprochen! Und du, mein Kind, mit deinem Profil ..." Da ist es wieder. Wenn ich jetzt zufällig dieses Profil sehe, zum Beispiel wenn ich an einem Schaufenster vorbeigehe, da scheint es mir selbst mehr und mehr verdächtig zu sein. „Tante Isa, sagen Sie mir bitte, ist mein Profil wirklich eine Gefahr? Ich kann doch nichts dagegen tun! Es gab vielleicht Juden in der Familie meiner Mama, so wie es auch Deutsche gab, die Familie stammt doch aus Schwaben? Aber Mama ist Polin, sie ist Christin, sie ist katholisch, ich auch!" Frau Isa seufzt. „Ich kann es dir nicht erklären. Nur, dass man sich jetzt, in dieser verrückten Situation, hüten muss. Viele Leute und vor allem die Deutschen haben gelernt, die Juden an den Gesichtszügen zu erkennen." Ja, ich verstehe. Ich habe solche Bilder und Karikaturen gesehen, auch in der „guten" polnischen Presse. Ja, das ist wahr, meine Nase ist nicht slawisch, sagen wir besser eine „römische Nase". Was kann ich dafür? Dagegen ist Lenkas Nase echt slawisch, eine Stupsnase. Und jeder weiß, dass Lenka Jüdin ist.

Am Abend stelle ich Frau Isa eine ganz direkte Frage: „Haben Sie die Familie meiner Mutter gekannt? Sie ist doch hier in Lwow geboren und in die Schule gegangen." – „Nein, ich habe sie nicht gekannt, sie sind alle anderswohin gezogen. Seit ich deine Mama kenne, wohnt sie schon allein." – „Ich möchte diese Familie wiederfinden ..." Isa unterbricht mich: „Lass es sein, mach es nicht, das wäre nicht gut. Deiner Mama würde es gar nicht gefallen." – „Und die schwäbischen Verwandten?" – „Was? Ich weiß nur, dass ein Teil ihrer Familie in Schlesien wohnt, aber ich rate dir von Herzen, mische dich nicht in diese Familienangelegenheiten ein. Das sind manchmal recht peinliche Sachen. Mehr kann ich dir nicht sagen."

An diesem Abend, als ich in der Küche meinen Kräutertee trinke, höre ich zufällig, wie der rothaarige Herr mit seiner Frau spricht: „Du hättest mich niemals heiraten sollen, deine Eltern hatten Recht, ich habe dir nur Unglück gebracht." Die Frau beruhigt ihn leise, so gut sie nur kann.

Ich mache noch einen Versuch. In einer der Kirchen suche ich einen Geistlichen auf. Diesmal komme ich aber gar nicht dazu, meine Frage gut zu formulieren. Seiner Meinung nach soll man Unterkunft vor allem bei seinen Nächsten, bei der Familie suchen, oder dort, wo man gegen Arbeit leben kann. Die Zeit sei schwer für alle Polen, wir müssten tapfer zusammenhalten. Und die Juden? Für die Juden sei jetzt die Strafe gekommen für alles Schlechte, das sie angestellt hätten. Und überhaupt solle man vor allem beten und beten. Er erteilt mir seinen Segen, Amen.

Ich höre auf, in Lwow weiterzusuchen, und besuche nur noch zwei, drei Orte, die ich einst als Kind besonders gerne hatte. Einen Park, schnell, um nicht den deutschen Spaziergängern zu begegnen oder einem Wachposten.

Den alten, originellen armenischen Dom mit seinen stimmungsvollen Fresken. Kleine, immer noch friedliche Gässchen. Danach teile ich Frau Isa mit, dass ich nun nach O. fahren werde. Sie kennt den Ort. Dort wohnte meine Mutter einst, sie war dort Lehrerin und wohnte bei befreundeten Leuten, und gleich daneben im Dorf wohnt Marynia. Die hat man geholt, als ich zur Welt kam, ich war ihr bis zum siebten Lebensjahr anvertraut. Das Dorf ist ein richtig abgelegenes Versteck. Ich war manchmal im Sommer dort. Das Leben ist primitiv, aber das ist nicht wichtig. Frau Isa findet, dass es aussichtslos ist, vielleicht noch schlimmer als in der Stadt, wegen der Ukrainischen Nationalisten. Aber man kann es doch versuchen. „Geh hin, wenn du willst."

Ich schreibe eine kurze Postkarte an Mama. Sie wird beruhigt sein, mich bei Marynia zu wissen. Dann mache ich verzweifelte Versuche, um am Bahnhof eine Fahrkarte zu bekommen. In der dichten chaotischen Masse, die schimpft, schlägt, keinen Durchgang lässt, die sich keiner Ordnung unterziehen will – schießen müsste man hier, um gehört zu werden –, kann kein durchschnittlicher Mensch zum Schalter gelangen. Ich gehe wieder zu Frau Isa, bleibe noch eine Nacht, am nächsten Tag findet sich ein Ausweg: Eine Bekannte arbeitet bei der Bahn, sie kauft eine Fahrkarte für mich.

Bella giovinezza

Was nützt der Fahrschein, wenn man den Zug nicht erreichen kann? Die große Bahnhofshalle ist mit einer undurchdringlichen Menschenmasse überfüllt. Man muss sich den Weg mit den Ellenbogen freikämpfen und die Ellenbogen müssen sehr stark sein, die meinen genügen hier nicht. Alle sprechen, schreien, schimpfen, jeder will fahren, jeder glaubt sich berechtigt dazu, aber der Eingang zu den Bahnsteigen ist gesperrt, er ist „nur für Deutsche", besser gesagt nur für die Soldaten, die bewaffneten Wachposten verbieten den anderen den Eingang. Es ist schon nach zehn Uhr, außerhalb des Bahnhofs ist bereits Sperrstunde. Man muss hier bleiben und auf sein Glück hoffen. Der Zug, mit dem ich nach O. fahren will, geht nach elf Uhr ab, dem Plan nach, die Pläne sind aber nur noch Theorie.

Langsam, sehr langsam habe ich mich doch in die Nähe des Eingangs zu den Bahnsteigen durchgeschlängelt. Es ist schon elf Uhr. Auf einmal sehe ich eine Gruppe, vier Männer, drei Frauen, alle mit großen Rucksäcken. Sie nähern sich der Wache, im selben Moment kommt ein Bahnhofsbeamter in Uniform, er sagt etwas zur Wache, man lässt die Gruppe durchgehen. So schnell ich nur kann laufe ich dieser Gruppe nach, halte meinen Fahrschein hoch und rufe: „Ich fahre mit!" Die deutsche Wache sagt nichts, die Frauen aus der Gruppe schreien aber: „Was will die da, weg mit ihr!" Es ist eine ukrainische Gruppe. Ich warte keine Sekunde länger, sie auch nicht, sie laufen zur Treppe, die zum Bahnsteig führt. Ja, das ist der richtige Bahnsteig und der Zug steht schon da! Er ist aber voll von Soldaten. Ob es hier wenigstens einen Wagen für die Zivilreisenden gibt?

Die Gruppe der Ukrainer ist weiter nach vorne gelaufen, fast bis zur Lokomotive. Der Zug ist sehr lang. Ich laufe den Ukrainern eine Weile nach, dann sehe ich sie in den ersten Wagen einsteigen und die Türe schließen. Jetzt bin ich auf dem Bahnsteig ganz allein. Ich versuche, eine, dann eine andere Wagentür zu öffnen, umsonst. An den Fenstern lauter Soldatenköpfe, sie sehen meine Anstrengungen und lachen.

Nun habe ich Angst in dieser großen, dunklen Halle des Bahnhofs. Es ist ein Risiko, jetzt zurückzugehen, durch alle Wachen und Sperren. Noch ein größeres Risiko ist es, hier zu bleiben und auf dem verdunkelten Bahnsteig herumzuschwirren. Wenn ich jetzt nicht abfahren kann, wird mein Fahrschein ungültig. Werde ich dann noch einmal eine Chance haben, um einen anderen zu bekommen? Und wo sollte ich jetzt, in der Nacht, hingehen? Zur Familie B. sowieso nicht mehr, sie sind schon genug Gefahren ausgesetzt.

Ganz ratlos setze ich mich auf meinen Reisesack. Ich muss wahrscheinlich einen Mitleid erweckenden Eindruck machen, weil man mich anspricht. Aus einem Wagen sagt jemand etwas, das ich nicht verstehe, es ist nicht Deutsch, es ist etwas wie „povera ragazza", also stehe ich auf, nähere mich dem Fenster und sage: „Ich will nach O. fahren, mit diesem Zug, Fahrschein hier (ich zeige ihn), was soll ich machen?" Ich sage es auf Deutsch, die Soldaten sind wohl Deutsche? Ich höre aber als Antwort: „Noi Italiani."

Einer von ihnen steigt aus dem Wagen aus, er sieht mich eine Weile an, dann nimmt er meinen Sack und mich am Arm und wir steigen beide in den Wagen ein. Auf einmal bin ich in einem Abteil mit sechs italienischen Soldaten zusammen. Fast im selben Moment setzt sich der Zug in Bewegung.

Nun sind alle diese Soldaten um mich herum. Einer fragt mich ganz leise, „Giudea?", dann auf Deutsch, „Jude?" Ich lache: „Polacca, catolica!" Auf einmal ist mir klar geworden: Die Italiener werden wohl etwas vom Lateinischen verstehen: „Orare scio in lingua latina, pater noster ..." Indem ich es vorsage, lachen sie schon alle. Einmal mit dem „Vaterunser" fertig, fange ich mit „Ave Maria" an, schlage noch „Salve" vor, aber schon sagen sie lachend: „Basta, bene!" Aber noch immer gebe ich nicht nach: „Introibo ad altare Dei" Jeder italienische Bub muss wenigstens einmal in seinem Leben Messdiener gewesen sein, meine ich, sie aber wollen nicht mehr riskieren, dass ich vor ihnen noch ein Lateinexamen ablege, und, um mir den Mund zu stopfen, zieht einer aus seinem Rucksack ein Stück Soldatenbrot hervor und gibt es mir. Ich sage „Grazie!", esse mein Brot und denke nach. Woher kenne ich das Wort „grazie"? Schon weiß ich es. Ich habe vor meinem geistigen Auge die Seiten des Buches von Dymitr Mereschkowskij „Leonardo da Vinci". Dieses Buch habe ich in polnischer Übersetzung gelesen, die italienischen Texte hatte aber der Übersetzer in ihrer Originalsprache belassen. Ich erinnere mich an die Seite, wo von Lorenzo il Magnifico gesprochen wird und von seiner Dichtung und schon, ohne zu überlegen, zitiere ich:

> Quant è bella giovinezza
> primavera di bellezza,
> ma sfugge tuttavia, –
> chi vuol esser lieto, sia!

„– di doman non e certezza", ergänzen zwei oder drei Stimmen um mich. Jetzt sind die Soldaten ganz erstaunt und einer fragt mich: „Balila?"

Wer kann es schon sein, diese Balila? – „Nein, ich heiße ...", antworte ich und sie lachen wieder, aber in diesem Moment öffnet jemand gewaltsam die Tür des Abteils. Nein, das ist nicht wahr, die Ukrainer! Den ganzen langen Zug sind sie durchgelaufen, um mich zu finden, ein Deutscher ist mit ihnen, vielleicht ein Zugführer, in Feldgrau oder Grüngrau, man sieht nichts im fahlen Licht der kleinen Lampe, die Frauen greifen schon nach mir: „Heraus mit ihr, mit der Polin, vielleicht Jüdin, heraus!" Der Feldgraue schiebt ihre Hände beiseite und sagt auf Deutsch: „Was macht die da hier? Wer hat sie hereingelassen? Es ist doch strengstens verboten!" Einer der Italiener antwortet etwas, das ich nicht verstehe. Die Ukrainer hören nicht auf mit ihrem Geschrei: „Wir Ukrainer, wir Freunde der Deutschen, die Polen nicht, die Polen Feinde, Polaki Feind, das ist vielleicht eine Jüdin!"

Einer von den Soldaten antwortet aber ganz ruhig: „Jüdin ist sie nicht. Sie spricht Latein und Italienisch, sie kennt Balila, wir wollten mit ihr darüber sprechen." Das lässt den Deutschen einen Moment sprachlos, die Frauen hinter ihm schreien aber noch immer: „Verboten, mit den Soldaten zu fahren! Geben Sie sie her, wir werden sie durch das Fenster hinauswerfen!" Jetzt wird der Deutsche wütend, er weiß nicht, was er machen soll, ein Italiener ergreift die Initiative: „Lassen sie die Ragazza eine Weile mit uns, con noi." Der Feldgraue: „Hier wird keine Unzucht getrieben!" Da aber glaubt eine der Frauen etwas begriffen zu haben. Sie lacht auf und sagt: „Gut, gut, Soldaten spielen, spielen gut, spielen, dann wir kommen und sie hinauswerfen! Gut, Italiancy!" Darauf macht einer der Italiener die Tür zu und stellt sich davor. Die anderen schauen mich aber ganz besorgt an. „Aussteigen", sagt einer schon auf Deutsch, „wo aussteigen?" – „Gleich, nächste Station", sage ich. Sie sprechen kurz miteinander, dann drücken sie mich in die Ecke beim Fenster. Der an der Tür schaut vorsichtig hinaus und macht uns Zeichen: Seid still, die anderen sind noch da, am Ende des Wagens. Der Zug rollt, ich habe den Eindruck, dass wir alle jetzt ein wenig Angst haben. Einer der Soldaten will mich umarmen, ein anderer sagt: „Lasciala!"[4]

So fahren wir, bis der Zug langsamer wird, dann fängt er an zu bremsen, der winzig kleine Bahnhof ist noch weit vorne, aber schon ist das Fenster auf, die Soldaten heben mich auf, helfen mir, nicht zu heftig hinauszurutschen, ich falle auf die Erde, es ist ganz dunkel und es hat geregnet, ich falle in einen Pfuhl, das macht nichts, sie werfen mir meinen Sack zu. „Grazie, grazie!" – „Arrivederci ragazza, schnell, schnell, laufe!" Und schon ist das Fenster geschlossen.

4 Lass sie in Ruhe!

Ich laufe – schnell, schnell – atemlos über die Bahnstrecke, durch das Gebüsch, weit, weit weg vom Zug, der immer noch stillsteht. Ich bin schon ziemlich weit, als ich Stimmen vernehme, man schreit, man schimpft, eine Tür wird zugeschlagen, aber ich weiß mich schon in Sicherheit. Dann fährt der Zug ab. Ich suche mir einen Platz im Gebüsch. Hier werde ich bis zum Morgen warten.

Lorenzo il Magnifico hat also nicht nur für die schönen Florentiner Damen gedichtet, sondern auch für dieses graue und hässliche Ding, das nun hier im feuchten Gebüsch sitzt. Wer konnte es vermuten, dass mir die Lektüre dieses Buches („nicht für die Jugend"!) einmal helfen würde in einer Situation, die nichts mit Poesie gemeinsam hatte? Oder doch: die „doman non è certezza" sind an die Ostfront gefahren, wie viele von ihnen kehrten zurück? „Chi vuol esser lieto, sia ..." Was wollten sie aber mit dem Namen „Balila"? Oder war es vielleicht „Dalila"? Samson und Dalila ...[5]

Wenn es hell wird, gehe ich in das kleine Städtchen. Mit viel Hoffnung. Es wird nichts daraus werden, und einen Monat später werde ich eben hier, auf diesem kleinen Bahnhof, zu einem Arbeitstransport nach Deutschland mitgenommen.

„Quant è bella giovinezza ..."

Kleines Städtchen, noch kleineres Dorf

Ich warte geduldig im Gebüsch, bis es ganz hell ist. Vom niederfallenden Nebel bin ich völlig durchnässt. Dann wate ich durch die Felder, durch die gepflügte Erde bis zum Fahrdamm. Etwa sieben Kilometer weiter liegt das Städtchen. Felder und Sümpfe nach links, Felder und Hügel nach rechts. Auf der linken Seite, auf einem Hügel das alte Schloss, jetzt eine Ruine. Hierher bin ich als Kind im Sommer oft gekommen. Am Fuße der Burg,

---

[5] Ich werde es später erfahren. Mussolinis Organisation für die Kinder hieß eben „Balila". Für ihre Hymne haben die jungen Faschisten den schönen Text von Lorenzo di Medici gebraucht (besser missbraucht). Dieser Text wird mir später noch einmal behilflich sein beim Kontakt mit den Italienern, etwa so wie ein Empfehlungsschreiben. In den dreißiger Jahren war diese Melodie auch in Polen bekannt, und zwar in den nationalistisch-patriotischen Kreisen.

vor einer steinernen Treppe, wachen ebenfalls steinerne Löwen, durch die Zeit und unzählige Kinderhände abgenützt. Auf der anderen Seite das Kapuzinerkloster. Ich erinnere mich wohl des Inneren der Kirche, sehr nüchtern, weiß, ohne Fresken, dagegen viel dunkles Holz, Bänke und Chorgestühl. Der Eingang ist noch verschlossen, es ist nicht einmal sechs Uhr morgens.

Die Bäume blühen, es riecht nach Frühling. Das kleine Städtchen wacht mit der Sonne auf. Hie und da geht man die Kühe melken, dann werden sie auf die Weide getrieben. Ich komme bis zum rechteckigen Marktplatz. An der Ostseite steht die von einer Mauer umgebene Pfarrkirche, eine alte Wehrkirche mit einem achteckigen Turm mit Schießscharten, von einem massiven Helm bekrönt.

In der Nähe der Kirche gab es doch einen Bäckerladen ... Ich finde ihn nicht, alles ist auf diesem Marktplatz grau und leblos, tot, alle Fensterläden sind geschlossen. Ja, das habe ich schon anderswo gesehen, das ist die Zeit, in der man besser nicht hinausschaut und niemanden hereinlässt. Es gibt sogar Türen, die mit Brettern zugenagelt sind. Ich kann mich nicht an den Namen der Familie des Bäckers erinnern. In seinem Haus haben wir sogar einen Sommer lang gewohnt, wie in einer Herberge. Das Zimmer, die Möbel, der hölzerne Fußboden, die Bettwäsche, alles war von einer fast unheimlichen Sauberkeit, man möchte sagen „garantiert keimfrei", oder koscher. Diese Bäckerfamilie war sehr freundlich, und das Gebäck – bin ich überhaupt fähig, dieses Gebäck zu beschreiben? Schon das durchschnittliche Gebäck dieses Landes war eine Köstlichkeit an sich, in der Stadt wie auch auf dem Dorf. In Lwow war die Backkunst durch die Wiener Backkunst beeinflusst. Die Bäckereien lieferten jeden Tag unzählige Sorten von Brot und Brötchen, sie aufzuzählen ist unmöglich. Unser tägliches Brot war eine Lebensfreude, ein Schmaus! Und hier in diesem Bäckerhaus, die Halkas, oder die kleinen Schnecken mit Zimt. Alle diese Geschmäcke und Empfindungen der Kindheit, kleine Bestandteile des Lebens, des Daseins, des Ichseins – von den anderen genährt.

All das ist nun verschwunden, der Marktplatz ist taub und stumm. Ich kehre um. Vor einem Haus sehe ich eine Frau. Sie scheint mir freundlich zu sein. Ich sage ihr, dass ich soeben mit dem Zug angekommen sei, dass ich hier in der Gegend Bekannte hätte, und ob es möglich wäre, bei ihr etwas

Warmes zum Trinken zu bekommen, vielleicht ein Glas Milch? Ich werde auch dafür bezahlen. „Sprechen Sie doch nicht gleich vom Bezahlen", sagt die Frau, „kommen Sie herein, Reisende nimmt man bei uns immer auf!"

Bald habe ich einen Topf voll heißer Milch vor mir, sogar Brot und Butter. Der Mann der Frau ist schon in die Stadt gefahren, die Tochter ist da, ein Mädchen meines Alters. „Wenn Sie wollen, können Sie sich ein wenig ausruhen nach der Reise, bevor Sie weitergehen", sagt die Frau, „ich werde Ihnen eine Decke bringen". Ich nehme das Angebot gerne an. Diese Stunde auf der Bank tut mir gut. Ja, das ist noch die alte Weise, Reisende und Wanderer zu empfangen, eine schöne Sitte, die in diesem Land üblich war, trotz aller schrecklichen Erlebnisse in vielen Kriegen. Sie ist noch da, diese Sitte (ich denke dabei an die Frau, die mich in Stanislawow aufgenommen hat, in der frostigen Winternacht), aber für wie lange? Das Misstrauen wird sie ausrotten, schon wird nicht mehr jedermann als Mensch akzeptiert.

„Wohin sind nur die Händler auf dem Marktplatz verschwunden", frage ich die Frau, „vor allem der Bäcker?" – „Oh, die Juden haben alles verriegelt. Sie haben sich versteckt, sie haben Angst! Und manche sind schon weg, niemand weiß, wo sie hingegangen sind. Man sagt, sie werden alle ausgesiedelt. Auch gibt es Leute, die nur darauf warten, auf die verlassenen Häuser und auf das, was drinnen zu finden sein wird. Schon jetzt, wie viele gute Sachen konnten die Bauern bei den Juden kaufen, und fast für gar nichts! Stellen Sie sich vor: Einen Teppich konnte man für zwei Kilo Butter haben!" Ja, das kenne ich schon ...

„Nun aber wagt es niemand mehr, den Juden nahe zu kommen. Sie wollen auch keinem öffnen, sie trauen niemand. Aber wir Polen, wir müssen auch aufpassen. Die Ukrainer ... bei ihnen weiß man nicht, was sie mit uns tun werden. Das Beste wäre, einen deutschen Soldaten in Quartier zu haben, dann ist man vor den Ukrainern sicher. Wie haben sie sich geändert, die Leute, die man so gut zu kennen glaubte, die Nachbarn!" Ja, auch das weiß ich ...

„Auch melden sie sich zur Arbeit bei den Deutschen, zur Hilfspolizei ..."

Einmal ausgeruht, gehe ich aus diesem gastfreundlichen Haus weiter, auf die andere Seite des Städtchens, bis an seinen äußersten Rand. Hier finde ich ohne Mühe den Bauernhof, den wir einmal vor Jahren besucht hatten und auf dem meine Mutter – noch vor ihrer Heirat – eine Zeit lang ein Zimmer gemietet hatte.

Die Wirtin erkennt mich gleich: „Sie sind Ihrer Mutter so ähnlich!" Ich erzähle ihr, warum ich hierher gekommen bin, dass ich Arbeit suche, irgendwelche. Ich könnte mit Nahrungsmitteln bezahlt werden, das hatte ich schon gemacht. Dabei wollte ich auch sehen, ob ich nicht vielleicht eine ruhige, bescheidene Unterkunft für meine Mutter und mich finden könnte. Unsere Marynia wohnt doch hier in der Nähe (die Wirtin kennt sie gut), ich muss sie mal besuchen ...

Während ich das alles erkläre, verzieht sich das Gesicht der Wirtin, sie wird misstrauisch: „Was, arbeiten wollen Sie? Hier? Und Ihre Mutter, was macht sie jetzt? Ja, Ihr Vater ist gestorben, aber ... haben Sie denn keine Familie? Und können Sie überhaupt arbeiten? „Seit zwei Jahren", entgegne ich, „gehe ich, um bei der Feld- und Gartenarbeit zu helfen".

„Hier brauchen wir niemanden", sagt die Wirtin. „Mit meinem Mann und meinem Sohn kommen wir ganz gut mit allem aus." Dann lässt sie sich aber doch erweichen: „Gut, eine Woche können Sie schon bleiben, aber nicht länger. Die Gemüsebeete müssen umgegraben und gejätet werden."

Eine Woche, besser als nichts. Ich hatte eine etwas herzlichere Aufnahme erwartet, aber das macht nichts, wir werden sehen. Im weiten Hausflur bekomme ich eine „Schlafbank" mit Strohsack und Decke. Ich gehe auch gleich in den Garten.

Die folgenden Tage waren eine Folter. Die physische Arbeit war ich wohl gewohnt, aber diesmal hat mich ein Schmerz gepackt, am Rücken und um die Hüften! Vielleicht war es die Folge dieser Nacht im nassen Gebüsch? Oder des ungeschickten Absprungs aus dem Fenster des italienischen Zugs? Anfangs ließ ich mir nichts anmerken, wagte aber kaum, mich hinzusetzen, um meine Kartoffeln zu Mittag zu essen, und zwang mich, nicht zu stöhnen, wenn ich wieder aufstehen wollte. Dann aber kam das Fieber. Ich ging trotzdem in den Garten, bis ich endlich zusammenbrach. Wie ein Hund lag ich am Rand des soeben gesäuberten Gemüsebeetes.

Die Wirtin wurde ganz düster. Es ist ihr Mann gewesen, der entschieden hat: „Hier brauchen wir keine Nichtstuer, keine Städter. Das, was einst galt, gilt heute nicht mehr." Er meinte wohl: Die Bekanntschaft mit meinen Eltern galt ihnen nichts mehr.

„Und um eine Kranke zu pflegen, haben wir keine Zeit."

Dem Sohn des Hauses wird befohlen, mich gleich zu Marynias Dorf zu begleiten. Ich bedanke mich. Ich kann allein gehen, sie halten aber Begleitung für nötig. Dann gehen wir hinaus. Man sagt nicht einmal „Auf Wiedersehen".

Wir ziehen die Hügel hinauf. Ich sehe kaum den Weg, so sehr tut mir alles weh. Wäre ich nur allein, ich könnte Ruhepausen machen, so kann ich es aber nicht. Der Junge ist anscheinend der Meinung, das Recht auf einige Vergünstigungen zu haben, wenn er ein einsames, umherziehendes Mädchen durch die Hügel begleitet. Ich habe keine Kraft, um Diplomatie zu treiben, und weise ihn schroff ab. Er wird böse. Mit allerletzter Anstrengung nehme ich alle meine Kräfte zusammen und fange an, den Berg hinaufzulaufen. Schon nach einigen Minuten habe ich diesen Wettlauf gewonnen, mein Begleiter ist kaputt, er atmet schwer. Ich bin die Bergwege mehr gewohnt als dieser schwerfällige Bauernjunge. Ich habe Mitleid mit ihm, aber gebe nicht nach. Als wir endlich auf der Höhe sind, ist er kraftlos und ich bin schweißgebadet und in Tränen. Jetzt gilt es hinunterzulaufen, durch den kleinen Birkenwald und die Obstgärten zum Dorf, das wie in einem Canyon zwischen den Hügeln versteckt liegt, schwer zugänglich, eine Welt für sich. Hier lebt man von der Arbeit der Töpfer und den prächtigen Obstkulturen. Durch Birnen- und Pfirsichgärten gelangen wir zu Marynias Haus. Das Heruntersteigen war noch schmerzlicher, aber endlich sind wir da.

Marynia, mein „Schutzengel" in den ersten Jahren meines Lebens, Marynia, die mich betreute, die mich umsorgte, ist so überrascht, als sie mich sieht, dass sie am Anfang keine Worte finden kann. Sie umarmt mich unbeholfen, ist dabei aber steif und verlegen. Der Junge zieht sie gleich beiseite, um ihr etwas von seinen Eltern auszurichten. Ich sehe, dass sie ihm besorgt zuhört und dabei auf mich schaut. Sie gibt ihm einen Becher Milch zu trinken und dann verschwindet er endlich.

Marynia und ich setzen uns auf die Bank an der Wand unter den vielen Heiligenbildern, unter ihnen eines, das einst „musizierte" – eine sonderbare Verbindung von Bild, Figuren und einer Musikdose, alles im Rahmen und hinter Glas, nebst einer Spieluhr, alles schon alt und verstaubt. Das Haus scheint mir nicht mehr so gut gepflegt zu sein wie einst. Marynia ist so mager und bleich, als ob sie krank wäre. Ihre dicken blonden Zöpfe sind abgeschnitten, ihr kurz geschnittenes Haar ist fast grau. Ihr erster Sohn ist schon acht Jahre alt geworden und hat nun einen zweijährigen Bruder. Alles sieht recht armselig aus. Marynia ist sehr ernst, während ich ihr meine Geschichte erzähle. Ja, bleiben könne ich schon, nur leider sei es jetzt halt nicht mehr so wie früher! Die Hälfte des kleinen Hauses ist zu einem ukrainischen Vereinslokal geworden, hierher kommen viele Leute, verschiedene Gruppen halten ihre Sitzungen, abends probt ein Dorfchor. Ja, das Dorf ist jetzt ganz anders. Es ist ukrainisch. Es ist auch immer so gewesen, hier gab es doch keine Polen, in diesem Dorf. „Und du, Marynia?", frage ich und spüre gleich, dass diese Frage keinen Sinn hat, die Antwort Marynias bestätigt es: „Ich bin Ukrainerin, ich bin es immer gewesen, nur bis jetzt sagte man, das heißt die Polen sagten es, ‚Rusinka', eine Ruthenin."

Das ist wahr, nur damals habe ich es fast nicht bemerkt, es war alles selbstverständlich. Als Marynia bei uns wohnte und einmal am Sonntag ausgehen konnte, da ging sie nicht „in die Kirche", sondern in die „cerkiew". So nannte man die griechisch-katholische Kirche. Man sagte auch die ruthenische, und die unsere war die polnische Kirche.[6] Sie trug an diesen Sonntagen wunderschöne, bunt bestickte, echt ukrainische Blusen.

Als ich von Arbeit spreche, zuckt sie mit den Schultern. „Arbeit, hier, und noch um diese Jahreszeit? Die Feldarbeit ist nichts für Barbara." Sie duzt mich nicht mehr wie einst, sie spricht in der dritten Person von mir, sie siezt mich. „Nein, ich wüsste nicht, was sie hier machen könnte."

Dass ich geglaubt hatte, meine Mutter und ich könnten hierher kommen, um Marynia zu helfen und die Kriegszeit zu überstehen, wage ich jetzt nicht einmal mehr zu erwähnen. Marynia scheint meine Gedanken zu ahnen: „Früher, da war das normal. Ihre Mama und Sie konnten im Sommer hierher kommen, das schon. Jetzt ist es aber unmöglich. Was würden die Leute sagen?"

---

6   Die religiösen und politischen (manchmal höchst dramatischen) Verhandlungen zwischen den zwei Mächten Polen und Russland, zugleich Vertretern zweier getrennter Welten und Kulturen, dem Westen und dem Osten, und ihren Kirchen, der römischen und der orthodoxen, haben 1595 in der Union von Brest die katholische Kirche des östlichen Ritus ins Leben gerufen. Sie ist zwar mit Rom verbunden, jedoch autonom und konnte so ihre östliche Liturgie und Disziplin beibehalten. Man nennt sie auch griechisch-katholische, byzantinische oder ukrainische Kirche.

„Die Leute? Sie waren doch so freundlich, ich hatte sie so gern! Sie haben mich doch als Kind gesehen! Ich ging überall hin, um die Arbeit der Töpfer zu beobachten und mir mein eigenes kleines Geschirr auf der Töpferscheibe zu basteln! Wo sind denn die Mädchen, mit denen ich spielte, mit denen ich mit dem Mühlstein das Getreide zu Graupen und Mehl gemahlen habe? Mit denen ich die Kreuzstickereien machte? Die mich die „kraikas" weben lehrten, diese einzigartigen Schmuckstücke aus winzigen Perlen?"

„Ich habe doch gesagt, dass jetzt alles ganz anders ist als damals. Sogar der Gruß hat sich geändert. Einst hörte man überall im Dorf ‚Slava Isusu Chrystu', gelobt sei Jesus Christus, jetzt sagt man ‚Slava Ukraini', gelobt sei die Ukraine, und man antwortet ‚Geroiam slava', gelobt seien ihre Helden. Die Mädchen werden nicht hierher kommen. Um keinen Preis werden sie jetzt mit einer … Polin verkehren. Jetzt sind sie stolz, Ukrainerinnen zu sein. Nein, ich meine … Barbara wird sich hier nicht gut fühlen …"

„Kann ich bei dir bleiben, Marynia, wenigstens einige Tage? Ich werde bei allem helfen. Du wirst sehen! Nur heute, um ehrlich zu sein, bin ich recht müde." Dies alles sage ich einer Frau, die mich einst, als ich krank war, so gut verstand, behandelte und behütete. „Ich brauche einen Tag Ruhe, kannst du mich nicht irgendwo verstecken? In der Scheune?"

Sie schüttelt den Kopf. Der Junge muss ihr schon etwas davon erzählt haben: eine Nichtstuerin, die aber wie eine Wildkatze die Hügel besteigen kann. „In der Scheune? Und was noch? Was würden dann die Leute sagen? Das wäre erst recht verdächtig! Es gibt jetzt viele, die so umherwandern und suchen, wo sie sich verstecken könnten. Wenn es nicht anders geht, bleiben Sie schon, aber hier, mit uns im Haus."

Marynias Mann kommt heim. Er weiß schon alles (von wem?) und ist besorgt und sehr ernst. Auch er will von der Scheune nichts hören. Hier werde ich schlafen, auf der Schlafbank. Die beiden und die Kinder schlafen in einer Nische.

Die Nacht ist hart. Am Tage kann ich kaum aufstehen. Wo ist nur meine gewohnte Stärke, meine Tapferkeit? Ich sehe wirklich nicht aus wie jemand, der arbeiten will und kann. Nacheinander kommen die neugierigen Nachbarinnen und Nachbarn ins Haus. Zuweilen ist die „Isba"[7] voller Menschen. Man raucht, man spricht, umso mehr, als man nicht aufs

---

7 Russisch für kleines (Bauern-)Haus.

Feld gehen kann, wenn es regnet. Die Kinder sind auch da, es geht lustig zu, man macht sich nicht die Mühe, die Kinder aus dem Haus zu weisen, warum denn auch? Und Windeln gibt es auch nicht. Hier herrscht die Natur: Danach wischt man eben den Boden. Ich bleibe sitzen und versuche mich aufrecht zu halten. Ich schäle Kartoffeln. Es sind die letzten Kartoffeln, man muss sie gut reinigen, die neuen sind noch nicht da. Am Abend trifft sich der Chor im Nebenzimmer. Sie singen so schön, wie die Leute von hier immer gesungen haben, eingeborene Talente für den Gesang, vor allem zum Chorgesang. Auch muss der Chorleiter ein echtes Talent sein.

Allmählich kann ich doch mit Marynia und ihrem Mann aufs Feld gehen, um zu jäten und die Krautfelder zu lichten. Ich tue mein Bestes, doch Marynia sagt immer wieder und mit Sorge: „Nein, das ist keine Arbeit für Barbara, mein Mann ist gar nicht zufrieden." – „Arbeite ich wirklich so schlecht, Marynia?" – „Nein, das wollte ich nicht sagen …"

Die Tage vergehen, es wird allmählich warm. Die Obstgärten blühen, eine Pracht! Für die Landwirtschaft ist es aber eine schlimme Zeit. Man isst das, was noch geblieben ist. Und es bleibt immer weniger. Zum Glück hat man Milch genug, die Kühe haben gekalbt, außerdem sind noch ein wenig Weizengrieß und trockene Bohnen übrig. Ich werde mir zunehmend bewusst, dass ich hier meine Nahrung nicht verdiene, ich bin ein Mund zu viel. Und die kleinen Buben müssten besser ernährt werden, als sie es sind.

Eines Tages müssen die Dächer auf der Scheune und dem Stall ausgebessert werden. Aber es gibt keine Nägel mehr. Was nun? Alle Geschäfte sind geschlossen, die Juden haben alles versteckt. Sie öffnen niemandem, und niemand möchte mit ihnen verkehren. Noch während man berät, wo man etwa Nägel leihen könnte, erkläre ich mich bereit, in das Städtchen zu gehen und die Nägel zu holen. Marynia hat nichts dagegen. Ich breche am nächsten Tag früh auf.

Bergauf, bergab, Wälder, Gebüsch, blühende Bäume. Ist diese Landschaft schön! Aber um diese Schönheit auszukosten, müsste man weniger Sorgen haben. Ich wähle einen anderen Pfad, um das Haus der Familie K. zu meiden, in dem ich meinen ersten missglückten Versuch gemacht hatte, meinen Lebensunterhalt zu verdienen, und gelange zum Marktplatz.

Das Haus des Eisenwarenhändlers steht an der westlichen Ecke des Marktes, unter den großen Bäumen. Wie die anderen ist dieses Haus auch taub und stumm, Fensterläden und Türen sind geschlossen und verriegelt. Ich klopfe an eine Tür, dann an eine andere, umkreise das Haus, rufe leise in eines der Fenster: „Bitte, ich brauche Nägel!"

Endlich bewegt sich etwas im Inneren, jemand entriegelt die Tür und öffnet sie einen Spalt, nicht mehr als 15 cm breit. Ein alter Mann steht vor mir, mit langem grauen Bart, ein Patriarch. Er trägt den Gebetsschal, auf der Stirn und an den Armen die Tefilim.[8] Er sieht mich mit starren Augen an. Hinter ihm, im halbdunklen Raum, sehe ich eine Frau und zwei oder drei Kinder. Sie sitzen auf kleinen Schemeln, fast auf der Erde. Sie kauern sich gebückt zusammen, als ob sie sich ganz klein, möglichst unsichtbar machen möchten.

Ob ich wohl bei ihm Nägel kaufen könne? Ich ziehe einen Nagel aus meiner Tasche, um zu zeigen, welche Sorte ich brauche. Der Mann scheint zunächst meine Frage nicht verstanden zu haben. Er hat mich niemals zuvor gesehen und erkennt gleich, dass ich nicht von hier bin, eine Fremde. Ich sage ihm also, dass ich soeben aus Lwow gekommen bin und im Dorf G. bei Bekannten wohne. „Wir wollen das Dach ausbessern, dazu brauchen wir Nägel ..."

„Ja – darf ich es denn?", stammelt er. Dieser große, Respekt einflößende Mensch im Gebetsgewand fragt mich, ob er es darf!

„Ja, warum nicht? Ich werde bezahlen." – „Wir leben in großer Angst. Alles ist uns verboten. Große, große Angst ..." Darauf finde ich dumme kleine Gans eine belehrende Erwiderung: „Sie sollen keine Angst haben, Vertrauen müssen Sie haben." Sein Blick ist immer noch starr. Solches Gerede ist auch nicht von hier, so sprach man nicht auf dem Marktplatz. Ich aber plappere unverdrossen weiter: „Es gibt überall auf der Welt gute Menschen. (Überall? Übertreibst du eben nicht etwas?) Die Deutschen sind nicht so schlecht, wie man es erzählt (Ach ja? Und der, der die alte Jüdin mit Füßen trat? Das war eine Ausnahme, nicht wahr? Warum hatte Lenka so viel Angst in ihren blauen Augen, dieselbe Angst wie dieser alte Mann hier?) Und bald wird der Krieg zu Ende sein ..." Ich rede immer weiter, doch schon etwas unsicher. Der Blick des Eisenwarenhändlers wird so schrecklich, dass ich meine Friedenspredigt inmitten eines Satzes abbreche.

---

8   Hebräisch für Gebetsriemen.

Er lässt die Tür angelehnt, geht in einen anderen Raum, bringt zwei große Schachteln mit Nägeln und zwei mit Schrauben. Er will kein Geld dafür. „Nein, nein, nehmen Sie es, kein Geld, gehen Sie schon, gehen Sie mit Gott." Schon ist die Tür wieder verriegelt.

Diese Familie verharrte im Gebet. Ich habe gehört, dass Juden auf niedrigen Schemeln sitzen, wenn sie in Trauer sind. Ein Gebet in einer verzweifelten Lage: „Aus der Tiefe flehe ich zu dir!"

Mein ganzes Leben lang habe ich dieses Bild aufbewahrt, den alten Patriarchen an der kaum geöffneten Tür, die betende Familie hinter ihm, im dunklen Inneren, im verriegelten Haus unter den üppig blühenden großen Kastanienbäumen, über die in der Frühlingssonne die Maikäfer brummten auf dem Marktplatz des kleinen Städtchens O. anno 1942.

Als mich Marynia wiedersieht, ist ihre erste, schüchterne Frage: „Also, hat Barbara etwas für sich gefunden, einen Platz dort in der Stadt?" Die Nägel aber und die Schrauben, die ich mitbringe, rufen große Verwunderung hervor: „Er hat dir geöffnet? Er hat sie dir verkauft? Er hat kein Geld genommen? Alle diese Schachteln hat er umsonst hergegeben? Wie hat sie das mit ihm abgemacht?" Sie sieht mich dabei seltsam an.

Am Abend kommen wieder die Nachbarinnen, um zu tratschen, der Chor singt nebenan, und eine alte Frau sagt zu Marynia, ganz laut (ich bin dabei): „Ja, da haben Sie einen Kummer mehr, was werden Sie jetzt tun?" Sie meint es nicht böse, sie spricht einfach so, wie sie es empfindet. Auch die anderen schauen mich wie einen seltsamen Vogel an. „Nicht gut, nicht gut", sagt die Alte.

Noch am selben Abend wird Marynia deutlich: „Ich meine ... Barbara wird nicht bei uns bleiben können. Es tut mir leid, aber es ist unmöglich. Ich habe Kinder. Es wäre für uns alle nicht gut, wenn sie hier bleibt. Für sie selbst auch nicht."

Da ich zuerst nicht antworte, sagt sie noch: „Hier gibt es viele Leute, die sich an Barbaras Mutter erinnern." – „Ja, das weiß ich doch, deswegen dachte ich, dass sie mich gerne sehen würden!" – „Nein, es ist nun alles anders, als sie gedacht hat. Mehr sagen kann ich nicht. Nur, dass es mir wirklich, wirklich nicht möglich ist, sie hier weiter zu beherbergen." – „Gut", sage ich, „ich verstehe. Morgen gehe ich weg." – „Und wohin geht sie dann?" – „Zurück nach Lwow. Mach dir keine Sorgen um mich, Marynia."

Meinen alten Schulsack werde ich Marynia überlassen, für ihren älteren Buben, dafür schenkt sie mir großzügig ein Stück vom großen Zelttuch, gut wenn man im Regen aufs Feld gehen muss. Daraus mache ich mir gleich einen einfachen Rucksack. „Sie sind aber tüchtig, wenn sie so etwas in zwei Stunden basteln", staunt Marynia. In Wahrheit war es aber sehr einfach, viele Wanderer haben es schon vor mir gemacht: Ein einfacher Sack, zusammengeschnürt und mit zwei Strickbändern zum Tragen.

Aus meinem Schulsack hole ich zwei Bücher. Ich dachte tatsächlich, dass ich hier lesen würde, nach der Arbeit. Marynia macht große Augen, aber schon sind sie in meinem neuen Rucksack verschwunden. Er ist nicht schwer. „Bleibt mit Gott, Marynia!" Auf einmal hat sie Tränen in den Augen. „Meine kleine Basia …" Aber schon lächle ich sie an: „Wenn alles vorbei ist, werden wir uns doch sehen, nicht wahr?" Sie aber schüttelt den Kopf, als ob sie nicht daran glaubt. Die Kinder sind nicht da, ihr Mann auch nicht, als ich das Haus verlasse.

Immer denselben Weg, bergauf über den Obstgarten und dann durch den Birkenwald. Hier mache ich Halt. Manche Birken sind mit Sachkenntnis angeschnitten, kleine Behälter aus Rinde sammeln den fließenden Saft. Man sollte es nicht tun, es ist nicht gut für die Bäume, aber es ist ein köstliches Getränk, ein Stärkungsmittel in dieser vitaminarmen Frühlingszeit. Man kocht auch trockene Früchte in diesem Saft. Ich trinke gierig aus diesen Rindenbechern den Saft der Bäume, der Erde. Abschiedstrunk, prosit liebes Land!

Als ich auf dem Gipfel des Hügels stehe, wo nur die Wacholder wachsen, da sehe ich unter mir das Städtchen wie eine Schale voller Blumen. Jetzt blüht alles, Kastanien, Äpfel- und Birnenbäume, Jasmin, Flieder. In der Sonne des Maivormittags riecht man den Duft dieser blühenden Masse bis hier herauf. Man hört das Summen der Bienen und der Maikäfer. Rote und dunkelgraue Dächer sind ganz in diese Pracht eingetaucht. Selbst der strenge Wehrturm der Kirche wirkt fröhlich in dieser Landschaft, wie auch die Burg und das Kloster. Herrliche kleine Menschenwelt, wie könnte man hier glücklich leben, ein einfaches, wenn auch monotones Dasein führen, voll einfacher Güte, wie dieser Frühling voll Sonne und Duft.

Ich sehe mir dieses Bild an und indem ich es bewundere, kommt mir plötzlich ein Gedanke: Schau, schau so viel du kannst, das ist ein Abschied für immer, du wirst dieses Städtchen niemals wiedersehen.

Wie ein Paradies

In O. habe ich noch drei Adressen. Die erste ist die Familie des hiesigen Organisten, alte Freunde meiner Mutter. Dann das Kloster, wo einige Patres meinen Vater kannten. Ein Kloster ist gewöhnlich ein Treffpunkt der Menschen aus der Umgebung, man wird dort vielleicht Rat finden. Die dritte ist die Adresse einer Gutsbesitzerin in der Nähe von O. Eine Freundin meiner Mutter war dort einst als Hauslehrerin angestellt.

Das kleine Haus des Organisten ist, wie alle Häuser hier, in den blühenden Bäumen versteckt. Vorsichtig öffne ich die Gartenpforte. Ein Hund läuft mir entgegen, die Hausfrau kommt heraus. Sie erkennt mich, ohne dass ich viel sagen muss. Ja, sie habe meine Mutter nicht vergessen, ich solle hereinkommen. „Das ist eine Überraschung! Wiga wird sich freuen, sie hat jetzt so wenig Kameraden, so wenig Zerstreuung." Wiga ist die einzige Tochter, etwas älter als ich. „Ob ich hier zwei, drei Tage bleiben kann?" – „So lange Sie wollen!" – „Ich suche Arbeit und Unterkunft ..." – „Da wird sich schon etwas finden!" Frau S. ist jemand, der sich nicht gerne zu viele Sorgen macht.

Ihr Mann kommt aus dem Garten, er hat dort einige Bienenstöcke. Wiga kommt auch und umarmt mich. Man könnte sagen, dass ich auf einer kleinen Insel gelandet bin, in einer Oase. Ist es wahr, wie lange wird es dauern? Ich erzähle Wiga kurz und ohne Details, dass ich schon seit einiger Zeit auf der Wanderung bin und recht müde. „Du verstehst, ich fühle mich nicht wohl, habe Rückenschmerzen ..." Wiga versteht: „Mir geht es genauso, manchmal muss ich einen ganzen Tag lang im Bett bleiben!" Sie zeigt mir ein kleines Zimmer mit Bett: „Hier kannst du dich ausruhen. Es ist zwar nicht geheizt, aber jetzt ist auch nicht mehr so kalt, außerdem werde ich dir alle möglichen Federbetten geben! Ich schlafe nebenan, abends werden wir sprechen können, ich freue mich schon darauf!"

Normal gegessen. Mich mit warmem Wasser gewaschen (zwei Schüsseln, großer Schwamm). In einem richtigen Bett gelegen. Allein im Zimmer. Am Abend bleierne Müdigkeit. Meine liebe Wiga sieht es und lacht. Morgen werden wir alles nachholen. Heute falle ich ins Bett. Sie legt noch eine Decke auf mich und ich stürze in diese Wonne des Ausruhens wie ein Stein ins Wasser. Zu Hause zu sein, welch ein Luxus!

Das kleine Haus steht in einem Stadtteil, dessen Bewohner meist Polen sind. Die Polen sind hier aber in der Minderheit. Die Stimmung scheint ruhig zu sein, fast zu ruhig, denn Herr S. läuft mit einer düsteren Miene umher und versucht von Zeit zu Zeit sein Gemüt durch ein kleines Gläschen zu stärken. Er ist ein guter Organist und hochgeschätzt als Chorleiter. Jetzt spielt er kaum noch in der Pfarrkirche. Zur Messe kommen nur wenige Leute, sie wird in der Nebenkapelle gelesen, ohne Orgel und Gesang. In der Klosterkirche unterhalb des Schlosses ist jetzt auch alles still. Die griechisch-katholische Kirche aber, die ukrainische „cerkwa", singt jetzt laut, sie schäumt regelrecht über.

Herr S. ist nicht mehr jung. Im Ersten Weltkrieg hatte er allerhand erlebt, hoffte seitdem ein friedliches Leben genießen zu können. Er ertränkt seine Enttäuschung in selbst gemachtem Likör aus Weichselkirschen.

Seine Frau, viel jünger, ist von Natur aus optimistisch und sehr lebhaft. Dank ihr werden die Küche und das Haus lebendig. Vom Ersten Weltkrieg weiß sie wenig, ihre Familie und ihre Gegend wurden von den Kriegsereignissen verschont. Ihre Kindheit hat sie noch unter k. u. k. österreichischer Herrschaft verbracht, ihr Vater war damals Staatsbeamter. Jetzt sind die Deutschen da. Frau S. findet das besser als alle Alternativen, denn sie sind doch ein Kulturvolk. Endlich braucht man keine Angst mehr zu haben nach Sibirien deportiert zu werden. Die Deutschen werden schon alles organisieren, sie werden uns vor den wilden Horden beschützen, die Ukrainer werden sie disziplinieren. Und die Juden? Ja, die Juden, die werden wohl emigrieren müssen, davon hat man aber schon seit Jahren gesprochen.

In diesem kleinen Haus unter den blühenden Bäumen habe ich die letzten Tage in meinem Land verbracht. Abends saßen wir mit Wiga im Garten, der Duft des Mai war herrlich und die Nachtigallen sangen dazu. Wiga erzählte von ihren Mädchenträumen, ihrer Sehnsucht nach der großen Liebe. Ist es überhaupt noch möglich das Glück zu finden? Einen guten Menschen als Lebensgefährten zu bekommen? Sollte die große Liebe niemals kommen? Was dann? Soll man dasitzen und warten? Worauf? Die Zeit vergeht, jeder Tag vergeht, und die Jugend auch.

Wir arbeiten mit Wiga im Gemüsegarten. Zu zweit ist man viel tapferer. Auch haben wir eine große Familienwäsche in Angriff genommen und bewältigt mit Kochen, Bleichen, Trocknen und Bügeln. Dabei sprechen wir die ganze Zeit, aber nur von Wigas Leben, das jetzt so öde geworden ist. Alle Kameraden und Kameradinnen sind nach Gott weiß wohin verschwunden.

Einmal in der Woche kommt ein Kapuziner, der Prior des Klosters am Fuß des Schlossberges. Er ist ein regelmäßiger Hausgast mit einer Dauereinladung zum Mittagessen. Auch er kannte meinen Vater. Wenn ich aber von unseren heutigen Sorgen spreche, von meiner Wanderung, von einer Unterkunft, dann seufzt er nur unverbindlich: „Wie arm, wie arm sind jetzt die Menschen!" Dann wechselt er das Thema. Von ihm kann ich also keinen guten Rat erwarten. Ich mache auch den zehn Kilometer weiten Weg zu dem großen Besitz, wo die Freundin meiner Mutter einst gearbeitet hatte. Die Besitzerin ist aber nicht da und der Verwalter will gar nicht mit mir sprechen: „Jetzt ziehen allerhand Typen herum und suchen Unterkunft und Arbeit. Man weiß nicht von wo sie kommen, wer sie sind, sie können nur Unglück heraufbeschwören."

Es ist mir klar, dass ich auch hier keine Lösung finden werde. Soll ich also nach Lwow zurückkehren? Ich teile meine Gedanken mit Frau S. Darauf antwortet mir die sonst so sorglose und frohe Person: „Wir haben auch nachgedacht ... Hier werden Sie nichts finden, vielleicht sollten Sie auch nicht mehr suchen. Länger bleiben, das wäre auch gefährlich. Manche Leute haben ihre Mutter gekannt ..." – „Eben darauf hatte ich gehofft, auf die einstigen Freunde und Bekannten! An welche Gefahr denken Sie?" Auch Frau S. redet von „der Gefahr", genauso wie zuvor meine Tante, wie Frau B. in Lwow, wie Marynia. Ich begreife es noch immer nicht. Einen Moment lang frage ich mich sogar, ob meine Mutter vielleicht einen Konflikt in ihrer Jugend gehabt hatte, ein Abenteuer? Ich weiß so wenig von ihr, ich kenne sie fast nicht! Fürchtet sich Frau S. so sehr vor den Ukrainern? Sie selbst hatte doch gesagt, dass die Deutschen Ordnung schaffen werden. „Nein", sagt Frau S., „ich habe etwas anderes gemeint. Hier kannten alle ihre Mutter, als sie noch nicht verheiratet war, sie kannten ihren Mädchennamen." – „Und? Das ist ein deutscher Name, es gibt viele Familiennamen dieser Art!" Frau S. seufzt und antwortet nicht. Später macht sie Andeutungen: „Man sieht gleich, dass Sie ihre Tochter sind. Ich meine Ihr Profil ..." Wieder das Profil. Natürlich, das stimmt, ich bin meiner

Mutter ähnlich, wie könnte es anders sein? „Gut", sage ich, „morgen fahre ich nach Lwow zurück." – „Aber nein, das wollte ich nicht bezwecken. Morgen werden Sie nicht weggehen, bleiben Sie noch hier! Wiga ist so glücklich und Sie können wenigstens etwas frische Luft atmen!"

Zweite Maihälfte: Flieder und Jasmin in voller Blüte, Tulpen, Narzissen, einfach alles blüht, die ganze Pracht. Wenn man unter die Pflaumen- und Apfelbäume geht, wird man von den fallenden Blütenblättern wie von duftendem Schnee bedeckt.

Wir sind gerade in der Küche und helfen Frau S. beim Kochen, da hören wir harte, rasche Schritte im Garten. Jemand reißt energisch die Küchentüre auf, Frau S. ruft: „Willy!" Den Schöpflöffel noch in der Hand, springt sie in die Arme eines jungen Mannes in Uniform, Wiga macht es ihr nach: „So lange haben Sie sich nicht sehen lassen!"

Dieser Mann scheint hier bekannt, mehr noch, mit der Familie befreundet zu sein. Jetzt sprechen alle durcheinander, ich ziehe mich zurück. Erst nach einer Weile kommt Frau S. strahlend zu mir: „Willy ist ein guter, braver junger Mann. Er war schon zuvor hier. Wiga hängt sehr an ihm. Er ist schon wieder weg, konnte nicht zum Essen bleiben, aber heute Nachmittag wird er wiederkommen. – Ja, das ändert viel an unserem Plan. Wiga wird jetzt nicht mehr viel Zeit für Sie haben. – Können Sie mir einen Dienst erweisen und zum Kloster laufen, um dem Pater zu sagen, dass er morgen nicht zum Mittagessen kommen kann? Er wird das schon verstehen. Ich werde ihn verständigen, sobald es wieder möglich sein wird."

Im Kloster finde ich den Prior nicht. Sein junger Mitbruder scheint allen Unbekannten gegenüber misstrauisch zu sein. Zu Hause finde ich Wiga mit Willy im Garten auf einer Bank. Sie winkt mir zu und sagt auf Deutsch zu Willy: „Sind wir nicht wie in einem Paradies, sag doch?!" Und der Mann in Uniform wiederholt: „Ja, Paradies, Paradies …", aber seine Stimme klingt bitter. Er legt den Arm um Wiga und beide vergessen, dass ich da bin. Ich ziehe mich zurück und fange an, meinen Sack zu packen. Viel später kommt Wiga: „Mama hat es dir schon gesagt? Willy und ich, wir lieben uns. Ich bin so glücklich, dass er wiedergekommen ist. Du wirst es mir nicht übel nehmen, dass ich demnächst keine Zeit mehr haben werde? Du verstehst es, nicht wahr? Das kleine Zimmer werden wir vielleicht auch brauchen, falls es regnen sollte …"

Ich verstehe alles sehr gut, ich lache: „Kein Problem, Wiga, und danke für diese schönen Tage, für die Gastfreundschaft im Paradies!"

Frau und Herr S. sind erleichtert, als ich ihnen sage, dass ich sie morgen verlassen werde: „Sie haben es verstanden. Willy wird jetzt jeden freien Moment bei uns verbringen. Er ist hier mit seiner SS-Einheit. Sie sind da wegen einer ‚Sonderaktion'. Das muss schon etwas Wichtiges sein. Ich freue mich für Wiga, sie war so einsam."

Frau S. bereitet mir etwas für den Weg, nicht viel, bis nach Lwow ist es doch keine lange Reise. Der Zug geht um sieben Uhr vom Bahnhof in O. ab (Ich kenne diesen Bahnhof nur zu gut!).

Die letzte Nacht in diesem Land, in diesem Paradies, ich schlafe kaum. Alles ist noch grau vom Morgennebel, nur die Vögel zwitschern, als ich aufbreche, ganz leise, um niemand zu wecken.

Ein halbes Jahrhundert später erscheint mir dieses Paradies wie das Bühnenbild zu einem grausamen Schauspiel. Wie hat es wohl für seine Akteure geendet? Nach dem Krieg habe ich nichts mehr von der Familie S. gehört. Verhaftung, Deportation, Lager, Übersiedlung, lokaler Terror? Und der „brave junge Mann" – was war seine Rolle in diesem Spiel?

Der kleine Bahnhof

Es ist vielleicht sechs Uhr morgens. Das kleine Städtchen liegt schon hinter mir, ich gehe nun den Weg zwischen den Feldern, auf der rechten Seite auf dem Hügel das kleine Schloss, zur Linken im Tal die Pforte des Kapuzinerklosters, die noch geschlossen ist. Zur Bahnstation sind es noch etwa zwei Kilometer. Ich schaue mich um, suche das Gebüsch, in dem ich vor einem Monat auf den Sonnenaufgang wartete, nachdem mir die „Amici Italiani" geholfen hatten, der Gefahr zu entgehen. Felder, so weit das Auge reicht.

Ich glaube mich ganz allein in dieser Morgenstunde auf diesem Weg. Plötzlich höre ich ganz nah eine männliche Stimme. Sie scheint aus der Erde zu kommen. Die Stimme sagt in schönstem Polnisch: „Ein hübsches Städtchen muss es sein, dieses O.?" Darauf mehrstimmiges Gelächter. Auf beiden Seiten des Weges im Straßengraben liegen Soldaten mit Stahlhelmen, so flach auf der Erde, dass ich sie gar nicht bemerkt habe. Ich schaue sie sprachlos an, drehe mich um. Schon seit einer Weile gehe ich zwischen zwei Reihen von Stahlhelmen! Sie sehen meine Überraschung und lachen noch mehr, jetzt aber lache ich auch mit, und antworte schlankweg: „Ja, es ist wahr, das ist ein schönes Städtchen und wichtig ist es auch!" – „Wichtig? Warum denn?", fragt mich der polnisch sprechende Soldat mit dem deutschen Stahlhelm. Schon will ich ihm etwas über die Geschichte, das Schloss und Gott weiß was noch erzählen, aber plötzlich wird mir bewusst, dass man besser aufpassen sollte, was man sagt, und ich antworte nur: „Weil hier viele gute Menschen wohnen, und ich auch!" Die Soldaten lachen wieder und fragen: „Und wohin gehen Sie jetzt in aller Frühe?" – „Zur Bahn." – „Ach so, zur Bahn! Gut, gut also, laufen Sie nur schnell zur Bahn!" Immer noch lachend, als ob ich keine Sorgen hätte, beschleunige ich doch meine Schritte. Die Reihe der Stahlhelme ist zu Ende.

Auf dem kleinen Bahnhof geht etwas Sonderbares vor sich. Eine Menge von Menschen, ein Gewühl, ein Wirrwarr. Man schreit und streitet. Schon von weitem sehe ich einige graugrüne Uniformen, die in diesem Durcheinander hin- und herlaufen. Auch einige Zivilisten sind unter ihnen. Werde ich da überhaupt an den Schalter gelangen können? Als ich jemanden fragen will, um was es sich hier handelt, da packt mich schon einer und schreit auf Ukrainisch: „Was machst du hier, los, zu den Deinen, dorthin!"

Ich will ihm erklären, dass ich nur nach Lwow fahren will, komme aber nicht zu Wort. Wieder ein anderer schmeißt mich in die Mitte des Wirbels, und dann werden wir alle in den Wartesaal hineingetrieben. Langsam fange ich an zu verstehen. Eine Gruppe von Ukrainern war hier versammelt, um freiwillig nach Deutschland zu fahren. Ein Teil von ihnen ist bereits abgereist. Die Übrigen müssen nun auf den nächsten Zug warten. Dabei wollen sie nicht von einander getrennt werden. Unterdessen hat man noch eine andere Gruppe gebracht und zwar aus „Nicht-Freiwilligen". Jetzt sollen alle zusammen registriert werden und ins Sammellager fahren.

„Nicht miteinander mischen! Wir haben mit diesen da nichts zu tun!" Jemand ruft auf Deutsch: „Ruhe! Alles wird in Przemysl geregelt!" Ich schaue mich um, ob ich nicht weglaufen könnte. Es scheint mir im Moment nicht unmöglich zu sein, als ich aber aus dem Wartesaal trete, sind da lauter Uniformen um mich.

„Du, wohin? Auf die Registrierung warten!" Eine Gruppe von Männern verlässt den Saal, das sind die, die zum „Baudienst"⁹ berufen wurden, sie werden woanders warten. Nun gibt es mehr Platz im Warteraum. Ich mustere die Anwesenden. Hoffentlich erkennt mich hier niemand. Jedenfalls wäre es unklug, sich einer bestimmten Gruppe zu nähern, mit jemandem zu sprechen. Die Nacht im italienischen Zug und die Tage auf dem Dorf haben mich viel gelehrt. Angestrengt erwäge ich meine Möglichkeiten. Sollte es mir gelingen mich davonzumachen, was dann?

Um die Mittagszeit kommen die Männer zur Registrierung, „die Kommission". Zwei in Uniformen und andere in Zivil. Sie sprechen Deutsch (nicht alle) und Ukrainisch. Vor dem Bahnhof stellt man Tische auf. Die Männer, die zum Baudienst berufen sind, werden als erste abgefertigt. Wir stellen uns in eine Reihe und warten. Ich mache es so wie alle.

Die „Registrierung" ist eine einzige Komödie, traurig und lächerlich zugleich. Die Männer an den Tischen fühlen sich sichtlich in ihrem Element und sehr wichtig. Sie sprechen laut, lachen und machen Witze, sie sind die Herren über diese zusammengetriebene Menschenmasse, vor allem einer, bei dem ich bald erscheinen muss. Der Mann hat sichtbar den Kampf gegen die „Polonisierung" in Auge. Das erste Mädchen, das vor ihm steht, heißt mit Vornamen Oksana. „Gut", sagt er, „das ist ein ukrainischer Name, aber mit einem solchen Namen wirst du in Deutschland ausgelacht und zum Ochsenstall zugeteilt." Was er sagt, ist reine Dummheit. Der Name stammt vom griechischen Xenia, jedes Kind weiß es. In Russland gibt es eine andere Version, Axinia.

Das Mädchen wird ganz rot, Tränen schießen ihr in die Augen. „Für die Deinen kannst du Oksana bleiben, aber in die Reisepapiere schreibe ich ‚Olga', auch ein schöner ukrainischer Name. So, die Nächste!"

Wenn die Nächsten Maria, Anna, Katharina, Jelena oder Daria heißen, das ist gut. Dann aber meldet sich eine Ludwika.

„Keine Ukrainerin heißt Ludwika! Wie nennt man dich zu Hause?"

„Luda."

„Man hat euch polonisiert! Hier, ich schreibe dich als Luise auf, das ist dasselbe und viel schöner." So geht es immer weiter. Die Familiennamen auf

---

9 Die Deutschen beriefen die Männer dazu wie beim Militärdienst nach Geburtsjahrgängen ein. Die Bataillone wurden nach Ukrainern und Polen zusammengestellt.

„-ski" und in der weiblichen Form „-ska" haben es ihm angetan. Nach seiner Lesart sind sie alle polonisiert worden: „Eigentlich müsste man dieses ‚-ski' ganz abschaffen." Das ist freilich wieder ein Unsinn, solche Namen gab es in Russland auch, z. B. Dostojewski, Tschernyschewski, Tschaikowski.

Nun fange ich an zu begreifen, dass ich hier die einzige Polin bin. Alle anderen, Freiwillige und Unfreiwillige – sind Ukrainer. Und wenn ich diesem Beamten ehrlich sagen würde, dass ich durch Zufall hier hineingeraten bin, dass ich eigentlich nichts damit zu tun habe? Würde er mir vielleicht die Türe weisen? Mein Instinkt rät mir aber zur Vorsicht. Sei wie alle, mache dich nicht zu einer Ausnahme. Und schon stehe ich vor dem Tisch.

„Ihre Papiere! Verpflichtet oder freiwillig?"

„Ich habe keine Papiere."

„Also eine Freiwillige"

„Ja."

„Taufschein?"

„Ja, ich habe einen Auszug aus dem Taufschein dabei, sonst nichts."

Er sieht sich das Papier an und ruft erstaunt aus: „Polin?"

„Ja."

„Und Sie melden sich freiwillig?"

„Ja."

„Gibt es noch andere Polinnen hier?", fragt er in die Menge. Nein, keine anderen.

„Von wo kommen Sie?"

Ich nenne ohne Zögern Marynias Dorf. Wenn er dieses Dorf kennt oder wenn jemand von dort unter den Anwesenden ist, bin ich verloren. Aber er schreibt den Ortsnamen ruhig auf.

„Was macht Ihr Vater?"

„Er lebt nicht mehr."

„Er wurde polonisiert, das sieht man gleich, sein Vorname war Ukrainisch."

Auch das stimmt nicht. Denselben Namen trugen der berühmte polnische Pianist Paderewski und der Staatspräsident vor dem Krieg, Moscicki. Ich bleibe aber still und sage nichts.

„Was ist denn das, was sehe ich da?! Wie heißt Ihre Mutter mit Mädchennamen? Was ist sie, Polin, oder ..."

Bevor es mir die Kehle zuschnürt, antworte ich so ruhig ich nur kann: „Sie ist Polin, stammt aber aus einer deutschen Familie, aus Schwaben."

„Ach so. Ihr Vorname ist aber polnisch durch und durch! Polnisch oder russisch, hier in der Ukraine heißt niemand so und in Deutschland auch nicht!"

Mit dem polnischen Charakter des Namens hat er Recht. In Polen ist dieser Name seit einiger Zeit in Mode als klassischer weiblicher Vorname. So hieß etwa eine der Heldinnen der bekannten „Trilogie" von Henryk Sienkiewicz. In Russland war er auch bekannt, in der Ukraine weniger. Aber in Deutschland? Eine der Gemahlinnen Bachs hieß so, es gibt auch ein trauriges Mädchen dieses Namens in Goethes „Faust". Ich mag meinen Namen gern.

„In Deutschland ist dieser Name sehr bekannt", sage ich sehr höflich, er aber denkt und denkt, kritzelt etwas auf dem Papierbogen und antwortet: „Einmal in Deutschland, lassen sie sich ‚Betty' oder ‚Etty' rufen." Ich bin sicher ein Sonderfall für ihn, er hält sich so lange mit mir auf!

Als ich schon denke, dass ich endlich wegtreten kann, streckt er plötzlich die Hand über den Tisch und greift nach dem Briefumschlag, aus dem ich soeben meine Papiere herausgenommen hatte und in dem sich noch einige andere Dokumente und Bilder befinden. Ich will ihn festhalten, er ist aber schneller und stärker. Er lacht.

„Liebesbriefe? Geheimnisse?"

Der Mann stöbert im Umschlag herum.

„Was ist das?"

Du lieber Himmel! Es ist eine Bestätigung aus der Zeit kurz vor der Scheidung meiner Eltern. Sie wurde von der Familie ausgestellt, die sich damals meiner annahm und mich adoptieren wollte.

„Wie viele Familien haben Sie denn?"

„Das sind nur Freunde. Sie nahmen sich meiner an, als meine Mutter ... krank war."

„Und der Name dieser Familie? Sind sie Polen oder Ukrainer? Man kann das nicht erkennen."

„Sie sind Polen, aber aus Tschechien." Diesmal habe ich nicht gelogen. Bis jetzt war es jedem gleich, woher sein Name stammt.

Er sieht noch einmal alle Papiere und Bilder durch, spricht mit den anderen Männern und dann macht er etwas Unerhörtes: Er reißt den Briefumschlag mit seinem Inhalt in kleine Stücke und wirft ihn in den Papierkorb. Mir hat es die Sprache verschlagen, ich sage kein Wort. Er sieht aber gut, was das für mich bedeutet, und sagt: „Das werden Sie nicht mehr brauchen, alles ist unwichtig, wichtig ist nur das, was ich geschrieben habe und dieses Papier hier." Er gibt mir einen Zettel und ruft schon die Nächste heran, sagt noch zu mir: „Ich werde später noch mit Ihnen sprechen."

Ich zwinge mich zur Ruhe. In dem Briefumschlag hatte ich ein Foto von meiner Erstkommunion, sehr wertvoll für mich, auch eines von meiner Mutter, einige Blätter mit geliebten Gedichten. Das waren doch keine politischen Texte! Ich überlege, ob ich die zerrissenen Stücke aus dem Korb herausstehlen könnte. Es ist unmöglich. Auch werden wir gleich wieder in den Wartesaal hineingetrieben. Einmal registriert, werden wir gar nicht mehr bewacht. Ich könnte also verschwinden, aber dann würde ich gesucht. Ich muss abwarten.

Wieder sitze ich in einer Ecke, esse das Brot, das mir Frau S. gegeben hat. Was macht wohl Wiga gerade? Wird Willy heute Nachmittag das „Paradies" besuchen? Willy, der zu einer „Sonderaktion" gekommen war, die Stahlhelme im Straßengraben, der Eisenwarenhändler mit dem Gebetsschal ...

Die anderen essen auch, Brot, Speck, Zwiebeln, Kartoffelplätzchen. Zu trinken gibt es nur Wasser. Die Beamten sind zum Essen weggegangen. Die Züge fahren vorüber, sie halten nur selten. Die Stunden vergehen. Unser aufgekratzter Beamter taucht wieder auf. Er unterhält sich mit den Menschen, mit den Gruppen. Es ist nun klar, dass wir erst morgen abreisen werden.

Die Nacht kommt, alle lagern, so gut es geht, auf den Sitzbänken, die meisten aber auf dem Fußboden. Es wird viel gesungen, vielstimmig und sehr schön. Manche von den Liedern kenne ich schon, der Chor in dem kleinen Dorf hat sie gesungen „Ukraino moja, Ukraino, dorogaja ty moja storona ..." „Ukraine, meine Ukraine, mein geliebtes Land ..." Dann werden andere Melodien angestimmt, zum Beispiel ein stolzer Gesang, halb Kriegs-, halb Kirchenlied. Er würde gut zum Aufbruch einer Kosakenarmee passen, ich höre ihn zum ersten Mal: „Chaj pomoschet Swiatij Jurij, Pretschystaja Maty", so fängt das Lied an. Helft uns, Heiliger Georg und Heilige Mutter, hier aber ruft jemand dazwischen „Lachiw wyrizaty!" Das reimt sich auf „maty", die Mutter, und bedeutet „die Polacken niedermetzeln"! Alle lachen. Gleich danach ein anderes Lied. Es ist langsam, düster,

Unheil verkündend: „Smert', smert', Lacham smert, smert' moskowsko zydiwskij komuni, – w bij krywawyj OUN nas wede ..." Tod, Tod den Polacken, Tod der Moskauer jüdischen Kommune, OUN wird uns führen in den blutigen Kampf ...

Dieses Lied ist lang und der Refrain kehrt immer wieder: Tod, Tod ... Unheimlich zu hören in diesem dunklen Warteraum. Damals wusste ich noch nicht, was OUN[10] ist und glaubte zunächst, dass es sich um „Bohun" handelt. Diesen Namen kannten wir alle aus der „Trilogie" von H. Sienkiewicz. Bohun war ein kühner, aber auch gefährlicher Kosak. Jetzt musste es wohl der Name einer Organisation, oder ihres Anführers sein.

Die Erinnerung an diese Nacht erweckt in mir heute – erst heute, nach so vielen Jahren – ein Echo der damals erlebten Angst. Damals habe ich meine Angst gemeistert, wie es mir nur möglich war, aber sie war da. Die Menschen, die um mich herum saßen, sie alle waren von hier, unsere Landsleute, auf derselben Erde aufgewachsen, wir lebten dicht beieinander. Jetzt aber sangen sie, mitten in der Nacht, diese furchtbaren Lieder, sie sangen sie mehrstimmig, schön und mit Inbrunst. Doch das Schlimmste war, sie sangen ihren Hass heraus fast wie ein Glaubensbekenntnis. Zum ersten Mal fühlte ich mich so unmittelbar von alles verzehrendem Hass umgeben. Der Krieg hatte ihn zum Ausbruch gebracht, aber er lebte schon seit langem hier.

So vergeht die Nacht, die letzte in meinem Land. Noch bevor es dämmert, erscheinen wieder die Männer von der „Kommission", diesmal nur drei. Unser „Schwätzer" mischt sich unter die Frauen, setzt sich, plaudert mit ihnen. Dabei sehe ich, wie eine von ihnen offensichtlich Fragen über mich stellt. Alle blicken in meine Richtung. Ich mache mich klein und stelle mich schlafend.

Zum Glück kommt endlich unser Zug. Ich laufe schnell zum Wagen, aber bleibe im Korridor, beim Eingang, um mir erst später einen sicheren

---

10 Organisation der Ukrainischen Nationalisten. Erst nach vielen Jahren werde ich etwas mehr über die OUN erfahren. Diese Bewegung hatte 1942 schon einen anderen Charakter als noch im Jahr zuvor, als sie die Deutschen als Befreier der Ukraine begrüßte. Schnell kamen die Enttäuschungen, die Verhaftung ihrer Anführer, die Einschränkung ihrer Tätigkeit. Doch die Kollaboration mit den Deutschen wurde nicht unterbrochen. Sie hat sich sehr tragisch auf die Geschichte der Polen in dieser Gegend ausgewirkt.

Platz zu suchen. Da erscheint unser geschwätziger Beamter, entdeckt mich und spricht mich an.

„Ich suche Sie schon die ganze Zeit, um mich mit Ihnen zu unterhalten. Ich frage mich, ob Sie …?"

Er hat schon einen Fuß auf der Stufe, da kommt meine Rettung, ein blondes, üppiges Mädchen. Es lächelt ihn an und sagt: „Kommen Sie doch zu uns, in unserem Abteil gibt es etwas für Sie!" Schon hat er mich vergessen. Der Zug setzt sich in Bewegung und ich wünsche der Blondine alles Gute und viel Glück.

Nachdem ich der Gefahr bei der Erfassung entgangen war – ein unglaubliches Glück –, wurde mir klar, dass mein Leben nun niemals wieder so sein würde wie bisher. Etwas war zu Ende gegangen, der erste Teil meines Lebens, und etwas Neues fing an, etwas nicht Geplantes, nicht Geahntes. Inmitten der dunklen Mächte, der Manipulationen und Tarnungen aller Art ist man – falls man das alles überlebt – einer anderen Gefahr ausgesetzt, derjenigen, innerlich verformt oder gar vernichtet zu werden. Ihr muss man standhalten, sich nicht von ihr im Innersten angreifen lassen.

Sammellager Przemysl

Von der Reise nach Przemysl ist mir keine Erinnerung geblieben. Es ist möglich, dass der Zug nicht geradewegs nach Przemysl fuhr, sondern einen Umweg machte, um weitere Gruppen mitzunehmen. Bei dieser Gelegenheit sind wir jedenfalls unsere „Kommission" losgeworden. Eine andere Mannschaft übernahm den Zug.

Das Sammellager in Przemysl[11] war ein ehemaliges Kasernengelände. Militärisch wirkende Gebäude, Exerzierplätze mit großen Baracken rings-

---

11 Insgesamt gab es zwei Zwangsarbeiterlager in Przemysl, eines für die Einwohner der Stadt in der Vorstadt Lipowica, ein weiteres, von dem hier die Rede ist, an der heutigen Straße 1 Maja 97–99. Vor und während des Krieges muss diese Straße einen anderen Namen gehabt haben. Das Lager konnte bis zu 5000 Menschen gleichzeitig aufnehmen, sein Leiter hieß Alfred Berndt. Angaben nach: J. Rozanski, Przemysl w latach drugiej wojny swiatowej, in: Tysiac lat Przemysla, Teil 2, Warschau/Krakau 1974, S. 409. Sonst blieben alle meine Bemühungen, etwas mehr über dieses Lager zu erfahren (Topografie usw.) erfolglos.

herum. Ich vermute, dass die Baracken, in denen wir untergebracht wurden, früher als Pferdeställe gedient hatten. Sie waren breit und geräumig. Auf Plattformen beiderseits des Mittelgangs lag schon ziemlich verbrauchtes Stroh, auf dem wir schlafen sollten. Zum Abendessen gab es eine wässerige Suppe und ein Stück Brot.

Die Leute blieben in ihren Gruppen zusammen. Ich fand einen Platz für mich. Man konnte sich nicht waschen. Wir blieben alle in unseren Kleidern, denn die Nacht war kalt und die Bretter waren trotz des Strohs hart.

Am nächsten Tag führt man uns zum Bad und zur Desinfektion, oder zur Entlausung, dann werden wir ärztlich untersucht. Wir müssen all unser Gepäck mit den persönlichen Dokumenten gegen eine Nummer abgeben (Wird es kontrolliert? Werden wir es zurückbekommen?) Dann zieht man sich aus und alle Kleider kommen in die Dampfkammer. Sie werden in große Säcke hineingestopft, wie Lumpen.

Wir sind nackt und frieren. In einer großen Halle mit vielen Duschen stehen Eimer mit flüssiger Seife. Man schöpft sie mit der Hand. Im grauen, übel riechenden Dampf, auf dem schlüpfrigen Boden, also in einer Atmosphäre, die gar nicht an Hygiene denken lässt, sondern eher an etwas, wonach man sich erst richtig reinigen und desinfizieren möchte, werden wir „vorschriftsmäßig saubergemacht". Zum Abtrocknen gibt es ganz widerliche Handtücher, eines für mehrere Personen. Sie sind schon feucht, denn in diesem Dampf können sie nicht trocken. Nass und nackt werden wir in einem großen Saal versammelt.

Hier herrscht eine Frau, eine groß gewachsene, imposante Ukrainerin. Sie trägt eine weiße Mantelschürze und die Haube einer Krankenschwester auf der üppigen blonden Frisur. Sie ist sehr stark geschminkt. Der weiße Mantel ist kurz, umso besser sieht man ihre schwarzen Offiziersstiefel. Sie raucht. Unter dem Arm hält sie eine Lederpeitsche. Von Zeit zu Zeit lässt sie diese Peitsche durch die Luft sausen oder sie schlägt mit dem Griff zu. Die Frauen des Transports sind völlig eingeschüchtert.

Die ärztliche Kontrolle verläuft folgendermaßen: Acht oder zehn Männer (Ärzte, Sanitäter?) sitzen an der Wand. Man geht von einem zu den anderen. Sie kontrollieren (oder tun so, als ob) Lungen, Hals, Zähne, Augen, Herz, Haut im Allgemeinen und suchen nach Anzeichen von Geschlechtskrankheiten.

Zum ersten Mal erfahre ich diese seltsame Entblößung, dieses Nacktsein, das so charakteristisch ist für die Zeit der Lager aller Art. Das ist eben etwas ganz anderes als am Badestrand oder im Schwimmbad. Wir alle, oder fast alle, empfinden es als eine Demütigung. „Schlimmer als wenn man ein Stück Vieh wäre", sagt eine ältere Frau. Es gibt aber zwei oder drei Mädchen, die quietschen und lachen. Vielleicht hilft das, die Situation nicht zu ernst zu nehmen, aber es macht sie noch anstößiger. Zum Glück ist diese „Untersuchung" nur eine Formalität, ein, zwei Minuten pro Person. Manche werden gar nicht beachtet, unter ihnen ich: „Weiter, weiter, los!"

Man gibt uns unsere Kleider und das Gepäck zurück, aber in welchem Zustand! Jetzt sind tatsächlich feuchte, dampfende, zerknitterte Lumpen daraus geworden. Eine ohnmächtige Wut packt uns alle, aber sagen kann man nichts, die Frau mit der Peitsche ist da. Wir ziehen diese Lumpen an und verlassen den Saal. Unsere Kleider werden im Freien trocknen müssen. So bleiben wir bis zum Mittag. Um mich herum spricht man nur noch Polnisch. Wohin sind die Ukrainerinnen verschwunden? Sie sind alle zusammen in einer anderen Baracke.

Zum Essen gibt es Graupen und ein Stück Brot, am Abend wieder dünne Suppe. Wir wohnen auch nach der Desinfektion in derselben Baracke, auf demselben verbrauchten Stroh.

Die Leute bleiben in Gruppen, sie teilen ihre Reisevorräte. Eine Frau kommt zu mir und gibt mir ganz einfach ein Stück Brot mit gepökeltem Speck. „Wir haben genug", sagt sie, „und ich habe bemerkt, dass Sie offenbar nichts zum Essen haben. Hat man Sie weit von zu Hause geschnappt?" – „Ich habe nur zu wenig mitgenommen", antworte ich vorsichtig.

Ich weiß schon nicht mehr, wie viele Tage wir in diesem Lager verbracht haben, zwei oder drei. Am zweiten Tag des Wartens sagt man uns, dass die, die es wollen, zur Arbeit gehen können. Für diese Feld- und Gartenarbeit wird man etwas zu essen bekommen. Zu meiner Verwunderung melden sich nur etwa 30 Personen, obwohl es viel besser ist, an der frischen Luft zu sein als in diesen Ställen zu sitzen. So hinterlassen wir wieder unser Gepäck gegen eine Nummer. Ich nehme nur meinen Sack mit den persönlichen Sachen mit. In zwei Gruppen verlassen wir das Lager.

Der Weg führt bergauf, auf eine Anhöhe, auf der man einen Kirchturm sieht. Hier muss ich mich noch einmal wundern: Wir werden in einem

Klostergarten arbeiten, der der Gemeinschaft der Salesianer gehört. Es gibt mehrere Gewächshäuser, Gemüse- und Blumenrabatten. Die Männer werde die Zäune ausbessern, die Frauen werden jäten. So arbeiten wir bis etwa sechs Uhr abends. Dann bekommen wir in einem großen Raum im Untergeschoss ein richtiges Essen. Ich weiß nicht mehr genau, was es war, aber es muss etwas frisch Gekochtes gewesen sein, in einem sauberen Topf, vielleicht sogar mit etwas Fett. Dazu gab es auch einen Topf Milch, ein Luxus. Das alles wurde uns durch einen Ordensmann serviert, der mit den Leuten freundlich plauderte. Von wo kommen sie, in Gruppen oder allein? Wurden sie einberufen oder „geschnappt"? Darauf sagt jemand ganz laut: „Es gibt hier auch solche, die freiwillig gehen." Alle schauen auf mich. Wie ist es möglich, dass sie von dem Gespräch bei der Registrierung wissen? Der Ordensmann sagt nur: „So?" Er zuckt mit den Achseln und spricht weiter mit den anderen.

Bevor wir weggehen, versuche ich mit diesem Mann zu sprechen. Nur ein paar Worte will ich ihm sagen, vielleicht steckt eine ganz kleine Hoffnung in diesem Versuch. Ich möchte ihm sagen, dass mich eine ganz besondere Gelegenheit zu diesem Transport gebracht hat, dass ich nun als eine Freiwillige anerkannt sein muss, dass ich einen Salesianer kenne, der viel mit der Jugend gearbeitet hat. Er war Ausbilder, Mechaniker, dass ... ja, noch etwas: dass ich in meinem Sack ein Buch mitschleppe, das ich aber wahrscheinlich nicht länger behalten können werde, ob ich ihm dieses Buch überlassen kann? Und noch etwas mehr, ob ich, bevor wir weggehen, nicht einmal in die Kirche gehen könnte, die anderen hätten es vielleicht auch gerne getan? Der Mann aber geht schnell weg, als ich mich ihm nähere.

Unter dem Vorwand, noch austreten zu müssen, mache ich einen Sprung aus dem Haus in den Garten. Ich lege das Buch auf eine Fensterbrüstung.

Soll ich nun gestehen, was es für ein Buch gewesen ist? Den Titel habe ich vergessen. Es war aber ein sehr frommes Buch. Ich hatte es immer bei mir seit der Zeit, als ich zu glauben angefangen hatte, dass man die Welt besser machen könnte, wenn man nur bei sich selbst begann. Ich glaubte es noch immer, nur demnächst würde ich es ohne das Buch versuchen müssen.

Was diese Arbeit im Klostergarten mit dem Zwangsarbeiterlager zu tun hatte, habe ich nie erfahren.

Von hier könnte man weglaufen. Die Leute wissen es, man spricht ganz laut darüber, über die Möglichkeiten, über die Chancen, über die Gefahr. Auch ich denke daran. Es scheint mir aber besser, jetzt aus Galizien herauszukommen. Ich denke an meine Freundin Danuta. Sie wohnt doch mit ihrer Familie im „Generalgouvernement", ich habe ihre Adresse. Wir haben manch schwere Stunden zusammen erlebt, sie würde mir schon helfen. Und wenn ich diesen Zweig der Familie meiner Mutter aufsuchte, der in Schlesien wohnt? Wie ist doch alles verwickelt in unserer Familie und unserer Umgebung!

Wie ist es schließlich mit dieser Arbeit in Deutschland? Wird sie bezahlt? Ich höre die Leute sich darüber unterhalten. Alle haben nur einen Wunsch: Bei einem Bauern zu landen, in der Landwirtschaft. Vor dem Krieg brachten die Leute, die zur Sommerarbeit nach Deutschland, „na Saksy",[12] gingen, etwas Geld heim. Die Arbeit war schwer, aber erträglich. Ich denke an ein Mädchen, es hieß Sianka. Ihre Mutter, unsere Nachbarin, eine Witwe, die mit drei Kindern in äußerster Armut lebte, war ganz zufrieden, als Sianka „na Saksy" gegangen ist. Sie hat dann ihrer Mutter geschrieben, ein Bild lag dem Brief bei: Sianka bei einem Gewächshaus. Sie arbeite in einer großen Landwirtschaft, auf einem schönen Bauernhof, sie sei zufrieden, erzählte Siankas Mutter.

„Was aber, wenn man uns alle in die Fabriken steckt?" – „Frauen taugen für Fabrikarbeit nicht viel, man wird gleich sagen müssen, dass wir in der Landwirtschaft Erfahrung haben." – „Sie werden erkennen, ob du Erfahrung hast, sie sind nicht dumm." – „Sicher sind sie dumm! Sie schicken ihre Männer und Jungen an die Front zum Sterben und holen die Fremden zur Arbeit auf ihre Felder." – „Du bist dumm, du, sei still mit deinem Gerede!" – „Meine Schwester", sagt eine Frau, „die in Sandomierz wohnt, hat gehört, dass selbst der Bischof die Leute dazu aufmuntert, sich zur Arbeit zu melden. Er meinte, das wird viele arme Familien auf den Dörfern entlasten und den Arbeitslosen wird es Arbeit geben!"[13] – „Ja, so kann man sich einen leicht vom Halse schaffen ..."

---

12 Polnisch, wörtlich: „zu den Sachsen".
13 In der Tat veröffentlichte im Juni 1940 Bischof Lorek aus Sandomierz einen Aufruf in diesem Sinne. Ihm war zugesichert worden, dass, falls sich Freiwillige melden, die Zwangsdeportationen aufhören würden. Außerdem würden „die Arbeitslosen,

An diesen Satz werde ich mich später noch erinnern, als ich etliche solcher Fälle in den nach Deutschland kommenden Transporten sah. Jetzt aber, wenn ich die Leute so reden höre, glaube ich, dass ich diese seltsame Reise schon bis zur Endstation mitmachen werde.

Jozia oder Krista

Sie kam aus einer Stadt an der russischen Grenze. Sie fiel gleich auf, groß gewachsen, schlank, blond. Auf einem Bahnhof haben wir Bekanntschaft gemacht oder in Przemysl oder vielleicht auf dem Weg nach Przemysl, als man andere Wagen an unserem Zug ankoppelte und wir dabei umsteigen mussten. Sie war die Erste, die mich angesprochen und sich zu mir gesetzt hatte. Ihr Sack und ihre Manteltaschen waren voller Bonbons und Schokolade, Dinge, die wir schon seit fast drei Jahren nicht mehr gesehen hatten. Sie schien aber ihren Reichtum als etwas Normales zu betrachten. Auch machte sie kein Geheimnis daraus, dass sie „mit den Herren geht" und sie zum Transport gekommen sei, weil sie eben am Vorabend mit einem deutschen Offizier zusammen gewesen sei, der ihr gesagt habe, sie solle doch nach Deutschland fahren, dort werde sie ein besseres Leben haben als hier. Er hat ihr einige deutsche Wendungen beigebracht wie „blaue Augen", „blondes Mädchen", „Deutsche lieben blonde Mädchen" und auch ein Lied, das von Marlene Dietrich gesungen wurde, die ja auch blond war, „Ich bin von Kopf bis Fuß auf Liebe eingestellt". „Weiter weiß ich nicht, ich habe es vergessen", sagte sie lachend. Sie sang diese Worte wie eine Cabaret-Sängerin oder eine Schauspielerin, eine Hand an der Hüfte, die Augenlider halb gesenkt. Mit ihren ausgezupften Augenbrauen und diesen Gebärden hatte sie wirklich etwas von einem Star. Dabei war sie ganz einfach, teilte ihre Bonbons mit mir, fand noch ein Stück Brot mit Käse. Dann entdeckte sie

---

die ihren Lebensunterhalt verdienen wollen, durch ihre Abreise die Gemeinden entlasten". Der Aufruf wurde in der „Kollabo-Zeitung" veröffentlicht. Siehe: Z. Fijałkowki, Kociół katolicki na ziemiach polskich w latach okupacji hitlerowskiej, Warzawa 1983; Ks. St. Wilk, Episkopat Polski wobec władz okupacyjnych, in: Saeculum Christianum 2/1995. Auch: Roman Graczyk, Spize i Cienie (Erz und Schatten). Artikel in: Gazeta Wyborcza 15./16. Januar 2000, S. 24 f.

meine schwarze Cordsamtjacke, die schon abgenutzt war. „Sehr schön!" Sie hat sie anprobiert, den Kragen hochgestellt – ich hätte es niemals vermutet, dass meine Jacke einer Marlene so gut stehen würde! Wir haben gleich einen Tausch gemacht: Ihr Mantel war ein wenig formlos, aus einer blauen Bettdecke gemacht, aber er war lang und warm und man konnte sich mit ihm zudecken. Ich fand diesen Umtausch vorteilhaft.

Ein Gedanke ist mir dabei gekommen: Da ich nun wusste, wovon dieses Mädchen lebte, wäre es da nicht meine Pflicht gewesen, ihr einige mahnende Worte zu sagen? Jede von meinen einstigen Kameradinnen hätte dies sicher getan.

Sie hieß Jozia, das heißt, bis jetzt hieß sie so, denn in der Zukunft wollte sie sich Krista nennen oder Tina. Auch hatte sie verlangt, dass man in ihren Reisepapieren den Vornamen Kristina einträgt. Sie sah ihrer Zukunft mit Zuversicht entgegen. Sie würde sich sicherlich durchsetzen, schließlich seien die Männer überall dieselben. Man muss nur wissen, wie man mit ihnen umgeht.

„Sag, Krista, und ... die Liebe, ich meine, eine echte, große Liebe, möchtest du nicht so etwas erleben?"

„So etwas gibt es nur im Kino. Hast du viele glückliche Ehen gesehen?"

Damit ist dieses Thema erschöpft. Wir sprechen über die Arbeit. Bis jetzt hat sie nur einen Monat lang als Kellnerin gearbeitet.

„Das war ganz gut, aber auch harte Arbeit."

„Und wenn wir alle in einer Fabrik eingesetzt werden?"

„Das wird auch gut sein", sagt Krista ruhig, „ganz gut als ein Anfang ..."

Beim Einsteigen geriet sie in einen anderen Waggon. Der Zug war völlig überfüllt. Wir waren acht oder zehn Personen in einem Abteil. Gleich haben wir uns organisiert, um auf diesem engen Raum eine wahrscheinlich lange Reise aushalten zu können. Ein Mann legte sich oben in das Gepäcknetz, das Gepäck verstauten wir zwischen den Sitzbänken, sodass man in dieser Enge noch halbwegs liegen konnte.

Endlich fuhren wir los. Ich habe keine Erinnerung an diese Reise, bis auf Krakau. Hier hatten wir einen langen Halt, nicht auf dem Hauptbahnhof, sondern in Plaszow. Der Name dieses Bahnhofes hat sich in die Geschichte der Schoa eingebrannt, schon während wir dort auf unsere Abreise warteten.

Das ukrainische Kommando fuhr nicht weiter mit. Wir hörten, wie sie sich von ihren Bekannten im anderen Wagen verabschiedeten. Ein neues Kommando übernahm unseren Transport. Zum ersten Mal erschienen die braunen Uniformen. Als wir Krakau verließen, wurde es still. Vielleicht eine Stunde später sagte eine Frau: „Bei uns sind sie sicher schon Schilfrohr holen gegangen, um die Häuser für Pfingsten zu schmücken."

Die schöne Reise

Es musste schon in Schlesien oder noch weiter westlich sein. Es war bereits Nacht, zehn oder elf Uhr. Nur einer von uns besaß eine alte Taschenuhr, er war aber in einem anderen Abteil. Der Zug hielt noch einmal an. Die Äcker auf beiden Seiten der Strecke konnte man nur erahnen. Von vorne, aus dem Wagen der Transportbegleiter, hörte man heftige Gespräche, die immer lauter und zorniger wurden. Die Türen des Wagens knallten wie Schüsse.

„Mir scheint, sie streiten sich dort um etwas", sagte jemand und machte das Fenster auf. „Ja, sie zanken sich und zwar sehr heftig." Der Mann, der hoch oben im Gepäcknetz lag, hörte zu und meinte: „Es geht um uns. Sie wollen uns einsperren."

In der Stille der Nacht sprachen die Männer dort vorne so laut, dass auch ich einige Worte vernehmen konnte, doch nicht alle, denn sie sprachen sie so sonderbar aus! Das war so etwas wie: „Alle Wagen hätte man absperren sollen und geschlossen halten! Hab ich doch gleich gesagt!" – „Wie willst du dann mit der Lieferung fertig werden?" – „Die Hälfte wird durchgehen, wie dieser Kerl da!", kreischte eine unangenehme Stimme. „Er ist doch wieder da, er wollte nicht weglaufen", antwortete eine andere, tiefe Bassstimme. „Ja ja, er ist noch da, weil ich ihn rechtzeitig bemerkt und ihm einen richtigen Schrecken eingejagt habe! Der sollte abgeknallt werden! Absperren, alle Wagen muss man absperren!" – „Nee", sagte die Bassstimme, „wieso absperren, das sind doch Freiwillige?" – „Blödsinn, Freiwillige!" – „Wo meinst du, dass sie hinfliehen hier, ins Feld? Wir sind schon im Reich!" – „Wenn du sie nicht einsperrst und ich noch einmal einen um den Zug herumschleichen sehe, dann knalle ich ihn ab!" – „Warte mal", ließ sich die Bassstimme vernehmen, „ich werde es ihnen sagen." – „Bist blöd!? Sagen? Wie willst du mit ihnen sprechen?"

„Schlimm", murmelt der Mann im Gepäcknetz, „sie wollen uns einsperren, das ist sicher." – „Einsperren? Aber warum?" Die Frauen werden unruhig. „Sie wollen uns einsperren und sie werden auf jeden schießen, der sich hinauslehnt." – „Macht schnell das Fenster zu!", ruft eine der Frauen. „Nein", erwidert der Mann am Fenster, „ich glaube etwas anderes verstanden zu haben. Jemand ist abgehauen." – „Abgehauen? Hier in Deutschland? Das wäre doch blanker Unsinn!"

Die Stimmen vorne sind ruhiger geworden. Ich wage doch, mich hinauszulehnen. Drei, vier Wagen weiter sehe ich im Licht einer Stablampe einige Männer. Einer davon ist klein, mit Gewehr – das ist der, der alle „abknallen" wollte – seine Stimme klingt aggressiv. Ein anderer, groß und kräftig wie ein Bär, sagt eben noch einmal: „Warte mal, ich werde es ihnen schon sagen." Mit der Stablampe in der Hand geht er in unsere Richtung. Wir haben das Fenster hochgeschoben. Was wird jetzt wohl mit uns werden?

Die schweren Schritte nähern sich und die Bassstimme wiederholt immer wieder: „Ist hier jemand, der Deutsch versteht?"

„Er sucht jemand, der mit ihm sprechen könnte", sagte der Mann im Ausguck. „Melden sie sich doch!", ermuntern ihn alle. „Um nichts in der Welt! Auch verstehe ich nicht viel!"

Die Bassstimme ist schon vor unserem Abteil, sie wiederholt die Frage. „Ich verstehe ein wenig", sage ich, „aber auch nicht viel." – „So melden Sie sich gleich", rufen jetzt alle, „es kann vielleicht etwas Wichtiges sein!" Der Mann von oben meint: „Ja, melden Sie sich, eine Frau kann schon mit ihm sprechen, sie riskiert nichts."

Wir machen das Fenster wieder auf, der Mann mit der Stablampe ist gleich da. „Verstehen Sie Deutsch?" – „Ein wenig, ein klein wenig", sage ich unsicher. Er strahlt. „Endlich, eine Dolmetscherin!" – „Dolmetscherin"? Ich kenne dieses Wort noch nicht. Es muss wohl jemand sein, der übersetzen kann.

„Steigen Sie bitte aus, ich muss den Leuten etwas Wichtiges mitteilen." Noch habe ich diese Worte nicht begriffen, geschweige denn übersetzt, schon schieben mich alle aus dem Abteil hinaus. Auf einmal haben alle verstanden, um was es geht: „Gehen Sie, gehen Sie nur!"

Der große Bär mit der Lampe hilft mir vom Wagen herabzuspringen. „Gut, Sie werden jetzt mit mir den Zug entlanggehen und den Leuten sagen, dass sie auf keinen Fall den Zug verlassen sollen, gelt? Nicht aussteigen, nicht hinausgehen, haben Sie verstanden?" Ja, bis jetzt habe ich alles verstanden. „Den Zug zu verlassen ist gefährlich, verstehen Sie?" Ja, dieses Wort kenne ich auch: dangereux, pericoloso, gefährlich, niebezpiecznie – vielsprachige Aufschriften in den Zügen aus der alten österreichischen Zeit. „Hier ist jemand", fügt der Bär noch hinzu, „der alles überwacht. Sollte sich jemand entfernen, wird er schießen. Nein, vom Schießen sagen Sie den Leuten besser nichts, nur dass es gefährlich ist. Verstanden? Gut, also gehen wir."

Wir gehen von einem Wagen zum anderen, alle Fenster sind auf und voll von Gesichtern. Ich wiederhole: Wir sollen nicht aussteigen, das sei gefährlich. Doch bei jedem Wagen hört man dieselbe Klage: „Sagen Sie ihm doch, dass wir Durst haben, man möchte uns Wasser geben!" Der Bär schaut mich an, ich übersetze: „Wir haben Durst, wo könnten wir Wasser bekommen?"

„Kein Trinkwasser?", staunt er. – „Seit Przemysl keinen Tropfen, unsere Flaschen sind leer! Sagen Sie ihm doch, dass wir gar nicht weglaufen wollen, aber wir haben Durst!" Ein anderer Mann ruft dazwischen, sogar auf Deutsch: „Wir freiwillig Arbeit, Baudienst!"

„So", sagt der Bär. „Sagen Sie den Leuten, dass ich mich um Wasser kümmern werde, sobald es möglich wird, nur ein wenig Geduld. Halten Sie alle Gefäße bereit."

Wieder gehe ich den Zug entlang und übersetze die Nachricht vom Wasser und von der Geduld. Dann klettere ich in meinen Wagen zurück und der Zug setzt sich wieder in Bewegung.

In meinem ersten Einsatz als Dolmetscherin ging es um Gefahr, Durst, Trinkwasser, Geduld, Flüchten und Nichtflüchten, Hinausgehen und noch ums Schießen oder „Abknallen", alles wichtige Wörter. Die Autoren der Handbücher für fremde Sprachen, vor allem für die Schulen, sollten darauf aufmerksam gemacht werden.

Eine Stunde später hält der Zug wieder an, diesmal in der Nähe eines Bahnhofs, offensichtlich, um länger stehen zu bleiben. Unser Zug gehört zu der untersten Kategorie, alle anderen gehen vor: „Räder müssen rollen für den Sieg!"

Der Bär kommt sofort zu mir. „Zwei Männer zum Wasserholen!" Er hat große Wasserkannen besorgt, die Pumpe mit dem Trinkwasser ist in der Nähe. Schnell wird der ganze Zug versorgt, die Flaschen und Kanister werden gefüllt.

„In Dresden wird es vielleicht etwas Heißes zum Trinken geben", sagt der Mann, „aber verraten Sie es den Leuten nicht, ich bin nicht sicher. Wo haben Sie Deutsch gelernt?" – „In der Schule ... auch etwas zu Hause, aus Büchern, und von meiner Mutter auch ..." – „Spricht Ihre Mutter Deutsch?" – „Ja, sie hat deutsche Verwandte." Bis jetzt hat sich dieses „Familienargument" als nützlich erwiesen. Sonst denke ich gar nicht daran, dass es ganz normal gewesen ist, die deutsche Sprache mehr oder weniger zu beherrschen, wenn man die k. u. k. österreichische Schule besucht hat. Auch zweifle ich noch nicht daran, dass das Deutsch meiner Mutter kein echtes Deutsch ist, sondern etwas ganz anderes, das werde ich erst später erfahren.

Jetzt wage ich auch eine Frage zu stellen: „Wohin fahren wir, bitte?"

Er scheint erstaunt zu sein: „Wieso, Sie wissen nicht, wo Sie hinfahren?"

Ist er aber komisch! Denkt er etwa, dass man uns in Przemysl einen Vortrag über die Reise gehalten hat?

„Nein, wir wissen es nicht."

Er antwortet nicht gleich. Er begleitet Menschen, die angeblich freiwillig ins Unbekannte fahren, müde und durstig, die sein Kumpel „abknallen" wollte. Das gibt ihm offensichtlich zu denken.

„Nach Nürnberg", antwortet er endlich.

In dieser finsteren und kühlen Mainacht, irgendwo zwischen Schlesien und Dresden ist der Name dieser Stadt gefallen, wie eine Verheißung, aber was für eine?

„Nach Nürnberg ..." Der Tonfall, mit dem ich den Namen der Stadt ausgesprochen habe, muss ihm aufgefallen sein.

„Haben Sie schon etwas von dieser Stadt gehört?"

„Ein wenig ... Albrecht Dürer, Gutenberg ..." (Gutenberg hat mit Nürnberg nichts zu tun, ist aber in denselben Sack gefallen.) – „Und Hans Sachs", ergänzt der Mann. Von Hans Sachs weiß ich nichts, bin aber ganz einverstanden, und füge zufällig das Richtige dazu: „Und die ‚Meistersinger von Nürnberg'!" – „So, so, und das alles haben Sie von Ihrer Mutter gelernt?" – „Im Gymnasium auch, aus den Büchern." – „Sind Sie Studentin?" – „Ja, im zweiten Semester!", und noch (aus einem Prospekt), „Deutschland, Land schöner Reisen".

„Finden Sie diese Reise schön?", fragt der Bär und geht weg, ohne auf die Antwort zu warten.

Das war eine sehr untypische Unterhaltung während eines Ostarbeitertransports. Auch ist sie, dieses untypischen Charakters wegen, gewagt, wie ein Spiel mit hohem Risiko. Davon weiß ich aber in diesem Moment noch nichts. So wie vor einem Monat, im Zug der italienischen Soldaten, spiele ich meine Trümpfe aus, ohne zu ahnen, dass sie durchaus gefährlich sein könnten. Das ist nicht die Zeit der Bücher und noch weniger der „schönen Reisen". Es ist die Zeit der Massentransporte. Die Intelligenz steht unter Verdacht, die Bücher sind zensiert. Auch wenn die Leute aus meinem Wagen ein wenig von diesem Gespräch gehört und verstanden haben, das genügt schon, um mich demnächst als jemand zu betrachten, der die Trümpfe im Spiel nützt, die eben nicht alle zur Hand haben.

Es ist aber nicht nur ein Spiel. Der Name der Stadt kündigte mir etwas Gutes und Schönes an. Der Mann, mit dem ich sprach, trug wohl eine Uniform, aber hat mir nicht von „des Deutschen Reiches Schatzkästlein" und nicht von der „Stadt der Reichsparteitage" gesprochen, was ich auch sicher nicht verstanden hätte. Es ist nur eine Unterhaltung zwischen zwei Menschen gewesen. Das aber war eben ungewöhnlich in dieser Zeit.

Da kommt er aber noch einmal. „Wir werden Sie noch weiter als Dolmetscherin brauchen. Nehmen Sie ihr Gepäck. Sie werden nach vorne umziehen, es gibt Platz genug." – „Oh, nein danke, ich bleibe hier", antworte ich und laufe schon zu meinem Wagen. „Was will er noch?", fragen die Leute. „Dass ich umziehe, sie wollen jemand zum Dolmetschen zur Hand haben, aber ich will nicht!" – „Warum? Gehen Sie doch, so werden wir hier auch mehr Platz haben!" Tatsächlich, zwei Frauen haben bereits meinen Platz besetzt, um es sich etwas bequemer zu machen, und wenn ich noch meinen Sack mitnehme ... Von draußen hört man wieder: „Dolmetscherin!" Jetzt habe ich eine Funktion. Der Bär ist wieder da: „Nehmen Sie zwei oder drei Frauen mit, wenn Sie nicht alleine umziehen wollen, ich habe sogar hier einige gefunden, die ganz gerne mitgehen würden." In der Tat stehen schon drei Mädchen bei ihm, eine von ihnen ist doch die Krista aus Przemysl! Sie macht mir Zeichen und ruft vergnügt: „Worauf wartest

Du [du] noch? Komm doch schnell! Man wird sich vielleicht endlich richtig hinsetzen und schlafen können! Schnell!"

Ich nehme meinen Sack. „Ist das alles, was Sie haben?", fragt mich der Bär. Wir laufen schnell nach vorne, zum zweiten Wagen hinter der Lokomotive.

Die Hälfte dieses Wagens ist frei, die andere ist abgesperrt. Unglaublich: so viele freie Plätze, und dort hinten können die Leute nicht mal die Beine ausstrecken! Sofort fallen wir alle auf die hölzernen Bänke und schlafen ein.

Ich wurde erst nach Dresden wieder wach. Es war schon hell, der Zug fuhr durch eine wunderbare Landschaft. „Land schöner Reisen ..." In Dresden ist er nicht stehen geblieben. In Chemnitz hielten wir an. Hier gab es die versprochene heiße Suppe. Zwei weiß gekleidete Frauen verteilten die Suppe aus einem großen Kessel, der auf einem Rollwagen stand. Sie war wahrscheinlich für durchkommende Soldaten vorbereitet und nicht für uns, für diese graue und müde Menschenmasse. Die Frauen schauten uns mit großen Augen an. Die Suppe war dünn, aber heiß, sie tat wohl nach dieser Reise. Der Bär kam mit Pumpernickelschnitten zu uns. Die waren auch gut, obwohl eine von uns meinte, dass so ein schwarzes Brot nichts Gutes verspreche.

Krista spazierte im Durchgang, da dort in Chemnitz zwei ganz gewöhnliche deutsche Reisende eingestiegen waren, sie stiegen aber gleich in Zwickau wieder aus. Innerhalb von nur einer halben Stunde haben wir von ihnen noch etwas gelernt: Man zwickt jemand in den Arm und fragt: Ist das Zwickauer Seide? So lernen wir Deutsch, immer mehr! Dann flogen Hof und Bayreuth an uns vorbei und der Bär sagte, dass wir schon bald da sein werden.

Es war um 4 Uhr nachmittags. Der Zug hielt inmitten eines Kiefernwaldes in einer grünen Frühlingslandschaft, auf einer kleinen Station mit zwei oder drei Geleisen. „Nürnberg-Langwasser, alle aussteigen!"[14]

---

14 Der Bahnhof Langwasser war ursprünglich für die Parteitage gedacht. Seit 1940 lud man hier die kriegsgefangenen Offiziere aus. Die Baracken für die SA wurden zu einem Kriegsgefangenenlager. Von hier fuhren auch die Nürnberger Juden in Richtung Riga und Izbica ab. Dann kamen auch die Ostarbeiter hier an.

Wir steigen langsam heraus, wie betrunken nach dieser Reise, graue, staubige, schmutzige und hässliche Menschen. Die Luft scheint uns kalt zu sein, trotz der Sonne. Am Horizont sieht man Türme oder Basteien. Ein Flugzeug kreist über der Stadt. Die Leute sprechen miteinander: „Menschenskinder, sind wir aber weit von zu Hause! Siehst du das Flugzeug dort? Ihr werdet sehen, wie hier die Bomben fallen werden, wir werden hier noch etwas erleben!" – „Nein, warum gleich Bomben, wir sind hier weit weg von der Front." – „Ihr werdet sehen, ich sage es euch." – „Du lieber Gott, was wird aus uns werden?!"

Unser Begleitkommando lieferte jetzt den Transport an eine andere Mannschaft in graugrünen Uniformen ab. Sie wurde von einem älteren Mann geleitet, sehr groß, auffallend hager, nur Haut und Knochen. Sein Gesicht wirkte grauenhaft unter der Mütze mit dem Totenkopf: Ein Totenkopf unter dem anderen. Der Blick seiner Augen – sie waren hellblau, fast weiß – war so seltsam, dass man wirklich Mut haben musste, um ihn zu ertragen. Auf die Leute hat die Anwesenheit dieses Mannes großen Eindruck gemacht, sie ließ sie fast erstarren. Die Reaktion der Frauen, die dieses Gesicht erblickten, war Aufschrei und Flucht, wie vor einem plötzlich erscheinenden Unheil.[15]

Der Bär war schon im Begriff zu gehen, als er noch einmal zu mir kam. „Ich muss jetzt gehen. Ich werde aber bestimmt wiederkommen. Haben Sie keine Angst." Dann zeigte er mir zwei Männer seiner Transportmannschaft. „Die zwei bleiben hier im Lager für einige Tage." Ich erkannte den Kleinen mit dem Gewehr, der die Flüchtigen „abknallen" wollte. „Der da", sagte der Bär, „regt sich zu schnell auf und wird böse, passen Sie auf, aber haben Sie keine Angst. Hier ist er ungefährlich." Und als der Mann mit dem Gewehr sich uns zuwandte: „Bis morgen, Pimperle!"[16]

Jetzt sind wir den Grüngrauen ausgeliefert. Man zählt uns noch einmal. Der Schreckliche mit dem Totenkopf tobt, die Zahl stimmt nicht, wir sind nämlich fünf Personen zuviel. Er zählt wieder und gibt schließlich auf. Besser zu viel als zu wenig. Dann teilt man uns in Gruppen auf.

Als der Totenkopf vor uns steht, denke ich noch einmal an ein Buch, besser an einen in diesem Buch dargestellten Typ. Das Buch heißt „Potop"

---

15 Der Name dieses Mannes war Hauptsturmführer von Stauck oder so ähnlich.
16 „Pimperle" war sein Spitzname. Seinen richtigen Namen haben wir nicht erfahren.

(Sintflut), sein Autor ist wieder Henryk Sienkiewicz, einer der bekanntesten polnischen Schriftsteller. Das Buch gehörte zur Standardlektüre der polnischen Jugend. In „Potop" gibt es jemand, der Herr Sakowicz heißt. Er ist im Dienst der damaligen Okkupanten Polens, der Schweden. Von ihm sagt man, dass niemand seinem Blick standhalten konnte, denn: „Er schlug einen mit den Augen nieder." Einmal ist er aber doch auf jemand gestoßen, der diesen Blick ruhig aushielt. Das sollten wir auch tun, dachte ich, indem ich die Mädchen in ihrer Panik sah. Gleich danach musste ich etwas übersetzen. Ich habe die Augen nicht abgewendet, den Kopf nicht gesenkt, ich schaute ihm ganz gerade und ruhig ins Gesicht. Am nächsten Tag habe ich noch einmal Gelegenheit gehabt, diesem Blick standzuhalten, und zum Schluss sah ich so etwas wie eine Reaktion: eine krampfhafte Bewegung der Muskeln, vielleicht ein misslungener Versuch zu lächeln, was er sich anscheinend schon vor langer Zeit abgewöhnt hatte, falls er es jemals im Leben gekonnt hatte. Ein Zucken, ein Tick lief über dieses Gesicht, das er gleich abwandte. Wir haben diesen Mann nur während der drei ersten Tage in Langwasser gesehen.

Dann führt man uns in den Baderaum. Unsere Kleider und Mäntel sollen noch einmal in die Dampf- und Desinfektionskammer gebracht werden, doch diesmal gehorchen wir nicht. In Przemysl wurden unsere Kleider genug misshandelt. Ganz nackt gehen wir in einen Saal mit vielen Duschen, sie werden von einem Mann bedient. Man gibt uns ein Stück grauer Seife, hart wie ein Stein. Man empfiehlt uns, die Haare in den Eimern mit Petroleum zu waschen, nein, das werde ich nicht machen, ich bin nicht verlaust. Meine Reisegefährtinnen, Krista und die anderen, haben sich schon als Sanitätshelferinnen gemeldet zum Haarschneiden und zur Behandlung kleinerer Verletzungen. Diese Dusche hat doch einen Vorteil, sie erwärmt.

Als wir aus diesem Baderaum herauskommen, sehen wir in einer Entfernung von etwa 300 Metern einen Stacheldrahtzaun, an dem sehr viele Männer in verschiedenen Uniformen stehen und uns anschauen. Das ist das Kriegsgefangenenlager. Die Soldaten sind wohl vorwiegend Serben.[17]

---

17 Erika Sanden, Das Kriegsgefangenenlager Nürnberg-Langwasser 1939–1945, Ergebnisse einer Spurensuche, Nürnberg 1993 (= Stadt Nürnberg, Pädagogisches Institut, Beiträge zur politischen Bildung Nr. 3/1993).

Später werde ich von den Frauen erfahren, dass eine von ihnen versucht hat, sich diesem Stacheldraht zu nähern. Eine andere behauptete, dass der Soldat, mit dem sie sprechen wollte, „auf der Stelle erschossen wurde". Da sie aber die Einzige war, die dies behauptete, kann man vermuten, dass dieser Soldat nur bedroht wurde. Wäre er erschossen worden, hätten auch andere etwas gehört. Diese Reihe von Männern hinter dem Stacheldraht war unendlich traurig anzusehen.

Wir werden in einem anderen Teil des Lagers wohnen, von dem man das Offizierslager nicht sieht. Man verteilt uns auf die Baracken. Sie sind sehr sauber mit hölzernen zwei- und dreistöckigen Betten ausgestattet, auf jedem Bett ein Strohsack aus etwas wie Papierstoff und zwei Decken. Wir bekommen zu trinken – man nennt es Kaffee – und ein Stück Brot mit Margarine.

Ich war bei der Verteilung der Plätze die Letzte in der Reihe, so hat man mir ein zusammenlegbares Soldatenbett aus Zeltstoff zugewiesen. Trotz zweier Decken konnte ich vor Kälte fast nicht darauf schlafen.

Dort in Polen weiß niemand, wo ich bin. Meine Mutter glaubt mich bei Marynia, und dabei bin ich so weit weg. Ich bin aber nicht auf der Straße, ich bin mit den anderen, eine Arbeiterin wie sie. War diese Reise schön? Der große Bär hat versprochen: „Ich werde bestimmt wiederkommen." „Wem Gott will rechte Gunst erweisen, den schickt er in die weite Welt ..."

Es ist der Sonnabend vor Pfingsten 1942.

Etwas mitgebracht

Pfingstsonntag. Ein schöner Tag, doch die Luft scheint uns frisch, fast kalt zu sein, trotz Sonne. Vielleicht empfinden wir diese Luft so, weil wir noch erschöpft sind nach der langen Reise. Eine gute Dosis Kalorien täte uns gut. Ich glaube aber kaum, dass hier jemand an Kalorien für uns denkt. In der Waschbaracke kein warmes Wasser, wenn man sich aber tüchtig mit dem kalten abreibt, dann spürt man die Kälte nicht mehr. Das wurde von der Pfadfinderbewegung sehr empfohlen, in der Schule auch, also los, seien wir tapfer! Die harte Seife hier erinnert mich an die grauen Argilen-Steine aus unseren Bächen. Diese Steine dienten uns Kindern als Seife. Sie war gut und mild, besser als diese hier. Zum Frühstück bekommen wir wieder das braune Getränk, das man „Kaffee" nennt, und ein Stück Brot, etwa 150 oder 200 g, mit etwas Margarine.

Dann werden Anweisungen gegeben. Dazu versammelt man die Frauen von je zwei bis drei Baracken. Der Aufseher sagt, dass wir hier in diesem Lager nicht lange bleiben werden, es sei nur ein Durchgangslager. Wir werden den verschiedenen Unternehmen zugewiesen und von ihnen abgeholt. Diese Unternehmen werden ihre Arbeiterinnen in ihren eigenen Lagern beherbergen. Eines von den Mädchen fragt schüchtern, ob man auch in die Landwirtschaft geschickt wird, aber der Aufseher weiß nichts darüber. Vielleicht, man wird sehen.

Jetzt folgen die praktischen Hinweise. An erster Stelle stehen Hygiene und Sauberkeit. Waschpulver und Seife kann man an einem bestimmten Platz holen. Bei Gesundheitsproblemen soll man sich im „Revier" melden, außerdem werden wir alle einer ärztlichen Untersuchung unterzogen.

Mit dem Aufseher gehe ich von einer Gruppe zur anderen durch das Lager. Es gibt auch Baracken, die noch leer stehen, und große Zelte. Ihre künftigen Bewohner werden bald kommen.

Das Revier besteht aus zwei Räumen. Im ersten nimmt man die Kranken auf und behandelt sie. Der zweite Raum dient als (sehr dürftige) Apotheke mit Arzneien für die Erste Hilfe. Er ist zugleich das Büro. Es gibt keine Krankenpfleger, der Aufseher muss die Kranken allein betreuen. Schon sind viele da mit allerhand Beschwerden, vor allem mit Hautproblemen, Fußverletzungen und -schwellungen, Erkältungen, Magenbeschwerden und Zahnweh. Der Aufseher wird hier Hilfe brauchen. Meine Reisegefährtinnen und ich gehen gleich ans Werk.

Sich im Revier zu melden und behandelt zu werden erscheint manchen als Zeitvertreib. Sie kommen aus Neugier, um zu sehen, wie man hier behandelt wird. Behandelt zu werden wird als ein Privileg empfunden, das stärkt einem das Gemüt und ist ein kleiner Trost. Ein frischer weißer Verband am Bein wirkt fast wie ein Schmuck. Die Damenbinden werden auch als Luxus empfunden, denn auf den Dörfern kannte man sie nicht. Und wenn jemand ernsthaft krank würde? – „Dann muss man ihn ins Krankenhaus transportieren."

Das Mittagessen kommt in großen Aluminiumbehältern. Es ist eine Suppe. Man kann das auch Eintopfgericht nennen, wenn man will, nur diesen Ausdruck kenne ich noch nicht. Dagegen ist ganz klar, dass man es hier mit vielen Ingredienzien zu tun hat, die in denselben Topf hineingeworfen wurden – oder Abfällen der vermuteten Ingredienzien: Kohlrüben, Rüben aller Art, große Graupen, alles zerhackt, untereinandergemischt und gekocht. Wie gerne möchte man zwei oder drei einfache Dampfkartoffeln essen, kartofle, kartoschki!

Als ich dieses gemischte „Futter" zum ersten Mal esse, ist mir seltsam zumute. Da ich aber schon viele Hungertage erlebt habe, sage ich nichts. Die anderen sind ebenfalls still, obwohl auch sie verwundert zu sein scheinen. Den Hunger kennen wir alle aus Erfahrung, umso mehr empfinden wir Respekt der Nahrung gegenüber, jeder Materie gegenüber, die den Menschen ernähren kann. Man darf sie nicht verachten, nicht verderben. Eine Brennesselsuppe kann schmackhaft sein, wenn sie sauber gekocht wird. Und das hier, das ist die verdorbene Materie.

Sobald wir unsere blechernen Schüsseln und Löffel gewaschen und aufgeräumt haben, ruft man mich zum Haupteingang.

Unglaublich! Unser Begleiter vom Transport ist da, der „große Bär"! Er hat Wort gehalten! An seinem Ruhetag, nach einer so langen Reise, hat er sich doch die Zeit genommen, um nach Langwasser zu fahren!

„Wie geht's? Sie arbeiten schon tüchtig als Dolmetscherin, nicht wahr? Ich habe Ihnen etwas mitgebracht." Er hält mir ein Päckchen entgegen: „Das ist von meiner Frau. Ich habe ihr alles erzählt. Es ist nicht genug, um mit allen zu teilen, das tut mir leid. Sie müssen aber unbedingt zu uns kommen, meine Frau will Sie kennen lernen. Sobald Sie eine Arbeitsstelle haben, kommen Sie gleich, mit Ihren Kameradinnen." Er schreibt mir die Adresse auf und erklärt: „Sie wird leicht zu finden sein. Es ist gleich am Plärrer, einem großen Platz."

Er spricht noch eine Weile mit unserem Aufseher, wünscht mir dann alles Gute und „Auf Wiedersehen!" Nun hat der Bär einen Namen und eine Adresse.

Ich packe das Päckchen aus. Es ist ein Stück hausgemachter Kuchen drinnen, zwei Stücke Käse, Pumpernickel und vielleicht noch etwas Süßes, ich weiß es schon nicht mehr. Ich suche vergeblich nach einem Messer, finde aber keines, so muss ich mich der Schere aus dem Revier bedienen, um alle diese Schätze in fünf Teile zu schneiden. So viel wie nichts, aber was für eine Überraschung! Meinen Teil stecke ich in die Tasche.

Den Rest des Tages verbringe ich im Revier. Es gibt viel zu tun! Der Aufseher ist zufrieden, weil ich deutlich schreiben kann, nicht nur die russischen Namen, sondern auch die Namen der Arzneien. So kann ich die Krankenbesuche im großen Revierbuch eintragen.

Am Abend habe ich frei. Ich finde einen Platz hinter den Baracken, wo ich für einen Moment allein sein kann. Ich hole meinen Teil des Päckchens aus der Tasche. Heute ist Pfingstsonntag. Vor zwei Jahren, noch unter der sowjetischen Besatzung, habe ich die wichtige Entdeckung gemacht, dass Menschen fähig sind, in Frieden zu leben, um einander zu verstehen. Wenn dies gelingt, dann wird sichtbar, wie wunderbar der Mensch – jeder Mensch – ist. „O Mensch, wie großartig bist du, wenn du wirklich Mensch bist", hat ein kluger Grieche gesagt, unser Lateinlehrer wiederholte es oft. Ich ging überglücklich nach Hause, trunken von der Erkenntnis, dass die Welt doch menschlich sein kann, nur müsste man dieses wunderbare Zusammensein der Verschiedenheiten wiederherstellen. Das war wie ein Programm, wie ein vorgezeichneter Weg.

Viele, die damals an dieser Zusammenkunft teilgenommen hatten, waren jetzt schon nicht mehr da: Einer war getötet, andere waren deportiert oder vermisst, noch andere vom Sog des Hasses erfasst worden. Und ich war hier, in Nürnberg, im Lager, aber man hatte mir etwas mitgebracht, jemand in dieser Stadt hatte mich eingeladen.

Der Krieg hetzt die Menschen gegeneinander auf. Es gibt aber auch kleine, bescheidene Menschen, die dem Hass Widerstand leisten. In dieser feindlichen Welt gibt es noch freundliche Menschen. Vielleicht hatte dieser Transport einen Sinn. Ich will es glauben, so wie damals, vor zwei Jahren.

Von der Seite des Kiefernwaldes kommt ein frischer Wind. Er tut gut in dieser Barackenlandschaft. Die Hoffnung, die ich an diesem Abend empfand, habe ich niemals vergessen.

Der Arzt und seine Gruppe

Pfingstmontag. Ich werde als Dolmetscherin bei der ärztlichen Untersuchung gebraucht. Wir sind bereits in Przemysl durch eine solche Kontrolle gegangen. Hier werden die neuen Transporte überprüft. Sie kommen jetzt aus der russischen Ukraine.

Ein Arzt kommt ins Lager, mit ihm vier Krankenpflegerinnen. Eine von ihnen ist sonderbar gekleidet: Sie trägt ein dunkelblaues Kleid mit weißen Tupfen und einem ebensolchen Kragen, auf dem Kopf ein weißes Häubchen. Sie muss wohl so etwas wie eine Nonne sein. Der Aufseher sagt, das sei eine „Diakonisse". Sie ist sehr fein. Ich werde dieses freundliche, blasse Gesicht voller Sommersprossen im Gedächtnis behalten. Sie gehörte zu den Menschen, die Frieden um sich herum schaffen.

Bevor die Untersuchung begann, musste ich schnell einige Ausdrücke lernen, diesmal aus dem Bereich der Gesundheit.

Die neuen Transporte waren unendlich viel armseliger als der unsere. Die Leute waren vollständig erschöpft. Das Bad und die Untersuchung erschienen diesen Frauen und Mädchen als etwas Unheimliches. Die gemeinsame Sauna („bania") waren sie wohl gewöhnt, aber dies hier war ganz anders. Ich versuchte ihnen zu erklären, dass es nicht schlimm sein wird, das half aber kaum. Dagegen haben sich gleich einige Frauen gemeldet, die in dieser ärztlichen Untersuchung eine Chance sahen, um zurückgeschickt zu werden. Eine glaubte, dass sie schwanger sei, eine andere meldete eine schwere Magenkrankheit, wieder eine andere häufige Nervenanfälle, vielleicht Epilepsie? Als die angebliche Schwangerschaft ausgeschlossen wurde und die Frau zu ihrer Gruppe zurückgekehrt war, gab es eine wirkliche Panik: Sie sagte den anderen, dass man sich hier einer gynäkologischen Kontrolle unterziehen müsse.

Die Mädchen kamen nacheinander schluchzend aus dem Arztzimmer heraus, zutiefst erschrocken. Diese Zwangsuntersuchung war für sie eine Demütigung, mehr noch, eine Vergewaltigung. Ich sah, dass die Diakonisse diese Situation verstand und sie als sehr peinlich empfand, die anderen Krankenschwestern ebenso. Nach etwa einer halben Stunde entschied der Arzt: keine gynäkologische Untersuchung mehr. Man könne den Frauen diese Demütigung nicht zumuten. Er fügte noch hinzu, dass er einen so hohen Prozentsatz an Jungfrauen nicht erwartet hatte.

Ich bin zu den Frauen gegangen und habe ihnen alles übersetzt und erklärt, so gut ich nur konnte. Sie waren erstaunt, und ich musste immer wieder erklären, dass die Kontrolle nicht böse gemeint gewesen sei. Es gehe um ihre Gesundheit, darum gewisse Krankheiten zu vermeiden, dass das ärztliche Personal bemerkt habe wie peinlich diese Untersuchung für sie gewesen und nun Schluss damit sei, keine Kontrolle mehr. Wenn eine von ihnen Probleme in dieser Hinsicht hätte, solle sie es selbst melden.

Wer hätte eine bessere Propagandaaktion erfinden können als dieser Arzt? Nun sah ich die entspannten, beruhigten, sogar lachenden Gesichter, es gab nun auch ganz witzige Kommentare. Die Diakonisse sah mich mit ihren guten blauen Augen an und ich sagte ihr: „Danke im Namen der Mädchen, jetzt haben sie keine Angst mehr." – „Darauf waren wir nicht vorbereitet. Wir haben das nicht vorausgesehen." Man hatte wohl die Untersuchung von halbwilden Untermenschen erwartet.

Die Gruppe des Arztes ist in den nächsten Tagen wiedergekommen. Die Transporte steuerten unablässig Nürnberg an. Einmal wurde gemeldet, dass ein totes Neugeborenes auf der Strecke gefunden worden war. Ich sollte die Frauen fragen. Am Anfang schwiegen sie alle. Dann sagte eine: „Das ist wahr. Das Kind war totgeboren. Man wusste nicht, was man mit ihm machen sollte." Wir fanden bald die Mutter. Sie stand sichtlich unter Schock. Sie hatte ein blasses, geschwollenes Gesicht und einen stumpfen, leeren Blick. Vielleicht war sie ein wenig geistesschwach. Sie wurde in den letzten Tagen der Schwangerschaft geschnappt und in den Zug hineingestopft. Wie hat sie diese Reise, diese Nacht überstanden ohne jede Hilfe? War sie bei Bewusstsein, als ihr Kind aus dem fahrenden Zug geworfen wurde? In Russland gezeugt, in Deutschland tot aufgefunden, irgendwo zwischen Sachsen und Franken. Der Arzt ordnete an: „Lassen Sie diese Frau, sie braucht Ruhe." Ich weiß nicht, was er in seinem Bericht geschrieben hat. Was mit dieser Frau später geschehen ist, habe ich niemals erfahren.

Einen großen Eindruck haben auf mich zwei andere Frauen gemacht, eine schon alt, Großmutter, sehr abgemagert, und eine junge, sichtbar geisteskrank, an ihren Arm geklammert. Wie sind sie – beide ganz offensichtlich arbeitsunfähig – in diesen „Arbeitertransport" geraten? Hat jemand einen heimlichen Austausch vorgenommen und diese zwei anstelle von anderen hineingeschoben? Wollte sich eine Familie von ihnen entlasten? Es gab vielleicht noch viele ähnliche Fälle. Kleine Unmenschlichkeiten einer Familie oder eines Dorfes gesellten sich zu den großen und nützten sie aus.

Nach etwa einer Woche sagte mir die Diakonisse, dass nun ihr Dienst in Langwasser zu Ende sei und sie nicht wiederkommen werde. Die Krankenschwestern dankten mir für die Hilfe und gaben mir ein Säckchen. Darin fand ich Unterwäsche, ein Handtuch, Taschentücher und ein Stück Seife – besser als die Sachen hier im Lager. Dann gingen sie alle weg, die dunkelblaue Kappe des Arztes flatterte im Wind, ich hörte eine der Pflegerinnen sagen: „Er sieht aus wie eine Fledermaus."

Sie waren menschlich. Das war wieder ein Paradoxon mehr: Dort, „bei uns" in Przemysl, war die ärztliche Kontrolle erniedrigend und von Peitschenhieben begleitet. Hier, „in der Höhle des Löwen", war es anders, die Demütigungen wurden vermieden.

An die Diakonisse habe ich noch einmal gedacht. Einmal musste ich mit einer Gruppe von Russinnen in ein Krankenhaus gehen, in der Nähe des Stadtparks, wenn ich mich nicht irre. Im Büro begegnete ich einer Frau, die dieselbe Tracht trug, blaues Kleid, weißes Häubchen. Da ich aber nicht wusste, wie die andere hieß, konnte ich nicht einmal nach ihr fragen. Viel später, nach der ersten schweren Bombardierung am 28./29. August 1942, sprach man von einer Krankenschwester oder Diakonisse, die nicht in den Bunker hinabgestiegen war, weil sie mit einer Kranken bleiben wollte, die nicht transportfähig war. Die Pflegerin starb unter den Trümmern, die Kranke überlebte. Aus den Trümmern ragten ihre gefalteten Hände.[18]

Das Siegel

Bald danach wurden wir im Arbeitsamt registriert. Ein Lastwagen brachte uns in die Stadt. Auf dem Rückweg sollten wir die Straßenbahn bis zur Endstation Regensburgerstraße nehmen und dort auf ihn warten. Den

---

18 Das wird auch von G. Nadler berichtet, in: ders., Ich sah, wie Nürnberg unterging, Nürnberg 1995, S. 275. Doch auf der Liste der Opfer dieses Luftangriffs im Stadtarchiv habe ich nur eine katholische Krankenschwester aus dem Krankenhaus Am Maxfeld 126 gefunden.

ganzen Tag holte er die Gruppen aus dem Lager und brachte sie dorthin zurück.

Es war ein kalter Tag, Regen kündigte sich an. Auf der Fahrt sahen wir kaum etwas. Wir saßen unter einer Wagenplane. Nur ein Stück alter Mauer, große und dicke Türme habe ich bemerkt. Im Arbeitsamt hieß es Schlange stehen vom Eingang ab über die Treppe bis zum Büro. Wir waren viele, man hörte verschiedene Sprachen, vielleicht Tschechisch und Serbisch. Schlange stehen, das kannte ich schon seit langem. Auch diese bunte Menge und ein gewisses Durcheinander gehörten vielmehr der Welt an, aus der wir gekommen waren, als irgendeiner anderen. Eine längere Wartezeit war absehbar. Ich versuchte an etwas anderes zu denken, weil auf einmal die Angst wieder da war. Angst vor diesem Büro, vor den Fragen, vor der Registrierung.

Die Reihe rückte aber zügig vorwärts und schon war ich dran. Zunächst die Fingerabdrücke und dann stand ich vor der Beamtin. Sie sprach polnisch. Meine Reisepapiere mit den Vermerken des ukrainischen Kommissionsbeamten in der Hand, fragte sie mich: „Was steht hier geschrieben, ich kann es nicht entziffern? Stimmt etwas mit ihren Papieren nicht?" Mein Herz stand eine Sekunde still, die Beamtin aber fuhr fort: „Ah ja, ‚Abstammung ...' Was soll das bedeuten? Na ja, ich sehe, Ihre Mutter ..." Ich beherrschte mich und erwiderte schnell, um weitere Gedanken und Fragen zu vermeiden: „Meine Mutter stammt aus einer schwäbischen Familie, der Herr aus der Kommission meinte, dass man es vermerken müsse." Die Dame zuckt mit den Schultern: „Das geht nur Ihre Mutter etwas an. Ist Ihr Vater Ukrainer oder Pole?" – „Pole. Er lebt nicht mehr." – „Sind Sie katholisch?" – „Ja." – „Also Polin."

Sie füllte die Karte aus und drückte einen Stempel mit einem „P" darauf. Danach gab sie mir die Karte und nahm wiederum meine Fingerabdrücke – auf der Karte und auf einem Papier. Sie händigte mir ein „P"-Abzeichen aus Stoff aus, welches man immer an der Kleidung tragen sollte. Bevor ich wegging sah ich noch, wie sie in ihre Akten eintrug: „Eisenwerk Tafel".

Als ich schon wieder auf der Treppe bin, fragt mich eine aus unserer Gruppe: „Hat sie zu dir auch ‚Tafel' gesagt? Mir schon – und ich habe so gehofft, dass man in die Landwirtschaft gehen kann! Ich habe ihr sogar gesagt: ‚zum Bauern, bitte'. Sie tat so, als ob sie das nicht gehört hat. ‚Tafel', das ist eine schlimme Fabrik, eine Eisenfabrik. Ich habe die anderen darüber sprechen hören!"

Mir ist das in diesem Moment ganz gleich. Tafel oder Teufel, eine Fabrik oder eine andere, von der Fabrikarbeit habe ich keine Ahnung. Ich weiß nur das, was ich in den Büchern gelesen habe. Das Wichtigste für mich ist, dass nun alles vorbei ist. Ich bin so wie die anderen. Das Schlimmste ist vorbei, ich habe keine Angst mehr und atme auf. Hätte der ukrainische Beamte auf der kleinen Bahnstation diese Bemerkung nicht auf meine Papiere gekritzelt, wie wäre wohl die Registrierung verlaufen?

Unten am Eingang wartet auf uns ein Begleiter in Uniform. Der Himmel ist jetzt von grauen Wolken bedeckt, es nieselt. Meine zerrissenen Schuhe werden gleich patschnass, bald ist auch der Mantel durchnässt. Wir sehen jetzt wie armselige nasse Vögel aus. „Schade um die Jacke", murmelt Krista. Auch sie wurde dem Tafelwerk zugewiesen. „Hast gesehen", sagt eine andere, „mir scheint, wir sind an einer Bäckerei vorbeigegangen, das roch so gut!" Und noch eine andere: „Was für eine Straße, was für Häuser!" Es nieselt aber ununterbrochen. Man hat keine Lust zum Umherschauen. Unser Begleiter trägt einen kurzen Gummiumhang, der ihn auch kaum schützt. Er drängt uns: „Schnell, schnell zur Straßenbahn!" Und so biegen wir in die Karolinenstraße ein.

Auf einmal hob ich den Blick, als ob mich etwas von oben angezogen hätte, und es war, als ob es hier ein riesiges Kaleidoskop gäbe, hoch über dieser engen Straße, in dem sich alles Graue und Traurige, alles Zerstückelte und Verlorene um einen Mittelpunkt ordnete, um harmonisch und sinnvoll zu werden. Die (damals enge) Karolinenstraße[19] führte zur Giebelfront einer Kirche und über ihrem Portal strahlte eben dieses Wunder: Die Rosette der Lorenzkirche.

Ich habe mehrmals versucht, meinen damaligen Eindruck zu beschreiben. Es war und ist noch immer keine leichte Aufgabe. Das Erlebnis war blitzschnell und wortlos, sehr tief. Die Zeit hat nichts an seiner Kraft geändert, nichts abgestumpft. Die Hauptelemente dieses Erlebnisses waren wohl Überraschung, dann Staunen, dann eine tiefe, demütige Freude, mich vor

---

19 1942 war die Karolinenstraße enger als heute nach dem Wiederaufbau.

so etwas Schönem wiedergefunden zu haben, was sich da, ohne jede Einschränkung, jedem zum Bewundern auslieferte und offensichtlich nur dazu da war, um die Augen aufzuheben in die Höhe der Bewunderung. Grau blieb Grau, Stein war Stein, aber es war auch Licht darinnen und fast etwas wie Bewegung.

Sie wurde mir zum Zeichen des Willkommens und noch etwas mehr: Ich habe diese steinerne Rose wie eine Garantie empfunden, wie eine Sicherheit. Hier wird dir nichts Schlechtes geschehen. Das war wie ein geheimer Vertrag zwischen uns, alle anderen Papiere und Stempel hatten hier nichts zu suchen. Etwas wie ein Code wurde zwischen der Stadt und mir vereinbart und dies hier war das Siegel unter dem Vertrag. Ich habe diesen Vertrag durchaus ernst genommen und wurde nicht enttäuscht.

So etwas kann man nur erleben, wenn man 17 Jahre alt ist.

Und schon ist sie vorbei, bald die Haltestelle erreicht. Ich kehre ins Lager zurück mit dem Eindruck, dass ich wieder etwas gewonnen habe. Ich werde alles Mögliche tun, um diese Stadt besser kennen zu lernen, diese Stadt, in die ich auf so sonderbare Weise geraten bin.

In diesem Moment weiß ich noch nichts von dem, womit diese Stadt beladen ist und bald noch mehr beladen sein wird. Von den „Nürnberger Gesetzen" habe ich noch nicht gehört, von der „Kristallnacht", von Streicher, der doch hier zu Hause ist. Dabei, während ich die graue Materie bewundere, die durch den Menschen umgearbeitet wurde, um eine schöne Rose zu sein – in derselben Zeit wird auch diese graue Materie bearbeitet, doch nicht, um das Leben zu bestrahlen. Die Arbeit in den KZ, in Flossenbürg – ganz nah von hier – dient der Zerstörung und dem Tod.

Nach all den Jahren sind diese grausame Zeit und ihr ebenso grausamer Kontext von der Ausstrahlung der Rosette nicht zu trennen. Sie war da, sie gehörte auch zu dieser Karte des Menschenschicksals.

Sie hat dann noch manches durchgemacht. Nach fast 60 Jahren habe ich sie wiedergesehen, dieselbe, die damals einer jungen, ein wenig romantischen Fremdarbeiterin Mut zugeflüstert hat. Von dieser zweiten Begegnung wird noch die Rede sein.

Die schöne Stadt

Meine feste Absicht, diese Stadt näher kennen zu lernen, realisierte sich schneller, als ich es zu hoffen gewagt hatte. Am Sonnabend nach dem Arbeitsamt teilt der Aufseher uns fünf Helferinnen mit: „Morgen geht es in die Stadt, seid bereit, um acht Uhr am Eingang." Was sollen wir am Sonntag in der Stadt machen? Alles ist doch geschlossen? Eine von uns meint, dass es hier vielleicht keinen Sonntag gibt und wir sicher etwas für das Lager holen müssen.

Um acht Uhr sind wir am Eingang, es ist ein schöner sonniger Tag. Kein Lastwagen ist da. Der Aufseher kommt, wir verlassen das Lager zu Fuß. Erst auf dem Waldweg sagt er: „Habt ihr Mut genug, um viel zu laufen? Heute werden wir die Stadt besichtigen. Ihr seid wohl neugierig zu sehen, wie sie aussieht? Also, nun geht es zur Straßenbahn!" Zunächst nehmen wir das gar nicht ernst. Wir werden in der Stadt arbeiten, dabei werden wir sicher auch etwas sehen können. „Viel laufen ..." – warum nicht, wenn wir nur bessere Schuhe hätten!

Wenn ich heute, nach so vielen Jahren, an diesen Sonntag denke, scheint mir die Geschichte fast unglaublich. Sie zu erzählen wagte ich lange nicht. Sie gehört zu den Ausnahmen, die die allgemeine Regel bestätigen. Ich meine, dass sie zur Geschichte der Fremdarbeiter nichts beiträgt als die Schilderung eines krassen Ausnahmefalls. Wie viele solcher Ausnahmen aber gab es schon? Übrigens wird in meiner Erzählung über die in Nürnberg verbrachte Zeit das Wort „Ausnahme" noch häufiger erscheinen.

An einem der ersten Sonntage nach meiner Ankunft in Langwasser bin ich aus dem Lager herausgegangen, nicht alleine, mit vier anderen Mädchen, und wir sind mit dem Aufseher – man sagte auch „Lagerführer" – in die Stadt gegangen, um sie zu besichtigen. Man möchte sagen: wie eine Touristengruppe!

Der Weg ist lang. Wir gehen durch den Wald, zwischen den regelmäßig gepflanzten Nadelbäumen. Nach dem Lager atmet man hier auf. Doch auf einmal betreten wir eine ganz andere Landschaft und marschieren auf den Steinplatten. Das muss wohl eine Sportanlage sein oder ein Flughafen? Rechts erhebt sich eine monumentale Kolonnade mit Tribünen. Es lässt mich an die Bilder aus dem Geschichtsbuch denken, an die Akropolis oder an das Forum Romanum, nur das hier ist viel schwerfälliger und grauer.

„Das ist das Reichsparteitagsgelände", sagt unser Begleiter, wir verstehen aber nichts davon. „Feste, große Feste, jedes Jahr im Herbst. Militär, Armee, viel Jugend, viele Menschen. Dort, auf der Tribüne, das ist der Platz des Führers." Zwischen den Steinplatten wächst ziemlich hohes Gras. Das Areal wirkt vernachlässigt, fast unheimlich und tot in dieser Maisonne. Unser Begleiter empfindet es ebenso: „Jetzt ist Krieg, also keine Feste mehr. Die Soldaten sind an der Front."

Das, was sich hier in den Herbsttagen abspielte, wie und wozu dieses Gelände gebaut wurde, werde ich erst nach Jahren erfahren. Die Anlage sollte ein Symbol der Nazimacht sein. Hier feierte man, wie in einem Tempel, Riten und Feste. Alles wurde dabei so veranstaltet, damit die Teilnehmer verführt und verzaubert werden, bereit, dem System zu folgen, auch in die Vernichtung, der der anderen und der eigenen. Musik, Stille und Schreien, Märsche, Worte und Rhythmen, Lichterdome, alles diente hier der Verhexung. Wie die der Kinder aus dem Märchen vom Rattenfänger von Hameln. Alles wurde inszeniert, um die Massen in den Bann zu schlagen.

Ohne es zu ahnen, haben wir an diesem Frühlingssonntag den Anfang des Untergangs dieses Geländes gesehen. Die plumpe und geschmacklose Dekoration unheimlicher Spiele war leer, fast schon eine Ruine.

Unser Begleiter nennt noch andere Teile des Geländes: „Luitpoldhain, Dutzendteich." Das klingt schon besser, Hain und Teich, aber: „Zeppelinfeld"? Ja, wir haben gleich an einen Flugplatz gedacht … Die schöne Natur der Gegend hat mit diesem Gelände nichts zu tun, sie ist nur „daneben".

Wir betreten eine außerordentlich breite, gepflasterte Straße. Sie wurde für die großen Militärparaden hergestellt. „Und jetzt, seht nur dort in der Ferne: Da drüben sieht man die Burg[20]! Dort gehen wir hin."

Wir glauben es gar nicht. Sie ist so weit weg, die Burg! Als wir endlich in die Straßenbahn einsteigen, tun uns schon die Füße weh. Wir steigen bei der Lorenzkirche aus. Im Vorbeigehen schiele ich nach oben. Die steinerne Rose ist da, ich kann sie aber nicht länger betrachten, dagegen wird eine

---

20 Die Perspektive vom Gelände auf die Burg wurde bei der Anlage des Geländes mit Absicht gewählt. Die Verbindung zwischen dem alten und dem neuen Symbol der Macht entsprach dem Größenwahn Hitlers.

kleine Pause beim „Teufelsbrunnen" gemacht. Ich finde ihn sehr drollig: Der arme Bub wollte die Schule schwänzen, und der Teufel hat ihn gepackt. Ich habe oft die Schule geschwänzt, ohne geschnappt zu werden, deshalb fühle ich mich solidarisch mit dem Jungen und finde es sehr amüsant, dass man solche Schülerdramen in Stein verewigte.

„Es gibt sehr viele schöne Brunnen in Nürnberg", sagt unser Begleiter. „Den allerschönsten werden wir leider nicht sehen können. Der ist jetzt eingemauert, um im Falle eines Fliegerangriffs geschützt zu sein."

Jetzt sehen wir vor uns die Burg und links und rechts schöne alte Häuser. Die Museumsbrücke macht uns stumm. Wir sind in einer Märchenlandschaft. Die Fischerhäuser voller Blumen, die Wasserräder, das Heilig-Geist-Spital, man möchte alles länger beschauen, es ist aber nicht möglich. Um zwölf Uhr mittags müssen wir auf dem großen Marktplatz sein, jetzt heißt er anders, aber es war immer der Hauptmarkt der Stadt.

An diesem märchenhaften Platz steht eine kleine Kirche, nicht größer als manche unserer Dorfkirchen, aus rotem Sandstein gebaut und nicht aus grauem wie die anderen Kirchen. Auch hat sie nur ein kleines Türmchen. Sie sieht fast wie ein Spielzeug aus. Ihre Fassade ist einzigartig, mit Bildwerken geschmückt, von einem zierlichen Chörlein gekrönt. Wir stehen vor ihr, es ist gerade Mittag. Als die zwölf Schläge der Uhr verklungen sind, wird die rosige Kirchenfassade lebendig. Das Spiel beginnt mit Musik, Glockenläuten und Trommeln. Dann öffnen sich die Türen auf beiden Seiten der Nische oben und wir sehen eine Huldigungsszene. Der Mann auf dem Thron – Wer ist es? Gott? Nein, der Mann mit Krone und Szepter, das ist der Kaiser, und die vorbeigehenden Figuren sind keine Apostel, keine Heiligen, das sind die Kurfürsten, die sich vor dem Kaiser verneigen. Ein Kaiser auf dem Giebel einer Kirche, das haben wir noch niemals gesehen! Und wie heißt diese Kirche? Sie heißt „Frauenkirche". „Nur für die Frauen wurde sie gebaut?", fragt eine von uns und der Begleiter lacht: „Man kann auch sagen Marienkirche, einst sagte man so ‚zu unserer lieben Frau'. Gut, das klingt schon besser als eine Kirche zur Verehrung eines Kaisers. Wir sehen diesem Puppenspiel mit Staunen zu.[21]

---

21 Bald danach wurde auch das „Männleinlaufen" in Sicherheit gebracht, in den „Kunstbunker" unterhalb der Burg.

Ich bin nicht sicher, ob wir an diesem Morgen zuerst das „Männleinlaufen" gesehen haben und dann auf die Burg gegangen sind oder umgekehrt. Jedenfalls haben wir beides geschafft und nun haben wir endlich verstanden, dass wir in der Tat nichts anderes in der Stadt zu tun haben werden, als sie zu besichtigen. Das hat uns in Staunen versetzt. Unser Begleiter musste es bemerkt haben, unser Staunen hat ihn sichtlich gefreut.

Auf die Burg gehen wir durch einen Eingang im Felsen, der einem Tunnel gleicht. Dann gibt es uralte Felsblöcke und große dicke Türme. Der Eintritt musste wohl an diesem Sonntag gratis sein, denn ich habe keine Kasse in Erinnerung behalten. Oder hat man uns, eine Gruppe mit einem Begleiter in Uniform, kostenlos eingelassen?

Dieser Burgbesuch war eher oberflächlich und flüchtig. Aus den Räumen hatte man schon fast alle Möbel und Einrichtungsgegenstände entfernt und in die Schutzräume gebracht. Vor allem ist mir die Aussicht aus den Fenstern des großen Saales auf die Stadt in der Erinnerung geblieben, doch konnte man hier nicht länger bleiben. „Schön, gelt?", sagt unser Begleiter.

Wir werden dann noch die Stadt von der Burgmauer aus sehen können! Die mehrstöckige Kapelle und der Burgbrunnen sind auch einzigartig, beide sind so tief! Am Brunnen bleiben wir etwas länger stehen. Das hineingegossene Wasser braucht fast eine Minute, um die Brunnensohle zu erreichen. Hier wird manches erzählt und erklärt, leider verstehen wir nichts davon.

Wie jede Burg hat auch diese eine Folterkammer, in einem ihrer Türme. Verliese und Grüfte gab es auf den Burgen immer, auch bei uns, von den Folterkammern las man nur in den Büchern, eine solche Kammer gesehen hat noch keine von uns. Auch erschreckt sie uns zutiefst. Diese Menge von Gegenständen, die erdacht und angefertigt wurden, um die Menschen zu foltern, das ist doch unheimlich. Man kann in diesem Raum fast nicht mehr atmen. Sonderbar, hier brauchen wir nicht viele Erklärungen, um zu verstehen. Man könnte sagen, dass uralte, schreckliche Erfahrungen des Menschen, des Verfolgenden und des Verfolgten, diesem instinktiven Verständnis zugrunde liegen. Wie ist es aber möglich, dass man immer noch solche Geräte aufbewahrt, hat es noch einen Sinn?

Den größten Eindruck auf mich hat aber ein menschenähnliches, besser frauenähnliches Torturgerät gemacht. An einer Wand im Halbdunkel erhob sich auf einem Podium etwas wie eine metallische oder metallglänzende Statue. Heratisch, fast orientalisch, eine böse Göttin oder eine Unheil verkündende Erscheinung. Wir stehen vor der berühmten „Eisernen Jungfrau". Diese Statue war hohl, man konnte sie aufmachen. Im Inneren war ein sehr enger, leerer Raum, mit großen eisernen Stacheln ausgestattet. Hier schloss man den Verurteilten ein wie in einer Falle. Er erstickte und verblutete. Unten gab es eine Rinne, durch die das Blut herausfloss.

Diese hohle Frauenfigur, die dazu da war, um einen lebendigen Menschen zu empfangen und ihn zu töten, das war ein Symbol der Tortur an sich. Ein Bild der unmenschlichen Macht, des Hasses und der Gewalt. Es gab einmal einen Mann, der dieses Ungeheuer ausgedacht und angefertigt hat. Er wurde dafür bezahlt, seine Familie lebte vielleicht davon – seine schwangere Frau, seine Kinder?

Was für Fragen! Sanfte, gutmütige Frauen stehen heute an den Maschinen, die die Bomben ausspucken.

Eine Frauenfigur also. Die Räume, in denen der Mensch leben und sich entwickeln kann, lassen sich leicht durch weibliche Symbole versinnbildlichen: die Stadt, die Heimat, urbs, polis, ville, civitas, city. Man empfindet sie als lebensbejahende, wohlwollende Räume, die umfassen und beherbergen ohne zu ersticken. Und hier auf der Burg gab es ein anderes Symbol, ein Gegensymbol. War diese Schreckliche die wahre Herrin der Burg? Wie gerne hätte ich sie gar nicht gesehen!

Als wir aus dieser Folterkammer herauskommen, sind wir wirklich zufrieden, wieder im Freien zu sein. Unser Begleiter bemerkt gleich, dass das, was wir gesehen haben, uns beeindruckt hat. Er versucht darüber zu scherzen: „Das alles muss man halt nicht ernst nehmen. Über die Eiserne Jungfrau gibt es allerlei Witze und dumme Liedchen." Später werde ich ein solches kennen lernen: „Nürnberg ist 'ne schöne Stadt, die eine Eiserne Jungfrau hat. Und wenn sie nicht aus Eisen wär', dann wär' sie keine Jungfrau mehr."

Nach fast sechzig Jahren werde ich sie wieder sehen, diesmal in Rothenburg ob der Tauber, im Kriminalmuseum. Diesmal wird sie mir klein und harmlos erscheinen. Kein metallischer Glanz, sie ist nur aus Holz und richtig abgebrannt, ich glaube fast nicht, dass es dieselbe ist. Es gibt ähnliche Figuren im selben Saal des Kriminalmuseums. Man erklärt nun, dass

es nur ein „Schandmantel" für die „sündigen" Frauen war. Die Stacheln gibt es nicht mehr, angeblich war sie ursprünglich auch ohne Stacheln, sie kamen später. – Später? Wann? In einem Moment, wo man sich nach einer Macht sehnte, die den Menschen keine Freiheit erlaubte, die sie vernichtete? Oder als man an allem, was eine Frau symbolisiert, gezweifelt hat? –
„Gut, jetzt gehen wir auf die Mauer!"

Auf dieser Mauer sagt unser Begleiter kein Wort mehr. Hier ist er, wie jeder Eingeborene, des Eindrucks sicher. Die Stadtansicht von der Burg aus gesehen lässt seit Jahrhunderten keinen gleichgültig. Die Kleinen und die Großen der Geschichte, die Berühmten und die ganz Gewöhnlichen haben darüber gesprochen und geschrieben. Auch wir verharren hier still. Vielleicht hört man doch einen kleinen Seufzer: „Oh, wie schön."

Schön, das ist sie sicherlich, diese Stadt. Man möchte aber noch ein anderes Wort finden, um ihren einzigartigen Charakter zu beschreiben. Ich finde dieses Wort nicht. Ich lasse mich bezaubern. Die düsteren Spielzeuge, die wir eben gesehen haben, werden mir gleichgültig im Angesicht dieser warmen Masse der menschlichen Nester, die sich seit Jahrhunderten dicht aneinanderschmiegen, im Angesicht der Mauern, der Türme, der großen Steinberge der Lorenzer und Sebalder Kirche. Der geheime Vertrag, den ich mit der Lorenzer Rosette gemacht habe, wird durch diese Sicht bekräftigt. Diese Stadt, die einzigartige, ist nun meine vorläufige Zuflucht. Für wie lange weiß ich nicht, aber eben das und nichts anderes wurde mir inmitten der Gefahr gegeben und ich schätze es hoch. Ich möchte das Beste daraus machen. Auch wird sie in mir zur Partnerstadt der anderen geliebten Stätten meiner Kindheit, der großen und der kleinen.

„Verweile doch, du bist so schön ..." An diesem schönen Junisonntag im Jahre 1942 hat diese Märchenlandschaft nur noch drei Jahre zu leben. Ich sah sie noch so, wie sie während Jahrhunderten gebaut und bewundert wurde.

Erst nach mehr als einem halben Jahrhundert werde ich sie wieder sehen. Sie wird fast dieselbe sein. Mit geschlossenen Augen werde ich herumwandern können. Und doch, die alte, die einzige lebt in den noch wenigen lebenden Menschen, in deren Augen und Herzen sie sich damals widerspiegelte. Darunter waren viele Fremde. Sie waren zu betrübt, um sie frei bewundern zu können, ihren Zauber haben sie aber alle empfunden.

Da sagt auf einmal eine von uns: „Sagt doch, wie schön wäre es, wenn in solch schönen Häusern lauter gute Menschen wohnen würden!" Das mag wohl naiv sein, im Grunde ist es ein Traum von der guten Nachbarschaft, dabei muss man an diese Tage und Nächte dort bei uns denken, als die Nachbarn zu schlimmen Feinden wurden.

„Verweile doch ..." Wir können aber nicht verweilen, der Begleiter will uns noch etwas zeigen: Die Hufspuren des Pferdes des Ritters und Räubers Eppelein von Gailingen auf der anderen Seite der Burgmauer. Der „Eppele" sprang, so sagt man, auf seinem Pferd über die Mauer und den Graben. All das wäre sehr interessant, wenn wir nicht so schrecklichen Hunger hätten! Es ist uns klar, dass es zu spät sein wird, um etwas zu essen zu bekommen, wir werden wahrscheinlich bis zum abendlichen Kräutertee warten müssen. Wir sagen nichts, aber wir haben schon keine Kraft mehr. Von der Burg aus geht es noch einmal über die Stadtmitte – nein, nicht zur Straßenbahn! Wir landen in Gibitzenhof, bei unserem Begleiter und werden von seiner Frau und seiner Tochter empfangen. Hier werden wir essen, alle an einem großen Tisch in der Küche.

Von diesem Mittagessen habe ich keine Erinnerung behalten, ich war wahrscheinlich ganz matt vor Müdigkeit. Es muss wohl auch eine Art von Eintopfgericht gewesen sein, aber ganz anders zubereitet als die Lagersuppe. Wovon man sprach an diesem Tisch, wo eine kleine deutsche Familie mit fünf Fremdarbeiterinnen saß, weiß ich kaum noch. Es ging unter anderem um Fräulein S., die Tochter, man neckte sie ein wenig, da sie im Briefverkehr mit einem Soldaten stand, der keine Familie hatte und der ihr zugeteilt worden war. Sie nahm die Sache sehr ernst, schrieb, sandte Päckchen, freute sich über jeden Brief. Sonst fragt man uns aus: Ob wir uns gut in diesem Lager fühlen, ob wir nicht zu viel Heimweh haben? Wir antworten artig: Ja, ja, nein, nein. Frau S. meint: „Das muss gar nicht leicht sein, so weit von zu Hause, in einer ganz anderen Umgebung. Wir verstehen es sehr gut!"

Nachdem wir gegessen haben, gibt es noch eine Überraschung. Fräulein S. zieht ihren Mantel an und setzt ihren Hut auf. Sie wird jetzt mit uns gehen. Nein, nicht ins Lager, ins Germanische Nationalmuseum!

Oh, das ist schon fast zu viel! Heute noch kann ich nicht verstehen, wie wir das alles in einem Tag geschafft haben, doch es ist eben so gewesen. Ich sage aber nichts, vor allem, als ich Frl. S. laufen sehe. Sie ist nämlich behindert. Sie läuft tapfer, aber mit Mühe, vielleicht trägt sie orthopädische Schuhe. Sie ist ungefähr in unserem Alter. Dieses Ausgehen mit uns und mit ihrem Vater macht ihr sichtlich große Freude.

Im Museum tue ich nur so, als ob ich mich für alles interessiere, meine Kameradinnen auch. Hier wurden auch sehr viele Gegenstände in Sicherheit gebracht, so können wir vor allem nur die ungewöhnliche Architektur dieses Komplexes bewundern, das Kloster, den schönen Durchgang durch den Orgelchor, durch die Empore hoch über der Kapelle. Von den noch vorhandenen Gegenständen habe ich eine amüsante hölzerne Gruppe behalten: Christus auf dem Esel. Diese Figur gehörte zur Palmsonntagsfeier. Als uns niemand sah, haben wird den Kopf des Esels gestreichelt. Nach 58 Jahren hatte ich denselben Mut nicht mehr, er aber – ich meine der Esel – hat mich wahrscheinlich gleich erkannt ...

Am Ausgang gibt es einen Stand mit Postkarten. Eine zieht unsere besondere Aufmerksamkeit auf sich. Das Original kann man nicht sehen, es wurde in Sicherheit gebracht. Man nennt die Skulptur die „Nürnberger Madonna", es ist aber möglich, dass diese Figur nur eine schöne Stadtbewohnerin darstellt. So ist es: Die schreckliche Eiserne konnte man sehen, die Sanfte und Schöne musste man verstecken. Die eine sperrte ein, die andere hat man eingesperrt. Doch ist es eben sie, die Unsichtbare, von der wir an diesem Ausflugstag zuletzt Abschied nehmen.

Noch einmal Straßenbahn. Noch ein langer Marsch. Im Lager sind wir etwa um 18 Uhr. „Habt ihr schwer gearbeitet?", fragt uns jemand. Wir wagen nicht die Wahrheit zu sagen. „Wir können kaum auf den Beinen stehen", antworten wir und das ist nicht gelogen.

Der Umgang mit den Fremdarbeitern wurde den Deutschen verboten, aufs Notwendigste beschränkt. Der Besuch der öffentlichen Stätten war den Fremdarbeitern verboten. Von gemeinsamen Spaziergängen war keine Rede. Die Anweisungen ließen keine Zweifel aufkommen, doch konnte man (wahrscheinlich) feststellen, dass sie nur eine relative Wirkung ausübten. Erst im Jahre 1943 erschienen andere Anweisungen, die die Lebensbedingungen der Ausländer verbesserten. Wir befinden uns aber noch im Jahre 1942. Waren die späteren Anweisungen durch Druck „von unten" verursacht? Von Seiten der einfachen Menschen, wie z. B. unser Aufseher einer gewesen war?

Warum hat er das für uns gemacht? Weil wir im Lager gut gearbeitet hatten? Weil wir nun anderswohin versetzt werden sollten? Riskierte er nichts, als er diesen Ausflug unternahm? Nahm er die Verbote nicht ernst? Er war nicht mehr jung – er war aus derselben Generation wie unser Transportbegleiter, mit dem er auch befreundet war – und doch hat er uns diesen Sonntag geopfert, diesen langen Weg mit uns zu Fuß gemacht, warum? Nur, weil es weniger langweilig war, als im Lager zu sitzen? Oder weil sein Kind, seine behinderte Tochter, nicht viel Freude in dieser Kriegszeit und überhaupt im Leben hatte? Wollte er, dass sie ihre gleichaltrigen Kolleginnen aus dem Osten kennen lernt, damit sie sich etwas ablenkt? Später werde ich noch Gelegenheit haben zu bemerken, wie die Anwesenheit eines behinderten Wesens in der Familien zu einem wirksamen Schutzmittel gegen das rassistische Fieber werden konnte.

War unser Fall eine Ausnahme?[22] Jedenfalls war er ein Beweis dafür, wie viele Möglichkeiten es in dieser durch Hitler vergewaltigten Stadt gab.

Eisenwerk Tafel

Aus der Sulzbacher Straße biegt man in eine kleine Sackgasse ein, die Deinstraße heißt. Sie führt direkt zum Haupteingang des Tafelwerks. Über diesem Eingang erhebt sich ein kleiner Turm aus Ziegelstein.

Wir werden alle im Büro registriert. Ich habe den Namen des Büroleiters, Herr Lochner, behalten.

Gleich danach bringt man uns in das kleine Betriebslager in der Nachbarschaft des Werks, ein großes Ziegelgebäude aus dem 19. Jahrhundert. Hier wohnen jetzt die Fremdarbeiterinnen. In den nicht sehr großen Zimmern stehen je vier bis fünf Stockbetten und zwei schmale Metallschränke, die sich die Bewohnerinnen teilen müssen. Es gibt auch einen Raum, der zugleich als Küche und Waschraum dient. Auf dem Herd kann man sich am Morgen den Kaffee wärmen und auch sonst etwas kochen – wenn man nur Platz findet.

22 Es gab mehrere solche „Ausnahmen", siehe Ulrich Herbert, Fremdarbeiter. Politik und Praxis des „Ausländer-Einsatzes" in der Kriegswirtschaft des Dritten Reiches, Bonn 1985, S. 245.

Diese Welt scheint mir viel düsterer zu sein als die Baracken in Langwasser. Wir werden gleich auf die Zimmer verteilt. Die bisherigen Bewohnerinnen sehen dieser Neuzuweisung etwas mürrisch zu: Man hat schon sowieso nicht viel Platz und da kommen noch die Neuen, Gott weiß wer. Mich weist man in ein Zimmer ein, wo noch auf dem untersten Bett in der Ecke ein Platz frei ist.

Meine Gefährtinnen werfen einen Blick herein. Ihnen hätte dieser Platz nicht gefallen. Sie wechseln einige Worte mit den „Eingesessenen". Diese sind alle aus Westpolen[23] und schon seit einem Jahr hier. Bevor sie weitergehen, höre ich eine von den „Meinen" sagen, halb scherzend, halb ernst: „Passt nur auf, nehmt euch in Acht, sie spricht Deutsch!" Anstatt zu sagen „sie spricht" hatte sie einen anderen Ausdruck gebraucht, „ona szwargoce", was so viel bedeutet wie „sie kreischt, sie radebrecht". Ich habe damals noch nicht begriffen, was das für einen Sinn haben kann. Man sagte bei uns von den Juden, dass sie „szwargoca ...", ein Wort mit einer Konnotation – grob und verächtlich –, das man nicht übersetzen kann. Schon höre ich eine der „Hiesigen" antworten: „Auch sieht sie nicht wie eine Polin aus, ich habe es mir gleich gedacht!"[24]

So, da haben wir es wieder einmal. Ruhe, nur Ruhe, als ob ich nichts davon verstanden hätte. Ich lege mein Hab und Gut auf dieses unterste Bett, fast dem Boden gleich. Aufrecht kann man darauf nicht mal sitzen. Dieses Bett diente bis jetzt als Zusatzplatz für die Dinge, für die die Schränke

---

23 Es gab zahlreiche Gruppen von polnischen Arbeitern im Reich: Die „P"-Polen aus dem „Generalgouvernement", die „Westpolen", die vorher in Nordfrankreich gearbeitet hatten, die „Altpolen", die schon vor Kriegsbeginn als Saisonarbeiter in Deutschland waren, und die polnische Minderheit, etwa im Ruhrgebiet; zählt man noch Ukrainer aus Galizien hinzu und stellt in Rechnung, dass etwa für polnische Ärzte eigene Bestimmungen galten, und auch noch einige Tausend polnische Kriegsgefangene im Reich beschäftigt waren, so kommt man auf mindestens 7 Gruppen von Polen mit je besonderen Bestimmungen; vgl. Herbert, Fremdarbeiter, S. 219 f.

24 Es gab mehrere Fälle, wo sich polnische Jüdinnen als Zwangsarbeiterinnen nach Deutschland transportieren ließen. In manchen Fällen war es eine Chance, zugleich aber ein großes Risiko. Man durfte nicht auffallen, was oft nicht einfach war. Die Empfindlichkeit der Umgebung in dieser Hinsicht war leider bekannt. Siehe dazu: Helena Szereszewska, Krzyz i Mezuza (Kreuz und die Mesusah), Warszawa 1993, Czytelnik und Ida Fink, Podróz (Die Reise), London 1990, „Aneks", literarische Verarbeitung der Berichte.

nicht ausreichen, auch ist in den Schränken kein Platz mehr für meine Sachen. Man gibt mir zwei blaukarierte Bettlaken. Meine Gefährtinnen aus Langwasser sind verschwunden. Es gibt noch andere Gebäude, dort werden sie wahrscheinlich untergebracht.

In die Fabrik gehe ich nicht ohne Neugier. In einer riesigen Halle stehen zwei Reihen von Maschinen. Man stellt mich an eine, es ist eine Drehbank, an der die Schrauben bearbeitet werden. Man zeigt mir, wie ich diese Maschine bedienen soll. Die Arbeit ist ziemlich einfach, verlangt aber viel Kraft. Die Kisten mit den Schrauben, die man holen und dann zurücktragen muss, sind sehr schwer. Ich bin gespannt, ob ich es schaffen werde.

Es geht eher mühsam und langsam voran. Während einer kleinen Pause versuche ich eine der Polinnen anzusprechen, die auch an einer solchen Maschine steht. Dieses Mädchen hat eine hellblonde Mähne, schade nur, dass ihr Gesicht so abweisend ist. Ich fange auf eine ganz ungeschickte Weise an, das hätte ich nicht tun sollen: „Ich bewundere Ihre schönen Haare." Sie sieht widerwillig auf, wirft mir einen bösen Blick zu und antwortet: „Was geht Sie mein Haar an? Ich habe Läuse, weg von mir!" Einen weiteren Versuch werde ich nicht unternehmen. Ruhe, vor allem Ruhe. Ich bin Galizierin, die anderen sind aus Westpolen. Die kleinen regionalen Animositäten gab es doch schon immer, man soll sie nicht zu ernst nehmen.

Von den Mittagessen bei Tafel habe ich nicht viel behalten: Ein großer Saal, sehr viele Menschen, auch Franzosen und Französinnen. Jede Nation an ihrem Tisch, metallene Teller und immer wieder dieses Gericht, das aus vielen Elementen hergestellt wurde und immer denselben Geschmack hatte, wenn auch zuweilen grün war und „Spinat" hieß. Die deutschen Arbeiter haben ihre Kantine woanders. Für das Essen am Morgen und am Abend müssen wir selbst sorgen, dafür bekommen wir gleich am Anfang Lebensmittelmarken und Geld, um damit etwas kaufen zu können, das ist unser „Lohn". Wie viel Geld ich bekommen habe, weiß ich schon nicht mehr genau, es war jedenfalls eine lächerliche Summe.

Nach dem Feierabend gehen alle Arbeiter zu den Duschen, lassen ihre Arbeitsanzüge und Schuhe in der Kleiderablage und erst dann verlassen sie die Fabrik. Das ist für mich und wahrscheinlich auch für die anderen, die mit mir gekommen sind, etwas ganz Neues. In Polen, nach Arbeitsschluss, gingen die verrußten, beschmierten, müden Leute aus den Betrieben auf die Straße hinaus.

Gleich nachdem ich meinen ersten „Lohn" bekommen hatte, lief ich in den Laden, den man mir nicht weit vom Betrieb gezeigt hatte, um meine „Einkäufe" zu machen. Wie lange hatte ich nichts mehr kaufen können? In einem Laden! Diese Einkäufe haben mir Spaß gemacht. Die Leberwurst und die Mettwurst schienen mir außergewöhnlich zu sein. Wenn ich noch Brot, Margarine und Ersatzkaffee dazu gekauft hatte, fühlte ich mich reich. Das schmeckte sehr gut ... (Wir sind im Jahr 1942. Die Lage auf dem Lebensmittelmarkt würde sich später immer mehr verschlechtern.) Meinen „durch harte Arbeit stolz verdienten Lohn" werde ich dann in zwei bis drei Tagen verputzt haben. Dann würde es aus sein, keine Lebensmittelmarken mehr. Ja, es gab noch einige, aber nicht für Fleisch und Margarine. Später würde ich lernen, wie man sie kombinieren und umtauschen kann.)

So vergeht die erste Woche. Ich erlebe sie wie betäubt. Gesundheitlich geht es mir nicht gerade gut. Ich arbeite stehend und habe geschwollene Füße. Meine Schuhe sind bereits ganz zerrissen. Im Betrieb trage ich grobe Holzschuhe, die dem Fußboden voller Eisenspäne und -abfälle standhalten können. Sie haben mir aber die Füße wund gemacht. Den Rest der Zeit im Eisenwerk lief ich mit dicken Verbänden herum. Auch die Hände sind leicht angeschwollen, aber das wird wohl vergehen. Ich verstehe das nicht, bei der Feldarbeit, auch der schwersten, habe ich niemals solche Symptome gehabt.

Kontakte habe ich hier fast keine. Die Bewohnerinnen meines Zimmers sind nach der Arbeit nicht da, ich weiß nicht, wo sie sind. Eines Tages gibt es aber Krawall: Eine von den Frauen behauptet, dass man ihr die Wäsche gestohlen habe, die sie gewaschen und zum Trocknen im Zimmer gelassen hatte. „Das ist hier bis jetzt niemals vorgekommen!" Sie sagt es mit Nachdruck und schaut mich an. Dann macht sie eine Durchsuchung, die sie schon angefangen hatte, ehe ich kam. Sie wirft alle meine Sachen durcheinander, schimpft, dass sie mit den Dieben, mit dem Gesindel aus dem Osten nicht mehr wohnen wird, und flucht dabei so, wie ich es bis jetzt niemals gehört habe. Das muss wohl eine spezielle, regionale Art von Fluchen sein.

Um mit ihnen ein wenig zu sprechen, zu scherzen, dazu fehlt mir der Mut. Nur eine gesellt sich zu mir. Sie wohnt in einem anderen Zimmer. Sie ist aus Warschau und heißt Jadwiga. Sie ist ein Original, trägt grellfarbige Röcke und billige glänzende Ohrringe. Die anderen sagen, sie sei verrückt. Sie ist aber die Einzige, die mich eines Tages fragt, ob ich nicht ein wenig ausgehen will, um wenigstens einen kleine Spaziergang auf der Straße zu machen. Ich möchte es schon, nur das Laufen ist mir vorläufig nicht gerade angenehm wegen der Verbände an den Füßen. Sie sucht ein Paar sehr alte, durch und durch ausgetretene Pantoffel, und so gehen wir aus, in die Richtung der Stadt. Jadwiga erzählt mir viel von verschiedenen Problemen und Konflikten hier. Ich verstehe es kaum. Sie hatte einen Franzosen kennen gelernt, meinte, dass es ernst sei, es war aber nur eine Enttäuschung mehr.

Meine Kameradinnen aus Langwasser sind kaum auffindbar. Die zwei, die so gerne in die Landwirtschaft gehen wollten, sehe ich noch von Zeit zu Zeit. Sie wohnen im anderen Gebäude und arbeiten in einer anderen Abteilung. Die Arbeit ist sehr schwer, sie kommen nicht nach. Niemand weiß, wo Kristina wohnt. Ich habe sie einmal gesehen. Sie hat mir nur gesagt, dass es ihr bis jetzt ziemlich gut gehe, aber sie werde bald versetzt. Sie habe nämlich gleich am ersten Tag mit dem Leiter gesprochen und ihm ganz offen alles über ihre Projekte gesagt. Er war, sagte sie, voll Verständnis und wirklich sehr, sehr nett ...

„Konntest du dich wirklich mit ihm verständigen? Hast du ihn auch gut verstanden?"

„Oh", sagt Kristina, „dazu braucht man nicht viele Worte und dabei habe ich schon die wichtigsten deutschen Ausdrücke gelernt. Ein Franzose hat mir dabei geholfen."

Ich frage sie, ob sie dennoch am nächsten Sonntag mit mir und den zwei anderen zum Besuch bei unserem Transportbegleiter und seiner Frau gehen möchte? Sie sagt höflich zu, aber ich verstehe wohl, dass es nicht der beste Zeitvertreib für sie sein wird, ist sie doch auf etwas anderes „eingestellt". Das sage ich ihr auch, und sie nimmt es mir nicht übel, sie lacht.

Sonntag. Am Morgen sehe ich eine meiner Zimmernachbarinnen ein schönes hellblaues Kleid anziehen, ein richtiges Sonntagskleid. Wer könnte in ihr eine Fremdarbeiterin erkennen in diesem Kleid, in den weißen, ganz normalen Sommerschuhen mit hohem Absatz, mit ihrer weißen Handtasche? Das ist eine von denen, die tapfer sind, die sich durchsetzen und sich mit jeder Situation arrangieren können. Sie geht in die Kirche. Als sie aber sieht, dass es mich interessiert, geht sie schnell hinaus. Ich folge ihr in sicherer Distanz nach und finde so eine kleine Kirche. Sie ist nicht weit vom Tafel entfernt, ich weiß aber heute nicht mehr, welche Kirche es gewesen ist.[25] Es war keine alte, keine schöne Kirche: Ein Gebäude ohne Turm, bescheiden und zwischen den Häusern etwas verloren wirkend. Sie war fast voll. Man sang aber kaum. Es gab eine Predigt, in der es um einen „Sankt Bonifatiusverein"[26] ging, sonst habe ich gar nichts verstanden.[27]

Nach diesem frommen Besuch hatte ich eigentlich keine Lust, in das Betriebsgebäude zurückzukehren. Zu meiner Verwunderung war „das Haus" fast leer. Die wenigen, die an diesem Sonntag noch da waren, bereiteten sich ihr Essen in der Küche. So erfuhr ich, dass man dieses und jenes auch ohne Lebensmittelkarten kaufen konnte, man musste nur wissen wo und wann, zum Beispiel trockene Bohnen oder etwas Gerste. Bei den Italienern konnte man noch mehr bekommen, sogar Rosinen. Diesmal kann ich mir nur einen Ersatzkaffee machen.

Am Nachmittag sind alle meine Gefährtinnen aus Langwasser da und wir machen uns auf den Weg. Wir finden den Plärrer ohne Mühe und dann die Gostenhofer Schulgasse.

---

25 Vermutlich die Sankt Josephskirche in der Harmoniestraße, zerstört am 10. 8. 1943.
26 Katholischer Diasporaverband.
27 Die Teilnahme an deutschen Gottesdiensten war ausländischen Arbeitern verboten. Dabei gab es aber viele Ausnahmen, je nach Nationalität oder Ort. Dass dies den Nazis suspekt war, erklärt sich von selbst: Hier gab es Kontakte, menschliche Begegnungen und kleine Freiräume. Ulrich Herbert schreibt: „Besondere Aufmerksamkeit galt der religiösen Betätigung der Polen. In den Richtlinien des RSHA für den Kirchenminister wurde vor allem Wert darauf gelegt, daß es nicht zu gemeinsamen Kirchenbesuchen deutscher und polnischer Katholiken kam, weil die Behörden befürchteten, daß die Kirchen [...] Verbindungen zwischen der deutschen Bevölkerung und diesen Arbeitskräften herzustellen versuchen." Herbert, Fremdarbeiter, S. 89 f. Doch waren die Kontakte der Polen mit der deutschen katholischen Kirche wahrscheinlich häufiger, als man vermutete. Die Franzosen hatten ihre eigene, selbstverständlich heimliche Seelsorge, die mit den deutschen Priestern in Kontakt stand. Der Bericht des französischen Arbeiterpriesters Joseph Gelin kann einen in Staunen versetzen. Vgl. Joseph Gelin, Nürnberg 1943–1945, Erlebnisse eines französischen Arbeiterpriesters, hrsg. von der Katholischen Stadtkirche Nürnberg, Nürnberg 1995. Von der Freiheit der Italiener in dieser Hinsicht bis Oktober 1943 brauchen wir nicht zu sprechen, sie machten, was sie wollten. Übrigens versammelten sie sich vorwiegend in der Klarakirche, die auch sonst zum Treffpunkt für Fremdarbeiter wurde.

Erster Besuch

Das Haus in der Gostenhofer Schulgasse 15 ist nicht so alt wie die Häuser in der Altstadt an der Pegnitz. Wir sind hier außerhalb der Stadtmauer und zugleich ganz nah bei ihr, denn der Plärrer liegt gleich neben dem Spittlertor. Doch ist das Haus auch nicht neu, etwa 100 Jahre alt musste es schon sein. Es ist schmal mit einem hohen Giebel. Rote Blumen schmücken das Fenster der Mansarde im obersten Stock. Im Erdgeschoß muss eine Werkstatt gewesen sein. Der Name „Gebrüder Massari" klingt italienisch, die Fensterläden sind geschlossen. Später werde ich erfahren, dass die beiden Massaris einberufen worden waren. Wir erklimmen enge und dunkle Treppenstufen. Im obersten Stock, fast unter dem Dach, stoßen wir ohne jeden Treppenabsatz auf eine Tür, die mit einer gelben Metallplakette mit der Aufschrift „ZÄH" versehen ist. Wir betätigen eine ebenfalls gelbe Drehklingel aus Messing.

Frau Zäh ist mittelgroß, vollschlank, mit rundem freundlichen Gesicht, braunen Haaren und Augen. Sie bittet uns einzutreten, als ob sie uns schon seit Jahren kennt. Am Anfang verstehe ich nicht, was sie sagt. Sie bemerkt es und fängt an ganz anders zu sprechen. Sie bildet einfache, kurze Sätze und spricht sie deutlich aus: „Sicher, den Nürnberger Dialekt könnt ihr doch nicht verstehen!"

Sie weiß schon ziemlich viel über uns, vom Transport, dem Leben in Langwasser und dem Einsatz bei Tafel. „Wie geht es dort? Die Arbeit, ist sie sehr schwer?" – „Ja, sehr schwer", antworten einstimmig die zwei, die aufs Land gehen wollten. „Stehend?" – „Ja, stehend. Schwere Kisten mit Eisenschrauben muss man tragen." Frau Zäh hört sehr aufmerksam zu. „Gibt es auch Maschinen, an denen man sitzen kann?" – „Nein, in unseren Hallen nicht." – „Ist die Arbeit schmutzig?" – „Es geht ... – wir wollten nur so gern aufs Land gehen, denn wir sind die Arbeit auf dem Lande gewöhnt." – „Habt ihr das nicht gleich beim Arbeitsamt gemeldet?" – „Dort hat man uns weder gefragt noch zugehört." Frau Zäh hat ganz offensichtlich keine Ahnung, wie es im Arbeitsamt zugeht. – „Ich weiß aber sehr gut, dass man jetzt in der Landwirtschaft Arbeitskräfte sucht!", sagt sie und wendet sich an unsere Krista: „Und wie geht es Ihnen?" Kristina antwortet, dass sie vorläufig beim Saubermachen in den Büroräumen hilft (so, das wussten wir nicht!), aber man habe ihr gesagt, sie werde nächste Woche anderswo eingesetzt, sie wisse noch nicht wo.

„Gut", erwidert Frau Zäh. „Ich werde halt meinen Mann fragen müssen, ob man sich nicht doch an das Arbeitsamt wenden kann mit der Bitte, in die Landwirtschaft geschickt zu werden." Dann, an mich gewandt: „Würde Ihnen auch die Arbeit auf dem Dorf besser gefallen?" Sie erhebt sich und sieht im Vorbeigehen meine Füße, die in den zerrissenen Schuhen stecken, aus denen die Verbände hervorschauen. „Ich bin die harten Holzschuhe nicht gewöhnt", antworte ich beschämt.

Wir trinken Kräutertee und essen kleine braune Plätzchen, die nach Gewürzen schmecken. Frau Zäh sagt uns, es seien „Kriegsplätzchen". Sonst sei Nürnberg ja für seine Lebkuchen bekannt. Man macht sie aus Mandelmehl und Gewürzen, sie seien sehr gut.

Meine Gefährtinnen sprechen nicht viel, sondern schauen herum, während ich mein Möglichstes tue, um diesen ersten Kontakt zu erleichtern. Das ist noch etwas anderes als das, was man in der Schule gelernt hat, auch anders als das Dolmetschen im Lager oder im Betrieb. Hier geht es weniger um die Worte, obwohl die Worte auch sehr wichtig sind. Hier lernen wir vielmehr den Sprechenden kennen und verstehen. Schon das Verstehenwollen macht das Lernen der Sprache leichter. Das ist die erste Lektion, die mir Frau Zäh an jenem Sonntagnachmittag in der Gostenhofer Schulgasse 15, im dritten Stock, beigebracht hat.

Ist hier alles klein, in dieser Wohnung unterm Dach! Eine von uns flüstert: „Man muss aufpassen, um nichts umzustürzen!" Wie kann sich ein Bär wie Herr Zäh in dieser Wohnung bewegen? Im Ganzen sind es drei sehr kleine Zimmer, jeweils etwa 3 m x 4 m, ein Vorzimmer und eine kleine Küche hinten. Wir sitzen im besten Zimmer. Es stehen dort ein runder Tisch, Sessel, eine Kommode und ein Glasschrank mit schönen Porzellanfiguren, es muss wohl sächsisches Porzellan sein.

Durch das Fenster sieht man die Dächer. Ich finde es schön, möchte gerne noch vieles sehen und fragen, da aber meine Gefährtinnen noch einen Spaziergang vorhaben, verabschieden wir uns von Frau Zäh, die sagt: „Kommen sie nur wieder, jetzt kennen sie den Weg. Kommen sie, wann sie wollen, ich bin fast immer zu Hause, sie werden immer willkommen sein!"

In der nächsten Woche verlasse ich die Drehmaschine und werde Putzfrau. Mit einem überdimensionalen Besen fege und kehre ich überall und mache sauber mit Eimer, Lappen und Desinfektionsmittel, in den Hallen, in den Duschen, in den sanitären Einrichtungen, im Revier. Auf den metallenen Treppen liegt Staub, den die größten Staubsauger nicht besiegen können. Hier sollte man eigentlich mit einer Staubmaske arbeiten. Ich ersticke fast und huste, weiß von Kopf bis Fuß. War Drehbank nicht doch besser? Da ich aber auch das Krankenrevier saubermachen muss, gibt mir der Sanitäter einen richtigen Verband für die Füße. Das hilft, doch werden die Spuren meiner ersten Fabrikarbeit jahrzehntelang auf meinen Füßen sichtbar bleiben.

Zwei oder drei Tage später verschwindet Krista. Niemand weiß, wohin sie versetzt wurde. Was ist aus ihr wohl geworden, die „von Kopf bis Fuß auf Liebe eingestellt" war? Ist sie wegen ihres ausgesprochen „arischen" Typus im „Lebensborn"[28] gelandet? Oder in einer Einrichtung für den Bedarf der Ausländer?[29]

Jadwiga, die Warschauerin, wirkt in diesen Tagen unausgeglichen und aufgeregt. Eines Tages, am Vormittag, bringt man sie ins Revier. Sie ist ohnmächtig, sie wollte Selbstmord begehen, hat etwas getrunken, Salmiakgeist oder etwas ähnliches. Sie stöhnt von Zeit zu Zeit. Man wartet auf das Auto, das sie zum Krankenhaus bringen wird. Der Sanitäter, ein älterer Mann, antwortet auf dieses Stöhnen: „Schon gut, Maria (für ihn ist jede Polin eine ‚Maria'), die Hilfe wird gleich kommen, Maria, alles wird gut werden, Maria."

Nach Feierabend, entstaubt und gewaschen, suche ich meine Gefährtinnen aus Langwasser. Ich finde sie aber nicht. Sie sind ausgegangen. So, ich werde auch „ausgehen", ganz allein.

Spittlertor, Plärrer, Gostenhofer Schulgasse 15, oberster Stock.

Frau Zäh öffnet die Tür und ruft: „Wie gut, dass Sie gekommen sind! Ich habe an Sie gedacht und mit Hans von Ihnen gesprochen." Sie überschüttet mich mit Fragen: „Wie geht es jetzt im Betrieb? Ah, Sie sind jetzt Putzfrau! Ist es besser, als an der Maschine zu stehen? Und die anderen

---

28 Vgl. Herbert, Fremdarbeiter, S. 289.
29 Ebenda, S. 147.

Mädchen? Ach so, die große Blonde wurde versetzt – und die anderen? Ich hoffe, dass sie doch noch einmal kommen werden? Und jetzt, sehen Sie einmal her!"

Sie zieht einen Karton aus dem Verschlag. In der Schachtel sind drei Paar Damenschuhe. „Ich habe sie bei meinen Freundinnen aufgestöbert. Sie sind nicht neu, aber noch ganz gut. Mein Schuster hat sie in Ordnung gebracht, neue Sohlen draufgemacht, aus Gummi, gute, dauerhafte Sohlen. Probieren Sie sie nur. Als Sie letztes Mal bei uns gewesen sind, da habe ich Ihre Füße mit meinen verglichen. Ich meine, dass sie passen werden."

Ich bin ganz verdutzt. Die Sandalen sind passabel, die anderen Sommerschuhe wie für mich gemacht, das dritte Paar leider nicht. „Das macht nichts, für den Herbst und für den Winter werden wir schon etwas finden, nicht wahr?"

Ich sitze da und finde kein Worte, in keiner Sprache. Sie setzt sich neben mich. „Hansi hat mir viel erzählt. Dieser Transport, das ist eine ganz neue Erfahrung für ihn gewesen. Er kam ganz erschüttert heim. ‚Traute, du kannst dir nicht vorstellen wie arm die Leute sind', sagte er. Und er weinte."

Ich habe Trautes Worte nie vergessen und im Laufe der Jahre oft an sie gedacht. Hans war erschüttert, als er unseren Transport sah. Und wenn er andere Transporte gesehen hätte, etwa die, die zur gleichen Zeit nach Auschwitz gingen?

Man hat nach dem Krieg viel über die gewöhnlichen Menschen gesprochen, die, einmal im Dienst der Nazimacht, aus Gehorsam zu Mördern wurden. Einige von ihnen waren erschüttert. Manche bereuten ihre Taten, manche weinten. Wenn Hans durch einen Befehl gezwungen worden wäre, auf die Deportierten zu schießen, was hätte er gemacht? Hätte er geschossen und erst danach geweint? Er hatte einem anderen Transportbegleiter Widerstand geleistet. Wenn es aber sein Vorgesetzter gewesen wäre?

Nun aber will Frau Zäh die Stimmung aufheitern: „Ich freue mich wirklich sehr, dass Sie da sind. So bin ich sicher, dass wir in Kontakt bleiben werden. Mein Mann arbeitet in seinem Betrieb, der AEG, sehr viel. Ich bin oft allein zu Hause. Ich arbeite auch, aber zu Hause, und liefere meine Arbeit jede Woche ab. Kommen Sie, ich werde Ihnen unsere Wohnung zeigen! Klein ist sie, nicht wahr? Aber auch gemütlich! Ich habe ihr den Namen ‚Villa Windschief' gegeben." Ich kenne den Ausdruck „windschief" nicht. Er lässt mich an ein Segelschiff denken, allen Winden ausgesetzt wie dieses kleine Nest im dritten Stock. Ich finde die Assoziation lustig – „windschief" ist allerdings etwas anderes!

Sie bemerkt, dass mir gefällt, was ich sehe, und zeigt mir alles, lässt mich in alle Ecken gucken, auch in die winzige Küche. Das ist eine Wohnung, wo Menschen leben, die nicht reich sind. Wie viel mag wohl Hans Zäh als Maschinenschlosser bei der AEG verdienen?

An der strahlenden Sauberkeit und an der Ordnung sieht man gleich, dass die Hausfrau gut organisiert und sparsam ist. Alles ist hier einfach. Man sieht nichts in schlechtem Stil, nichts Kitschiges (oder fast nichts), nichts von diesen Bildern und Nippessachen, die ich so oft in Wohnungen sah. Im „guten" oder „schönen" Zimmer (etwa 3,5 m x 4,5 m) gibt es die „schönen Figuren" aus Porzellan in einem Glasschrank. Das ist die kostbarste Sache in dieser Wohnung, von einer guten alten Bekannten geerbt. Traute erklärt mir, dass eine dieser Figuren, ein junges Mädchen in einem erstaunlichen Spitzenkleid, allein auf einem zierlichen Sesselchen sitzend, von ihr „Prinzessin Sissi" genannt wird. Um die Wahrheit zu sagen, war dieses Figürchen dem Stil nach nicht der berühmten „Prinzessin Sissi" ähnlich, eher einer jungen Person aus der Zeit des Rokoko. Es war aber mehr als normal, dass Traute an „Sissi" dachte, die Wittelsbacher waren ja ein bayerisches Geschlecht!

Im Ess- und zugleich Arbeitszimmer stehen auf der Kommode zwei schöne Aufnahmen, eine von den beiden, Hans und Traute, und ein kleines Porträt von Trautes Neffen Rudi. Diese Aufnahmen sind von Trautes Freundin gemacht worden. Sie ist Fotografin und leitet nun selbst ein Photoatelier gleich nebenan in der Gostenhofer Hauptstraße. Eine richtige Künstlerin!

Aus dem Fenster des Zimmers sieht man den Spittlertorturm oder „dicken Peter", wie Traute ihn nennt. Dazu musste man sich hinausbeugen („Achtung, die schönen Blumen!"). Auf einem in die Ecke gedrückten Sofa („Passen Sie auf ihren Kopf auf, es ist Mansarde!") gibt es einen Haufen Kissen. Endlich etwas „wie überall", etwas „Volkstümliches", lauter Geschenke von Verwandten und Freundinnen. Auf einem der Kissen lese ich den gestickten Satz: „Mei Ruah will i ham!"

Das winzige Schlafzimmer mit dem großen alten Bett erinnert an die alten holländischen Bilder im Album „Hausgalerie der berühmten Gemälde".

In einem halboffenen Schrank, in dem Traute eben etwas sucht, erblicke ich ihre Kleider. Sie sind einfach, etwas altmodisch. Offenbar kauft sie sich nicht oft neue Kleider. Später werde ich noch erfahren, dass sie die Unterwäsche selbst anfertigen kann, wie auch selbstgehäkelte Jacken und die Hauspantoffeln für sich und ihren Mann, alles selbst gemacht. Sie ist eine tapfere, tüchtige Frau.

Nach vielen Jahren denke ich noch an diese kleine Wohnung zurück, an diese kleine, von Traute betreute Menschenwelt. Der zweckmäßige, praktische Sinn musste auch der Grund dafür sein, dass sie nur die Dinge duldete, die zu etwas dienten oder etwas Wertvolles darstellten. Seitdem ich, viel später, ein wenig über Nürnberg gelesen habe, meine ich, dass Traute (eine geborene Nürnbergerin) etwas vom „Sinn des Maßes" geerbt hatte, der den Stil der Stadt charakterisierte. Vielleicht beeinflusste dieser Sinn nicht nur Architektur?

„Ist bei euch zu Hause, dort drüben, auch alles so klein? Sicher nicht!" Bei mir zu Hause? Wie sollte ich darauf antworten? Sie sieht, wie verlegen ich bin, und wartet nicht auf eine Antwort. „Ihre Mutter muss sich Sorgen um Sie machen. Ich bin sicher, Sie haben ihr schon geschrieben, nicht wahr?" Nein, noch nicht. Da macht Frau Zäh große Augen, als ob sie ein Gespenst vor sich hätte! „Noch nicht? Sie weiß nicht, dass ..." – „Sie weiß nicht, dass ich in Deutschland bin." Oh weh, was habe ich da gesagt!? Das stimmt doch mit meiner „freiwilligen" Reise gar nicht überein! Ich bringe die Sache wieder in Ordnung: „Das heißt, sie weiß noch nicht, dass ich hier angekommen bin." Traute steht immer noch ratlos da.

„Ich wollte ihr schreiben, sobald ich sicher bin, wo ich arbeite, wo ich wohne ..." – „Sofort werden Sie ihr schreiben", meint Traute, „sofort! Da haben Sie Briefpapier und einen Umschlag. Zum Glück habe ich eine Briefmarke. Heute Abend noch wird geschrieben, nicht wahr?" Ihr Ton ist fast flehend.

„Und schreiben Sie ihr auch, dass Sie hier freundliche Menschen kennen gelernt haben, ist das nicht so?" O ja, das ist wahr ... „Sie können ihr unsere Adresse geben, das wird vielleicht besser sein als jede andere. Und jetzt bitte, gehen Sie doch und schreiben Sie diesen Brief!"

Man möchte denken, dass es eine Herzensangelegenheit dieser ungewöhnlichen und anscheinend so gewöhnlichen Frau sei! Sie begleitet mich bis auf die Treppe und sagt dann: „Auf Wiedersehen, bis bald, bis sehr bald, nicht wahr?"

Ich laufe zur Straßenbahn, das Päckchen mit den Schuhen und dem Briefpapier unterm Arm, betrete das düstere Haus, das traurige Gemeinschaftszimmer wie jemand, der sich vorläufig in einem Warteraum befindet, aber anderswo wohnt. So wird es bleiben bis zum Ende meiner Nürnberger Etappe. Ein Lager, ein anderes Lager, das ist zweitrangig. Mein Heim ist jetzt in der Gostenhofer Schulgasse.

Warum ist es mir gegeben worden und nicht den anderen auch? Warum gab es nur ein tapferes Ehepaar in dieser Stadt, und nicht tausend? Vielleicht gab es sie doch, und man spricht nicht davon, weil alles, was in dieser Zeit vor sich ging, einen bösen Schatten auch auf das Gute, das doch auch da war, geworfen hat? Hätte ich vielleicht diese Ausnahme, diese selbstlose Sorge und Freundschaft, wegen dieser Schatten, wegen der anderen, die kein Glück hatten, nicht annehmen sollen? Diese Frage hat mich erst Jahre später beschäftigt. Es dauerte lange, bis ich die Antwort fand: Man darf der schrecklichen Macht des Bösen nicht erlauben, sich über alles zu erstrecken, man darf ihr keine absolute Kraft zuschreiben. Das Ungewöhnliche ist durchaus anzunehmen: Werte lehnt man nicht ab, Werte vergeudet man nicht.

Meinen zweiten Lohn und die Lebensmittelzuteilung habe ich nicht bekommen, da man mich wieder nach Langwasser brachte. In Langwasser brauchte man jetzt ständig jemand zum Dolmetschen, die Transporte aus Russland kamen wieder an.

Noch einmal Langwasser

Nach Langwasser kommen immer noch die Transporte, es gibt aber keine ärztliche Kontrolle mehr. Wenn jemand krank wird und die Revierarzneien ihm nicht helfen können, dann geht man mit ihm oder mit ihr in die Poliklinik des Krankenhauses Märzfeld.

Ich werde mit mehreren Gruppen von Mädchen als Dolmetscherin zu dieser Klinik gesandt. Dort habe ich wieder die Diakonissen gesehen. Ich wäre gerne noch einmal der begegnet, die im Mai nach Langwasser kam, kannte aber ihren Namen nicht und habe nicht gewagt nach ihr zu fragen.

Im Garten um die Klinik warten viele Fremdarbeiterinnen. Eine Pflegerin sagt, dass man soeben ein junges russisches Mädchen just „in extremis" operieren konnte, sie wurde mit einer Bauchfellentzündung eingeliefert. Später habe ich dieses Mädchen gesehen, ein hübsches blondes Ding, etwa 16 Jahre alt.

Manchmal fährt man uns auf einem Lastwagen in die Stadt. Meistens müssen wir aber den Weg mit einem Aufseher zu Fuß zurücklegen. Der Weg führt durch den Wald, dann über das „Größenwahngelände". Der Begleiter ist oft ein Tscheche in SA-Uniform. Er ist korrekt, die ukrainischen Mädchen sprechen mit ihm auf dem Weg. Er erlaubt uns kleine Pausen zu machen, wenn Zeit dazu ist, dann setzen wir uns auf die gefällten Bäume.

Bei einer solchen Pause habe ich mich einmal für einen Moment entschuldigt. Ich gab vor, kurz „abseits" gehen zu müssen, in Wirklichkeit ging es um etwas anderes. Einmal hinter dem Gebüsch verschwunden, habe ich mich auf die Erde gelegt, auf die wahre, richtige Erde, kein Lagerweg, kein Pflaster in der Stadt. Das hat mir sehr gut getan, dieser zweiminütige Kontakt mit der Erde und dem Gras. Als ich wieder zu den anderen kam, da habe ich ein Stück des Gesprächs aufgeschnappt. Die Unterhaltung ging in einem Sprachmischmasch vor sich, halb Tschechisch, halb Ukrainisch oder Polnisch. Und wovon sprach man da? Von einem gebratenen Huhn, wie gut es wäre, so etwas essen zu können.

Dass man ans Essen denkt, ist kein Wunder. Was man am Mittag im Lager erhält, wird immer schlechter. Wir sind schon im Sommer. Die so genannte Suppe in den Aluminiumbehältern wird wahrscheinlich bereits am Vortag gemacht, wir bekommen sie manchmal schon in einem schlimmen Zustand. Essen kann man das einfach nicht. Einmal war ich dabei, als sich unser Aufseher – es ist immer noch Herr S., unser „Stadtführer" – bei dieser Gelegenheit empörte. Er ließ alle Behälter zur Lieferstelle zurückfahren und schrie am Telefon: „Wenn die Leute arbeiten sollen, da müssen sie anständig ernährt werden und nicht vergiftet!" An diesem Abend haben wir eine doppelte Ration Brot mit Margarine und etwas wie Blutwurst bekommen.

Von hier, von diesem Lager, schrieb ich meiner Mutter, auf dem Briefpapier, das mir Traute gegeben hatte. Vorläufig gab ich ihr aber doch die Lageradresse, da ich nicht wusste, wann ich wieder zu Traute gehen könnte.

Innerhalb einer Woche bekam ich die Antwort. Mama war mehr als verwundert, als sie erfuhr, wo ich war. Sie glaubte mich noch bei Marynia, nahm aber die Reise nach Deutschland nicht zu ernst. Oder tat sie nur so, als ob es eine Reise wie alle anderen gewesen wäre? Sie sei zufrieden zu wissen, dass ich gesund und guten Menschen auf meinem Weg begegnet bin. Sie habe von den Leuten gehört, dass einige Mädchen, die schon früher zur Arbeit nach Deutschland geholt worden waren, ihren Familien tatsächlich helfen konnten. Vorläufig gehe es ihr selbst gut. Sie habe alles, was zum Leben nötig ist, nur der Winter mache ihr Angst. Sie hoffe also, dass meine Saisonarbeit (eben so hat sie geschrieben, „Saisonarbeit") in Deutschland nicht lange dauern werde.

Die Zensur konnte diesem Brief wirklich nichts vorwerfen, für mich aber war er zu kurz und zu allgemein. Hauptsache, die Post funktionierte gut.

Mein zweiter Aufenthalt in Langwasser dauerte nicht lange. Die Transporte hörten auf, die letzten kamen nur noch aus Russland. Ich sah nie mehr einen neuen Transport aus Galizien kommen. In den russischen Transporten kamen vorwiegend Frauen und Mädchen. Die arbeitsfähigen Russen gehörten zu einer anderen Kategorie, den Kriegsgefangenen, obwohl ich später auch Zivilarbeiter gesehen habe.

Meine zwei Gefährtinnen, die so gerne aufs Land gehen wollten, hatten Glück: Sie wurden doch zur Arbeit in der Landwirtschaft geholt. Sie waren nur, wie man ihnen sagte, „irrtümlicherweise zum Eisenwerk Tafel zugeteilt worden". Aus Langwasser wurden an ihrer Stelle drei männliche Arbeiter geholt, ich weiß nicht welcher Nationalität. Sie waren sehr zufrieden. Später würde ich einer von ihnen in Neumarkt begegnen. Sie arbeitete in der Gegend und überlegte, ob sie nicht nach dem Krieg dort bleiben würde, auf dem großen Bauernhof. Sie hatte dort jemand kennen gelernt, auch einen Fremdarbeiter, einen braven Mann. Die Wirte waren gut zu ihnen. Vielleicht würde man später, nach zwei, drei Jahren, nicht mit leeren Händen nach Hause zurückkehren?

Da es keine Transporte mehr gab und damit auch keine Arbeit für mich, wurde ich wieder in einen Betrieb geschickt, aber nicht mehr zu Tafel. Meine Arbeitsstätte hieß jetzt „Vereinigte Deutsche Metallwerke".

Ein großer Betrieb

Die „Vereinigten Deutschen Metallwerke", das imposante, „breitgelagerte Bauwerk mit fünf Fertigungsgeschossen mit gegliedertem Mansarddach"[30] zwischen Schweinau und St. Leonhard. Im Jahre 1942 werden hier vor allem Tuben gefertigt. Da nun alle Betriebe für den Krieg arbeiten müssen und solche, die Metall bearbeiten, noch mehr, werden hier auch andere Dinge hergestellt. Alles ist in diesem Betrieb noch musterhaft, gut geplant und gepflegt. Auf dem Hof am Eingang blühen bunte Blumenbeete.

Vielleicht drei oder vier Mädchen aus Langwasser sind zu VDM gebracht worden. Man registriert uns im Büro und gleich höre ich, dass ich „so wie in Langwasser" als Dolmetscherin und den Rest der Zeit als Arbeiterin im Packraum gebraucht werde. Ich fange gleich an.

So wie immer geht es um die Listen mit den Namen der russischen Arbeiterinnen und Arbeiter, um die Orthografie der russischen Namen. An diesem Nachmittag werde ich in der Küche aushelfen, morgen Nachmittag werde ich in den Packraum geschickt.

Als ich mit der Stenotypistin durch den Bürokorridor gehe, sehe ich an einer Tür den Namen eines Abteilungsleiters oder Direktors und rufe spontan aus: „Das ist ja der Mädchenname meiner Mutter!" Die Sekretärin und jemand, der gerade vorbeigeht, lachen. In diesem Moment öffnet sich die Tür und ein Herr kommt heraus, von zwei anderen begleitet. Sie fragen, was da los sei, und meine Begleiterin antwortet, indem sie auf mich deutet: „Ihre Mutter heißt auch so." Der Herr lächelt etwas verlegen, und die drei entfernen sich.

Seit den Erfahrungen bei der Registrierung auf dem kleinen Bahnhof und später im Arbeitsamt haben sich alle Warnsignale in Bezug auf den Namen meiner Mutter beachtlich abgeschwächt. Die Gefahr war *dort*, *hier*

---

30 Ernst Eichhorn, Unrühmliches Ende eines Industriedenkmals (Vereinigte Deutsche Metallwerke), in: Schönere Heimat 75 (1986), Heft I, S. 315. Eichhorn bedauert den Verlust eines „technikhistorischen Denkmals", eindrucksvoll „durch ‚historisierend' geschweifte Fensteröffnungen in der Art spätgotischer Tudorbogen belebt". Er spricht auch von einem „stark aufleuchtenden Effekt" des Ziegelmauerwerks bei Sonnenbestrahlung. Das 1907–1909 errichtete Gebäude (Architekt Franz Julius Leonhardt) wurde erst 1985 abgerissen.

war sie bis jetzt nicht zu spüren. Kein rotes Licht hat mich nun gewarnt: Vorsicht! Der Name konnte ebenso gut deutsch wie jüdisch sein. Die Leute hier haben nicht reagiert. Also?

Im Grunde war für mich diese Begegnung die Bestätigung dessen, was meine Mutter immer schon gesagt hatte, dass ihre Familie aus Deutschland stammte. In Deutschland gab es eben Menschen, die diesen Namen trugen. Wenn es auch nicht dieselbe Familie war – wie viele „Meier" gibt es auf der Welt? – so war der Name doch hier durchaus geläufig.

Am Nachmittag gehe ich in die Küche. Man muss eben jemand ersetzen und zwar beim Geschirrspülen. Ich werde hier drei Tage lang bleiben. Es gibt viel zu tun, aber die Köchinnen und die Putzfrauen sind korrekt. Fast jede von ihnen hat jemand an der Ostfront. Wenn Pause ist, fragen sie mich, wie es dort, im Osten, gewesen ist. Ich weiß nicht, was ich ihnen erzählen könnte. Alles war schlimm, alles ist schlimm geblieben. Die Angst? Ja, die Angst. Deportationen? Ja, Deportationen. Soll ich von der Angst seit 1941 sprechen und von den Deportationen einer anderen Art? Ob es nicht klar ist, dass der Kommunismus bekämpft werden muss? Ja, das ist klar. Diese Antwort bringt ihnen so etwas wie eine Erleichterung. Es gibt wenigstens eine Rechtfertigung. Eine von den Putzfrauen bringt mir am nächsten Tag ein Päckchen mit einem Kleid, noch ganz gut, „für mich schon zu eng", sagt sie, „und Sie haben sicher nicht viele Sachen von dort mitgebracht". Ja, das ist wahr.

Der Packraum im zweiten oder dritten Geschoss ist eine sehr große Halle mit großen Fenstern. An den langen Tischen stehen lauter Frauen. Sie packen die Tuben ein, große, mittlere, kleine, sehr kleine Tuben, mit und ohne Aufschrift. Für Arzneisalben vor allem, vorwiegend für Frostsalbe (Wir sind im August. Der Winter in Russland wird kalt sein!). Kleine Rollplattformen bringen die Tuben und die Schachteln. Das Packen geht fast automatisch: Man schiebt die Hände in die Masse der Tuben, wobei diese von selbst auf den Fingern stecken bleiben. Nun lässt man sie in spezielle Schachteln mit Fächern fallen. Schachteln holen, Tuben holen, Packen, eine kleine Imbisspause und wieder dasselbe.

Sprechen bei der Arbeit soll man nicht. Die Frauen sprechen aber doch, ganz leise. Mir gegenüber am Tisch stehen zwei Polinnen. Sie sind schon fast seit einem Jahr hier. Gute, sympathische Mädchen aus Westpolen. Sie sprechen bereits ziemlich gut Deutsch und nehmen das Leben mit viel Stoizismus hin. Sie sind der Meinung, dass man noch von Glück sprechen kann, wenn man in so einem Betrieb arbeitet wie hier. Sie kennen andere Polinnen, denen es nicht so gut ergangen ist: Eine ist in einem Rüstungsbetrieb, eine andere bei der Bahn außerhalb der Stadt. Wenn man die Russen und die Russinnen sieht, dann muss man wirklich zufrieden sein. Die beiden wohnen ziemlich weit vom Betrieb, in einem Fremdarbeiterinnenhaus, deshalb sind sie immer die ersten, die nach der Arbeit zum Ausgang springen.

Die deutschen Frauen am Tisch sprechen mit uns nicht viel, sind aber höflich. Man spürt keine Vorurteile uns gegenüber. Am Fenster arbeitet eine ganz junge Frau mit kindlichem Gesicht von auffallender, etwas puppenhafter Schönheit. Ihr Mann ist an der Front. Die Ehe wurde per Procura geschlossen. Wir konnten alle die entsprechende Anzeige in der Zeitung lesen, auch das Bild bewundern, das gemacht wurde als der junge Mann auf Urlaub war, ein schönes Paar. Sie ist hochschwanger und kann sich anscheinend kein Umstandskleid leisten, denn ihr Röckchen ist hochgerutscht und lässt sich nicht mehr zuknöpfen. Eines Tages kommen die anderen Frauen mit Kleidern und Wäsche. Die junge Frau probiert sie während der Imbisspause. Sie freut sich, aber sie weint.

Rechts hinter einer gläsernen Wand arbeiten der Abteilungsleiter und zwei weitere Angestellte, ein älterer Herr und eine Frau. Der junge Abteilungsleiter ist sehr beschäftigt und streng. Man muss sich hüten, dass er einen nicht beim Sprechen erwischt. Die beiden anderen sind höflich. Die Polinnen sagen sogar, sie seien ihnen gegenüber besonders höflich, immer ein Gruß oder eine Geste mit der Hand. Angeblich haben sie Verwandte an der Front verloren. Einmal, als ich mit dem Rollwagen voller Schachteln vorbeigehe und die Bürotür gerade offen steht, gibt mir die Frau einen Wink. Ich halte an der Türe an und sie bittet mich: „Bitte lächeln Sie uns noch einmal an." Habe ich sie tatsächlich schon angelächelt? Ich habe doch nur „Guten Tag!" gesagt. Aber dieser Wunsch macht mich wirklich lachen. Den beiden scheint es zu gefallen oder wohl zu tun. Ich fühle mich wie ein Clown (der ich auch schon immer ein wenig war), aber warum nicht? Da sagt die Frau: „Danke, es war schön! Uns scheint es manchmal, dass wir das Lachen verlernt haben!" Der alte Herr pflichtet ihr bei und die Frau fügt schnell hinzu: „Da wir schon alt sind."

Das ist noch eine der tollen Geschichten, die man erlebt, ohne sie ernst zu nehmen. Erst viel später, eigentlich zu spät, versteht man den Gang der einfachen und manchmal anscheinend dummen Dinge.

Am Anfang weiß man nicht, so scheint mir, wo man mich unterbringen soll. Dort, wo die anderen Polinnen wohnen, gibt es keinen Platz mehr. Eine Möglichkeit wäre noch das kleine Betriebslager in der Turnhalle in der Turnerheimstraße. Dort wohnen die Russinnen. Man vermeidet den Kontakt zwischen den verschiedenen Nationalitäten, aber vorläufig gibt es keine andere Lösung. Allerdings werde ich nicht in der großen Halle mit den vielen Betten untergebracht, sondern in der daran angebauten Veranda. Diese Unterkunft ist sehr primitiv: Zwar bin ich unter einem Dach, aber die Wände sind aus Glas und außer Betten gibt es hier nichts.

Nachdem ich meine Unterkunft gesehen habe, laufe ich am Feierabend zu Traute. Sie ist empört. „In einer Veranda? Hat der Betrieb wirklich keine anderen Möglichkeiten, um seine Arbeiterinnen unterzubringen? Wird dort im Winter geheizt?" – „Ich glaube nicht." – „Gibt es Waschräume oder Duschen?" – „Ja, das schon, es ist doch eine Turnhalle." – „Schränke?" – „Nein, Schränke gibt es keine, nur die Haken, um die Kleider aufzuhängen. Aber ich meine, dass es nur vorläufig ist, so hat man mir im Betrieb gesagt." – „Ich denke", sagt Traute, „du solltest nur das Notwendigste mitnehmen, wie auf eine Reise. Den Rest Deiner Sachen wirst du bei uns lassen. Komm, ich werde es dir zeigen!" Sie zeigt mir ein Versteck in einer Ecke des kleinen Zimmers, etwas wie einen Verschlag zwischen der Wohnung und dem Dachboden. „Das ist für dich. Hier kannst du alle deine ‚sieben Zwetschgen' aufbewahren. Deine Kleider (ja, jetzt habe ich zwei Kleider!) kann ich außerdem ganz gut in unserem Schrank aufhängen."

In dieser Veranda bin ich aber ziemlich lange geblieben. Eine Woche lang hat man sogar noch andere Betten hineingestellt. Zwei Russinnen wurden dort untergebracht, bis sie dann in ein kleines Betriebslager eines anderen Privatunternehmens verlegt wurden. Ein Gemeinschaftsleben fand hier kaum statt. Die Tagesschicht ging, die Nachtschicht kehrte zurück. Nur am Samstag sah man die Mädchen ein wenig plaudern und auf dem kleinen Hof unter den Bäumen spielen. Die grüne Umgebung dieser alten Sporthalle war jedoch ein großer Vorzug.

An Details aus dieser Zeit in der Veranda kann ich mich kaum erinnern. Sicher aß ich wie alle Arbeiter im Betrieb das, was immer so ähnlich wie „Eintopfgericht" hieß, doch etwas besser als in Langwasser schmeckte. Ich weiß nicht mehr, ob ich morgens etwas zu mir nahm. Ganz sicher bekam ich auch hier, wie früher bei Tafel, meinen „Wochenlohn", einen dünnen Umschlag mit etwas Geld und Lebensmittelkarten. Das Geld reichte für die Straßenbahn.

Nach Feierabend, am Samstag und Sonntag lief oder fuhr ich in die Stadt. Die Sicherheit, dass es die „Villa Windschief" gab, wo ich meine „sieben Zwetschgen" aufbewahren konnte, und Traute, die mich sicher nicht Hungers sterben lassen würde, das alles gab mir Hoffnung. Auch hatte ich keine Angst mehr. Im Gegenteil, mein Mut wuchs. Außerdem hatte sich die ganz große Leidenschaft meiner bemächtigt, diese sonderbare Stadt kennen zu lernen. Es waren schöne Tage.

Zum Dolmetschen gab es im Betrieb nicht mehr viel, sobald man alle Personallisten fertig gestellt hatte. Von Zeit zu Zeit brauchte man eine kleine Erklärung für die Handhabung der Maschinen in einer der vielen großen Hallen. Einmal kam ein Meister in die Packhalle und führte mich durch diesen mir unendlich weitläufig erscheinenden Betrieb in eine andere Abteilung. Auf dem Weg bestiegen wir eine eiserne Fußgängerbrücke, die hoch über eine große Maschinenhalle gelegt war. Hier herrschte ein ohrenbetäubender Lärm. In dieser Halle arbeiteten lauter russische Kriegsgefangene. Wann und auf welchem Weg sie in den Betrieb gekommen waren und wo sie wohnten, weiß ich nicht. Sie trugen noch immer die Reste ihrer Uniformen, die mir seit September 1939 so gut bekannt waren. Jetzt hatte es ein Ende mit „Tatschanka-Rostowtschanka",[31] hier sangen die Maschinen und die Halle war streng bewacht.

Weiter, in einem anderen Gebäude, betraten wir eine weitere Maschinenhalle. An allen Arbeitsplätzen saßen russische Frauen und Mädchen. Zwei oder drei deutsche Meister überwachten die Arbeit, die anscheinend ohne Probleme vor sich ging.

Was hätte diese große Fabrik ohne die Gefangenen und ohne die Frauen gemacht? Wenn man diese Halle sieht, voll von gebeugten Köpfen mit

---

31 „Tatschanka" = motorisierte Maschinengewehreinheit, „Rostowtschanka" = aus Rostow. Anfang eines der bekanntesten Soldatenlieder der Roten Armee.

Zöpfen und bunten Tüchlein, ist es ein unheimliches Bild. Wie denken wohl die Meister, die den Betrieb seit langem kennen? Dort, auf diesem Platz, saß Hans Maier, auf einem anderen Heinrich Schmid, auf dem dritten Fritz Müller, Anton, Georg, und jetzt sind es Maria, Feodosia, Jewgenia, Larissa. Wo sind die alten Kumpels heute, wenn sie überhaupt noch leben? Und die Meister selbst, werden auch sie nach und nach einberufen werden? Wer wird sie ersetzen? Eine unsinnige Ökonomie der Kräfte ist hier am Werk.

Fast alle Meister und die anderen deutschen Arbeiter im Betrieb sind nicht mehr jung. Sie bilden „die Reserve". Außer den wenigen eminent kriegswichtigen Spezialisten, die noch an ihren Plätzen geblieben sind, begegnen wir vor allem der älteren Generation. So ist das allgemeine Bild: Die Deutschen sind alt, wir, die Ausländer, sind jung.

Ich habe oben geschrieben, dass in diesem Betrieb das Verhalten der Deutschen den Ausländern gegenüber korrekt gewesen sei – im Jahr 1942, später hat es sich vielleicht geändert. Es ist möglich, dass dieser Altersunterschied etwas damit zu tun hatte. Diese Generation war nicht in ihrer Jugend indoktriniert worden, sie war kritischer. Das will nicht sagen, dass sie nicht vom System beeinflusst worden war. Nur hatte sie doch einst die Chance einer mehr oder weniger großen Wahlfreiheit gehabt. Oft durch das Leben geprüft, konnten diese Menschen mehr Verständnis entwickeln. Man kann hier nicht von einer Verhaltensregel sprechen, obwohl mir diese Tatsache einer Analyse wert erschiene: Im Allgemeinen war der Deutsche im Reichsgebiet alt und der Fremdarbeiter jung. Außerhalb Deutschlands war die Proportion umgekehrt.

So ging ich mit dem Meister in eine der Hallen, um einer Russin zu erklären, wie sie die Maschinen bedienen sollte, um eine Verletzung zu vermeiden. Sie arbeitete an einer Stanzmaschine: Mit einer Hand setzte sie eine Hülse auf einen Metalldorn und mit der anderen zog sie an einem Hebel, der die Stanze herunterfallen ließ. So bohrte sie ein Loch in die Hülse. Es waren natürlich Munitionshülsen. Das Mädchen steckte die Hülse immer so auf, dass sich ihr Zeigefinger eben dort befand, wo die Stanze herabfiel. Bis jetzt war nichts Schlimmes passiert, aber eine Sekunde würde genügen und das Unglück wäre geschehen, wenn sie den Finger nicht schnell genug wegzog.

Während ich sprach, sah mich das Mädchen mit ihren hellen leeren Augen an. Sie sagte auf Russisch „Da, da!", ja, ja, aber schien gar nichts verstanden zu haben. „Sehen Sie, so ist es mit ihr", sagte der Meister, „man hat ihr schon so viele Male alles erklärt und gezeigt. Was kann man noch machen?" Ich versuchte es noch einmal und forderte sie dann dazu auf, mir zu zeigen, wie man die Hülse korrekt aufsetzen soll. Das Mädchen machte wieder die gleichen Fehler wie vor der Erklärung. Aus Verzweiflung tat ich etwas Dummes: Ich selbst nahm eine Hülse, steckte sie so wie das Mädchen auf den Dorn und sagte: „So macht man das nicht! Verboten!", aber im selben Moment drückte sie in einem automatischen Reflex den Hebel herunter und die Stanze fiel auf *meinen* Zeigefinger.

Eine überzeugendere Vorführung dafür, wie man es nicht machen soll, hätte ich sicher nicht geben können. Der Meister ruft „Betriebsunfall!" Mein Finger ist vorbildlich gequetscht und blutet. Das Mädchen ist wie tot vor Schreck, der Meister führt mich schnell ins Krankenrevier. Ob die Kleine doch etwas gelernt hat? Ich werde es niemals erfahren. Die Krankenschwester sieht meinen Finger an. Vielleicht wird man die Fingerkuppe abnehmen müssen, man wird sehen. Sie macht mir einen Verband und ich kehre in die Packhalle zurück, als Heldin der Übersetzung. Da ich aber nur mit einer Hand arbeiten kann, werde ich hauptsächlich beim Schachteln- und Tubenholen beschäftigt.

Zwei Tage später komme ich zu Traute. „Was hast du denn da?", fragt sie, als sie den Verband sieht. – „Nichts Schlimmes, ein Betriebsunfall." – „Wieso? Im Packraum? Was hast du machen müssen?" – „Nein, beim Übersetzen ..." – „Beim Übersetzen den Finger verletzt?! Da kann man sich doch höchstens in die Zunge beißen, würde ich sagen?" Ich erzähle ihr mein Abenteuer. – „Aber man zeigt doch niemals, wie man es *nicht* machen soll!" Traute weiß nicht, ob sie sich ärgern soll oder lachen über diese dumme Dolmetscherin. „Tut es weh?" – „Nein, wirklich nicht." – „Und die Russin?" – „Welche Russin?" – „Die Kleine, der du alles so schön erklärt hast." – „Ich weiß nicht, ich musste gleich ins Revier." – „Ich meine, hat der Meister die Kleine geschimpft?" – „Gar nicht! Er hat sogar zu mir gesagt, als er mich zum Revier begleitete: ‚Sie hat es nicht böse gemeint', als ob er dachte, dass ich mich beschweren würde!" Traute atmet auf. „Hast du sie seitdem wieder gesehen?" – „Wieso sollte ich sie sehen? Sie arbeitet in einer anderen Halle, wir machen während der Arbeit keine Spaziergänge, auch wohnt sie nicht in der Turnhalle!" Traute lässt nicht locker: „Kannst du dir vorstellen, welche Angst sie jetzt haben muss?"

Mein Zeigefinger wurde in zwei Wochen heil. Nur eine ganz kleine Narbe ist mir geblieben, mein Andenken an die Vereinigten Deutschen Metallwerke in Nürnberg. Der Beruf des Dolmetschers kann manchmal gefährlich sein.

Traute fragt mich oft, wie die russischen Mädchen leben, ob sie genug zum Essen haben, ob sie nicht zu traurig sind. Genug, um sich gut zu fühlen und nicht traurig zu sein, haben sie sicher nicht. Sie sind aber mutig. In dieser großen Halle leben sie ihr gemeinsames Leben. Aus welcher Schule des Lebens kommen sie? Etwas vom Komsomol, etwas vom sozialen Leben eines Dorfes oder eines Kolchos, etwas, was sich als Widerstandsgeist zu Anfang des Krieges gebildet hat, das alles muss hier wohl im Spiel sein. Dabei haben sie auch eine zähe, bäuerliche Beharrlichkeit und Stolz. Sie sind tapfer und lebhaft, können lachen und singen. Es gibt allerhand Typen unter ihnen, auch kleine Schelme und Witzbolde. Einer von ihnen gelingt es, dem Wachmann der Turnhalle, einem harmlosen älteren Mann, große Angst einzujagen. Sie sagt ihm nämlich: „Sie, mein Herr, viele Mädchen haben Sie hier, vielleicht jede Nacht ein anderes Mädchen …?" In Panik versucht er ihr diesen Verdacht auszureden: „Ich?! Niemals! Niemals!!" Seine hilflose Reaktion reizt die Mädchen noch mehr, sie ergötzen sich an seiner Angst, schon kichern mehrere von ihnen: „Ja, ja, Herr X. hat viele Mädchen, nur so, dass man es nicht sieht!"

Der Unglückliche holt mich von meiner Veranda: „Sagen Sie ihnen doch etwas! Ob sie wohl wissen, was sie da zusammenreden? Ob ihnen bewusst ist, was das für mich bedeuten kann?" In dieser Situation ist es aber nicht einfach, gute Argumente zu finden. Und doch finde ich eines: „Meine Lieben, wenn man den Wachmann wegen so etwas anklagen würde – denn das ist ein Vergehen und kein Scherz –, dann würden auch viele von uns verhaftet, und der neue Wachmann wird ein schlimmer Polizist sein. Wollt ihr das wirklich? Erst jetzt geht den kleinen Spaßvögeln ein Licht auf und sie beruhigen sich auf der Stelle.

Die Veranda, in der ich „wohne", muss dringend ausgebessert werden: An einer Seite ist das Dach schon im Begriff herunterzufallen. Der

Dachdecker wird kommen, das Wetter ist schön, man muss es ausnützen. So wird mir gesagt, dass ich vorläufig (schon wieder „vorläufig", ich fange an zu begreifen, dass alles hier vorläufig ist) in ein Zimmer umziehen muss, das dem Betrieb zur Verfügung steht, denn der Besitzer des Hauses arbeitet hier. Leider ist dieses Haus ziemlich weit entfernt, in einer Siedlung nahe Schweinau.

Sobald ich die Adresse bekomme, sage ich es Traute. Sie ist gar nicht zufrieden, als sie diese Nachricht hört, obwohl sie auch über die Veranda-Unterkunft brummte: „Was soll das wieder heißen? Was für ein Haus ist es? Was wirst du dort machen müssen? Pass nur auf, dass man dir nicht eine zweite Arbeitsstelle aufhalst! Du wirst vielleicht keine Freiheit mehr haben! Und die Leute dort, wir kennen sie doch nicht, sie werden vielleicht in alle deine Sachen die Nase stecken, nein, das gefällt mir nicht!" Traute sagt es so, als ob sie nicht wüsste, dass es eben im Lagerleben keine Diskretion gibt und jeder die Nase in die Sachen des anderen stecken kann. Sie bestimmt: „Ich werde mit dir gehen, so wird es besser sein. Sie werden dort gleich wissen, dass es Leute gibt, die ein Auge auf dich haben. Dabei will ich sie auch mal sehen." Fast alles in meiner Geschichte gehörte zu den Ausnahmen. Eine der größten jedoch war Trautes uneingeschränkter Einsatz für ihre Mitmenschen, in meinem Fall für eine Fremde.

Ich nehme meinen Sack mit den notwendigsten Sachen, der Rest bleibt in meinem Verschlag. Wir fahren in die Siedlung. Das Haus ist klein, wie alle anderen Häuser hier, mit einem Garten. Die Hausfrau ist da, ihr Sohn auch, er ist etwa sieben Jahre alt. Sie weiß schon Bescheid. Auch hat sie Traute viel zu sagen. In diesem Zimmer wohnten schon mehrmals die Arbeiter und Arbeiterinnen, die man nicht anderswo unterzubringen wusste. Das wurde vom Betrieb verlangt und man hat zugesagt, aber man hat dafür fast nichts von der Firma bekommen. Die Leute, die man einquartiert bekommt, sind allerhand Typen. Letztens war es ein Mädchen, das das Zimmer in einem schlimmen Zustand hinterlassen hat, den Ofen voller Abfälle. Dabei wollte sie immer ihre Strümpfe waschen und waschen, und die Unterwäsche auch. „Ach so", meint Traute, „die Wäsche zu Hause wird nicht möglich sein? Ich verstehe sie. In diesem Fall wird es kein Problem sein, denn diese junge Person hat all ihre Sachen bei uns. Leider ist unsere Wohnung so klein, dass wir sie nicht unterbringen können, obwohl ich es mir eben überlege. Was sagst du, Muschi, gefällt es dir hier?"

Traute ist einfach köstlich. Sie stellt diese Frage so, als ob ich zwischen vielen Wohnungen wählen könnte, als ob es nur von mir abhinge, ob ich hier bleibe. Die Methode ist aber ausgezeichnet, die Frau ist überrascht und wird ruhiger: „Sonst ist es ein ganz nettes Zimmer, sehen Sie doch selbst!" Das Zimmer ist eher ein Platz für eine Vorratskammer, sehr klein, mit einem Fenster an der Gartenseite. Es gibt ein Bett, einen Wandschrank und einen winzigen Waschtisch mit Schüssel, Krug und Eimer.

Ich lasse meinen Sack hier. Traute will, dass wir noch zusammen in die Stadt fahren. Bevor wir gehen, informiert uns die Frau, dass sie eben beim Einmachen ist. Es gibt drei Aprikosenbäume im Garten, zwar jung, aber gut und fruchtbar. Es tut so gut, im Garten zu arbeiten, das Fräulein wird sicher auch mitmachen wollen? Traute antwortet sofort, dass es sicher sehr gut für die Gesundheit sei, an der frischen Luft zu arbeiten, und sie selbst oft außerhalb der Stadt bei der Ernte helfe, dieses Fräulein aber unbedingt regelmäßig Deutsch lernen müsse, um eine gute Dolmetscherin zu werden. Sie, Traute, selbst werde den Lernfortschritt strengstens überwachen. Sie sagte wörtlich „strengstens überwachen". Dass ich dabei ernst geblieben bin, war für mich eine große Anstrengung. Dann sagt sie noch mehr, aber jetzt sprechen die beiden Damen Dialekt und ich verstehe nichts, etwas von der sehr hochgestellten Bekanntschaft ihres Mannes, über die Verantwortung für die Jugend und so weiter. Als wir dann auf der Straße sind, sagt sie: „Hoffentlich wird es nicht lange dauern. Die Veranda wäre schon besser. Pass nur gut auf, wenn sie dir Fragen stellt. Zum Beispiel, wenn sie dich fragt, ob du Polin bist, antworte: ‚Ich bin aus Galizien.' Du weißt, die Neugier ist manchmal peinlich und gefährlich. Hast du gehört, wie sie von der vorherigen Mieterin gesprochen hat? Schlafen kannst du schon in diesem Haus, aber nach der Arbeit komme zu uns. Hoffentlich wird es nicht lange dauern."

Es hat auch nicht lange gedauert. Es muss um den 21. August gewesen sein, als ich einzog. Am ersten Sonntag schlug meine Wirtin vor, dass wir uns im Garten hinsetzten, um Strümpfe zu stopfen, aber ich fand einen Vorwand, um in die Stadt zu laufen. Dabei war Traute eben auf dem Dorf bei ihrer Familie. Ich machte also einen meiner Rundgänge um die schöne Stadt herum, mit knurrendem Magen und begeisterten Augen. Dann fing die neue Woche an. Ich stand um fünf Uhr auf, um den Weg zum Betrieb zu Fuß zurückzulegen. Etwa eine Woche später geschah etwas, das alles veränderte und ich musste das kleine Haus verlassen.

Blond sein (Juni 1942)

Eines Tages, kurz nach meiner erneuten Versetzung nach Langwasser, als ich bei Traute sitze, während sie an ihrem kleinen Tischwerkzeug Heimarbeit macht, hält sie kurz inne, schaut mich an und sagt:
„Muschi?"
„Ja?"
„Muschi, du siehst wie eine Jüdin aus."
Sie sagt das so schlankweg, ohne jede Betonung, auf dieselbe Weise könnte sie auch sagen: Du erinnerst mich an eine Bekannte.
Es ist endlich ausgesprochen. Zum ersten und letzten Mal habe ich das Wort „Jüdin" in Bezug auf mich während meines Aufenthalts in Nürnberg gehört. Ich hatte es gehört, bevor ich nach Nürnberg gekommen war, und noch öfter nachher. Noch nach vielen Jahrzehnten werde ich, weit von dieser Stadt und nicht in Deutschland, unheimlichen Resten der Naziideologie begegnen. In der Stadt der „Nürnberger Gesetze" und des „Stürmer" bin ich – fast – niemandem aufgefallen. Eine Person hat es doch bemerkt und es mir gesagt. Es war Traute.
Ich reagiere zunächst gar nicht und schaue sie gleichgültig an.
„Ich sehe so aus? Dafür kann ich nichts."
„Mir ist es wurscht."
Dann sprechen wir von anderen Sachen, Traute bleibt aber nachdenklich und macht eine Schlussbemerkung:
„Wir werden etwas machen müssen, damit du nicht auffällst und so aussiehst wie alle."
Schön und gut, aber aus dem Lager Langwasser werde ich nicht nach Belieben in die Stadt kommen können. Ich muss also selbst etwas unternehmen.
Wieder im Lager, bitte ich im Revier um ein wenig Wasserstoffsuperoxyd und befeuchte mir damit reichlich die Haare. Dabei denke ich an

meine Mutter, an ihre Stimme in dieser seltsamen Nacht, als sie von den „Ihren" gesprochen hatte, an ihre mysteriöse „schwäbische Familie". Sie hatte mich im Unklaren gelassen, sagte sogar: „Blond müsste man sein, eine Gretchenfrisur haben!" – Blond sein? Kein Problem, ich weiß, wie man das macht!

Nach drei Tagen solcher Behandlung und mit der Hilfe der Sonne – das Wetter ist herrlich – habe ich auf dem Kopf so etwas wie ein Strohdach. Mit diesem Stoppelfeld auf dem Kopf erscheine ich an meinem neuen Arbeitsplatz und danach bei Traute. Als sie mich sieht, schreit sie entsetzt auf: „Oh Gott, Ogottogottogott! Was hast du aus dir gemacht, Muschi?!" Ich will der Sache einen leichten, scherzenden Ton geben: „Sehe ich jetzt nicht aus wie Marlene Dietrich?" – „Um Gottes Willen, was soll ich hier mit einer Marlene anfangen? So kannst du nicht bleiben! Binde dir ein Kopftuch um und komme am Samstag gleich nach Feierabend her!"

Am Samstag gehen wir zu Trautes Friseuse in der Ludwigstraße. Es ist ein kleiner Salon, fast im Untergeschoss.[32] Alle Friseusen scheinen Traute gut zu kennen. Sie tragen hellblaue Mantelschürzen. Ich werde einer von ihnen anvertraut. Sie ist blond und trägt ein Mozartzöpfchen. Traute erzählt ihr meine Geschichte mit dem Wasserstoff. Die Friseuse lacht und sagt, sie habe schon schlimmere Sachen gesehen. Traute lässt mich allein. Nach anderthalb Stunden betrachte ich mich im Spiegel und staune über das Talent der blonden Friseuse.

„Sie brauchen nichts zu bezahlen, alles ist geregelt. Frau Zäh hat mir alles erzählt. Kommen Sie ruhig zu mir, ich werde Ihnen dann zeigen, wie Sie sich selbst die Haare nachbleichen können. Nur kommen Sie niemals am Samstag oder vor den Festtagen und immer nur dann, wenn Sie sehen, dass ich im Laden bin."

Im Lager und im Betrieb hatte niemand meine wundersame Verwandlung bemerkt, umso besser, im Packraum vielleicht nur eine Frau, sie murmelte so etwas wie: „Gut, jetzt sieht sie ordentlich aus!"

Zu der blonden Friseuse ging ich insgesamt noch dreimal, zuletzt im Juni 1943. Sie war traurig, sie machte sich Sorgen um ihren Mann, er war

---

32 In der Altstadt, in der Nähe des Spittlertors. Ich habe diesen Salon im Adressbuch 1940 gesucht. Es muss wohl der „Salon Betty Schuster", Ludwigstraße 16, gewesen sein, aber ich bin mir nicht sicher.

an der Front in Russland. Im August erwartete sie ein Kind. Im August 1943 war ich schon weit von diesem kleinen Friseursalon und da ich die Haare nicht mehr nachbleichen konnte, habe ich sie rotbraun gefärbt, denn eine andere Farbe gab es nicht. Für Nürnberg hatte bereits die Periode der schlimmsten Luftangriffe begonnen.

Deutsch oder Deitsch

Ich schreibe jetzt meiner Mutter ziemlich regelmäßig. Ihre Briefe, immer sehr kurz und kläglich im Ton, kommen bei Traute an. In einem meiner Briefe bat ich sie, sie möge auch einige Worte an Traute schreiben, da sie doch so gut Deutsch spricht.

Der Brief kommt an, Traute liest ihn. Ich bin neugierig, wie sie ihn findet und was meine Mutter geschrieben hat. Traute aber ist nachdenklich, liest ihn noch einmal.

„Ist er gut geschrieben?"

„Ja, sie hat eine schöne Schrift, deine Mama!"

„Ich meine, haben Sie alles verstanden? Schreibt sie ein gutes Deutsch?"

Traute antwortet nicht gleich. „Ja, ich habe alles verstanden, was sie sagen will." Und dann noch, weil sie sieht, dass ich gespannt bin: „Na ja, es gibt Leute die so sprechen."

„Ein Dialekt?"

„Ja, sagen wir ein Dialekt. Schreibe deiner Mama, sie solle doch lieber auf Polnisch schreiben und du wirst es mir übersetzen, das wird eine gute Übung für dich sein."

Ganz offensichtlich schrieb meine Mutter kein gutes Deutsch. Wie war das möglich? Hatte sie es vielleicht verlernt, da sie schon seit langem nicht mehr mit den Ihren verkehrt hatte?

Das Jiddisch, das um uns herum gesprochen wurde, hatte ich immer für Deutsch gehalten, nur ein wenig umgeformt, wie es auch mit der polnischen Sprache in verschiedenen Gegenden und Umgebungen geschah. Dass das Jiddische eine selbstständige Sprache ist, habe ich erst viel später erfahren. Danach wurde mir klar: Meine Mutter wuchs in einer Umgebung auf, in der Jiddisch gesprochen wurde. Sie hatte wohl in der k. u. k. Schule

Deutsch gelernt. Wenn sie sprach oder schrieb kamen ihr aber spontan jiddische Redewendungen und vor allem die eigentümliche Wortfolge in den Sinn.[33] Ihre Aussprache war durch und durch jiddisch. Während des Krieges war diese Art des Sprechens gefährlicher als die totale Unkenntnis des Deutschen. Die wenigen „Nichtarier", die sich in die Zwangsarbeitertransporte einreihen ließen – was eine Chance zum Überleben bedeutete – verheimlichten ihre Kenntnisse der deutschen Sprache, eben um sich durch die jiddische Redeweise nicht zu verraten.

Die Briefe meiner Mutter sind traurig. Die Vermieter haben ihr schon angedeutet, dass sie bald das Zimmer selbst brauchen werden. Auch hat sie kaum Geld, um weiter die Miete zu bezahlen. Es gibt nur noch einen Ausweg aus dieser Situation, nämlich zu einer anderen Familie umzuziehen. Ich kenne diese Familie, freundliche, kultivierte Menschen armenischer Abstammung. Es beruhigt mich Mama in Kontakt mit dieser Familie zu wissen, aber eine Lösung ist es doch nicht.

Solche Nachrichten teile ich Traute nur flüchtig mit. Sie weiß, dass ich kein Geld habe, um Mama zu helfen, und auch, dass ich ihr kein Bargeld schicken darf. Vorläufig weiß sie keinen Rat. Sie meint, dass ich vor allem in Kontakt bleiben solle. Sie werde weiter überlegen, wie man meiner Mutter helfen könne.

---

33 Ein ausgezeichnetes Beispiel für das auf jiddische Weise gesprochene Deutsch gibt ein einzigartiges Buch: Brigitte Schwaiger, Eva Deutsch, Die Galizianerin, Wien 1982. So z. B. auf S. 10.: „Ich werde Ihnen sagen, damit ich nicht lügen soll. Meine Mutter hat auch mitgemacht den Ersten Weltkrieg. Sie war noch Österreich-Ungarn. Der Vater hat k. u. k. vier Jahre gedient. Meine Mutter hat gesagt, die Deutschen waren einmal auch dort in dieser Gegend, weil sie haben die Russen verjagt. Verstehen Sie, zurückgeschlagen. Aber die deutschen Soldaten waren so kultiviert, so nobel. Verstehen Sie, im Ersten Weltkrieg. Das war mir so von Kindheit irgendwie in Gedächtnis, was die Mutter so erzählt hat." Ein weiteres, sehr interessantes galizisches Fragment (S. 11): „Und ich war Polin. Selbstverständlich Jüdin, aber Patriot. Ich bin Galizianerin, vom Kaiser Franz Joseph seine Völker. Mein Vater, mein Großvater, alle waren sie k. u. k. Der Kaiser war ihnen der halbe Gott, und ich hab gelernt Geschichte und alles, und auf einmal hat mein Geschichtslehrer geschimpft auf Kaiser Franz Joseph. Hat mich die Wut gepackt. [...] Ich hab müssen polnischer Patriot sein. Ich war eher Patriot, aber im anderen Sinne, verstehen Sie. Ich hab mich als Galizianerin gefühlt, zugehörig zu Österreich-Ungarn."

Was Luther gesagt hat

Kurz nach diesem Brief, den meine Mutter in Deutsch und doch nicht in Deutsch geschrieben hatte, als wir über etwas sprachen, das mit der Schule zusammenhing, stellte mir Traute folgende Frage:

„Bist du katholisch, Muschi?"

„Ja, katholisch."

Ein ernstes und interessantes Gespräch kündigte sich an. Dass es gleich ganz unernst wurde, war meine Schuld. Dabei hatte ich an nichts Unernstes gedacht und keine Schelmerei im Sinn. Ich erinnerte mich nur an die Artikel, die ich einst in Polen über die Erneuerung der alten germanischen Riten und Symbole gelesen hatte. Diese Artikel stellten diese Versuche fast als Muster für alle dar, die an eine „völkische Identität" glaubten. Darum erwiderte ich:

„Und Sie, Tante Traute, Sie sind germanisch, nicht wahr?"

„Was? Was hast du gesagt?"

Ich berichtete also, so gut ich konnte, was ich gelesen hatte, über den alten Glauben, über die Riten und Feste, Namen und so weiter, über den Gott, der Wodan heißt. Da war Trautes Geduld am Ende. Sie wusste nicht, ob sie lachen oder zornig sein sollte.

„Was für ein Unsinn! Das hast du geglaubt, solch ein blödes Gerede? Meinst du wirklich, dass ich an – Wodan glaube?"

Nein, ich konnte es mir gar nicht vorstellen. Traute und Wodan! Ich sah ein, dass ich etwas gesagt hatte, was sich nicht gehört. Ich hatte es aber wirklich in den Zeitungen gelesen und in einer Wochenschrift. Traute bemerkte meine Verlegenheit.

„Es gibt schon Leute, die sich sehr um das Volkstum kümmern, aber das hat mit dem Glauben nichts zu tun. Manche wollen, dass man die Monate nach alter Weise benennt (das hatte ich schon einmal gehört, Napoleon wollte es auch: Brumaire, Thermidor, Germinal ...). Auch wollte man die Weihnacht umgestalten, aber es ist nichts daraus geworden. Nein, hast du das wirklich geglaubt?" Traute lachte, nein, schlimmer noch, diesmal lachte sie mich aus. Dann aber ging sie gleich zum Unterricht über (... man muss pädagogisch vorgehen!):

„Wir sind Christen, Protestanten. Hast du schon von den Protestanten gehört?"

„Ja, gewiss!"

„Wir gehören der Lutheranischen Augsburger Kirche an. Hast du von Luther gehört?"

„Und ob! Natürlich habe ich von ihm gehört!"

„Da bin ich aber gespannt, was du von ihm weißt!"

„Er war gegen den Papst, gegen die Ablässe, gegen die Unordnung in der Kirche, gegen die Mönche." Traute bekräftigte jedes Wort mit einem anerkennenden Nicken. „Er war vor allem für die Bibel, er hat sie übersetzt."

Bis jetzt verlief mein Examen ganz gut. Nun aber mischte sich ein kleiner Teufel in dieses Spiel, vielleicht derselbe wie auf der Wartburg: „Ich weiß sogar noch mehr! Martin Luther hat die Wahrheit gesagt, denn sonst hätte ihn das Konzil danach nicht geplagt, als er sagte: ‚Wer nicht liebt Wein, Weib und Gesang, bleibt ein Narr ganz gewiss sein Leben lang.'"

Du lieber Himmel! Traute lachte Tränen. So ein Glaubensbekenntnis hatte sie noch nie gehört.

„Wo hast du denn das aufgeschnappt? Wer hat dir das beigebracht?"

„Das war eine Schallplatte, ich weiß schon nicht mehr wo. Jemand ließ diese Schallplatte immer wieder laufen. Das ist doch ein Walzer von Johann Strauß, nicht wahr? Und ich habe diese Strophe behalten."

„Warum gerade diese Strophe?"

„Ja, gerade diese, das stimmt."

„Kind", seufzte Traute, „was ich schon von dir lerne, ist ganz ungewöhnlich."

„War das ... auch dumm? So wie die Geschichte mit Wodan?"

„Nein, gar nicht, nur ... bei dir muss man halt auf Überraschungen vorbereitet sein. Aber das ist gut so, Muschi, glaub mir. Ich bin ganz sicher, dass man mit dir auch ganz ernst sprechen kann."

Später sagte sie noch etwas, wie zu sich selbst: „Es gibt manch kleine Clowns im Zirkus. Sie lachen viel, sie machen andere lachen. Manchmal aber leiden sie insgeheim."

Hans kam aus dem Betrieb. Ich sah ihn sehr selten, denn wenn ich kam, war er entweder noch nicht da oder schon weg. Er machte Überstunden und oft Luftschutzdienst.

„Hansi, hast du so etwas schon gehört? Weißt du, was die Klaa[34] gemeint hat? Dass wir an Wodan glauben! Aber von Luther hat sie schon gehört." Sie erzählte ihm von meinem Fauxpas. Er lachte auch, das Glaubensbekenntnis fand er aber unbedingt richtig.

Das Erntefest (28./29. August 1942)

Spätsommer. Das Wetter ist herrlich, die Ernte vorbei. Ob man hier so etwas wie das Erntedankfest kennt? Traute sagt, dass man es vor dem Krieg sehr heiter feierte und es jetzt ein bisschen anders begangen wird, wenn überhaupt, denn während des Krieges denkt man nur wenig an Feste. Die Ernte war aber sehr gut. Die Pflaumen reifen. Sobald sie reif sind, verschwinden sie über Nacht. Die Erde ist warm, auch die Mauern der Stadt. Das Leben wäre so schön, wenn es nur nicht diesen Krieg gäbe.

Indessen aber nähert sich der Krieg seinem Wendepunkt. In Norddeutschland, an der Ruhr, in Hamburg fallen die Bomben wie Regen. Davon spricht man aber nicht, und wenn es doch angesprochen wird, dann jedenfalls nicht in der Nähe einer Ausländerin. Ganz verheimlichen kann man aber solche Tatsachen nicht. Die Namen der Städte, das Ausmaß der Vernichtung, die Zahl der Obdachlosen werden hie und da erwähnt.

Bis jetzt hat Nürnberg keinen großen Angriff erlebt. Man konnte ruhig schlafen, wenn man nicht ein wenig den Himmel betrachten wollte. Gerade im August ist er besonders schön. Vor drei Jahren, just vor dem Kriegsausbruch, saß ich mit den anderen im Dorf dort bei uns. Wir beschauten das herrliche Spektakel des „Sternenregens". Jemand von den Jungen, glücklich so etwas zu sehen und dazu etwas Kluges beitragen zu können, sagte emphatisch: „Der Sternenhimmel über mir und das moralische Gesetz in mir ..." Er wusste nicht weiter und schloss: „... das sind die schönsten Sachen in der Welt!" – Und wer hat das gesagt? – „Ein großer Philosoph." – Welcher? „Oh ... – Platon vielleicht?" Immanuel Kant ist an

---

34 Fränkische Mundart für „Kleine".

uns vorbeigegangen, ohne dass man ihn bemerkt hätte. Alles schien noch ganz ruhig, als ob es am Himmel nur die Sterne zu bewundern gäbe und das „Gesetz" im menschlichen Leben allem Unrecht trotzen könnte. Diesmal, in einer solchen Nacht, begann die Vernichtung Nürnbergs.

Ich gehe nach 22 Uhr schlafen, obwohl ich noch gerne länger am Fenster geblieben wäre, aber morgen geht es zur Arbeit. Zunächst kann ich nicht einschlafen. Etwa um Mitternacht, endlich schlummernd, werde ich plötzlich mit einer seltsamen Vorahnung wach, wie manchmal vor einem Gewitter. Auf der anderen Seite hört man die Besitzer des Hauses sprechen. Sie schlafen auch nicht. Einige Minuten später heulen schon die Sirenen. Alarm! Die Wirtin klopft an meine Tür. Da war ich schon auf und angezogen.

Wir setzen uns unter die Haustreppe, ganz unten, der Mann, die Frau, der Junge und ich. Es gibt keinen Keller im Haus. Bald geht die Hölle los, Flakfeuer und dumpfe Detonationen.

„Ist es schon bei uns?", fragt die Frau. Sie zittert.

„Nein, weit von hier", beruhigt sie der Mann, aber bei der nächsten Explosion stammelt sie wieder: „Diesmal ist es aber bei uns!" Der Kleine sagt nichts, sitzt geduckt und stumm bei der Mutter.

Die Bombardierung ist in der Tat auf andere Stadtviertel konzentriert, aber auch hier bebt die Erde, die Wände zittern, die Gläser klirren und das Heulen – der Bomben oder der Flugzeuge? – lässt uns alle den Kopf einziehen. „Fräulein", sagt die Frau in einem Moment, da man schon glauben kann, dass sich alles beruhigt hat, „Sie haben doch solche Angriffe schon erlebt, nicht wahr, dort im Osten?" Ich denke an die deutschen Luftangriffe auf Warschau 1939. Die habe ich zwar nicht erlebt, aber reichlich davon sprechen hören. Ich denke an die Bomben auf Lwow, an die Explosionen beim Abzug der russischen Truppen. Meine Erfahrung ist bisher nicht groß, jetzt werde ich wahrscheinlich noch mehr kennen lernen aus diesem Bereich. Ich antworte düster und boshaft: „Ja ..." – „Wie lange kann so etwas wohl dauern?" Ich, noch boshafter: „Manchmal die ganze Nacht. Oder noch länger." – „Oh Gott, oh Gott!", stöhnt die Frau, während das Getöse wieder losgeht. Es dauert ungefähr anderthalb Stunden. Dann wird es immer stiller, schließlich völlig still. Wir bleiben aber immer noch unter der Treppe sitzen. Um 2 Uhr 30 endlich heulen die Sirenen Entwarnung.

Draußen sieht man fast nichts. Im Westen schimmert der Himmel rot. Anderswo ist alles schwarz. Von Zeit zu Zeit stoßen aus dieser schwarzen Wand rote Blitze. Die Luft riecht nach Brand. Es ist ein neuer, bisher unbekannter Geruch.

Haben wir danach noch geschlafen? Ich weiß es nicht mehr. Vor sechs Uhr war ich schon wieder auf den Beinen und eine Stunde später auf dem Weg. Zunächst sah man keine Spur des Angriffs. Erst als ich schon in der Nähe der Fabrik war, bemerkte ich hie und da Scherbenhaufen. Die Fenster waren unter dem Luftdruck geborsten. Schon räumte man überall fleißig auf, Ordnung musste sein, aber die Glasscherben knisterten noch unter den Füßen. Damals kannte ich den Ausdruck „Kristallnacht" noch nicht. Ohne es zu wissen, erlebte ich ihren Widerhall, ihre Rückkehr, mit voller Wucht. Noch viele kristallene Nächte der Scherben, der Trümmer und der Flammen sollten nach Nürnberg zurückkommen.

Der Betrieb hat nicht unter den Bomben gelitten. Anscheinend ist alles wie immer nach diesem nächtlichen Schock. Nur mussten einige Arbeiter mit dem Rad durch die Stadt fahren, da in ihrem Stadtviertel die Straßenbahn beschädigt wurde. Mit dem Rad über diese „Kristallwege" zu fahren war nicht einfach. Jeder von ihnen hat ein anderes Fragment der angegriffenen Stadt gesehen.

Im Packraum sind fast alle Frauen da, zwei sind mit Verspätung gekommen. Eine von ihnen sagt etwas, was ich im Ganzen nicht verstehen kann, außer den Worten „Angst vor Phosphor". Sonst spricht man nicht von der überlebten Nacht. Es ist hier sowieso nicht üblich, bei der Arbeit zu sprechen. Lediglich als ich an den Polinnen vorbeigehe, sagt eine ganz leise: „Wenn man nur ihnen, denen dort oben, einen Wink geben könnte, dass wir auch hier sind! Ich bin sicher, dass auch die Unseren unter denen sind, die hierher zu Besuch geflogen sind …" Später werden wir erfahren, dass sie sich vielleicht nicht geirrt hat. In der britischen Armee waren mehrere polnische Divisionen eingesetzt, sehr aktiv und hoch gepriesen.

Nach Feierabend laufe ich in die Gostenhofer Schulgasse. Niemand ist da. Also weiter, in die Stadt. In der Ludwigstraße hat das Furcht einflößende Gebäude des Polizeipräsidiums etwas abbekommen, man setzt gerade neue Fenster ein. Überall türmen sich die Haufen von zerbrochenem Glas. Auf dem Dach der Elisabethkirche sieht man etwas wie eine große Plane, auf der Straße vor dem Eingang wieder Scherbenhaufen. Man beseitigt sie schnell. Lattenzäune wurden vor den beschädigten Mauern aufgestellt. Die Lorenzkirche scheint völlig unversehrt. Dann aber biege ich in der Richtung des Hauptmarkts ab und sehe die Burg: Ein Teil des Daches ist abgedeckt. Weiter zum Durcheinander auf dem Hauptmarkt: hier ein Bretterzaun, dort Scherbenhaufen und Schutthalden. Hinter der Frauenkirche, am Obstmarkt, hat es gebrannt. Man riecht und schmeckt es noch in der Luft. Mehrere Häuser brannten aus.

Die „schöne Stadt" ist zur Kriegslandschaft geworden, so wie die Städte bei uns, wie Warschau, wie die kleinen wehrlosen Städte und Dörfer im Osten, durch die der Krieg hindurchgezogen war. Gibt es auf der Welt jetzt noch irgendwo einen Platz, wo man im Frieden leben kann? Diese schöne Stadt, von der ich einmal, nach dem Krieg, Lenka erzählen wollte, konnte jetzt, im Krieg, zugrunde gehen. „Verweile doch, du bist so schön!" Es fehlt nur wenig und ich werde dich beweinen, so wie ich um unsere Städte und Städtchen trauerte! Die Nazifarce mit all ihrem Grauen geht mich nichts an, auch weiß ich davon noch nicht viel, das wird aber noch kommen, deine Schönheit aber, wenn auch missbraucht, gehört der Welt der Menschen, der menschlichen Welt.

Lenka hätte es verstanden. Sie teilte meine Liebe für die schönen Städte. Wir hatten ein Album angelegt, in dem an erster Stelle eine Gesamtansicht von Lwow eingeklebt war. Es konnte nicht anders sein, obwohl Lenkas Mama für Wien schwärmte („Wien, Wien, nur du allein ..."). Wir hatten schon viele schöne Bilder gesammelt aus Sevilla und Granada, aus Neapel und Florenz. Was mag wohl mit diesem Album geschehen sein? Ich würde Lenka von diesem Luftangriff erzählen müssen.

Plötzlich erinnere ich mich des letzten Schuljahres 1939, als man schon vom möglichen (aber natürlich siegreichen) Krieg gegen Deutschland sprach. Wir erlernten die naiven Mittel des Schutzes im Fall eines Luftangriffs, den Umgang mit Gasmasken, das Überkleben der Fenster mit Papierstreifen als Splitterschutz. Wie wir uns darüber lustig machten! Lenkas Mutter lebte schon in Panik und wir schwätzten so lange, bis sie endlich mit uns lachen musste: „Stell dir doch vor, Mama, eine kleine Bombe fällt auf unsere Penne! Alle Hefte mit unseren schrecklichen Noten und Fehlern explodieren, da wird aber ein gefährliches Gas entstehen!" Wir waren damals 14 Jahre alt.

Wo mochte Lenka jetzt wohl sein, die ich zum letzten Mal in der Gosse laufen sah mit dem gelben Stern auf dem Mantel? Lenka, die mit mir nicht sprechen wollte, die mir „geh weg!" entgegengeschrien hatte?

Ich kehre in die Gostenhofer Schulgasse zurück. Diesmal ist Traute da. Hans ist im Betrieb bis zum Morgen, er hat Nachtschicht. Traute war auf dem Dorf bei den Verwandten. Auf einem Hügel am Waldrand haben sich alle versammelt, um aus der Ferne zu sehen, was sich über der Stadt abspielte. Sie dachte dabei an Hans, der in dieser Nacht Luftschutzdienst im Betrieb hatte, und auch an mich.

„Siehst du, das sind doch dieselben, die als Touristen hierher kamen, die Stadt bewunderten, ‚it's wonderful' ausriefen. Ein Jammer ist das, dieser Krieg!" Heute wird Traute noch ausgehen müssen, um jemand zu besuchen, morgen, am Sonntag, soll ich aber wiederkommen: „Gewiss, Muschi, du kommst zum Mittagessen, ich habe Gemüse aus dem Dorf mitgebracht."

Zurück in der Siedlung erfahre ich etwas Neues. Die Familien, die in der vorigen Nacht ihre Wohnungen samt Hausrat verloren haben, müssen untergebracht werden. Die Hälfte des Hauses wird ihnen zur Verfügung gestellt. Selbstverständlich muss ich das kleine Zimmer freimachen. Es war ja ohnehin nur eine vorläufige Lösung, ob ich es verstehe? Ja, ich verstehe es sehr gut! Im Grunde bin ich froh darüber. Die Frau ist von meiner Reaktion überrascht. Ich hätte wenigstens „schade" sagen sollen, doch ich bin gleich vorbildlich schnell bereit, das „schöne Zimmer" anderen zu überlassen. Mein Sack ist gleich gepackt, am Montag, nach der Arbeit, werde ich dorthin gehen, wohin man mich schickt.

Am Sonntag bin ich in der „Villa Windschief" und esse mit den beiden ein gutes Gemüsegericht. Ein schöner Tag, zwei gute Menschen. Man könnte glauben, die Welt sei in Ordnung und ich als Glückskind bei Tante und Onkel zu Besuch. Die vorige Nacht scheint schon der Vergangenheit anzugehören. Man spricht nicht darüber. Ich wage aber zu fragen, ob Traute, als sie in die Stadt gegangen ist, die Zerstörungen gesehen hat: „Sehr wenig. Werde doch nicht gaffen gehen. Helfen kann ich sowieso nicht, auch habe ich nicht genug Zeit. Es gab viele Bomben in Wöhrd, nicht weit von hier, so sagt man, große Schäden im Betrieb von MAN. Auch habe ich gehört, dass die Alte Kongresshalle abgebrannt ist, angeblich brannte sie noch gestern Abend. Das ist doch ganz nahe bei Langwasser." – „Morgen wird sicher alles in den Zeitungen stehen", sage ich. Traute zuckt mit den Achseln. „In einer Woche, vielleicht, wird man etwas lesen können." Und sie gibt gleich zu: „Es ist halt nicht so einfach, sofort alle Schäden aufzulisten."

Die Nacht der ersten großen Bombardierung Nürnbergs ist die letzte Nacht der jüdischen Gemeinde in D., Lenkas Städtchen, wahrscheinlich auch in vielen anderen Orten. Was aber vor sich ging in dieser Nacht und am folgenden Tag, werde ich erst ein Jahr später erfahren, und Genaueres mehr als vierzig Jahre später, aus einem Buch.[35]

An diesem Montag, dem 31. August, stand ich um 5 Uhr 30 auf, sagte meinen Wirten Danke und Adieu und ging in den Betrieb.

An diesem Montag, dem 31. August, um 4 Uhr morgens, in einem kleinen Städtchen in Galizien, stieg eine Gruppe der so genannten Judenpolizei, von einer Einsatzgruppe überwacht, den Weg zwischen den Hügeln hinauf, in Richtung des jüdischen Friedhofs, des „Kirkuts". Diesen Weg kannte ich gut. Lenka kannte ihn auch. Die Bewohner der kleinen Häuser auf beiden Seiten des Weges hörten diesen sonderbaren Vorbeimarsch und sahen, hinter den Fensterläden versteckt, die Männer, die Spaten, Hacken, Schaufeln und Munitionskisten trugen. Später hörte man die Schüsse aus der Richtung des Marktplatzes. Dort jagte man die Juden aus ihren Häusern. Man tötete die Kranken, die Alten und die Säuglinge auf der Stelle, manchmal auf unvorstellbar bestialische Weise.

Die Sonne stand schon hoch, als man eine Kolonne aus diesen vor Angst halbtoten Menschen formte. Es waren die ansässigen Juden und auch die herbeigeschafften aus der Umgebung. Als erste gehen die Ärzte (unter ihnen wohl Dr. N., der mich zweimal bei ernsten Kinderkrankheiten behandelt hatte), die Anwälte (unter ihnen die Väter meiner Klassenkameradinnen), die Beamten, die einst reichen Kaufleute, dann der Rest: die frommen Chassidim in ihren schwarzen Kitteln, Familien mit Kindern. Die jungen Mädchen gingen singend den Weg in den Tod. Andere stöhnten, jammerten, fluchten, die Kinder schrien. Der Gemeindevorstand

---

35 Über die Vernichtung der Juden in D. siehe: Franciszek Stemler, Ludzie Doliny, Oficyna Wydawnicza Interim 1991, S. 199–203.

wurde auf einer Bahre getragen. Der Rabbiner betete laut und sprach über die Buße.

Auf dem Friedhof mussten sich alle ausziehen und nackt unter der brennenden Augustsonne warten, bis die Massengräber fertig waren. Die Kinder heulten vor quälendem Durst. Die nächsten Häuser sind etwa 500 Meter vom Friedhof entfernt. Diese Stimmen werden die Bewohner lebenslang begleiten.

Erst um vier Uhr nachmittags waren die Gräber fertig. Man stellte die Menschen auf die über den Graben gelegten Planken. So wurden sie erschossen und fielen gleich in die Grube, Erwachsene, Kinder, einfach alle, manche von ihnen noch lebendig. Nicht allen wurde das Recht auf den Gnadenschuss zuteil. So wurden sie begraben, insgesamt etwa 3000.

Klara, Hela, Erna, Rela, Minka, Lea, Rita waren unter ihnen. Und Lenka? Niemals werde ich erfahren können, was aus ihr geworden ist. Ihr Vater und ihre Mutter waren an diesem Tag schon nicht mehr am Leben. Nachdem Dr. W., Lenkas Vater, einige Zeit früher an einem Transport der Ärzte und Veterinäre teilnehmen sollte, um angeblich zur Arbeit geschickt zu werden, erfuhr er, dass gleich nachdem er das Haus verlassen hatte, seine Frau erschossen worden war, die blonde Fanny, Lenkas Mutter, Professorin für deutsche Sprache, dieselbe, die so schreckliche Angst vor dem Krieg gehabt hatte. Dr. W. hat sich daraufhin das Leben genommen. Er hatte eine Ampulle mit Zyanid bei sich. Wurde Lenka vorher anderswo in Sicherheit gebracht? Oder ist sie im jüdischen Viertel in D. geblieben? Es gibt keine Spur von ihr.

Lager Regensburgerstraße

Ich muss wieder umziehen. Das Lager in der Regensburgerstraße befindet sich außerhalb der Stadt, bei der Endstation der Straßenbahn. Es ist eine weitläufige Anlage, eine Siedlung. Hier sieht man keine Baracken, nur eine Reihe von großen modernen Häusern. Viel später werde ich erfahren, dass es weiter im Wald auch ein anderes Lager für die Russen gab, das ich niemals gesehen habe. Hier wohnen vor allem Italiener, einige Ukrainer, vielleicht auch Belgier und Holländer. Die bunte und singende Anwesenheit der Italiener bemerkt man sofort.

Der Verwaltungsleiter sagt mir, dass ich hier nicht viel Arbeit als Dolmetscherin haben werde, man brauche aber jemand für die Wäsche- und Gerätekammer. Dabei erfahre ich, dass ich nur für 8 Wochen da bin, dann werde ich in ein anderes Lager versetzt. Die Arbeit, die man mir zeigt, verlangt wohl, dass man von Zeit zu Zeit schwere Dinge heben und tragen muss, aber es geht. Ich sitze in einem kleinen Zimmer, wo ich die Wäsche – vorwiegend die Küchenwäsche und Bettücher, Handtücher usw. – vor und nach dem Waschen kontrolliere, durchzähle und vermerke. Dasselbe gilt auch für die Gerätekammer, wo man allerhand Utensilien, vor allem für die Küche und für die Reinigung, aufbewahrt. Man gibt aus, man schreibt ein. In der Zwischenzeit helfe ich bei der Abnahme der Lieferungen.

Als ich dabei mit den Lieferscheinen ins Büro komme, sehe ich die Beamtin in Verlegenheit. Die Schreibmaschine hat eine Panne, und sie hat eben eine dringende Arbeit zu erledigen. Ich soll ihr ein wenig Maschinenöl bringen, vielleicht auch einen feinen Schraubenzieher. Das mache ich sofort. Dann frage ich die Dame, ob ich einmal nachsehen solle. Schreibmaschinen kannte ich ein wenig und ich habe in den letzten Monaten bei uns auch gelernt, die nicht zu komplizierten Pannen zu reparieren. Das verdanke ich einem damals arbeitslosen Erzieher, einem Flüchtling aus Schlesien. Er fand, dass man doch etwas lernen müsste in dieser schullosen Zeit. Also mache ich mich dran und habe Glück: Das Malheur ist gar nicht gravierend, eine kleine Heftklammer war an allem schuld. Dann probiere ich, ob alles in Ordnung ist. Die Frau sieht es und fragt, ob ich auch Deutsch schreiben könne. Sie diktiert mir einige Sätze und ich gehe in meine Wäschekammer.

Am nächsten Tag ruft man mich wieder ins Büro. Man setzt mich an eine andere Schreibmaschine, und ich bekomme zwei handgeschriebene Briefe zum Abtippen. Damit bin ich ziemlich schnell fertig, nur ein Fehler muss ausgebessert werden. Dann wird diese Maschine, eine große und schwere alte Maschine, in meine Ecke gestellt, und ich mache auch die Arbeit für das Büro. Später werde ich erfahren, dass auf diese Weise kein Ersatz im Büro nötig war, als eine Angestellte in Mutterschaftsurlaub ging. Das war eine gute Lösung, denn mich hat man nicht bezahlen müssen!

Das Lager war, wie gesagt, vor allem ein Italienerlager. Sie waren damals, im Jahre 1942 und noch Anfang 1943, ganz frei, als „Alliierte des

Reiches". Ihre bunte und laute Anwesenheit konnte nicht unbemerkt bleiben, zumal wenn sie in kleinen oder größeren Gruppen in der Stadt herumspazierten, vor allem am Sonntag. Während der regnerischen Tage benutzten sie große, farbige Regenschirme, was die Nürnberger in Staunen versetzte. Die großen Gebäude, die früher dem „Zweckverband Reichsparteitagsgelände" gedient hatten, ihre Ausstattung und die Lebensverhältnisse waren ganz anders als in den Barackenlagern für die anderen Ausländer.[36]

Von den Italienern sagte man, dass sie sehr unternehmungslustig seien und kein Unternehmen für unmöglich hielten. Zugleich waren sie allen anderen Ausländern gegenüber freundlich und hilfsbereit. Es gab sehr diskrete, kaum andeutende Gerüchte, die ich erst 1943 wahrgenommen habe, dass sie sich zwischen Deutschland und Italien so bewegten, wie sie nur wollten, womit sie wollten und auch mit *wem* sie wollten. Sonst fuhren sie sehr oft nach Italien „auf Urlaub" und brachten von dort allerhand Waren mit wie Bohnenkaffee, Mandeln, Rosinen und Hartkäse, den man lang aufbewahren konnte.

Auch hier in Nürnberg wussten sie manches zu organisieren. Als bei dem Fliegerangriff am 28. August die Alte Kongresshalle ausbrannte, in der Lebensmittel und Getränke in großen Mengen eingelagert waren, konnte doch ein Teil dieser Schätze aus den Flammen gerettet werden, auf eine sehr diskrete Weise. Angeblich wussten die Italiener darüber mehr als alle anderen.

Die Mehrzahl der Gebäude hielten die Italiener besetzt. Es gab aber auch andere Fremdarbeiter hier, aus Belgien, Holland und der Ukraine. Die Italiener waren hier zu Hause und gaben den Ton an. Deswegen war dieses Lager weniger streng bewacht. So konnten hier, so scheint es mir, viele Personen und viele Geschäfte aller Art Unterkunft finden, ohne gleich aufzufallen.

Ich habe nur einen Italiener näher kennen gelernt, davon wird gleich die Rede sein. Er wohnte zwar nicht in diesem Lager, hatte aber viele Kontakte, auch mit den Deutschen in der Verwaltung. Von ihm habe ich erfahren, wie man hier Menschen fand, die buchstäblich alles beschaffen und auf die man sich verlassen konnte, ohne sich dabei zu gefährden. Das hat sich später als sehr nützlich erwiesen.

---

36 Heute sind diese Gebäude ein Altersheim.

Die Schlafräume für die Fremdarbeiterinnen waren ein richtiger Turm von Babel: Ungarinnen, Slowakinnen, Tschechinnen, Serbinnen. Fast alle waren „nur vorläufig" da und wurden später anderen Stellen zugewiesen. Im ersten Schlafraum waren alle Plätze belegt. Im nächsten war ein Bett frei, aber hier lebten lauter Ungarinnen. „Es wird sicher besser sein, wenn Sie sich anderswo niederlassen", komplimentierte mich eine von ihnen sehr höflich hinaus. Im dritten Saal war ebenfalls ein Bett frei, aber eine der Bewohnerinnen hatte hier im Reich ihren Mann. Mit viel Mühe war es ihnen genehmigt worden, zusammen in Nürnberg eingesetzt zu werden. Er kam, wann er nur konnte, manchmal blieb er auch für die Nacht, der Verwaltungsleiter hatte das erlaubt. Anderswo wäre es überhaupt nicht möglich gewesen, auch würde es wohl nicht lange dauern. Zwei Freundinnen dieses Ehepaares hatten sich auf diskrete Weise in der anderen Ecke des Saales eingerichtet. Es gab also keinen Platz für eine neue Person. Zu allem Überfluss war die junge Frau sofort dem Weinen nahe. Ich ging also in den nächsten Saal. Er war teilweise mit aufgestapelten Bettgestellen und Strohsäcken gefüllt, doch das störte mich nicht, ich blieb hier.

Die Angestellte, die mich über alles unterrichtet hatte, was das Leben im Lager und die Arbeit betraf, war eine Russin, die mit ihren Eltern vor der Revolution geflüchtet war, seitdem in Nürnberg lebte und die deutsche Staatsbürgerschaft erworben hatte. Sie schlug mir später einmal vor, dass ich mit ihr gehen solle, um zu sehen, wie man hier „auf Russisch" lebt. Ich erinnere mich nicht mehr an die Straße. Die Wohnung befand sich im obersten Stock, es war fast ein Dachboden, doch viel geräumiger als in der „Villa Windschief". Hier herrschte eine echte russische Stimmung, sogar einen Samowar gab es da. Dieser russischen Welt zu begegnen, wenn man zugleich die Lager kannte, wo die anderen Russen wie Sklaven leben mussten, das war fast etwas Unwirkliches. Hier sprach man nur Russisch. Der Bräutigam der jungen Frau, den sie mir vorstellte, sprach zwar Deutsch, „aber besser Französisch", wie er mir erklärte. Ihre Mutter konnte nur wenige deutsche Sätze formulieren. Es war eine Enklave. Für wie lange? Ein Nest der fremden Vögel unter dem Dach.

Von der Verpflegung in der Regensburgerstraße ist mir keine Erinnerung geblieben, nur ein Korridor mit dem Schalter, an dem man morgens Kaffee, Brot und Margarine oder Marmelade bekam. Am Mittag gab es wohl dasselbe wie überall, einen Teller mit dem ominösen „Eintopfgericht", doch aus diesem Lager habe ich keine peinlichen Erinnerungen heraus getragen, soweit es sich ums Essen handelt, vielleicht dank des Kochs.

Er war ein großer, rundlicher und kräftiger Mann, den man oft schreien und brüllen hörte, vor dem man richtig Angst bekommen konnte. Dass er, wenn er zufällig beim Austeilen am Schalter war, öfters zwei anstatt ein Stück Brot, zwei anstatt einen Schöpflöffel von der Mahlzeit gab, habe ich zuerst nicht bemerkt oder meinte, es sei nur ein Versehen. Dann sah ich diesen Koch, als er einem Fremdarbeiter, vielleicht einem Belgier, mit Brüllen und Schreien nachlief, als ob er ihn schlagen wollte, dabei hielt er eine Konservenbüchse in der Hand, so groß wie ein kleiner Eimer: „Was soll das heißen, was macht das hier, wer soll das aufräumen, weg damit, hörst du? Nimm das sofort und verschwinde!" Als der junge Mann an mir vorbeiging (das alles geschah in der Nähe der Küche), wollte ich ihm etwas Tröstendes sagen, er aber lachte: „Du kennst ihn nicht. Komm mit, ich werde dir etwas zeigen." Der Eimer war noch halbvoll mit echter guter Erdbeermarmelade, eigentlich etwas „nur für Deutsche", kurzum etwas Wunderbares. „Siehst du", sagte der junge Mann, „er ist so, nur schreien tut er und das ist auch besser, denn es gibt auch andere in der Küche, sogar solche, vor denen man sich hüten muss. Willst du ein wenig von dieser Marmelade? Also finde ein Glas!"

Etwa eine Woche nach meiner Ankunft bemerkte ich eine neues Gesicht, ein junges Mädchen, klein, zierlich und scheu. Sie trug ein Kopftuch wie die Russinnen, es gab aber keine Russinnen hier. Eines Abends erfuhr ich mehr: Sie kam wohl aus Russland, war aber italienischer Abstammung. Sie wurde vorläufig im Lager aufgenommen, denn es gab Probleme mit dem Platz in den Schlafsälen, wie in meinem Fall. Diesmal kam der Verwaltungsleiter selbst, um die Sache zu regeln. Dabei erfuhr er zu seiner großen Verwunderung, dass auch ich mir einen anderen Platz hatte suchen müssen und wie ich ihn gefunden hatte. Er fand das unerhört, schien dabei verlegen zu sein wegen der neuen Insassin und wiederholte: „Sie ist nur für kurze Zeit da." Ich fasste mir ein Herz und bat ihn, die Neue mit mir im Abstellraum wohnen zu lassen. Er war überrascht, aber sagte zu. So konnte er sich den lästigen Kram elegant vom Halse schaffen.

Wir blieben in dieser Rumpelkammer zu zweit mit Nadia. Als wir ganz allein waren und ein wenig gesprochen hatten, geriet sie auf einmal ins

Wanken, weinte und weinte, wollte aufhören und konnte es nicht. Es war klar, sie hatte sich sehr lange beherrschen müssen und nun kam eine Krise. Sie mit Worten zu trösten hatte keinen Sinn. Manchmal ist es besser, weinen zu können, um den Druck abzubauen. Da sie auf ihrer Bettdecke lag, nahm ich die meine (ich hatte zwei) und deckte sie zu. Sie weinte so noch ziemlich lange. Dann stand sie auf, gab mir meine Decke wieder und ging sich waschen. Als sie zurückkam, diesmal ohne Kopftuch, begriff ich, wozu dieses hässliche Kopftuch dienen sollte: Es sollte sie weniger auffallend machen, denn Nadia war von einer ganz außergewöhnlichen Schönheit, das sah man trotz des vom Weinen geschwollenen Gesichts. Sie sagte nur „spasibo", danke, legte sich hin und schlief gleich ein.

Wir haben uns dann gut verstanden und sprachen in der Nacht lange miteinander. Das war ein Vorzug dieser Rumpelkammer. Sie kam aus der russischen Ukraine, aber ich hatte den Eindruck, als ob sie davon ungern sprach. Sie war in Odessa geboren. Ihr Vater oder ihre Mutter, ich weiß es schon nicht mehr, kam aus Italien, jedenfalls war ihr Vater Seemann. Er wurde dann zur Arbeit nach Norden geschickt (ich wusste, was das bedeuten sollte), und es kam keine Nachricht mehr von ihm. Die Mutter starb früh, Nadia wuchs in einer anderen Stadt auf, bei einer Verwandten, die fünf Kinder hatte. Bereits mit 17 Jahren arbeitete sie in einer Fabrik. Dann wurde sie zum Transport nach Deutschland gebracht. Sie hat danach sehr schwere Momente erlebt. Sie war in einer sehr großen Gefahr. Sie konnte offenbar nicht darüber sprechen, sie stockte. Dann sagte sie: „So wie du bin ich jemand begegnet, der mich aus dieser Gefahr herausgeführt hat."

Mehr über diese große Gefahr würde ich nicht erfahren. Mit der Zeit wurde mir klar, dass Nadia zuerst in einer anderen Stadt gelandet war, vielleicht in Norddeutschland. Vielleicht meinte sie mit „der großen Gefahr" die Luftangriffe? Ich fragte sie aber nicht, obwohl wir unsere Unterhaltungen im gegenseitigen Vertrauen weiterführten. Ich hatte auch Gefahren erlebt, von denen ich nicht sprechen wollte.

So erfuhr ich nur, dass dieser jemand, der sie aus der Gefahr gerettet hatte, ein Italiener war. Er arbeitete anderswo, würde aber bald hierher kommen, denn er habe oft in Nürnberg zu tun und hier viele Bekannte. Später erfuhr ich, dass einer dieser Bekannten unser Verwaltungsleiter war. Er arbeitete für eine deutsch-italienische Firma als Spezialist für Motoren.

Als er sie hierher gebracht hatte (also war Nadia nicht mit einem Transport nach Nürnberg gekommen), sollte sie bei einer Dame als Dienstmädchen aufgenommen werden, doch es trat etwas Unvorhergesehenes ein, schwerwiegende Familienkonflikte. Berto, dem Italiener, war es gelungen, sie hier im Lager unterzubringen, nur zeitweise. Und dann? Nadia wusste noch nicht, was dann sein würde. Berto wusste es, das genügte. Er würde am Samstag kommen, er hatte es versprochen.

Bevor dieser Samstag kommen konnte, gab es jedoch ein Donnerwetter! In der Küche gab es, außer dem Koch, eine aggressive Person, die jedermann fürchtete. Nadia arbeitete als Putzfrau und machte die Küche und die an sie angrenzenden Räume. Ihr stilles Auftreten brachte die Frau besonders in Rage, vielleicht auch ihre Schönheit. Später hörte ich jemand sagen, dass da eine Enttäuschung über einen Italiener mit im Spiel war, mit dem diese Person in enger Beziehung gestanden hatte.

Nadia ließ beim Saubermachen einen kleinen Haufen leerer Gemüsekisten im Durchgang stehen. Sofort brach ein Gewitter los, das umso gewaltiger ausfiel, als Nadia ein weiteres Verbrechen begangen hatte: Sie hatte einen Topf mit Wasser auf dem Küchenherd stehen lassen, damit es heiß wird, um etwas gründlich zu reinigen. Nun war es nicht nur heiß, es kochte. Die Küche war voller Dampf. Unerhört! Nadia war in diesem Moment unten bei der Küchentreppe, die Furie oben, der Haufen der Kisten wurde mit Händen und Füßen in Nadias Richtung gestoßen. Und danach folgte der Topf mit dem heißen Wasser!

Die fallenden Kisten verursachten bei Nadia keine großen Verletzungen, nur einige blaue Flecken. Das heiße Wasser aber traf jemand ganz anderen. Es geschah sicher nicht absichtlich: Als sie den Topf in die Hände genommen hatte, muss sie sich ein wenig die Finger verbrüht haben. Deshalb warf sie ihn weg ohne sich umzuschauen und das heiße Wasser ergoss sich über die Person, die eben unter der Treppe vorbeiging – mich! Linke Schulter, Arm und Hand bekamen etwas ab, nicht schlimm, denn das Wasser kochte nicht mehr, aber angenehm war es trotzdem nicht.

Ich lief in den Waschraum und stellte mich unter den Wasserhahn mit kaltem Wasser, das beste Mittel gegen oberflächliche Brandwunden. Bei nächster Gelegenheit berichtete ich alles im Büro. Der Verwaltungsleiter murmelte etwas wie: „Ich kann doch nicht das Küchenpersonal entlassen nur eines kleinen Unfalls wegen. Und die Italienerin oder Russin, sie ist nur vorläufig da, sie soll aufpassen." Mein Arm und die Hand machten aber Eindruck und schon am selben Abend wusste Nadia, dass sie demnächst in den Häusern in der Nähe des Lagers saubermachen würde, schlafen konnte sie vorläufig noch hier.

Sie war sehr erschrocken und glaubte, dass ich ins Krankenhaus gebracht werden müsste. Nadia dachte, dass ich an ihrer Stelle angegriffen worden war, und wiederholte: „Das alles nur wegen mir". Sie beruhigte sich erst, als ich ihr versicherte, dass ich wirklich nicht zu sehr gelitten hatte. Es brannte ein wenig, aber es ging. Die Frau in der Küche wurde nun ruhiger, Nadia war nicht mehr in der Nähe. Mich aber sah sie immer noch mit Ärger an.

Am Samstag ging ich wie immer in die Stadt. Als ich zurückkam, sah ich am Eingang ins Lager wie immer mehrere Italiener und etwas abseits Nadia mit einem Mann. Sie kamen mir gleich entgegen. Nadia stellte mir den Mann vor: „Das ist Berto!" Er begrüßte mich auf Russisch. Nein, er spreche nicht Russisch, er habe eben erst angefangen, es zu lernen, aber er habe eine gute Lehrerin, die ihrerseits immer besser Italienisch spreche.

Berto musste um die 30 sein. Obwohl er sagte, dass seine Familie aus Süditalien stammte, war sein Gesicht nicht typisch italienisch, aber was wusste ich? Er arbeitete für eine Gesellschaft und war oft unterwegs, von einem Unternehmen zum anderen. Letzte Woche war er in München, diese Woche hatte er in Nürnberg und Umgebung zu tun, so würde er nach der Arbeit zu Besuch kommen können.

In der Woche begegnete ich den beiden mehrmals, ohne sie zu stören, doch gab es auch Gelegenheit, einige Worte zu wechseln. Berto musste ein aufrichtiger Mensch sein, er erweckte Vertrauen. Er schien gebildeter zu sein als die anderen Italiener hier, von denen er viele kannte. Neben seiner kräftigen Gestalt – er sagte, er liebe Schwimmen und Segeln – sah Nadia noch winziger aus. An einem Abend, als gerade niemand da war, unter den Bäumen nicht weit vom Eingang, sah ich, wie Berto, bevor er wegging, Nadia auf die Arme nahm. Sie ließ sich so tragen wie ein Kind. Das war kein flüchtiges Abenteuer, es war etwas sehr Ernstes, diese Geschichte von Nadia und Berto.

Sie sagte mir, dass sie sich verlobt hatten, dass Berto schon seiner Mutter geschrieben und sie ihm geantwortet hatte, sie warte auf Nadia, so wie auch seine zwei Schwestern. Jetzt ging es nur noch darum, nach Italien zu kommen, aber Berto würde alles erledigen, Berto kannte wichtige Personen, unter ihnen den Lagerleiter, Berto hatte viele Freunde, Berto konnte alles, Berto war – so viel ich verstand – allmächtig.

Als ich Nadia und Berto sah, musste ich an eine andere Geschichte denken: 1940, unter sowjetischer Besatzung, waren wir alle dort im Osten, in einem kleinen Städtchen, Zeugen dieser Geschichte. Ein „Kommandir" der Roten Armee, ein Russe, hatte sich in ein polnisches Mädchen verliebt und beschlossen, ihre Liebe um jeden Preis zu gewinnen. Das Mädchen und seine Familie hatten damals etwas erlebt, eine regelrechte Belagerung. Nichts konnte ihn aufhalten, die Partei nicht, die Rote Armee auch nicht, selbst Väterchen Stalin und sein NKWD nicht. Der Offizier war bereit, alle zu erschießen, einschließlich sich selbst. Er brachte Blumen und kniete vor seiner „Einzigen in der Welt" nieder, er spielte Gitarre, sang und weinte. Ihm ist nichts passiert, er wurde weder eingesperrt noch erschossen. Die Rote Armee zog ab, er blieb. Ich weiß nicht, was aus ihm unter deutscher Besatzung geworden ist, der kleine unerschrockene „Kommandir" hat jedenfalls alles bewältigt. Er hatte sogar die Mutter seiner Geliebten auf seine Seite gezogen, die schließlich flehte: „Sag schon ja, er wird uns sonst noch alle totschießen!" Das letzte Mal habe ich ihn im Pfarrhaus gesehen. Er saß im Hof und schälte Kartoffeln. Seine Geliebte war katholisch, also musste er gleich, auf der Stelle, den katholischen Glauben kennen lernen und sich taufen lassen. Später haben sie geheiratet und waren sehr glücklich miteinander.

Ich dachte an sie in Nürnberg, obwohl ich doch das Happy End dieser Geschichte noch nicht kannte. Ich dachte an sie, als ich Nadia mit Berto sah, noch eine schöne und verrückte Liebesgeschichte inmitten des Krieges.

Mit diesen beiden sprach ich ganz anders als z. B. mit Traute. Obwohl ich zu Traute Vertrauen hatte, konnte ich ihr nicht alles sagen, jedenfalls *noch* nicht, nach dem Krieg vielleicht … Den beiden hier sagte ich auch nicht alles, aber unsere Situation war ähnlich. Wir bewegten uns inmitten von Gefahren. Dabei weckte Berto ebenso Vertrauen wie Traute als jemand, der alles schnell begreift und jede Situation meistert.

Es muss schon im Oktober gewesen sein. Die Wälder um das Lager leuchteten in prächtigen Farben. Wir saßen in der Nähe des Lagers und doch fühlten wir uns wie in einem Park. Auf einmal sagt Nadia: „Erzähle doch Berto, wie du mit den italienischen Soldaten auf Italienisch gesprochen hast!"

Von meiner Reise im italienischen Zugabteil hatte ich ihr in Kurzfassung erzählt, und sie hatte sich darüber amüsiert. Nun fing ich wieder an und rief die Nacht von damals herbei, den Bahnsteig in Lwow. Auf einmal stockte ich inmitten dieser Geschichte. Es handelte sich nicht nur um das Spiel mit den Sprachen. Wie sollte ich diesem Mann erklären, weshalb ich die lateinischen Gebete aufsagte? Und worin die Gefahr bestand und warum ich die Menschen aus meinem Land fürchten musste? Das alles steckte mir auf einmal im Hals. Ich suchte vergeblich die passenden Worte. Ich sah, dass Nadia ganz blass geworden war. Sie ist erschrocken, sie hat mich verstanden. Dann legte sie ihre Hand auf die meine und Berto legte die seine darauf. Er sagte: „Ich habe alles verstanden, Warenka."[37]

Endlich lerne ich, was „Balila" ist. „Quant è bella giovinezza" ist jetzt zum Gesang der Mussolini-Jugend geworden, eben der „Balila". „Hitlerjugend" in Deutschland, „Balila" in Italien. Lorenzo il Magnifico hatte das nicht vorausgesehen, aber er konnte schließlich nichts dafür! „Es war ein Glück, dass er dir bei den ‚Fascisti' helfen konnte!" Berto lacht dabei gar nicht, er ist traurig. „Diese Soldaten, die dir damals geholfen haben, sie sind vielleicht schon alle tot." – „Wieso? Alle? Das ist doch unmöglich!" – „Das ist durchaus möglich. Die italienische Armee wurde eben am Don vernichtet. Man spricht davon nicht, aber in Italien weiß man es schon und beweint die Toten. Dieser Wahnsinn! Und das alles hat seinen Ursprung bei uns, ja bei uns, in Italia!"

In Italien? So etwas wäre mir niemals in den Sinn gekommen. Nun höre ich einen kurzen, aber interessanten Vortrag. Berto meint, dass alles, was die Deutschen nun in der Welt anstellen, nach dem italienischen oder besser gesagt nach dem alten römischen Muster gemacht sei. Alles sei Nachahmung und derselbe Größenwahn. Das große Gelände nicht weit von hier und die Feste, die man darauf feierte, alles sei nach dem Vorbild des Forum Romanum und des Kolosseums gemacht. Auch die Symbole stammten aus der Antike, die Fasces (Rutenbündel) und Standarten, das seien doch die Symbole der römischen Legionen gewesen. Und der Gruß – das

---

37 Die Koseform des russischen Vornamens Warwara; Nadia rief mich so.

sei doch „Ave Caesar Imperator!" Vom italienischen Faschismus weiß ich kaum etwas, die Geschichte des Alten Roms hatten wir aber gelernt und es gab auch ein Buch, einen Roman von Henryk Sienkiewicz, „Quo Vadis". Jedes Kind bei uns kennt es. Nun antworte ich Berto mit den Worten, die ich in diesem Buch gelernt hatte, und es wird fast wie ein Gespräch unter Eingeweihten. Er sagt „Ave Caesar", und ich vollende mit „Morituri te salutant". Erst später wurde mir der Zusammenhang dieser alten Worte mit der Gegenwart klar. Berto sieht mich sehr ernst an und sagt: „Ja, so ist es." Und ich, immer noch nach „Quo Vadis": „Nerone." – „Schlimmer als Nero – Duce, Führer!" Dann wird Berto spöttisch: „Das ist ein italienisches Modell, also wird es nicht lange dauern. Nur werden wir noch manche schwere Stunden erleben. Durch diese ... – istrioni."

Dieses Wort kenne ich auch aus „Quo Vadis". Jetzt aber sieht sich Berto um. Nein, niemand in der Nähe. Wie ist es möglich, dass er mit mir so offen gesprochen hat? Damals habe ich mir diese Frage nicht gestellt. Heute meine ich, dass Vertrauen instinktiv ist.

„Wir müssen vorsichtig sein", sagt Berto noch, „aber wir sollen keine Angst haben".

Während wir so sprechen, hält er Nadias Hand. Sie versteht vielleicht nicht alles. Sie hat die Geschichte des Alten Rom nicht gelernt und „Quo Vadis" hat sie nicht gelesen, aber sie folgt den Gedanken.

„Dieser Wahnsinn hat uns doch etwas Gutes gebracht, wir sind uns begegnet", sagt Berto, „Nadia und ich. Ich bin froh, dass auch du hier bist, so ist meine ‚piccolina' nicht ganz allein. Es wird nicht mehr lange dauern, sie wird von hier weggehen."

Eines Tages gibt man mir bekannt, dass ich in ein anderes Lager umziehen solle und zwar sofort, mit dem Kraftwagen der in die Stadt fährt. Adieu Kiefernwald! Nadia wird allein bleiben, wie schade! Mein Rucksack ist in fünf Minuten fertig. Ich bekomme ein Papier für das Lager Witschelstraße und laufe schnell, um Nadia zu suchen. Ich weiß nicht, wo sie ist. Schon schreibe ich auf einem Zettel auf, dass ich so bald wie möglich wiederkommen werde, und meine neue Adresse: Lager Witschelstraße. Als sie hinter dem Verwaltungsgebäude erscheint, ist sie überrascht. Ich drücke ihr noch den Zettel in die Hand: „Bis bald, Nadia! Ich komme spätestens am Samstagabend, halte durch! Do swidanja!"

Verschwunden

Die erste Woche im Lager Witschelstraße ist reibungslos verlaufen. Am Samstag nach der Arbeit fahre ich in die Regensburgerstraße. Diesmal steht niemand vor dem Eingang. Das Wetter ist schön, man nützt es aus. Ob Berto auch heute gekommen ist? Wo werde ich Nadia finden?

In der Verwaltung ist kein Mensch da, alle Büros sind geschlossen. Im Haus, in dem wir untergebracht waren, in der „Rumpelkammer", wo wir schliefen, steht kein Bett mehr, nur ein Haufen neuer Strohsäcke füllt den Raum. Ich begegne einer der Ungarinnen. Sie spricht nur wenig Deutsch: „Sie ist weg, nicht mehr da. Ich weiß nicht, wo sie ist."

Ich suche herum, finde aber niemand, der mir etwas sagen könnte. Ich werde wohl morgen wiederkommen müssen. Wo könnten die beiden jetzt sein? Als ich wieder draußen bin, sehe ich die angriffslustige Küchenhilfe, vor der Nadia Angst hat, auf der Küchentreppe. Sie steht dort, als ob sie auf mich wartet. Ungefragt ruft sie: „Die italienische Russin wurde in ein Russenlager verlegt. Polizei gekommen, Russin weg!" Danach verschwindet sie.

Ich weiß nicht, wie ich den Weg zur Straßenbahn gefunden habe. Es ist unfassbar! War Berto nicht da? Weiß er, was geschehen ist?

Als ich zu Traute komme, fragt sie mich gleich am Eingang: „Was ist los? Was hast du denn?" Ich fand keine Worte, es war zu viel für mich. Man hat das Leben von zwei guten Menschen vernichtet. Mich packt die Wut, zugleich fühle ich mich ganz kraftlos. Da ich aber bis jetzt gar nichts über meinen Kontakt mit Nadia und Berto erzählt habe, weiß ich nicht, wie ich beginnen soll. Endlich fange ich an, umso mehr, da ich Trautes Unruhe sehe. Ich erzähle ihr nur das Wesentliche, und indem ich spreche, bin ich mir bewusst, dass es vielleicht besser wäre, nicht zu viel zu sagen, nicht die Aufmerksamkeit auf Nadia zu lenken und auf die außergewöhnliche Geschichte der beiden. Das ist ein instinktives, aber sehr starkes Gefühl. Doch alles zu verschweigen bringe ich nicht fertig und richte meinen Zorn gegen die boshafte Küchenhilfe, die Nadia so großes Unrecht angetan hatte. Ich sah, wie sie sie angegriffen hat, ich war dabei, ich bekam auch etwas ab, ich war ganz abgebrüht ... – „Was sagst du", unterbricht mich Traute, „ich verstehe nicht, ,abgebrüht', was soll das heißen?" Ich erzähle ihr kurz die Geschichte. „Man sagt ,verbrüht' oder ,verbrannt', warum hast du nicht früher davon erzählt?" – "Ja", sage ich trotzig, "jetzt weiß ich, es gibt wirklich ‚Untermenschen' in dieser Welt, nur erkennt man sie nicht gleich. Bei solchen Erlebnissen zeigt es sich!"

Traute sieht mich ohne ein Wort, und dann sagt sie nur: "Heinrich, mir graut vor dir ..."[38]

Einen besseren Ausdruck konnte sie nicht finden. Ich beherrsche mich, Wut hat sowieso keinen Sinn. "Du hast vielleicht Recht", sagt Traute, "es gibt unmenschliche Menschen. Aber sprich bitte nicht mehr von ‚Untermenschen'. Und da du jetzt mit diesem üblen Weib nichts mehr zu tun hast, umso besser. Hoffen wir, dass diese Russin nicht zu viel leiden muss. Ich sehe aber, dass du mir vieles verschweigst. Du hast von diesem verbrannten Arm kein Wort gesagt, ist er schon geheilt?" – "Er ist in Ordnung." Nur dieses Ende "della bella romanza" ist mir unerträglich, das ist eine Niederlage.

Am Sonntagmittag kehre ich noch einmal in die Regensburgerstraße zurück. Diesmal sind viele Italiener da. Ich frage nach Ernesto oder Nino, zwei Namen, die mir Berto genannt hat. Ernesto ist da. Ob er letztens Berto gesehen hat? Nein, schon seit mehreren Wochen nicht mehr. Jetzt sei Berto für mindestens drei Monate anderswo beschäftigt. Von Nadia weiß Ernesto überhaupt nichts. Berto war also nicht da, als die Polizei Nadia geholt hat.

Lager Witschelstraße (November 1942–Juni 1943)

Das Lager in der Witschelstraße war ein Lager der "Deutschen Arbeitsfront" (DAF). Es beherbergte die Arbeiterinnen aus verschiedenen Betrieben. In derselben Straße gab es auch ein Männerlager, doch darüber wusste ich damals nichts, außer dem Fall der zwei kranken Russen, die mit Methylalkoholvergiftung ins Revier gebracht wurden, bis man sie ins Krankenhaus abtransportierte. Das war ein Indiz, dass ein Männerlager bestand, das aber kein Revier besaß.

---

38 Johann Wolfgang von Goethe, Faust. Der Tragödie erster Teil. Mit diesen Worten drückt Gretchen ihr Misstrauen aus, als sie erkennt, dass Faust unter dem Einfluss von Mephisto steht.

Jede Baracke lebte nach ihrem eigenen Rhythmus, der vom jeweiligen Betrieb abhing. Die Frauen wurden durch die von den Betrieben gesandten Aufseher abgeholt und zurückgebracht. Die Verpflegung wurde zwischen den Firmen und der DAF-Lagerverwaltung geregelt. Die meisten Mahlzeiten wurden im Lager verteilt, allerdings selten im großen Speisesaal. Zumeist kamen die Mädchen mit ihrem Geschirr (einem blechernen Teller und einer ebensolchen Schüssel), um das Essen zu holen und gingen damit zurück in ihre Baracken.

Zur Witschelstraße war das Lager durch einen dichten Bretterzaun abgegrenzt, an der Rückseite gab es nur einen niedrigen Zaun, hie und da mit Stacheldraht durchflochten. Dahinter war freies Feld. Wenn man berücksichtigt, dass es am Haupteingang nur einen Posten mit zwei Wachmännern gab und manchmal nur mit einem (oder sogar gar keinem!), so könnte man sagen, dass das Lager damals – ich spreche über die Zeit vom November 1942 bis Juni 1943 – nicht zu den streng kontrollierten gehörte. Das bedeutet aber nicht, dass man aus diesem Lager leicht flüchten konnte, wenn man in einer gemeinsamen Baracke wohnte und kein Deutsch sprach, wenn man aus dem Osten gekommen war und sich in Kleidung und Verhalten von der Bevölkerung unterschied. Selbst wenn man geflüchtet wäre, musste man wissen, wohin man gehen konnte – und mit den Konsequenzen rechnen, zunächst für die ganze Barackengemeinschaft, dann vielleicht für die Familie im Osten, soweit sie noch im Bereich der deutschen Besatzung lebte. In der Zeit, von der ich hier berichte, gab es keine Flucht aus dem Frauenlager.

Die Baracken waren mehr oder weniger eng belegt, das hing von dem Betrieb als Mieter ab. Es gab Baracken mit einfachen und andere mit Stockbetten. Jede Baracke hatte ihre eigene Verantwortliche oder Aufseherin. Die meisten Baracken wurden penibel sauber gehalten. Auch sah man, dass die Mädchen alles Mögliche taten, um das Innere ein wenig gemütlicher zu gestalten, obwohl jeglicher Wandschmuck, Bilder usw. verboten waren.[39]

---

39 Herbert, Fremdarbeiter, S. 267: „Der Betriebsführer der Nürnberger Dynamit AG z. B. schrieb [...]: ‚Noch am Abend ihrer Ankunft begannen die Frauen [Ostarbeiterinnen] bereits mit der Einrichtung ihrer Stuben. Am nächsten Morgen hatten alle Betten saubere weiße Bezüge, weiße Kopfkissen, alle Tische Decken bzw. Tischtücher, Blumenvasen, Tischuhren usw.'"

Einige Betten waren so gut gemacht wie in einer russischen Wohnung. Ich sah sogar ein Bett mit darauf drapierten bestickten Kissen. Wie diese Frau eine solche Ausstattung mitbringen konnte, ist für mich ein Rätsel geblieben. Später habe ich erfahren, dass sie zu den Leuten gehörte, die trotz der Verschleppung nach Deutschland immer noch die Hoffnung auf ein besseres Leben hatten als im verhassten Sowjetsystem.

Die Baracken wurden mit eisernen Kohleöfen geheizt, auf denen man auch Wasser kochen konnte. In den Waschräumen gab es nur kaltes Wasser. Warmes Wasser konnte man mit Eimern aus der Waschbaracke holen, die keine Duschen besaß.

In jeder Baracke gab es am Eingang eine Kiste mit Sand, zwei Eimer und eine Schaufel. Es gab auch kleine Löschapparate, ich bin aber nicht sicher, ob ich sie überall gesehen habe. Das genügte, um ein kleines Feuer zu löschen, im Fall einer Brandbombe genügte es nicht.

In meiner Zeit gab es im Lager Witschelstraße keine Luftschutzgräben, geschweige denn einen Luftschutzraum, auch wurden die Lagerinsassinnen niemals unterrichtet, was sie im Fall eines Fliegeralarms machen sollten. So brach beim Angriff in der Nacht vom 8. auf den 9. März 1943 eine allgemeine Panik aus. Die Frauen öffneten mit Gewalt die hölzerne Pforte und stürzten blindlings auf die Straße hinaus. In dieser Nacht war übrigens weder der Lagerführer noch ein einziger Wachmann da.

Die Verpflegung war, wie in den meisten Fremdarbeiterlagern, sehr dürftig: Morgens Ersatzkaffee, Brot und Margarine oder Marmelade, abends Kräutertee oder eine wässerige Suppe, selten ein belegtes Brot mit Marmelade oder mit etwas, was an Blutwurst aus Fleischabfällen erinnerte. Als Hauptmahlzeit gab es vorwiegend ein Eintopfgericht, meist aus Kohl und Rüben hergestellt, sehr selten fand man darin Bohnen oder Erbsen. Kartoffeln waren ein Luxus. Der Tag, an dem man Kartoffeln mit Sauerkraut bekam, war wie ein Festtag. Man verzehrte das Sauerkraut gierig, war es doch die einzige Vitaminzufuhr, und wir hatten sie so nötig! Man bekam außerdem keine Rohkost, kein Obst. Ab dem Frühjahr 1943 litten wir alle an einer starken Erschöpfung, die sich zunehmend verschlimmerte.

Die nichtdeutschen Kräfte des Lagers, zwei Belgier, ein Holländer, die allerdings nur unregelmäßig erschienen, und ich aßen in einem kleinen Raum nicht weit von der Küche, nachdem die Lagerführung, die in einem anderen Raum saß, und die Lagerinsassinnen bereits bedient worden waren. Gleichzeitig nahm das Küchenpersonal seine Mahlzeit ein, weit entfernt auf der anderen Seite der Küche. Wenn vom Essen der Lagerführung etwas übrig geblieben war, so gehörte es dem Ersten, der das bemerkte, man musste sich nur beeilen. Deshalb trug man immer, wenn man zum Essen ging, ein Stück festes Papier in der Tasche. Den Tag, an dem ich eine große Portion Grießauflauf hinaustragen konnte, betrachtete ich als die Rückkehr von einer erfolgreichen Jagd, dies umso mehr, als ich unverschämt genug war, mit meinem blechernen Becher zurückzukehren und mir auch noch die Himbeersoße zu holen.

An dieser Stelle muss ich gestehen, dass ich von Zeit zu Zeit eine Flasche Bier verschwinden ließ. Wenn sie leer war, legte ich sie in die Nähe des Tisches des Lagerführers Hauenstein. Er wusste nie genau, wie viele Flaschen er getrunken hatte.

Abends mussten sich die Mitarbeiter des Lagers selbst verköstigen – oder hungrig schlafen gehen. Wir hatten die freie Auswahl.

Das Küchenpersonal hielt Distanz zu den Fremdarbeiterinnen. Wenn es doch zu äußerst flüchtigen Kontakten kam, so bemerkte man sie nicht. Es ist aber möglich, dass sie dennoch existierten.

Eines Tages im Winter sah ich die deutsche Köchin Marianne in einem neuen Pelzmantel herumstolzieren. Dass es ein russischer Pelz war, konnte man an Stil und Schnitt unschwer erkennen. Vielen Frauen und Mädchen war es gelungen, ihre Pelzmäntel zu behalten. Pelze waren in Russland nicht gerade Luxusgüter, ich meine die einfachen Wintersachen. Pelzmantel und Pelzmütze („Schapka") waren auch bei der sonst großen Not eine notwendige Ausstattung. Doch in Deutschland kostete so ein Pelzmantel viel Geld. Wie kam Marianne zu einem solchen Mantel? Konnte sich eine Köchin, während des Krieges, einen solchen Mantel leisten? Vielleicht gab es noch eine andere Möglichkeit, um sich einen billigen Pelzmantel zu verschaffen: Den aus Nürnberg deportierten Juden waren alle Pelzsachen weggenommen worden. Dieser Mantel aber war im östlichen Stil gearbeitet. Steckte ein Tauschhandel gegen Nahrungsmittel dahinter?

Die Küchenhilfen waren in ihrer Haltung abweisend und unangenehm. Der Schlimmste von allen aber war der Koch, nicht im Geringsten dem dicken Koch aus der Regensburgerstraße ähnlich, der brüllte und schimpfte, aber doch freundlich war. Dieser hier sprach nicht viel. Er war nicht alt. Mit seinen dunkelroten, immer sehr gut gekämmten Haaren und einem kleinen Schnurrbart hätte er eher in einen Friseursalon für Herren gepasst. Er lebte in gutem Einvernehmen mit der Lagerführung. Sonst betrachtete er diese Lagerwelt mit sichtbarer Verachtung. Manchmal lächelte er. Es war aber ein boshaftes Lächeln, es machte Angst.

Ich verstand es also, mich unauffällig im Umfeld der Küche zu bewegen, um möglichst oft etwas dabei mitnehmen zu können, vor allem Brot. Das war nicht nur zur Mittagszeit möglich. Um von dem einen zum anderen Teil des Lagers zu gelangen, konnte man den Weg abkürzen, indem man den Korridor der Küchenbaracke benützte. Eines Tages glaubte ich, dass niemand in der Küche sei, nahm den beschriebenen Weg und schaute vorsichtig nach, ob nichts auf dem Tisch geblieben war: Fehlanzeige. Ich hatte mich bereits wieder zum Gehen abgewandt, als ich auf einmal heftig an den Schultern gepackt, umgedreht und mit ganzer Kraft aus der Tür hinausgeworfen wurde. Das war der Koch. Er lachte höhnisch und sagte etwas Beleidigendes, was ich nicht genau verstand.

Auf den drei schneebedeckten Stufen der Küchenbaracke konnte ich noch das Gleichgewicht halten, erst danach fiel ich auf die Knie. Die Russinnen sahen es und schrien auf. Zwei von ihnen kamen gleich angerannt, um mir beim Aufstehen zu helfen, ich hatte mich aber schon wieder aufgerappelt. Der Koch brüllte die Mädchen an: „Weg!" Er lachte sein tückisches Lachen. Die Mädchen wichen nicht von meiner Seite und sagten nur: „Sehen Sie, sogar mit einer Polin erlaubt er sich so etwas! Was würde er mit einer von uns tun?"

Nach den Schlägen, die ich auf dem kleinen Bahnhof in Galizien bekommen hatte, und dem heißen Wasser in der Regensburgerstraße war dies der dritte Fall, in dem ich persönlich angegriffen wurde. Es lohnt sich nicht einmal davon zu sprechen, wenn man weiß, was andere mitgemacht haben. Dem Koch bin ich später nicht mehr begegnet. Scheinbar verschwand auch er bei den großen Veränderungen in der Lagerführung im Frühjahr 1943.

Die russische Ärztin

Das Krankenrevier war sehr bescheiden ausgestattet, etwa wie das, welches ich im Lager Langwasser gesehen hatte, mit Medikamenten, Verbandszeug und Desinfektionsmitteln für die Erste Hilfe. Eine Hälfte der Revierbaracke diente als Behandlungszimmer und kleiner Krankensaal mit höchstens drei Betten. In der anderen Hälfte wohnten die Ärztin und zwei Krankenschwestern. Diese Baracke wurde in einer musterhaften Ordnung gehalten.

Die Ärztin war Russin, eine mittelgroße blonde Frau von etwa 30 Jahren. Sie war allgemein geachtet und beliebt. „Die Ärztin ist eine hervorragende Frau", hörte ich einmal den Lagerführer sagen. Hinter ihrem ruhigen, ausgeglichenen Wesen verbarg sich eine große Sensibilität. Sie litt unter der Lage der Frauen und Mädchen und half ihnen, wo sie nur konnte, nüchtern und sachlich, doch aller Gefahren bewusst, auch derer, die von ihren Patientinnen kommen konnten, etwa Nervenanfälle und Simulation.

Zusätzlich kam auch ein deutscher Arzt ins Lager. In einigen Fällen wurde er von der Ärztin gebeten, eine Kranke zu untersuchen. Es ging um die Fälle, in denen man entscheiden musste, ob die Patientin ins Krankenhaus eingeliefert werden sollte. So viel ich weiß, ist dies niemals der Fall gewesen. Der Arzt wich solchen Entscheidungen aus. Erstens sollten die Fremdarbeiter nicht zu schnell ins Krankenhaus aufgenommen werden und zweitens war es auch für die Betroffenen nicht unbedingt von Vorteil, denn als Folge der Arbeitsunfähigkeit konnte man in ein viel schlimmeres Lager verlegt werden.

Die Diagnosen der Ärztin stimmten nicht immer mit den Diagnosen des Arztes überein, auch schien es manchmal, als ob sie seine Fachkenntnisse bezweifelte. Sie wurde in solchen Fällen zornig und sagte kurz und bündig, was sie meinte – und ich musste es übersetzen, denn nicht alles ließ sich mit den lateinischen Formeln beschreiben, die beide, Ärztin und Arzt, kannten. Sie sprach nur sehr wenig Deutsch.

Diese Ärztin war freundlich und kultiviert, doch sie neigte zur Depression. Als sie einmal bewusstlos zusammenbrach und die Krankenschwestern in Panik flehten, man möge den deutschen Arzt herbeirufen, gestanden sie mir im Vertrauen, dass es ein misslungener Selbstmordversuch war. Es war kurz nach der Methylalkoholvergiftung der zwei jungen Russen, die im Revier gelandet waren, auch sie ohne Bewusstsein. Sie wurden ins Krankenhaus eingeliefert, wo sie starben. Jemand aus dem Betrieb, in dem die beiden arbeiteten, sagte, dass er alles getan habe, um sie vom Trinken des Methylalkohols abzuhalten. Es hatte aber nichts geholfen, die Versuchung war zu groß. Die Ärztin war tief betroffen, geradezu untröstlich.

Ein Frauenlager

Die Mädchen und Frauen waren tapfer. Zum Ende des Krieges, als schon alles verwüstet und verwildert war, auch die Menschen, wurde diese Tapferkeit zum brutalen Kampf ums Überleben. Der letzte Eindruck des Fremdarbeiters, vor allem des Ostarbeiters, ist deshalb in den deutschen Zeugnissen aus jener Zeit undifferenziert und negativ.[40] Als sie aber gerade nach Deutschland verschleppt auf dieser fremden Erde landeten, litten sie zwar sehr darunter, doch waren zugleich offen, menschenfreundlich und standhaft, mithin genau das Gegenteil des Bildes, dessen sich die Nazipropaganda bediente, um eine Kluft zwischen den Deutschen und den „kommunistischen Bestien" herzustellen.

Die Mehrzahl der Arbeiterinnen kam aus harten Lebensverhältnissen. Es genügte manchmal eine Kleinigkeit, um sie zu erfreuen und sie lachen zu sehen. Auch konnte man mit der Zeit beobachten, wie sie sich anstrengten, um sich ihrem Umfeld anzupassen. Das war keine einfache Aufgabe. Diese Frauen und Mädchen kamen aus einer Umwelt, in der Gerechtigkeit mit der Nivellierung der individuellen Unterschiede gleichgesetzt wurde. Jede von ihnen war ein Teil der Barackengemeinschaft, das verpflichtete und hemmte zugleich. Es blieben nicht viele Möglichkeiten, sich zu unterscheiden, sich besser anzuziehen oder die Frisur zu ändern. Dennoch gab es winzige, zaghafte Versuche in diese Richtung. Vielleicht nutzte hie und da auch eine äußerst diskrete Unterstützung deutscher Frauen in den Beschäftigungsbetrieben.

---

40 So z. B. Fritz Nadler, Ich sah wie Nürnberg unterging, Nürnberg 1995, S. 158, 165, 205 f., 212 u. a.

Schon 1943 habe ich in der Altstadt eine Gruppe von Mädchen bemerkt, in denen nur mein geschultes Auge noch Russinnen erkannte, sonst waren sie schon fast völlig an ihre neue Umwelt angepasst. Sie trugen kein „Ost"-Abzeichen – so wie auch ich nicht mein „P". Vermutlich waren es Arbeiterinnen aus einem kleineren Privatbetrieb. Sie hatten viel mehr Freiheit nach der Arbeit und an Feiertagen, zumindest in der Zeit bis Juni 1943.

Zu diesem Thema gehört das Abenteuer mit meinem Mantel und meinem Hut: Meinen Mantel hatte ich von Traute bekommen, auch den Hut, eher ein Filzkäppi, das man als Hut zurechtmachen konnte. Beides hing im Korridor der Wirtschaftsbaracke, wo ich arbeitete.

Ich hatte das Verschwinden der Kleidungsstücke nicht bemerkt, bis zu dem Tag, an dem mir drei Mädchen mit einem triumphierenden Gesichtsausdruck die Fotos zeigten, die sie in der Stadt beim Kaufhaus Tietz im Fotoautomaten von sich gemacht hatten. Sie alle trugen meinen Mantel und meinen Hut, jede auf eine andere Weise. Auch der seit langem verschollene Schal unserer Buchhalterin hat diesen Ausflug zu Tietz mitgemacht, ohne dass es jemand bemerkt hätte.

Die Lagerführung

Mit den Lagerführern hatte ich nur Kontakt, wenn man mich zum Dolmetschen rief, sonst eher selten. Deshalb sind meine Beobachtungen sehr oberflächlich und beziehen sich auf besondere Vorkommnisse.

Das Personal des Lagers änderte sich sehr oft. In der hier behandelten Zeit gab es zwei Lagerführer, Benesch und Holzmann, und mehrere Hilfslagerführer, darunter einen König oder Kaiser, den wir „den Seltsamen" nannten, Hauenstein, der viel trank und oft nicht gut auf den Beinen war, und dann noch mehrere andere, deren Namen ich nicht behalten habe, außer einem, der besonders grob war, er hieß Grasser. Auch das Büropersonal wechselte häufig. Für längere Zeit arbeitete hier als Buchhalterin ein Fräulein Lindquist aus Tallin. Sie war still und freundlich. Dann kam eine andere Frau, aber nur jeden zweiten Tag. In dieser Zeit machte ich kleine Büroarbeiten. Manchmal kam auch aus der Direktion der „Arbeitsfront" eine junge Beamtin, für die alles, was sie im Lager sah, sichtlich ganz neu und unbekannt war. Sie hat aber blitzschnell begriffen, dass man anders reden konnte, wenn man allein war, und sich wieder umstellen musste, wenn sich ein Lagerführer in der Nähe befand. So, ohne es zu verabreden, tat ich in der Gegenwart eines Lagerführers, als ob ich Fräulein X. nicht wahrnahm und sie mich auch nicht. Von ihr wird später noch die Rede sein.

Die verlorene Zeit

Die Bücher vermisse ich sehr. Seitdem ich hier bin, habe ich kein einziges Buch in den Händen gehabt, auch keine Zeitung. Ich sammle überall Reste von alten Zeitungen, wo ich sie finde. Ihr Inhalt ist mir egal. Das hilft mir zu verstehen, wie die Sätze im Deutschen aufgebaut sind – und zwar anders, als ich es in der Schule gelernt hatte.

Einmal fällt mir eine Seite einer alten Wochenschrift in die Hände, vielleicht noch aus der Zeit vor dem Krieg. Die Seite wurde für irgendeine Verpackung benutzt. Die Überschrift lautet „Humor", darunter befinden sich kleine Anekdoten und Scherze, unter anderem einige gereimte Witze, die immer mit den Worten „Zwei Knaben ..." anfangen. Einer von ihnen ist mir im Gedächtnis geblieben, und als ich am nächsten Tag die Treppe zum dritten Stock erklimme, bin ich bereit, mich meiner neuen Entdeckung zu rühmen. Noch ganz außer Atem – ich war die Treppe zu schnell hinaufgelaufen – Traute hatte mir gerade die Türe geöffnet, lege ich sofort los:

„Traute, hören Sie nur!"

„Was ist denn, warum keuchst du so?"

„Ja, hören Sie nur: Zwei Knaben machten einen Bummel ..."

„Ach ja? Wo? Hier unten?" Traute macht schon Anstalten, die Treppe hinunterzulaufen.

„Nein, nein, hören Sie doch bitte: Sie machten einen Bummel und fanden einen Zigarettenstummel ..."

„Also, das ist ja allerhand! Komm gleich mit, wo hast du sie gesehen? Was machen sie auf der Straße um diese Zeit, diese Lausbuben? Das müssen die von der X. sein."

„Bitte, Traute, ich habe noch nicht alles gesagt: Zwei Knaben machten einen Bummel und fanden einen Zigarettenstummel ..."

Traute scheint langsam ein Licht aufzugehen: „Na und?"
„Sie rauchten beide gravitätisch, das Weitere war unästhetisch!"
Für einen Augenblick scheint es so, als wolle mir Traute eine kleben für die ganze Aufregung, doch schon bricht sie in Gelächter aus und wir steigen beide die Treppe hinauf.

„Du bist mir so ein Kasperl! Wer hat dir das beigebracht?" Ich ziehe den schmutzigen Fetzen der alten Zeitschrift aus meiner Tasche. „So etwas hebst du auf? Das gehört in den Mülleimer!" Sie wirft aber das Blatt nicht weg, sie liest es und amüsiert sich dabei. Ich aber seufze: „Es gibt nichts zum Lesen."

Das Lager ist kein Platz für Bücher. Bei Traute gibt es zwei Bücher, eines über Hauswirtschaft und ein altes mit Geschichten, die in einem Dialekt geschrieben sind, den ich nicht verstehe. Nur einmal, gleich am Anfang, hat Traute für mich doch etwas gefunden, einen kleinen Text „Rundgang durch die Stadt" von etwa acht Seiten. In der Stadt gibt es wohl Buchhandlungen, ich habe sie aber noch nicht entdeckt. Wenn ich in der Stadt herumlaufe, lenkt alles andere meine Aufmerksamkeit davon ab. Vielleicht haben aber auch ihre Schaufenster nichts Interessantes für mich zu bieten?[41] Was ich aber wohl bemerkt habe, das waren die kleinen Geschäfte um den Hauptmarkt mit Postkarten und Andenken – und mit Radierungen. Vor einem solchen Laden bin ich einige Male stehen geblieben. Plötzlich kam der Besitzer, ein alter Herr, heraus und fragte mich, was ich suchte. „Ich habe noch andere Radierungen, kommen Sie doch, ich werde sie Ihnen zeigen."

Er war seit Jahren an Gäste und Touristen gewöhnt, die mit einem fremden Akzent sprachen, und wenn jetzt jemand an seinen Radierungen Interesse hatte, da war er gleich in seinem Element. Meine Neugier war größer als die Schüchternheit, dabei hatte ich doch keine Möglichkeit, mir die Radierungen zu leisten! Ich betrat diesen kleinen, dunklen Laden. Im Inneren sah ich gleich etwas Bekanntes, „Zwei Männer in der Betrachtung

---

41 Der französische Priester Joseph Gelin, inkognito als Arbeiter in Nürnberg von 1943 bis Kriegsende, bemerkt dazu: „Was liest man Neues in Deutschland? In den Buchhandlungen befassen sich alle Neuerscheinungen mit Krieg und Politik. Genehmigt werden nur die Bücher und Zeitschriften, die von Krieg und Politik handeln. [...] Aber das interessiert die Leute gar nicht." Gelin, Nürnberg 1943–1945, S. 74.

des Mondes" von Caspar David Friedrich, und dann noch etwas, zwei Nachdrucke der Bilder von Spitzweg „Der arme Poet" und „Der Bücherwurm". Schon war ich im Gespräch mit dem alten Herrn und musste ihm erzählen, wo ich zum ersten Mal Spitzwegs Bilder gesehen hatte. Wir kamen zu den Radierungen. Zum Schluss wurde ich tollkühn und sagte ihm ganz offen, dass ich nichts kaufen könne, vielleicht einmal später. Da zog er aus einer Schublade andere Drucke heraus. „Diese können Sie ruhig mitnehmen, das sind die Exemplare, die nicht mehr verkauft werden können. Sie sind ein wenig beschädigt. Nehmen Sie sie nur, es war für mich ein Vergnügen, mit Ihnen zu sprechen."

Ich verließ diesen Laden mit zwei Radierungen, auf einer das Dürerhaus, auf der anderen die Burg. Sie waren in ganz gutem Zustand und ich vermutlich die einzige Kundin des alten Herrn an diesem Tag – die nichts bezahlt hat und mit den Bildern in ein Lager für Ostarbeiterinnen zurückkehrte.

Radierungen, das ist eine ganz andere Lektüre als Bücher. Soll ich gestehen, dass ich einmal sogar daran dachte, ein in einer Kirche liegendes Buch, sagen wir, „auszuleihen", vielleicht eine Bibel? Aber in St. Lorenz lagen keine Bibeln herum, nicht einmal Gebetbücher auf den Bänken. Also habe ich auch nicht mehr danach gesucht.

Nach dieser Episode mit den „Zwei Buben" und meinem Seufzer wegen der Bücher, die es nicht gab, stieß Traute unvermittelt mit einem sonderbar harten, fast zornigen Ton hervor: „Verlorene Zeit, ja, das ist es, verlorene Zeit! In der Schule solltest du sein." In der Schule? Ich war mir dessen gar nicht sicher. Jedenfalls war es nicht meine Schuld, dass es nun keine Schule für mich gab, zumindest keine andere als das Leben hier, in dieser Stadt, zwischen dem Lager und der „Villa Windschief". Ich antwortete, dass man im Leben auch viel lernt, sie schien davon aber gar nicht überzeugt zu sein.

Der Gedanke an die „verlorene Zeit" musste sich in ihrem Kopf festgesetzt haben, denn beim Abschied kam Traute darauf zurück: „Zum Glück kannst du ganz gut schreiben und machst keine Fehler, das ist schon etwas. Sprechen wirst du bald besser, hoffen wir. – Sag, wenn man einen Brief schreibt, an wen schreibt man ‚sehr geehrter Herr' und an wen ‚sehr geöhrter'?" Ich antwortete auf der Stelle: „Sehr geehrter Herr Meier, sehr geöhrte Familie Hase." Gut, Traute hatte mich nicht drangekriegt, ich hatte die Prüfung bestanden.

Von jetzt an wurden unsere Gespräche ein wenig wie Schulunterricht. Sie machte es so gut wie es ihr nur möglich war. In der Tat würde ich noch viel lernen. Nur Bücher beschaffte sie mir keine. Es war wohl keine Zeit der Bücher.

Die geschenkte Zeit

Traute wollte, dass ich diese verlorene Zeit aufholte. Sie hatte sicher mehr Zeit als die Frauen, die Kinder hatten. Dabei musste sie jedoch für Hans sorgen, das Essen zubereiten und Einkäufe machen. Die Heimarbeit musste auch rechtzeitig und in einer entsprechenden Menge geliefert werden, alle diese Bestandteile aus Lederriemen und hartem Stoff für Zelte und Soldatentornister. Den Rest der Zeit gab sie anderen. Ich bekam meinen Anteil davon und es war kein geringer.

Einmal machte ich mir den Spaß und errechnete, wie viele Stunden diese Nürnbergerin einer Fremdarbeiterin aus dem Lager innerhalb eines Jahres geschenkt hatte: Es waren ungefähr 18 Stunden pro Woche (6 x 3), manchmal mehr, manchmal weniger, das macht 864 Stunden pro Jahr. Das war aber nur das absolute Minimum, denn in Wirklichkeit war es mehr. Es gab Sonntage, wo ich schon zum Mittagessen kam und manchmal blieb ich in der „Villa Windschief" zum Schlafen.

Gleich nach der Geschichte mit der „verlorenen Zeit" hat sie mich ins Theater mitgenommen. Ich weiß schon nicht mehr, in welches Theater. Es war eine Nachmittagsvorstellung, man gab „Liselotte von der Pfalz", etwas Heiteres. Die Heldin war dynamisch und geschwätzig, ihr Verlobter, ein Prinz, hingegen leblos und ohne Humor. Später sind wir dann noch in ein Konzert gegangen, wo man vor allem große Stücke aus Webers „Freischütz" spielte. Wir sind auch drei- oder viermal ins Kino gegangen, in das „LuLi". Sie hatte dort eine Bekannte, die manchmal im Kassenhäuschen saß. Von den Filmen habe ich nur drei Titel behalten. Es gab ein wenig Kunst im Film „Der große Schatten", einem Film über Andreas Schlüter, etwas Musik in einem Film über Mozart „Wen die Götter lieben" und schöne Bilder in einem der ersten Farbfilme mit viel Propaganda, „Die schöne Stadt". Es war ein Film über das natürlich „urdeutsche" Prag. Er berührte mich kaum, nur die Schönheit der Stadt, ich war schon immer von der Schönheit der Städte bezaubert. Ich musste an Krakau denken, aber in Nürnberg hatte ich doch auch eine „schöne Stadt" vor mir.

Traute riskierte viel. Erst im Mai 1943 haben wir aufgehört, zusammen auszugehen.

Ein Foto

Zwei- oder dreimal nahm ich sonntags am Mittagessen in der Gostenhofer Schulgasse teil. Sonst gingen die Zähs, wenn sie sich nicht am Morgen ausruhen wollten, an diesem Tag zu ihren Verwandten, die außerhalb der Stadt wohnten.

Wir saßen am kleinen Tisch beim Fenster mit den Geranien. Von diesen Mittagessen – Suppe, Gemüse oder Kartoffelklöße, einmal sogar ein Stückchen Fleisch, dann Ersatzkaffee und manchmal auch Kuchen – ist mir der Eindruck der stillen und friedlichen Momente geblieben. Still, weil wir dabei sehr wenig sprachen. Es war ein einfaches Zusammensein. In der kleinen Gasse unter uns war es am Sonntag auch ruhiger als an Werktagen. Man konnte fast vergessen, dass eben nicht Frieden, sondern Krieg war.

In meiner leidgeprüften Familie gab es fast keine Gelegenheit, sich friedlich am Tisch zu versammeln. Diese neue Erfahrung freute mich, dank ihr holte ich hastig etwas nach, was doch normalerweise zu den ersten Jahren des Lebens gehört. Diese friedliche, auf Deutsch würde man wohl sagen „gemütliche" Stimmung des Tages, an dem man nirgendwohin eilen muss, wo man sich sogar ein wenig langweilen kann, machte mir Spaß. Zugleich war es ein Luxus, fast etwas Verbotenes, von dem man nicht sprechen sollte in dieser gequälten Welt. Man durfte es niemand erzählen, nicht den Polen, geschweige denn den Russen, die keine solche Chance hatten und sie auch sehr schlecht hätten interpretieren können, den Deutschen auch nicht, denn der Umgang mit den Ausländern sollte ja eingeschränkt, wenn nicht vermieden werden. Ich spürte, dass meine Chance zu den Ausnahmen gehörte. Ich spürte auch, dass die Menschen aus der „Villa Windschief" Ausnahmen waren. Zugleich wusste ich, dass es ein gefährliches Spiel und meine Rolle darin nur vorläufig war. Die anderen spielten nicht, sie lebten ihr Leben und luden mich ein, einen Platz an ihrem Tisch und in ihrem Leben einzunehmen. Das alles war zu schön, um zu dauern, und bald zogen die Schatten immer näher heran.

Der erste Schatten war übrigens immer schon da gewesen, nur tat ich so, als ob ich ihn nicht bemerkt hätte. Er war aber doch da, seitdem mir bewusst geworden war, dass ich auf die Aufrichtigkeit des Paares nicht mit der gleichen Offenheit antworten konnte. Von einem Moment auf den anderen, als ich „nicht alles sagte", wie Traute einmal feststellte, lebte ich mit diesen selbstlosen und einfachen Menschen, ohne dass sie mich wirklich kannten. Es war aber besser, nicht viel daran zu denken. Hätte ich alles gründlich durchdacht, hätte ich dann noch den Mut gehabt, in die „Villa" zu gehen und dort die Privilegien eines Fast-Familienmitgliedes zu genießen? Denn wenn auch die Welt voller Gefahren war, hier im dritten Stock der Gostenhofer Schulgasse war meine wahre Identität die eigentliche Gefahr.

War es den Zähs nicht bewusst, dass hier etwas nicht stimmte? Was dachten sie, nachdem Traute meinen Typ als „nicht arisch" bezeichnet hatte und sie nach dem Brief meiner Mutter noch besser verstand, worum es ging? Jedenfalls ließen sie sich nichts anmerken.

Die erste Vorwarnung kam jedenfalls von ganz unerwarteter Seite. Auf der Kommode im Esszimmer stand auch eine besonders schöne Aufnahme, ein Porträt von Trautes Neffen Rudi, aufgenommen von der mit ihr befreundeten Fotografin. Das schmale Gesicht des jungen, offensichtlich behinderten Menschen mit großen traurigen Augen machte einen einzigartigen Eindruck. Dieses Bild brachte eine Schönheit zur Geltung, an der man sonst vorbeigehen konnte, ohne sie zu bemerken. Vielleicht sah man darin auch ein Stück seiner Hand mit den langen schmalen Fingern.

Manchmal begegnete ich Rudi. Stets schwieg er. Er wünschte keine Gespräche, vielleicht weil er sie für nichtig und dumm hielt. Ich sah ihn an dem Tisch sitzen, wo Traute arbeitete, den Kopf in den Händen wie in tiefer Depression.

Elli, die Fotografin, wurde gebeten, auch eine Aufnahme von mir zu machen. Sie tat es, sobald ich wieder eine normale Frisur und nicht mehr einen Haufen Stroh auf dem Kopf hatte. Sie war eine echte Künstlerin. Das Bild hat Traute gefallen. Sie fand einen Rahmen dafür und stellte es auf die Kommode. Das war eine schöne Geste, doch ich muss ehrlich sagen, dass ich ihren Wert, ihren Sinn nicht gleich verstand.

Eines Tages sprach mich Traute etwas verlegen an: „Du hast sicher bemerkt, Muschi, dass Dein Bild nicht mehr auf der Kommode steht?" – „Ach so? Nein, ich habe es nicht bemerkt." – „Ja, ich musste es halt wegräumen. Ich habe nicht aufgepasst und es auf den Platz von Rudis Bild gestellt. Er hat es bemerkt und es hat ihm weh getan." – „Werfen Sie doch mein Bild gleich weg." – „Von Wegwerfen kann keine Rede sein, nur habe ich es in das Album gesteckt. Du bist mir nicht böse?" – „Böse? Warum sollte ich böse sein?" – „Du musst es verstehen. Rudi ist so empfindlich wie ein krankes Kind. Ich liebe ihn sehr. Er soll nicht glauben, dass sich daran etwas geändert hat. Er ist ein wertvoller Mensch, nicht wahr? Sieh nur sein Bild an! Elli hat es wunderbar gemacht. Ein Christusgesicht möchte man sagen."

Traute hatte Recht, das Bild hatte etwas von einer Ikone. Dem arischen Schönheitsideal entsprach er sicher nicht und mit der „blonden Bestie" hatte er auch keine Ähnlichkeit, war vielmehr ihr Gegenteil. Dass eine Ikone des Lichtes, nicht der Technik wegen viele Gemeinsamkeiten mit einem Foto haben konnte, wusste ich damals noch nicht. Dieses Bild zeigte einen leidenden und doch verklärten Menschen.

Nun hatte sich auf dieses Bild ein Schatten gelegt, Rudis Angst, förmlich zur Seite geschoben zu werden. Das kannte er schon so gut aus seinen Erfahrungen als ein Buckeliger, ein Behinderter. Jemand wollte ihm offenbar den einzigen Platz streitig machen, an dem er sich wertvoll und völlig anerkannt fühlte. Dieser Gedanke war objektiv gesehen kindisch, hörte aber auf kindisch zu sein, wenn man an die möglichen Konsequenzen dachte. Rudis Leiden waren meine erste Vorwarnung.

Rudi

An einem Sonntag, als die Zähs nicht zu Hause waren, „übernahm" mich Trautes Freundin Elli, die Fotografin. Wir saßen zu dritt am Tisch, Ellis Vater, ein schon bejahrter ernster Herr, freundlich, aber eher traurig, Elli und ich. Nach dem Mittagessen lud man mich sogar ein, ein „Schläfchen" zu machen. Elli sagte: „Nützen Sie doch diese Gelegenheit aus, im Lager ist es sicher unmöglich!"

Wir haben aber nicht geschlafen, sondern lange miteinander gesprochen. Elli entschuldigte sich für ihren Vater, der sich gleich nach dem Kaffee zurückgezogen hatte. Sie sagte, dass er seit einiger Zeit fast gar nicht mehr sprechen wollte. Er fühlte sich so einsam, seitdem seine Frau, Ellis Mutter, gestorben sei, dann auch noch seine Schwester, schließlich ein junger Verwandter an der Front. Von Neuem erhielt ich scheue Fragen: „Wie ist es dort im Osten? Was haben Sie erlebt?" Eine Suche in der Dunkelheit nach dem Sinn des Krieges – dem Sinn der rasenden Sinnlosigkeit. Meine Antworten konnten hier niemand zufrieden stellen. In meinen Erfahrungen vereinten sich nun die Elemente beider Zonen der Angst, der sowjetischen und der deutschen, das Adjektiv „nazistisch" habe ich erst später kennen gelernt. Zunächst schien mir die östliche Zone gefährlicher. Dann begann ich allmählich zu begreifen, dass es eben keine ungefährliche Zone gab außer den kleinen Enklaven, in denen man noch ungefährlichen Menschen begegnen konnte. Für mich gab es hier eine solche Enklave – noch.

Wir sprachen von Ellis Arbeit als Fotografin, von den Porträts, die sie gerne machte, von den Bildern, die ich schon bei Traute gesehen hatte. Zuletzt sprachen wir auch von meinem Foto. Ob ich es bemerkt hatte, fragte Elli, dass dieses Bild nicht mehr da war? Traute musste es aufheben. Hatte sie mir erklärt, warum es nötig gewesen war? Ja, sie hatte es getan, ich wusste Bescheid.

Elli erzählte mir noch mehr. Dieses Bild auf der Kommode hatte einen genauso wichtigen Platz wie Rudi bei Traute und Hans. Denn es war Traute, die er seit seinen jüngsten Jahren als seine Mutter betrachtete. Sie kümmerte sich um ihn. Seine eigene Mutter, am Ende des Ersten Weltkrieges verwitwet, widmete alle ihre Aufmerksamkeit dem anderen Sohn, dem gelungenen, schönen und intelligenten Hermann. Rudi war behindert, buckelig, er fühlte sich minderwertig, es ging ihm eine Zeit lang nicht gut in der Schule. „Er wollte sich sogar das Leben nehmen", sagte Elli ganz leise. Traute sei es gelungen, ihn aus diesem Zustand herauszuführen. Er wohnte zwar bei seiner Mutter, verbrachte aber viel Zeit in der „Villa Windschief". Seitdem er Arbeit in der Stadt erhalten hatte, kam er in der Mittagspause zum Essen zu Traute. Auch machte er manchmal mit den Zähs Ausflüge per Rad. Sie waren eben seine wahre Familie.

„Seit Hermann an der Ostfront gefallen ist, ist seine Mutter noch bitterer geworden", flüsterte Elli, „das kann man schon verstehen: ihr Mann im ersten Krieg, ihr Sohn im zweiten, genug um zu verzweifeln. Sie ist aber dann sehr ... engagiert, sehr eifrig geworden. Nun ist sie für den Krieg, sie hasst die Russen, die ihren Mann und ihren Sohn umgebracht haben. Sie gehört der ‚NS-Frauenschaft' an. Sie wissen doch, was die ‚Frauenschaft' ist?" – „Nein, es muss wohl ein Verein sein?" – „Mehr als Verein, das ist der weibliche Teil der Partei." – „Ach so, ein politischer Verein."

Dann sagte Elli noch etwas, zögernd, aber auch so, als ob es sich eben um etwas ganz Wichtiges handelte: „Bei der ‚Frauenschaft' spricht man viel über die reine Rasse, über die Menschentypen, über die Tüchtigkeit. Wenn Rudi so etwas von seiner Mutter hört, muss es schon sehr hart für ihn sein, wie ein unverdienter Vorwurf. Er fühlt sich wie jemand, der kein Recht hat zu leben. Die Behinderten werden als ‚lebensunwertes Leben' bezeichnet. Wie könnten wir uns Rudi als einen ‚lebensunwerten' Menschen vorstellen, sagen Sie doch? Verstehen Sie, wie er leiden muss?"

Ich war sprachlos. Das alles war für mich unbegreiflich und unerträglich, obwohl ich die ganze Tragweite von Ellis Worten noch gar nicht begriff.

Der Herr Pastor kommt (November 1942)

Es klingelt an der Tür. Es ist ein nicht mehr junger Mann, der auffallend mager und blass ist. „Grüß Gott, Herr Pastor", sagt Traute. Dann sprechen sie zunächst halblaut am Eingang und gehen ins „schöne Zimmer". Ich verstehe fast nichts davon, außer einen Satz am Anfang: „Ja, ich habe etwas für Sie beiseite gelegt, mehr kann ich leider nicht." Zum Schluss, es geht wohl um dasselbe: „Ich verstehe sie sehr gut, die Ausgebombten, die alten Menschen, der Winter ... Auch ich persönlich kenne mehrere Fälle dieser Art. Vielleicht haben Sie dieses Mädchen bemerkt? Sie ist aus Polen, sie ist mit einem Arbeitertransport gekommen, den Hans begleiten musste. Hätten Sie nur diese Transporte gesehen, Herr Pastor, und die Menschen in den Lagern! Hans war erschüttert, als er von dieser Reise zurückkam. In welcher Welt leben wir? Unsere Jugend stirbt dort an der Front und die Jugend von dort schleppt man hierher! Ja, wir verstehen uns ... ich kann nicht mehr geben."

Als er weg ist, frage ich Traute nicht weiter. Hätte dieser Pastor etwas mehr Geld für seine armen Alten bekommen, wenn ich nicht gewesen wäre? Um die Wahrheit zu sagen, hätte auch ich gerne mit dem Mann gesprochen. Worüber? Ich hätte ihm vielleicht gesagt, dass ich bis jetzt keinen lutherischen Pastor gesehen hatte, von Pastoren habe ich nur in den aus dem Englischen übersetzten Büchern gelesen. In diesen waren die Pastoren meist sympathische, freundliche Menschen. In unserem Religionsunterricht dagegen sprach man von den anderen Christen, von den Protestanten immer in einem verächtlichen Ton. Sie waren Häretiker und wir sollten mit ihnen nichts zu tun haben. Damals, in den dreißiger Jahren, haben wir von Ökumene nicht einmal geträumt. Wir kannten weder dieses Wort noch den Geist, der ihm innewohnt.

Wir lebten aber nebeneinander. Ich muss acht oder neun Jahre alt gewesen sein, als ich im Sommer mit einem anderen Mädchen in die Nähe der kleinen lutherischen Kirche kam, weit außerhalb des Städtchens und fast inmitten der Felder. Die Siedlung – eine deutsche, man sagte eine „schwäbische" Siedlung – lag etwas weiter abseits. In diese Kirche hineinzugehen hatten wir nicht den Mut, außerdem war das doch sicher verboten. Aber hineingucken durfte man wohl noch? Nein, auch das war nicht möglich, sie war verschlossen, die „Kircha", so nannten wir die evangelische Kirche, die unsere hieß „kościół". Ohne Zweifel stammte dieses Wort vom lateinischen „castellum" (Burg). Die ukrainische Kirche war die „cerkiew" oder „cerkwa". Hier musste die Wurzel wohl K-r-k, wie auch bei „Kirche" sein. Angeblich hat diese Wurzel etwas mit dem orientalischen Wort für „Festung" zu tun. Damals war uns aber egal, wie sie alle hießen.

Die „Kircha" war zu. Wir sind um sie herumgelaufen und fanden ein offenes Türchen, das in den Garten und dann in den Hof des Pfarrhauses führte. Uns war es, als ob wir ein fremdes Land besuchten. Niemand ließ sich sehen, und wir wagten es, durch ein offenes Fenster hineinzuschauen. Der Raum war groß mit wenigen Möbeln. Sie waren schwer und alt. Der Fußboden glänzte, war gelb wie Honig und duftete nach Wachs. Plötzlich kam eine Frau und wir liefen davon. Sie rief uns nach, ohne Zorn, ganz freundlich, und sagte, wir sollten an das Küchenfenster kommen. Das haben wir auch getan.

Die „Häretikerin" trug eine blaue Schürze. Sie hat uns gar nicht gefragt, wer wir sind oder von wo wir kamen. Sie sprach nicht sehr gut Polnisch, gab uns aber je eine Schnitte hausbackenes Brot mit Honig. So sah mein erster und bis dahin einziger Kontakt mit der evangelischen Kirche aus. Wir waren beide sehr stolz und zufrieden und haben niemand von unserem Ausflug erzählt. Hätten wir es getan, was wäre dann geschehen? Die Erwachsenen waren so unberechenbar. Vielleicht hätte man uns befohlen, zur Beichte zu gehen und zu bekennen: „Ich habe lutherischen Honig gegessen und er hat mir geschmeckt"?

Hier in Nürnberg bin ich nur einmal in die Lorenzkirche während des Gottesdienstes eingetreten. Es war ein Sonntag. Wenige Menschen nahmen daran teil, sechzig vielleicht. Ich blieb am Eingang unter der Orgel. Da es damals keine Lautsprecher gab, habe ich nichts von der Predigt gehört, bin auch nicht lange geblieben, da man in einem solchen Moment die Kirche nicht besichtigen konnte. Zu dieser Zeit war das Innere bereits von den meisten Kunstschätzen geleert, geblieben war die wunderbare Architektur. Menschen sind oft auch wunderbar. Sich den Menschen zu nähern ist aber nicht einfach. Obwohl man sie manchmal näher beschauen möchte wie die schönsten Kunstwerke.

Ob sich der predigende Mann dort wenigstens eine Frage gestellt hatte über die vielen Fremdarbeiter, die in dieser Zeit schon in Nürnberg und in der Umgebung lebten? Hat er sich ihnen gegenüber irgendwie verpflichtet gefühlt, trotz der Verbote und Gefahren? Es gab doch viele einfache Menschen, die es zustande brachten! – Nach so vielen Jahren stelle ich diese Frage. Vielleicht ist sie mit der Bewunderung für dieses einzigartige Bauwerk verbunden, mit dem, was es versinnbildlichen soll?

Die katholische Kirche hat den Weg zu den Fremdarbeitern viel leichter gefunden, auch war sie zugänglicher für sie. Die Italiener und die Franzosen standen in Kontakt mit den deutschen Pfarrern und Gemeinden und mit den katholischen Nonnen.[42] Allen Verboten und Gefahren zum Trotz

---

42 Es genügt, das Buch des französischen Arbeiterpriesters Gelin zu lesen, um ein überraschendes Bild von solchen Kontakten und von der französischen Seelsorge für die Fremdarbeiter zu erhalten: Gelin, Nürnberg 1943–1945.

ging das Leben weiter seinen Gang. Darüber wusste ich aber nichts. Ein einziges Mal, nach meiner Erinnerung im Mai 1943, hat mich ein vorübergehender Franzose oder Belgier (sie kamen mit den Lieferungen ins Lager oder arbeiteten beim Bau der neuen Baracken) gefragt: „Es gibt eine Buß- und Betstunde, willst du mitkommen?" Ich habe nein gesagt und es dann bedauert. Nicht wegen der Buße und des Gebetes, aber ich hätte etwas Neues gesehen und gelernt. Es war aber klüger, solche Begegnungen zu vermeiden.

Das konfessionelle Leben war ein Raum, wo sich ein mehr oder weniger erklärter Widerstand versammeln und gegenseitig stärken konnte. Ich weiß nicht, ob ich damals schon das Wort „Widerstand" kannte, vermutlich nicht. Dagegen hatte ich immer noch meine naive Hoffnung, dass es möglich sei, das Menschliche im Menschen zu erwecken, und es sicher das schönste aller Abenteuer sei, nur musste man fest daran glauben. Es gab zwei gute Menschen, die mich in dieser Überzeugung bestätigt hatten, obwohl ich mit ihnen niemals darüber sprach. Sie halfen wohl auch vielen anderen Menschen und deshalb bekam der magere Pastor so wenig Geld.

Weihnachten 1942

Am Weihnachtsabend kamen Hans und Traute ins Lager. Das war eine Überraschung! Sie kamen bis in die Baracke hinein, wo ich meine Box hatte und an diesem Abend ganz allein war. Wie hatten sie das geschafft? Es blieb ihr Geheimnis, denn ich habe sie nicht danach gefragt. Hatten sie mit dem Lagerführer gesprochen? An diesem Abend war vielleicht nur einer von ihnen im Dienst, wahrscheinlich der Trinker, ziemlich ruhig und tolerant.

Sie kamen, um mich zu besuchen, um mir zu sagen, dass es ihnen leid tat, mich allein zu wissen, und wir diesen Abend nicht zusammen verbringen konnten, da sie unbedingt zu ihren Verwandten außerhalb der Stadt fahren mussten. Sehr ernst und feierlich standen sie da, in dieser kaum beleuchteten Baracke. Sie hatten mir (selbstverständlich) etwas mitgebracht: ein Päckchen mit Kuchen, eine Handvoll Nüsse, zwei Äpfel, Kräutertee, den ich gerne mochte („Hast du einen Tiegel, um ihn dir zu kochen?") und sogar einige Bonbons, unter ihnen eines mit Schokolade, unglaublich! Mehr konnten sie nicht bringen, das Wichtigste aber war, dass sie mir so zeigten, mich nicht vergessen zu haben.

Ich war gerührt und bin es heute noch, wenn ich an diesen Weihnachtsabend denke. „Es ist ein Abend, an dem sich die Menschen treffen, die sich nahe stehen", sagte Traute. „Übermorgen sind wir schon wieder da, dann wirst du zu uns kommen, gelt? Und wie verbringen die russischen Mädchen diesen Abend? Das Lager scheint ganz still und dunkel zu sein." Ich klärte sie auf, dass man Weihnachten in Russland zu einem späteren Termin feiert, wenn überhaupt, denn in Sowjetrussland werde offiziell nur das Neujahrsfest begangen.

Traute stellte fest, dass es hier einen eisernen Ofen gab. „Warum hast du ihn nicht angezündet? Kannst du immer Kohle holen? Wenn du schon nicht mit den Deinen sein kannst, so sollst du wenigstens nicht frieren." Sie schaute sich überall um. Ich sah, dass sie diese Baracke deprimierend fand, trotz der Radierung, die in meiner Ecke auf der Schachtel stand, die mir als „Nachttisch" diente. Hans sprach nicht, er sagte nur „Hm, hm", wie immer. Dann gingen sie weg, der Weihnachtsmann mit seiner Weihnachtsfrau.

Besucht und beschenkt fühlte ich mich ganz seltsam. „Stille Nacht ...". Wo war wohl an diesem Abend meine Mutter, hatte sie jemand eingeladen? An diesem Abend war überall Waffenstillstand. Ein Tisch wurde vorbereitet, an dem man immer einen Platz für einen Unbekannten freiließ. Vor zwei Jahren noch lief ich mit den Freundinnen über die verschneiten Wege zur Christmette um Mitternacht. Das war eine tolle Freude, das machte uns allen Spaß, dieses Rennen inmitten der verschneiten Landschaft, voll der Lichter und der schönen Lieder. Heute war es dort wohl unmöglich wegen der Sperrstunde.

Mitternachtsmette, gab es so etwas hier in dieser schönen Stadt? Ich habe nicht danach gefragt. Auch wenn ich jetzt daran dachte, so war es nicht aus Frömmigkeit, vielmehr der Wunsch, sich der Gemeinschaft der „Menschen guten Willens" anzuschließen und mit ihnen ohne viele Worte die eigentümliche Tiefe des Festes zu kosten. Heidnisch, christlich oder nur menschlich erlebt war dieses Fest einfach und froh und stärkte wie ein warmes Getränk im Winter. In meiner Kindheit hatte ich nur sehr wenige frohe Weihnachten erlebt. Die Festfreuden genießen konnte ich aber doch, sie waren überall, in der Landschaft und in den Menschen. Auf einmal packte mich eine unstillbare Lust, in die Stadt zu laufen.

Es war 19 Uhr, das Lager menschenleer und dunkel. Der Lagerführer, wenn er überhaupt da war, schlummerte wahrscheinlich in seinem Zimmer, mit einem Fläschchen in der Hand. Ich zog meinen Mantel an und lief zu den beiden Wachen am Eingang.

„Ich muss noch einen Sprung in die Stadt machen. Die Frau und der Herr, die soeben hier gewesen sind, haben etwas vergessen." – „Schon gut, laufen Sie ihnen nach." – „Es kann sein, dass ich ein bisschen später zurückkommen werde. Werden Sie dann da sein?" – „Ja, einer von uns wird da sein. Wir werden erst um sechs Uhr morgens abgelöst, Sie können ruhig gehen."

Ich lief schnell zur Straßenbahn. Kaum ein Mensch auf der Straße, auch in der Straßenbahn. Am Plärrer stieg ich aus. Ludwigstraße, Karolinenstraße, Lorenzer Giebel im Dunkeln, denn es gab keine Beleuchtung in dieser Kriegsweihnacht. Museumsbrücke und Pegnitz, die leicht schimmerte, die glitzernden Dächer des Heilig-Geist-Spitals mit nur wenig Schnee darauf, schließlich der Hauptmarkt mit dem eingemauerten Schönen Brunnen.

Ich hatte den Eindruck, als ob der Seiteneingang der Frauenkirche geöffnet wäre. Einige Menschen gingen hinaus. Ich wagte nicht, näher zu kommen, machte aber eine Pause auf diesem Platz. Er sah aus wie eine Dekoration für eine Weihnachtsfeier und die Legenden dieser Nacht. In dem kleinen „Rundgang durch die Stadt" wurde der „Christkindlesmarkt" erwähnt. Das war, so sagte Traute, eine Freude besonders für die Kinder, aber jetzt war daran nicht zu denken. Auch hier gab es sehr wenig Beleuchtung, die Fenster waren verdunkelt und die Freude auch. Wie viel Freude lebte hinter diesen Mauern und wie viel Leid, Trauer, Angst? Bei uns liefen die Kinder um die Häuser herum, um an den Türen und Fenstern zu singen, Frieden und Glück zu wünschen: „Frohe Weihnachten, viel Glück zum Neuen Jahr!" Wenn es möglich gewesen wäre, mit einer kleinen Lampe durch diese Straßen und Gässchen zu laufen. War es wirklich nicht möglich? Wenn mich auch hier niemand sah, so war ich doch mit meinen besten Gedanken und Wünschen da, wer konnte es mir verbieten? Das war *meine* Weihnacht in dieser Stadt. Jemand kam vorbei. Er pfiff leise eine Melodie. Es musste ein Weihnachtslied sein, ich kannte es aber nicht.

Ein Fest der „kleinen Keime", so hatte einmal unser Lehrer gesagt. Er war kein Gläubiger, freute sich aber mit uns an diesem Tag. Das keimende Leben ist schon da, das Getreide keimt unter dem Schnee. Es ist auch ein Fest der Keime unserer Talente und Ideen, der kleinen Keime des Guten und der Liebe. Ich dachte an diesen Lehrer, dem ich sehr viel zu verdanken hatte. Alle alten Texte und Worte waren nun bei mir auf diesem Platz.

Nach Jahren aber wird die Erinnerung an diese Nürnberger Weihnacht noch andere Gedanken in mir herbeirufen: Über das wehrlose Leben, das allen Gefahren ausgesetzt ist. „Es ließ sich ein Schrei in Rama hören, Rachel beweinte ihre Kinder", steht in der Bibel. Mit welcher Kirche sind diese Worte enger verbunden als mit dem kleinen Gotteshaus auf dem Hauptmarkt, seit es 1349 auf den Grundmauern der ersten, während eines Pogroms zerstörten Nürnberger Synagoge erbaut wurde? Das Kind in der Krippe, war es nicht aus dem Stamm David, beschnitten und leicht erkennbar?

Ich musste ins Lager zurück. Noch einige Schritte zur Sebaldkirche, dann schnell über die Fleischbrücke zur Straßenbahn. Am Eingang fand ich denselben Wachmann, sein Kollege schlief. „So schnell zurück?" – „Ja, gute Nacht!" Er wusste nicht, dass ich von einer großen Reise zurückkehrte.

In meiner Box sah ich das Päckchen und erst jetzt packte mich etwas am Hals. Wären die beiden nicht gekommen, so hätte ich diesen Abend taub und stumm erlebt. Sie hatten mich wachgerüttelt. Ich durfte mich nicht beklagen, ich hatte die Zähs, dieses Päckchen hier und mein Abenteuer in der schönen Stadt. Schlafen konnte ich aber noch lange nicht, also nahm ich einen der Äpfel, um daran zu knuspern. Friede sei der Welt, frohe Weihnachten und eine gute Nacht.

Die Stadt hatte noch zwei Weihnachtsfeste vor sich, 1943 und 1944, obwohl sie dann schon sehr durch die Bomben gezeichnet sein würde. Gleich danach, am 2. Januar 1945, war von der Stadt, dem Hauptmarkt und der kleinen Kirche kaum etwas geblieben.

Eine Schneemanngeschichte (Winter 1942/43)

Diese Geschichte hat mein Gedächtnis ziemlich getreu aufgezeichnet: Die Erzählerin war Traute. Sie sprach von ihrer dramatischen ersten Ehe und wie sie später Hans kennen gelernt hatte. Den ersten Teil dieser Geschichte werde ich hier nicht aufschreiben, denn es war eine traumatische Erfahrung für diese damals junge Frau, unter der Leib und Seele schwer gelitten hatten.

„Die Ehe wurde aufgelöst, aber das dauerte noch lange und war peinlich genug. Dann lebte ich nur zwischen Arbeit und zu Hause. Meine Mutter meinte, man müsse das Leben nehmen wie es eben ist. Schwierigkeiten müsse jedermann früher oder später durchmachen. Ihr Leben war auch hart. Mir ist aber damals alle Lust am Leben vergangen.

Da kam Hansi. Seit Wochen begegnete ich ihm, wenn ich nach der Arbeit nach Hause ging. Er arbeitete in einer Fabrik und wohnte nicht weit von uns. Allmählich haben wir uns an diese Begegnungen gewöhnt und sprachen einige Worte auf dem Weg. Er war aus der Nähe von Weißenburg, nicht weit von dem Ort, wo meine Mutter ihre Familie hatte, und nun arbeitete er in Nürnberg.

Wir sprachen nicht viel, aber bevor wir uns verabschiedeten, unterhielten wir uns immer eine Weile und schließlich immer länger an einer Gartenmauer oder an einem Zaun. Obwohl wir nicht viel sprachen – Worte waren überflüssig – schien es mir, als ob Hans sehr viel von mir wusste, und sein Schweigen war wie eine Antwort.

Eines Tages kurz vor Weihnachten standen wir so und es schneite. Es war der Tag, an dem ich endlich richtig zum Sprechen kam, und ich redete mir das Herz leicht. Hans hörte nur zu. Auf einmal bemerkte ich, dass meine Hand, mit der ich mich am Zaun abstützte, schon von einem Häufchen Schnee bedeckt war. Ich hob die Augen auf, weil ich beim Sprechen auf den Boden geschaut hatte, und bemerkte, dass auch Hans auf seiner Mütze eine spitze Schneehaube trug, seine Augenbrauen weiß von Schnee waren über seinen ruhigen, verständnisvollen Augen und er auch auf den Schultern einen Schneekragen trug – ein richtiger Schneemann! Ich musste schallend lachen und konnte nicht mehr damit aufhören. Seit Jahren hatte ich nicht mehr so gelacht. Ich wollte mich beherrschen, doch es ging immer wieder los. Schließlich lachten wir beide, weil ich auch wie ein Schneemann aussah. Wir schüttelten den Schnee ab, machten daraus Schneebälle und bewarfen uns gegenseitig. Zuletzt wusste ich nicht mehr, ob ich lachte oder weinte oder ob es nur der tauende Schnee war."

So hatte für Traute und Hans eine neue gemeinsame Zeit begonnen und sie heirateten. Trotz ihres innigen Wunsches blieb die Ehe kinderlos, doch sie waren sichtlich glücklich miteinander.

Sie erzählte mir diese Geschichte, während sie ihre Heimarbeit machte. Warum hat sie eine so intime Geschichte einem fremden siebzehnjährigen Mädchen anvertraut? Vielleicht als Warnung: Es gibt schwere Stunden im Leben junger Mädchen, sei vorsichtig? Vielleicht war es aber auch eine Einladung, genauso offen zu sein, Vertrauen zu haben und keine Angst, von sich selbst zu sprechen.

Mehr als ein halbes Jahrhundert ist seitdem vergangen. Unmenschliche Zeiten, Feuer, Schutt und Asche. Tausende von Kilometern entfernt hat diese Geschichte, von einer Fremdarbeiterin im Gedächtnis aufbewahrt, alles überlebt.

Das weiße Licht eines Winternachmittags. Der Geschmack des Schnees, in dieser Erzählung und draußen. Ein Stückchen Leben, mit anderen geteilt, einfach erzählt, schmerzhaft, doch mit einem glücklichen Ende wie diese Schneemanngeschichte mit ihrem befreienden Humor. Ich sehe sie so lebhaft vor meinem geistigen Auge ablaufen, als ob ich dabei gewesen wäre. Ich bin noch immer „dabei", Hans und Traute sind es nicht mehr. Und wenn ich nicht mehr da sein werde, wird sie dann schmelzen und verschwinden wie der Schnee auf dem Christkindlesmarkt? Oder gehört sie schon zum unsichtbaren Museum der unschuldigen kleinen Liebesgeschichten aus Nürnberg?

Vertrauen

Traute hatte mir ihr Vertrauen geschenkt. Dieses Vertrauen habe ich nicht mit Gleichem vergolten. Von meinen Erfahrungen zu sprechen war mir unmöglich. Sie waren nicht mitteilbar, sie konnten den Zuhörer verletzen, verstören. Deshalb musste ich sie für mich behalten.

Was sollte ich ihr erzählen, von meiner Kindheit, meiner entzweigerissenen Familie, wie das Zusammenleben zur Hölle werden kann, vom Krieg, von den Deportationen nach Osten und Westen, wie mein bettlägeriger Vater aus dem Haus geschleppt und erschossen werden sollte und erst im letzten Moment diesem Geschick entging, von meiner Zufriedenheit, als er starb, weil er so endlich außer Gefahr war, vom ersten Deutschen, von Lenka, von meiner Suche nach einer Unterkunft für Mama, vom italienischen Zug, von der Nacht auf dem kleinen Bahnhof und den Liedern, die ich dort hörte? Nein, das war nichts für Traute, ich konnte es ihr einfach nicht erzählen. Von dem schönen und romantischen Abend an Pfingsten 1940 auch nicht, ebenso wenig wie von der steinernen Rose. Sie wusste nur allgemein von meiner großen Bewunderung für die Stadt.

Sie war feinfühlig genug, um zu spüren, dass ich viel verschwieg. Sie stellte nur wenige Fragen und war immer mit der Antwort zufrieden. Anstatt noch mehr nachzuforschen erzählte sie von sich selbst.

Eines Tages bin ich mir bewusst geworden, dass ich über Traute mehr wusste als über meine eigene Mutter, die ich fast nicht kannte, weil sie so verschlossen war. Diese Frau hier sprach mit mir wie mit ihresgleichen. So habe ich die Erfahrung machen können, dass es zwischen Erwachsenen und jungen Menschen doch Freundschaft geben kann.

Es gab Momente, in denen ich spürte, dass sich meine innere Verteidigung auflöste, ich einmal richtig hätte weinen wollen an diesem Tisch, bei diesen guten, ungefährlichen Menschen, weil dies vielleicht die einzige solche Gelegenheit in meinem Leben sein würde. Ich muss dabei ein recht dummes Gesicht gemacht haben, denn plötzlich fragte sie: „Was hast du denn, Muschi?" Schon war es wieder vorbei. „Nichts Wichtiges, manchmal nehme ich mich selbst zu ernst, das ist ein ganz zweifelhaftes Unterfangen." Sie antwortete nicht gleich und dann sinngemäß mit „draußen lacht man, drinnen weint man" oder „außen Scherz, innen Schmerz". Bei einer anderen Gelegenheit fügte sie hinzu: „Du sagst nicht alles. Man kann eben nicht alles sagen, es ist vielleicht nicht möglich, weil einem die Worte fehlen." Wieder hatte sie ins Schwarze getroffen.

Was wäre geschehen, wenn ich ihr damals die Wahrheit über mich erzählt hätte, als sie sagte, ich sähe wie eine Jüdin aus, das sei ihr aber „wurscht"? Wäre sie in Panik geraten, wenn ich erwidert hätte: „Sie haben völlig Recht, das hat man mir schon oft gesagt. Es ist wahr, meiner Mutter nach bin ich tatsächlich jüdischer Abstammung, nur wusste ich es lange selbst nicht."

Was hätte sie gesagt?

„Mein Kind, das ist doch eine unheimlich ernste Sache, warum hast du es nicht gleich gesagt?" oder

„Das hast du uns verheimlicht?! Wie konntest du uns so etwas antun? Weißt du, welche Konsequenzen es für uns alle haben kann, vor allem für Hans? Du kannst keinen Moment länger bleiben!"

oder

„So? Also musst du gleich zur Gestapo gehen und dich dort melden."

oder

„Geh ins Lager zurück, ich weiß, was jetzt zu tun ist."

oder

„Ich habe mich also in dir geirrt und war so blöd, dir zu vertrauen! Du hast uns betrogen!"

Solange ich in Nürnberg war, habe ich solche Gedanken nicht zugelassen. Erst nach Jahren standen sie mit unerbittlicher Klarheit vor mir.

Doch vielleicht hätte sie nur gesagt: „Ich habe es gleich bemerkt und es ist mir wurscht. Sage es nur niemand sonst und passe auf dich auf, dann wird alles gut." Das hätte zu Traute gepasst.

Ich glaube, dass sie so reagiert hätte. *Ich will es glauben.* Ich glaube es wirklich.

Einige Worte über Traute

Als ich sie kennen lernte, hieß sie Traute. So nannten sie auch ihre Freunde und Bekannten, dieser Vorname stand auf allen Briefen. In einem amtlichen Dokument aus dem Jahre 1928 erscheint sie als Margarete.[43] Bis jetzt konnte ich nicht feststellen, ob „Traute" nur ein Rufname oder aber vielleicht ihr zweiter Taufname war. Nebenbei gesagt lautet der Vorname von Herrn Zäh manchmal Michael (in einem Dokument von 1920 und im

---

43 Alle Dokumente über das Ehepaar Zäh verdanke ich der Recherche von Gerhard Jochem aus dem Stadtarchiv Nürnberg.

Adressbuch für 1940) und manchmal Johann, so auf einer Bescheinigung von 1946. Es war in der Tat eine Zeit, in der sich nicht nur mit den Menschen, sondern auch mit ihren Namen Sonderbares abspielte.

Margarete oder Gertraud kam in Nürnberg am 4. Oktober 1901 zur Welt. Ihre Mutter, Sabine Schneider, geborene Regel, war bereits Witwe mit zwei Kindern. Traute war schon 13 Jahre alt, als ihre Mutter zum zweiten Mal heiratete. Ihr Mann hieß Leonhard Schlicht und war ein Witwer mit vier Kindern. Also hatte Traute sechs Stiefgeschwister. Ich hörte sie öfters von der „Familie in der Umgebung" oder „auf dem Dorf" sprechen.

Über ihre Kindheit weiß ich nichts, sie hat mir niemals davon erzählt. Wenn es mir einmal möglich sein sollte, möchte ich gerne etwas mehr über die Jugend dieses Mädchens wissen, das ich später unter so speziellen Umständen kennen lernen sollte. Ohne Zweifel besuchte sie eine Grundschule, dann folgte wahrscheinlich eine Berufsausbildung, denn im oben erwähnten Papier steht als Beruf „Pflegerin". Wie sie mir einmal gesagt hatte, musste sie schon frühzeitig ihren Lebensunterhalt selbst verdienen. Ihre erste Ehe, die aufgelöst wurde, war das Ergebnis von verhängnisvollen Umständen und hatte keinen Bestand. Im Jahre 1928, am 8. August, heiratete sie den drei Jahre älteren Schlosser Michael (Johann) Zäh, geboren am 23. September 1899 in Göhren bei Weißenburg in Mittelfranken. Diesmal war die Ehe glücklich, nur kinderlos, worunter Traute litt.

Seit ihrer Heirat wohnten sie in der Gostenhofer Schulgasse 15 im obersten Stock.[44] Als ich sie 1942 traf, machte Traute Heimarbeit. Sie fertigte Einzelteile für Feldausrüstungen an. Ihr Auftraggeber war eine Art von Sattler- oder Lederwarenbetrieb, der wahrscheinlich auch Zelte und Soldatenrucksäcke produzierte. Sie hatte ein kleines Werkzeug, das sie an den Tisch anschraubte und in dem sie das Werkstück fixierte. Sie arbeitete dann mit verschiedenen Ahlen, Hämmerchen, Schuhdraht und anderen Dingen daran. Anschließend brachte sie die fertigen Teile zu der Firma in der Fürtherstraße (oder Schwabacherstraße?). Dazu hatte sie einen speziellen Koffer, den sie auf ihrem Rad befestigte. Wöchentlich musste sie eine bestimmte Stückzahl liefern.

---

44 Im Adressbuch für 1940 steht „dritter Stock". In meiner Erinnerung war es direkt unter dem Dach.

Sie selbst sagte von sich: „Ich bin eine einfache Arbeiterfrau, aber alles interessiert mich." Es war in der Tat so, sie interessierte sich für alles und hatte das innere Bedürfnis, immer etwas Neues kennen zu lernen. Ihre ständige Bereitschaft, alles Gute und Interessante in sich aufzunehmen, muss sie selbst an sich als eine besondere Gabe wahrgenommen haben. Deshalb hatte diese „einfache Arbeiterfrau" keine Minderwertigkeitskomplexe.

Ihre Kenntnisse der Literatur und Kunst waren tadellos, mindestens einer Absolventin der Realschule ebenbürtig. Das kam wohl davon, weil sie immer aufmerksam zuhörte. Sie erkannte schnell Zusammenhänge und Perspektiven von Ereignissen, im Leben wie in der Literatur.

Wenn ich etwas rezitierte – bei ihr konnte ich das, ohne angeberisch zu wirken –, fragte sie gleich nach: „Woher kennst du das? Wie geht es weiter? Wie schade, dass du dieses Gedicht nicht im Ganzen gelernt hast!" Beispielsweise habe ich ihr einmal Schillers „Die Bürgschaft" vorgetragen, allerdings nur die ersten etwa zwanzig Verse, denn wir hatten nur den Anfang in der Schule lernen müssen. Sie wusste wohl, worum es ging, denn auch sie kannte dieses Gedicht. Nachdem sie etwas über meine Aussprache gelacht hatte (sie konnte mich vortrefflich nachahmen: „... die Bürrrgschaft ... dem Tyrrranen ..."), tröstete sie mich: „Mach dir keine Sorgen, du machst Fortschritte. Wir werden schon bald schöne Gedichte lesen, ich freue mich schon darauf!" Es ist niemals dazu gekommen.

Sie war grundsätzlich auf die anderen eingestellt, das war ihre Leidenschaft, das füllte ihr Leben aus, das machte ihr Spaß und darin lag ihr wahres Talent. Ihr großes Einfühlungsvermögen erlaubte es ihr, ihr Gegenüber sehr schnell und umfassend in seiner Situation zu erkennen. Man hätte niemals erraten, welch weites Feld sie mit einem Blick erfassen konnte. Der Mitmensch war für sie ein eigener Kosmos. Er hatte einen unersetzlichen und einzigartigen Wert. Hierin war Traute so fanatisch wie ein Sammler kostbarer Kunstwerke oder Edelsteine. Das, was sie im anderen entdecken konnte, was er mit ihr teilte, erfreute sie, sie fühlte sich bereichert. Sie war zum Austausch geboren und erlebte jede Entwicklung des anderen wie ihre eigene.

Ihre Art war sachlich und realistisch. Lügner durchschaute sie schnell. Dabei suchte sie aber nicht nach den Abgründen in den Menschen. Sie übte weder Kontrolle noch Zensur aus. Ich habe noch heute eine starke Allergie gegen jede Art von Indiskretion und hätte Traute gemieden, falls ich bei ihr einen solchen Charakterzug festgestellt hätte. Sie war aber keine Voyeurin. Etwas Falsches konnte ihr nicht entgehen, doch fällte sie selten ein Urteil.

Was ihrer Meinung nach gemacht werden musste, das wurde erledigt, ohne Murren, ohne Umstände. Deswegen war sie in ihren Aktionen fast unsichtbar. Man konnte leicht vergessen, sich bei ihr zu bedanken, alles war selbstverständlich. Ihre Hilfe war niemals demütigend.

Ein menschliches Leben als „lebensunwert" zu qualifizieren, war für diese einfache Frau ein Gräuel. Hätten die Nazis nur diesen einen Begriff formuliert, schon das hätte Traute genügt, um sie zu verfluchen. Als sie von Rudis Foto sagte, es habe etwas von einem Christusbild an sich, so war dies kein Ausdruck ihrer Frömmelei, sondern der Versuch, auch diesem Menschen einen Wert beizumessen. War aber jemand seines Wertes beraubt worden, so musste er ihm wiedergegeben werden, indem man ihn ernährte, kleidete und beherbergte. Mehr noch: Er sollte sich entwickeln und glücklich sein können. So suchte Traute mit ihren bescheidenen Mitteln nach einem Antidot für die Zeit der Menschenverachtung.

Das ist vielleicht das Wichtigste, was ich von ihr sagen wollte.

Die Lebensschule

Vor der Psychologie kamen bei Traute aber die einfachen Dinge des Lebens. Ihr unausgesprochener Lehrsatz lautete: Man muss das Leben *gestalten*, die Menschen umsorgen, damit sie wirklich *leben* können.

Diese Lebensschule gefiel mir sehr. Sie bestärkte mich in meinem Wunsch aus den Kinderjahren, etwas zu tun, damit das Leben besser sei. Diese ganzheitliche Sorge um den Mitmenschen, jedoch ohne Indiskretion oder Bevormundung, fand ich schlichtweg genial. Später versuchte ich oft, dieser Schule gemäß zu handeln, besser gesagt, Traute nachzuahmen.

In meinem Fall musste sie vor allem für Schuhe sorgen, dann kam die Unterwäsche dran („Die muss man doch oft wechseln können!"), Handtücher („Gibt man euch im Lager überhaupt welche?"), ein guter Rock und eine warme Jacke. Auch einen alten Regenmantel fand sie für mich. Er roch zwar nach Gummi, war aber sehr praktisch. Und vor allem die Hygiene: „Gute Seife gibt es heutzutage leider nicht, also hier hast du Haferflocken. Die sind sehr gut, um sich das Gesicht zu waschen. Zeige sie nur niemand, das sind so alte Hausmittel, viel besser als Seife!" Sie meinte auch, ein Desinfektionsmittel könnte gute Dienste leisten, wo doch alle dieselben Einrichtungen benützten. Ein paar Tropfen ins Wasser genügten. Das Desinfektionsmittel roch nach Krankenhaus. Mir gefiel dieser Geruch, er war so frisch. Ich tat es so reichlich in mein Waschwasser hinein, dass es meine Mitbewohnerinnen, drei Russinnen, ohne mein Wissen in Angst und Schrecken versetzte: Was hatte die da denn für eine schlimme Krankheit, wenn sie sich ständig desinfizieren musste? Erst Traute machte mich auf meinen Missbrauch aufmerksam: „Sag mal, was ist denn mit dir los, du riechst wie eine Apotheke?!"

Traute war willens und fähig, viele Menschen zu umsorgen. Als wir zum ersten Mal in die Gostenhofer Schulgasse gekommen waren, wäre sie im Grunde bereit gewesen, sich um jede von uns zu kümmern. Später einmal fragte sie mich, wie es den anderen Mädchen ging, und freute sich aufrichtig, dass die zwei, die aufs Land gehen wollten, in der Tat zum Bauern geschickt worden waren. Als ich ihr von Jozia-Krista erzählte und ihren „Projekten", fand sie: „Glaube nicht alles, das kann nur eine Art von Provokation sein. Junge Madchen erzählen manchmal solche Sachen. Ich bin sicher, dass diese Krista ein guter Kerl ist." Sie hatte Recht, Jozia-Krista war im Grunde ein guter Mensch.

Sonst waren meine Antworten knapp, wenn sie mich nach den anderen fragte. Über traurige Ereignisse sprach ich lieber nicht. Ich schob alles Unangenehme beiseite, um wenigstens hier, in diesem friedlichen Haus, normal leben zu können. Auch waren die Russinnen im Lager eine Welt für sich und ich war Polin. Ich war bereit, ihnen zu helfen, wenn es sich um eine konkrete Angelegenheit handelte, und so weit es mir möglich war. Gelegenheit dazu suchte ich aber nicht. Es kam mir damals nicht in den Sinn, dass sich hier eine neue, ungewöhnliche Möglichkeit ergab, um andere, in diesem Fall die Russinnen, ganz neu zu sehen, sie in unserer gemeinsamen Not zu erkennen und sich mit ihnen zu befreunden. Der Grund hierfür war nicht nur das deutsche Verbot von internationalen Kontakten. Sie lebten eben in einer anderen Welt. In meiner Erziehung, in der Schule, zu Hause, in der Kirche, gab es nichts, was mir, was uns allen die Wege zum anderen in vielen verschiedenen und oft überraschenden Gelegenheiten hätte weisen können.

Traute wollte wissen, ob die Mädchen nach Hause schreiben durften, ob sie Briefe bekamen, ob sie traurig oder hungrig seien. Eines Tages erzählte ich ihr, dass ich ein Mädchen weinen gehört hatte. Sie saß hinter der Baracke und schluchzte immerzu „Mamotschka, Mamotschka ...", bis eine andere hinzukam, um sie zu beruhigen. Das Wort „Mamotschka" brauchte ich ihr nicht zu übersetzen. „Bist du auch gleich zu ihr hingegangen, zu diesem armen Ding?" – „Nein, die andere ist doch gekommen!" Ich spürte gleich, dass dies nicht die Antwort war, die Traute hören wollte.

Solche Fragen stellte Traute, nur ist mir ihr Sinn erst nach vielen Jahren klar geworden. Ist es nicht eigenartig festzustellen, dass eine Nürnbergerin in dieser schlimmen Zeit an so etwas wie „Lagersolidarität" oder „Völkersolidarität" dachte?

Traute und die Politik

Ich habe mit dem Ehepaar Zäh – selbstverständlich – niemals über die aktuellen politischen Ereignisse gesprochen. Wie hatten sie die Geschehnisse seit 1933 erlebt, was dachten sie über das System, das immer mehr erstarkte, was vom Krieg? Ich kann es nur erraten: Mir scheint, dass sie zu den Menschen gehörten, die stets in einer stillen inneren Revolte leben, ohne sie zu äußern, sich dabei aber bewusst sind, dass es auch andere Menschen gibt, die so denken wie sie. Sie bleiben sich trotz allem selbst treu, denn das ist ihrer Meinung nach die beste Art, Widerstand zu leisten, in kleinen, alltäglichen Dingen.

Wäre ich damals etwas älter gewesen, hätten auch meine Beobachtungen reifer und ernster sein können. Diese drei kleinen Szenen, die ich hier niederschreibe, hat aber eine Siebzehnjährige behalten, weil sie ihr witzig erschienen. Heute scheinen sie mir auf eine ganz und gar unernste Weise die innere Haltung von Traute zu beleuchten.

Halali (Juli 1942)

Das, was man als den „Deutschen Gruß" bezeichnet, verstehen wir zuerst nicht, obwohl wir ihn von Anfang an gehört haben. Zunächst haben wir den Namen „Hitler" in diesem Gruß nicht verstanden, denn er wurde immer so schnell ausgesprochen und auf eine sonderbare, gutturale Weise. „Was sagen sie da", fragte ein Mädchen im Lager Langwasser, „hast du das gehört?" – „Etwas wie ‚hallo' oder ‚halla'?" – „Nein, es klingt wie ‚hallila'". Ein anderes Mädchen bringt eine recht plausible Erklärung vor: „Sie singen ein Lied mit ‚heili, heilo, heila'. Die Soldaten haben es gesungen, ich habe es selbst gehört. Es muss ein altgermanischer Ausdruck sein, wie ‚Wal-halla'." Mir kommt der Jagdruf „Halali" in den Sinn.

Bei nächster Gelegenheit frage ich Traute: „Wie begrüßt man sich hier eigentlich? Es hört sich an ‚halli'." – „Du meinst ‚Heil Hitler'? So begrüßen sich die Leute, die ... einen wichtigen Posten haben und die der Partei angehören. Man nennt diese Art, sich zu grüßen, den ‚Deutschen Gruß'. Aber bei uns sagt man immer noch ‚Grüß Gott'." – „Und ich dachte, dass es wie der Jagdruf ‚Halali' ist." – „Jetzt weißt du, was es bedeutet." – „‚Guten Morgen, guten Tag, gute Nacht, auf Wiedersehen', sagt man das noch?" – „Oh ja, durchaus, du kannst auch sagen ‚bis Morgen' oder ‚Tschüß Traute'."

Dann kichert sie in sich hinein: „Was hattest du verstanden? Halali? Das darfst du aber niemand erzählen – ein Jagdruf!"

Genauer betrachtet war es aber doch eine Aufforderung zur Jagd.

Die schöne Polin

Im Radio kommt das Wunschkonzert. Es werden verschiedene Lieder angesagt. Traute bemerkt einen Titel und sagt: „Jetzt wirst du hören, dass wir den Polen gegenüber grundsätzlich nicht feindselig eingestellt sind. Kriege hat es wohl gegeben wie jetzt auch, aber wer will schon den Krieg? Die einfachen Leute jedenfalls wollen ihn nicht. Das Lied handelt von einer schönen Polin." Traute singt leise: „... die Schönste aber war die Polin." Wir warten ab. Nun kommt das Lied, von dem Traute sprach. Es beginnt mit einer Aufzählung allerhand reizender Frauen aus aller Welt. So kommt der Sänger bis zur Kreolin. „Pass auf", sagt Traute und singt mit: „... die Schönste aber war die –", ach nein, der Sänger singt etwas anderes: „... die Frau aus Wien"! Eine Silbe fehlt, er muss „Frau" zu „Fra-au", auseinanderziehen, aber wer die Schönste ist, das bestimmt Goebbels' Propaganda-

ministerium. Davon weiß ich noch nichts. Ich muss nur lachen, weil Traute, sichtbar zornig, den Sänger nachahmt: „die Fra-au". Sie versucht die Situation zu retten: „Sie haben es geändert, jetzt ist Wien in Mode, immer nur Wien und Wien. Es war aber ursprünglich so, wie ich dir gesagt habe: Die Schönste war die Polin und dann war von einer Maruschka die Rede."
„,Maruschka' wäre eher eine Russin. Eine Polin hieße sicher Marysia", korrigiere ich, aber Traute hat offenbar genug vom neueren deutschen Liedgut und schaltet das Radio aus.

Die Innensohle (November 1942)

Die Schuhe, die Traute für mich aufgestöbert hat, sind fest, keine ausgesprochenen Winterschuhe, aber man muss sich begnügen mit dem, was man hat. Modern sind sie auch nicht gerade, ich finde sie aber originell. Als ich ankomme, stehen sie auf dem Stuhl am Eingang. Hans geht gerade zur Nachtschicht und deutet darauf: „Was ist denn das?" – „Die Schuh' für die Klaa", antwortet Traute. Hans wird nachdenklich: „Wie die ausschauen, müssen sie noch aus der Werkstatt von Hans Sachs stammen." Er geht hinaus. Traute ist empört: „Was denkt sich der Kerl?! Das sind ganz gute Schuhe! So altmodisch sind sie nun auch wieder nicht. Du wirst sie gerne tragen, nicht wahr?" Ich bejahe es.

Damit diese Schuhe wärmer werden, muss man eine Innensohle hineinkleben. Diese Sohle hat Traute bereits ausgeschnitten, Kleber ist auch da, und ich mache mich in der Waschecke hinter der Küche ans Werk. Dann lasse ich sie eine Weile trocknen und gehe wieder zu Traute. Ich bin schon an der Tür des kleinen Zimmers, wo sie an ihrem Tischwerkzeug herumklopft. Das Radio summt, die Musik verebbt, plötzlich brüllt eine pathetische Männerstimme: „Hier spricht Hans Fritzsche!"[45] In meinem „Hörspiel" hinter der Tür folgt ein jähes Knarren von Trautes Sessel und das

---

45 Hans Fritzsche (1900–1953), seit November 1942 Leiter der Rundfunkabteilung im Propagandaministerium; Freispruch im Nürnberger Hauptkriegsverbrecherprozess, im Entnazifizierungsverfahren zu neun Jahren Arbeitslager verurteilt, nach der Entlassung 1950 FDP-Politiker in Nordrhein-Westfalen.

Krachen des Radios beim Ausschalten. Alles ist still. In dieser Stille fällt ein einziges zorniges Wort, „Scheiße!", dann noch ein gemurmeltes „Gesindel".

Beide Wörter standen nicht in unserem Schulbuch „Wir lernen Deutsch". Man hatte uns nur vor einem eventuell peinlichen Irrtum bei der Konjugation des Verbs „schießen" gewarnt, besonders wenn man zum Perfekt kommt.

Aber hallo, Traute verwendet solche Ausdrücke? Herrlich! Dass die Politik, ihre Vertreter und Propagandisten so bezeichnet werden, das wissen selbst die Kinder dieser Welt (außer vielleicht damals in Deutschland), nicht nur die, die Zeitungen lesen so wie ich, sondern alle, die Ohren haben. Das wundert mich gar nicht, aber ...

Sicherheitshalber ziehe ich mich ganz leise auf meinen Socken in die Küche zurück. Kurz darauf ruft mich Traute. Noch in der Küche antworte ich scheinheilig mit „Ja?", dann schon in der Türe: „Haben Sie mich gerufen?" – „Bist du mit deinen Schuhen fertig? Gut, eine feste Innensohle ist unbedingt nötig! Komm, wir werden etwas Warmes trinken, bevor du gehst."

Der Idiot (nicht von Dostojewski)

Die Zähs lachten gern, sie hatten beide einen sehr feinen Sinn für Humor. Es scheint mir aber, dass sie nicht zu oft Gelegenheit dazu hatten. Ich glich dies unfreiwillig etwas aus, vor allem am Anfang, als ich allerhand Fehler beim Sprechen machte.

Es mag etwa im Juli 1942 gewesen sein. Ich war noch im Lager Langwasser und wollte ihnen von den neuen Transporten erzählen. Unter den Ankömmlingen gab es einige Mädchen, die fest daran glaubten, dass man sie wieder nach Hause schicken würde, sobald man eine Krankheit bei ihnen feststellte. Deshalb kam es zu einer regelrechten Epidemie von epileptischen Krisen und Nervenanfälle. Traute verstand dieses Phänomen sehr gut und war voll Mitleid. Sie wusste allerdings auch, dass sie keine Chance hatten, als Kranke anerkannt zu werden. Krank waren sie wohl, aber aus Heimweh und Verzweiflung. Für die manchmal wirklich spektakulären Anfälle interessierte sich aber auch das schon bekannte „Pimperle", das damals noch, immer mit seinem Gewehr, um das Frauenlager kreiste und meinte, es müsse alles wissen und überwachen. Der Mann kam also häufiger in die Revierstube, manchmal mit einem anderen Wachmann, und machte dumme Bemerkungen. Als ich das erzählte, ärgerte sich Hans sichtlich darüber: „Der hat da nichts zu suchen, dem sollte man gleich die Türe weisen! Das nächste Mal rufen Sie den Aufseher! ‚Pimperle', der ist ein Idiot! Verstehen Sie, was ein ‚Idiot' ist?"

Ich wollte ausdrücken, dass ich das Wort kenne, weil es in fast identischer Form in nahezu allen Sprachen vorkommt, habe es aber etwas zu sehr vereinfacht: „Idiot? Ja, das ist international!"

Sie haben beide herzlich gelacht über diesen internationalen Zug der Menschheit. Hätten sie diesen Sinn für Humor nicht gehabt, so meine ich heute, wäre unsere Beziehung viel oberflächlicher geblieben.

Einmal im Zug

Mein manchmal etwas aggressiver Humor suchte immer nach einer Herausforderung, nach der Möglichkeit zu einem intellektuellen Duell. Solche Ideen kamen mir vor allem in den Momenten, wenn Traute zu „pädagogisch" wurde.

Trautes Spezialität waren lehrreiche Beispiele und erbauliche Geschichten (woher stammte diese Art zu erzählen? War sie üblich, als sie selbst jung war?). Meist fingen sie mit demselben Satz an: „Einmal im Zug habe ich gesehen / gehört ..." Mit der Zeit konnte man glauben, dass Frau Zäh ihr Leben auf Reisen verbracht und daraus ihre Lebensweisheit geschöpft hatte. „Einmal im Zug ..." Wohin fuhr sie nur immer? Nach Gunzenhausen? So begann auch die Moritat über das sorgfältige Strümpfestopfen:

„Einmal im Zug habe ich eine Frau gesehen, die trug gestopfte Strümpfe, aber wie waren sie gestopft! Ein Kunstwerk war es! Alle bewunderten diese Arbeit und sagten: ‚Diese Dame hat ihre Strümpfe wunderbar gestopft!' Ja, man braucht nicht unbedingt nagelneue Sachen, sauber gehalten und gut ausgebessert wirken die alten auch gepflegt, sogar elegant, nicht wahr, Muschi?"

Ich war einverstanden, aber diese allgemeine Bewunderung der gestopften Strümpfe im Zug, das war für meinen Geschmack etwas übertrieben. Na, warte, Traute!

„Diese Dame", fragte ich ganz unschuldig, „wo saß sie im Abteil? Am Fenster oder an der Tür?"

„Was? Warum fragst du danach? Ich weiß es nicht mehr. In der Mitte, vielleicht."

„Ich bin mir ganz sicher, dass sie in der Mitte saß! Und die Strümpfe, wo waren sie gestopft? An den Fersen? Nein, da sicher nicht, denn dann hätte sie ja die Schuhe ausziehen müssen, damit es alle sehen können. Wo sonst konnten sie wohl gestopft sein? Vielleicht an den Knien? Wie hielt sie die Beine, diese Dame, damit alle Reisenden ihre Arbeit bewundern konnten? Hat sie ihren Rock hochgehoben, um ihre Knie zu zeigen?"

Alle diese Fragen kamen von mir, ohne dass ich Traute zu einer Antwort Zeit ließ. Je länger ich sprach, desto weniger schien sie sich ihrer pädagogischen Seriosität sicher zu sein. Endlich lachte sie auf.

„Du Witzbold! Glaubst du mir etwa nicht?"

„Aber doch, Traute, natürlich! Außerdem kann ich auch stopfen und sogar ein bisschen weben."

Ich bat sie um Zwirn, Nadel und alte Socken: „Jetzt wird auch hier allen Reisenden etwas gezeigt und man braucht dafür nicht einmal eine Fahrkarte zu lösen!"

Sie arbeitete an ihrer Heimarbeit, schielte aber immer wieder zu mir während ich die Socken stopfte. Unzufrieden sah sie dabei nicht aus.

„Ich wusste gar nicht, dass du so tüchtig bist."

„Wenn Sie die Kreuzstickereien gesehen hätten, die man dort bei uns macht! Sogar ganz kleine Mädchen, sechs, sieben Jahre alt, können schon wunderbare Muster sticken. Hätten Sie nur die Hemden von dort gesehen und die Handtücher! Und den Schmuck, aus den feinsten bunten Perlen gewebt, haben Sie ihn gesehen? Hätte ich solche Perlen hier, ich könnte es Ihnen auf der Stelle zeigen."

„Wie gerne möchte ich sie einmal sehen, diese Stickereien und diese Mädchen."

Schon wollte ich antworten: „Einmal wird es sicher möglich sein ...", da dachte ich plötzlich an die anderen Deutschen, die dorthin gegangen waren, um „Sonderaktionen" durchzuführen, und blieb stumm. Diese kleinen Mädchen dort, die so wunderbare Dinge anzufertigen wussten und dabei sangen, ob sie immer noch Lust zum Sticken hatten und die Mittel dazu? Vielleicht gehörte das alles schon einer anderen Zeit an.

Die Methode „Einmal im Zug" hat mich noch lange nicht in Ruhe gelassen. Ich fand sie witzig und einfach im Gebrauch. Ich fing also an, weitere Beispiele selbst zu erfinden und stellte mir einen kleinen Vorrat zusammen. Wäre nur Lenka hier, sie hätte es verstanden!

Als Traute wieder etwas Erbauliches zu erzählen anfing, fiel ich ihr gleich ins Wort.

„Ja, ja, ‚einmal im Zug ...'"

„Wieso, habe ich dir das schon erzählt?"

„Nein, aber ich habe bemerkt, dass Sie allerhand erzieherische Geschichten auf Reisen gesammelt haben. Ich kenne auch solche Geschichten. Wollen Sie, dass ich Ihnen welche erzähle?"

„Da bin ich aber gespannt."

„Also: Einmal im Zug ist eine Dame eingestiegen. Sie war zornig, aber ihr Kleid war schön. Vorne war es grau, hinten aus bunten Stoffresten wunderbar zusammengestellt (in der Tat war es damals Mode, das Oberteil des Kleides aus bunten Stoffstreifen zu machen – aber eben nur das vordere Oberteil!).

Nach einer Stunde stieg diese Frau aus. Da haben alle gesagt: ‚Diese Frau hat ihr Kleid wunderbar gemacht. Als sie einstieg, da war es wie graue Wolken und ein Tornado, als sie uns aber den Rücken kehrte, da erschien ein Regenbogen und alle atmeten auf!'"

Traute bebte schon vor unterdrücktem Lachen, aber ich setzte noch eins drauf.

„Einmal im Zug saß eine Dame mit einem Korb. Als alle Reisenden ihre Butterbrote herausnahmen, da zog sie aus diesem Korb ein Päckchen, da waren zwei alte Pantoffelsohlen drin, und alle sagten: ‚Wie sparsam diese Dame ist, sie weiß alles zu gebrauchen!'"

„Hör schon auf mit deinem Zug, ich kann es nicht mehr hören!" Traute musste sich die Lachtränen vom Gesicht wischen.

„Nur noch eine kleine Geschichte, Traute, ich bitte Sie, diesmal eine wahre, ich schwöre es Ihnen, und zwar keine ‚Zuggeschichte', sondern eine ‚Straßenbahngeschichte' und ich war dabei! Zwei Damen unterhalten sich übers Kochen, da bremst der Wagen abrupt. Eine der Damen findet sich auf einmal auf dem Boden sitzend wieder. Sie hat aber ihr Gespräch keine Sekunde lang unterbrochen und schon auf dem Boden sagt sie: ‚Nun tun sie a bisserl Pfeffer drauf ...' Und die Schaffnerin, die gerade vorbeikommt, sagt: ‚Ich hab doch hier keinen zur Hand!'"

Traute hat meine Witze über die „Zugmethode" nicht vergessen, aber ihre Erzählungen nur wenig umgearbeitet. Als ich bei ihr einmal meinen Rucksack leerte, war eine große Unordnung darin, zerknittertes Papier, Krümel usw. Schon wieder hob sie an: „Einmal im Zug ..." Es war wie eine Einladung zum Spiel: „Ja, einmal im Zug haben Sie eine Dame gesehen, die in ihrem Sack eine so große Ordnung hatte, dass es glänzte. Der Schaffner musste sie ermahnen: ‚Meine Dame, machen Sie doch ihren Sack zu, es ist Verdunkelung!' Nicht wahr, Traute, genau so ist es gewesen?"

Eine Weihnachtsfeier (Dezember 1942)

Ich werde zur Firma Schöller, Eiswarenfabrik, bestellt. Diesen Namen habe ich schon gehört oder gelesen, vielleicht am Plärrer, wo man im Sommer etwas kaufen kann, was an Eis erinnert. Ich soll um zwölf Uhr mittags dort sein, der Lastwagen wird mich hinbringen, auf dem Rückweg soll ich die Straßenbahn nehmen. Also fahre ich mit dem stillen, kriegsbeschädigten Fahrer zur Firma Schöller.

Hier erfahre ich, dass die Firma für ihre Ostarbeiterinnen eine kleine Feier mit einigen Überraschungen vorbereitet hat. Bei dieser Gelegenheit will jemand von der Direktion einige Worte sagen, da es die Zeit der Weihnachtsfeiern ist und das Neue Jahr vor der Tür steht. Das Essen geht gerade zu Ende, der richtige Moment ist gekommen.

In einem großen Saal sind die Tische im Kreis aufgestellt und mit kleinen Tannenzweigen geschmückt. Die Mädchen unterhalten sich und lachen. Man spürt gleich, dass heute das Essen besser war. Jetzt kommt die Nachspeise – noch eine Ausnahme! Diese Nachspeise wird mit großem „Oh!" und Händeklatschen begrüßt, dabei ist es nichts anderes als eine Portion Eis, nur schön geschmückt mit einem Schirmchen oder einem

Schmetterling aus Papier. Dieses Eis, obwohl es von ihnen hergestellt wird, steht niemals auf ihrem Speiseplan, es ist für die Deutschen gedacht. Wenn man seit langem an das Lagerleben und -essen gewöhnt ist, scheint die Stimmung in diesem Saal fast wie ein Einbruch des normalen Lebens in die graue Existenz der Mädchen.

Einige Personen von der Direktion sind da. Jemand von ihnen wird jetzt sprechen. Die fröhlichen Gespräche verstummen.

Ist das schwer zu übersetzen! Ich weiß zwar, dass ich keine besonders gute Dolmetscherin bin – mein ganzes Leben lang werde ich bei Simultanübersetzungen Schwierigkeiten haben –, aber das hier ist einfach unverdaulich. Es handelt sich um eine Art des Redens, die man später in Polnisch als „mowa trawa",[46] in Französisch als „langue de bois"[47] bezeichnen wird, oder – diesen Ausdruck werde ich erst Jahrzehnte später kennen lernen – als „Lingua Tertii Imperii (LTI)",[48] die Sprache des Dritten Reiches. Zusätzlich noch bildet der Sprechende so verwickelte Sätze, dass ich den Sinn fast nicht herausbekomme. Panik steigt in mir auf, aber ich mache, was ich eben machen kann und zwinge mich zum Übersetzen der Rede, von der ich die Hälfte selbst nicht verstehe. Es geht um Weihnachten, das Neujahr, die Zeit, in der man sich einander alles Gute wünscht. Danach kommt auch schon der größte Wunsch an die Reihe, der deutsche Sieg. Jetzt wird von der gemeinsamen Arbeit für den Sieg gesprochen. Am Schluss kommt noch etwas wie Anerkennung für die Arbeit, Verständnis für die schmerzliche Trennung von den Familien, eine Ermunterung für die Zukunft – Phrasen über Phrasen! Und wie laut hat er gesprochen! Brüllen muss jetzt wohl Mode sein. Was ich aus diesem geschrienen Gequatsche herausbekommen habe, weiß ich heute nicht mehr. Haben die Mädchen etwas verstanden? Bei solchen Reden denkt man sowieso an etwas ganz anderes!

Der Mann hat endlich seine Rede beendet. Er geht ab mit einem Gesichtsausdruck, als ob er etwas hinter sich gebracht hat, was ihm gar nicht liegt, was er aber machen muss.

46 Wörtlich „Grassprache", phrasenhafte Ausdrucksweise zu propagandistischen Zwecken ohne Rücksicht auf den Wahrheitsgehalt der gemachten Aussagen.
47 Wörtlich „Holzsprache", im übertragenen Sinn schablonenhafte Art, sich auszudrücken, indem man Stereotypen und starren Formeln verwendet, insbesondere in der Politik.
48 Victor Klemperer, LTI – Notizbuch eines Philologen, Leipzig 1975.

Von wem geht die Initiative zu solchen kleinen Betriebsfesten – natürlich nicht mit der deutschen Belegschaft, o nein, nur für die Ostarbeiterinnen – aus, von der „Deutschen Arbeitsfront" oder von der Direktion der jeweiligen Firma? Was will man damit bezwecken? Denkt man, dass diese Frauen besser und dankbarer arbeiten werden, wenn man sie gut behandelt und aufmuntert? War die Ansprache spontan oder von den politischen Leitern verlangt?

Nach der Rede gibt es noch ein wenig Durcheinander, denn es werden kleine Geschenke verteilt, auch zwischen den Mädchen: ein Taschentuch, ein kleines Bild, eine selbst gebastelte dekorative Haarspange. Dann erklärt eine von ihnen: „Jetzt werden wir singen, etwas für die Firma."

Eine Überraschung! Was werden sie wohl singen, die Russinnen?

Das Liedchen haben sie selbst erdacht: Die Melodie ist allgemein bekannt, „Keine Angst, keine Angst, Rosmarie ..." Die Worte sind auf Deutsch, unbeholfen zusammengeklebt und -gereimt. Ebenso wie die Rede des Direktors sind sie nicht leicht zu verstehen. Der Text lautete

> „Wir arbeiten für gute Firma Schöller
> Keine Angst, keine Angst, Rosmarie
> Wir wollen alles machen immer schneller
> Keine Angst, keine Angst, Rosmarie ..."

Mehr habe ich von diesem Lied nicht behalten.

Die Leute von Schöller sind wie versteinert. Außer „keine Angst, Rosmarie" verstehen sie kaum etwas. Ich „übersetze" so gut ich kann, eher die Intention als die Worte. Ich glaube, dass sie letztlich doch das Wesentliche verstanden haben: Diese Mädchen wollen ihnen eine kleine Freude bereiten. Auch wenn sie dies verstanden haben, so wissen sie doch nicht, wie sie reagieren sollen. Sie sind verlegen.

Trotz der deutschen Worte und des deutschen Refrains lässt mich dieses Liedchen an das Land denken, aus dem die Singenden kamen, an die „tschastuschki", kleine Gelegenheitslieder, die man humorvoll an alle Lebenslagen anpassen konnte, auch an das Leben in den Kolchosen und Fabriken. Wie einst von der Liebe, so wurde später auch von der Arbeit gesungen, von der Leistung, von der klugen Partei, von Väterchen Stalin, der alle einer sonnigen Zukunft entgegenführt. So sang man zum Beispiel nach der Ansprache eines Politruks,[49] die aus nichts als Parolen bestand: „Wir wollen arbeiten immer schneller, die Norm überschreiten, 100 %, 200 %, Stachanowietz, Stachanowka,[50] Leistung, Heroismus, Anerkennung!"

Worte und Werte, die ihre Jugend dort geprägt hatten. Zwischen zwei diktatorischen Systemen vergeht die schönste Zeit ihres Lebens. Sie aber, diese Mädchen, sind immer noch bereit, den anderen eine Freude zu machen, dabei hätten sie selbst etwas Freude so nötig!

Warum haben sie gerade diese Melodie, diesen Refrain gewählt? Die Antwort ergibt sich von selbst: „Keine Angst, keine Angst, Rosmarie", das bedeutet: Habt keine Angst, Tamara, Nadia, Lara, Mascha, Katia! Sagt euch das immer vor: keine Angst. Das ist nämlich sehr wichtig, wenn man überleben will. Vielleicht wollen sie auch aus dem Singen Kraft und Hoffnung schöpfen, das Böse in der Welt, in den Menschen, beschwören: Ich singe für dich, verstehst du? Du bist menschlich, nicht wahr? Ja, du bist es, ich glaube daran, ich bin dir so dankbar dafür! Ich brauche keine Angst vor dir zu haben, oder? Keine Angst, keine Angst! Sieh doch, wie munter, wie tapfer, wie mutig ich bin! Ich habe keine Angst!

Nach vielen Jahrzehnten habe ich wieder an dieses „Weihnachtssingen" bei Schöller in Nürnberg gedacht. Man sprach gerade vom Orpheus-Mythos. Den Verhältnissen entsprechend ist mir dieser naive, kindliche Gesang so erschienen, wie wenn er denselben Zweck verfolgte: ein Ritus, um das Böse zu bannen.[51]

Fräulein Frieda und der liebe Gott (Winter 1942/43)

Diesmal bin ich mit meiner Aufgabe sehr schnell fertig geworden. Es handelte sich wieder um die Rechtschreibung der russischen Namen und um einige kurze Anweisungen für die Bedienung von Maschinen und über die

---

49 Sowjetischer Politkommissar.
50 Stachanowietz und Stachanowka: sowjetische Arbeiter, deren Planübererfüllung in den stalinistischen Medien entsprechend propagandistisch überhöht und ausgeschlachtet wurde.
51 Ähnliches Verhalten gab es in Dachau, auch in anderen KZ und in Schindlers Fabrik in Krakau.

Ordnung am Arbeitsplatz. Beide Unternehmen, mittelständische Betriebe, lagen in dem Stadtviertel hinter dem Laufertor. Nun ist es erst elf Uhr. Wenn ich auf das Mittagessen im Lager verzichte, habe ich bis 13 Uhr 30 frei. So schnell wie möglich erreiche ich den Hauptmarkt. Heute muss ich das Innere der Frauenkirche sehen. Die Kirche ist offen, ich sehe zwei alte Frauen. Wenn es nur nicht so kalt in diesem Gotteshaus wäre! Warum sind denn alle Kirchen der Welt immer so schrecklich kalt?

Das Innere dieser kleinen Kirche ist viel farbiger als das von St. Lorenz. Auf der rechten Seite ein Altar mit einer Madonnenfigur. Um mich ein wenig zu erwärmen, niste ich mich in einem hölzernen Betstuhl ein, stecke die Hände in die Ärmel und schaue herum.

Da kommt jemand hinter dem nächsten Pfeiler hervor und geht geradewegs auf mich zu. Es ist eine kleine rundliche Frau mit einem auffallend rosigen Gesicht. Sie trägt eine dunkelrote Wintermütze. Das ist doch Fräulein M.! Sie ist schon einige Male ins Lager gekommen, ich weiß nicht wozu. Sie hat mit den Posten am Eingang gesprochen, dann mit jemand im Büro. Sie hat, so viel ich mich erinnere, „etwas für diese armen Menschenkinder tun wollen" und hielt ein Päckchen in der Hand. Jemand hat ihr gesagt, sie solle sich nur keine Sorgen machen, diese Arbeiterinnen seien gut versorgt, sie hätten alles, was sie brauchen. Als sie dann gegangen war, sagte jemand etwas wie: „Oh, bei der Alten klappt 'was nett."

Jetzt hat sie mich aber schon bemerkt, obwohl ich mich ganz tief in diesen Betstuhl hineindrücke. Sie ruft, „Ach, ach!", lacht mich an und breitet die Arme aus: „Mein liebes Kind, Sie sind katholisch, Sie sind katholisch! Und Sie sind gekommen, um zu beten! Mein armes Kind!" Sie hat Tränen in den Augen. Warum ist sie so erstaunt? Ich möchte ihr gleich sagen, dass ich gar nicht gebetet habe, sie lässt mich aber nicht zu Wort kommen: „Natürlich, du hast gebetet, nicht wahr? Kannst du bitte auch ein kleines Gebet für mich sprechen? Bitte, ich habe es wirklich nötig!" Ich muss mich beherrschen, um nicht zu lachen. Weil ich sie aber so über mich gebeugt sehe und aus diesem Betstuhl nicht herauskommen kann, da sie mich drinnen gefangen hält, und weil ich endlich auch gut zu ihr sein möchte, sage ich ganz brav: „Wie wollen Sie, dass ich für Sie bete?" – „Ganz wie du willst, aber von Herzen! Sag dem Herrgott zum Beispiel, dass er mit Frieda wieder gut sein soll, dass er ihr verzeihen soll."

Sie hat wirklich Tränen in den Augen! Also, während sie meine Hand hält, sage ich halblaut, jetzt schon ganz ernst: „Lieber Gott sei uns gnädig. Sei wieder gut mit Frieda, denn sie sorgt für die armen Menschen. Bitte segne sie, Amen." Frieda fügt noch hinzu, „... und verzeihe ihr!" und ich wiederhole es. Sie holt ein Taschentuch aus ihrer Handtasche und trocknet sich das Gesicht ab. „Du bist ein gutes Mädchen. Gott liebt dich sehr, ich bin mir sicher. Hier ist es aber so kalt, du brauchst dringend etwas Warmes." – „Ich werde jetzt schnell ins Lager zurücklaufen, das wird mich schon erwärmen", entgegne ich und stehe auf, dabei rieche ich ihre Alkoholfahne. „Nein, nein, du musst ein Gläschen Glühwein mit mir trinken, unbedingt!"

Das hat mir gerade noch gefehlt! Ich komme aber nicht dazu, mich von ihr zu befreien, auch tut sie mir ein bisschen Leid. Schon sind wir auf dem Hauptmarkt. Ganz wie ein erfahrener Ostarbeiterinnenbegleiter führt sie mich in einen kleinen Ausschank. Das Lokal ist grau und leer, kein Mensch darin – fast wie in der Kirche! Einige wenig dekorative Flaschen stehen in den Regalen. Ein mit Blech beschlagener Tresen, hohe Hocker. Der Besitzer, ein alter Herr, sieht uns sehr streng an, da beginnt aber Fräulein M. schon zu plappern: „Grüß Gott, Herr N., bitte geben Sie uns zwei Gläschen Glühwein! Wir müssen dieses arme Mädchen erwärmen, das ist eine Russin, sie ist aber katholisch. Stellen Sie sich vor, wo ich sie gefunden habe? In der Frauenkirche! Sie betete, war aber schon ganz steif gefroren. Sehen Sie doch, wie blass sie ist! Meinen Sie, dass man ihnen genug zum Essen gibt in diesem Lager? Herr N., geben Sie uns bitte zwei Gläschen!"

Der Redeschwall hat bei Herrn N. seine Wirkung verfehlt: „Fräulein M., Sie wissen doch, dass ich Ihnen keinen Tropfen Alkohol verkaufen darf, und Sie wagen es trotzdem noch hierher zu kommen und dazu eine minderjährige Ausländerin anzuschleppen!? Wissen Sie überhaupt, was das bedeuten kann, in welche Lage Sie mich bringen? Eigentlich müsste ich Sie anzeigen!" – „Lieber Herr N., das werden Sie bestimmt nicht tun, ich kenne Sie zu gut. Wenn Sie nur gesehen hätten, wie sie betete. Wie ein Engel! Gibt es heutzutage noch viele Menschen, die beten? Ich bin sicher, dass sie auch für Sie beten wird, aus Dankbarkeit für den Glühwein, den Sie uns geben werden!" Sie redet so noch eine Weile, dann bekommen wir doch zwei Gläser mit einer rötlichen Flüssigkeit, die weniger nach Wein schmeckt als nach Zimt und Nelken, vor allem aber nach heißem Wasser. Trotzdem trinke ich sie begierig.

„Gelt, das tut gut? Das brauchst du eben, das stärkt. Ich muss mal sehen, wo ich ein Fläschchen Rotwein für dich bekommen könnte ..." – „Fräulein M.", mahnt der alte Herr, „ich mache Sie darauf aufmerksam ..." – „Ja, ja", unterbricht ihn Frieda, die vom Glühwein schon ganz rot unter ihrer dunkelroten Mütze ist, „wir gehen ja schon, lieber Herr N. Hier bitte, für zwei Glühwein, und stellen Sie sich nicht so böse. Sie können niemand etwas vormachen, kein Mensch glaubt Ihnen das!"

Uff! Wieder an der frischen Luft verabschiede ich mich von dem roten Fräulein und laufe wie der Wind zur Straßenbahn. Nach zwei ganz normalen Übersetzungen wurde ich heute noch als Dolmetscherin oder Fürsprecherin im Gespräch von Frieda mit dem lieben Gott gebraucht – und mit Glühwein bezahlt! Sollte ich aber nicht dieses Gebet ins Polnische übersetzen? Pobłogosław, Panie Boże, Fräulein M. ... Oder ins Russische? Gospodi, pomiluj ... Oder ins echt katholische Latein? Miserere, Domine, ancillae Tuae Frieda M. ... Etwas Wein muss doch in diesem Glas gewesen sein, wenn mir solche Gedanken kommen! Die Schaffnerin lacht mir zu, ein trauriges Gesicht habe ich sicher nicht, auch finde ich, dass die Luft heute besonders angenehm ist. Ich bin noch früh genug im Lager, um etwas zu essen zu bekommen.

Dieser Glühwein ist mit meinen Erinnerungen an die Altstadt und die Frauenkirche für immer verbunden. Seitdem habe ich aber nicht mehr gewagt, das Innere der kleinen Kirche auf dem Hauptmarkt zu besichtigen. Meine Kenntnis dieses Gotteshauses und seiner Geschichte wurde erst nach vielen Jahrzehnten fortgesetzt. Sie wurde um viele Elemente reicher. Manchen von ihnen wird kein Glühwein helfen können, um sie erträglicher zu machen. Es bleibt nur das Glühen – von 1349 und 1945.

Fräulein M. kam noch einmal mit ihrem kleinen Päckchen in das Lager. Diesmal stieß sie auf Lagerführer K., „den Seltsamen". Er behandelte sie äußerst grob und schüchterte sie völlig ein. Sie wurde weiß wie eine Wand und rannte taumelnd zum Ausgang. Ich habe sie danach nie mehr gesehen.

Schreibmaschinenkurs

Die Büroangestellten wechselten oft. Während meines Aufenthaltes im Lager Witschelstraße habe ich zwei Buchhalterinnen erlebt und drei oder vier Bürohelferinnen. Wenn aber doch keine da war, wurde ich an die Schreibmaschine gerufen. Manchmal kam aus der DAF-Hauptverwaltung eine junge Beamtin, die ganz offensichtlich eine Berufsanfängerin war. Alle diese Personen waren im Umgang mit mir ganz korrekt. Eine der Angestellten, eine „Baltendeutsche" aus Tallin, war mir besonders sympathisch. Mit den Lagerinsassinnen hatte das Büropersonal fast keinen Kontakt.

Die junge Person, die aus der Hauptverwaltung kam, sah mich öfters an der Schreibmaschine. Eines Tages, als niemand da war, fragte sie mich, ob ich nicht Interesse an einem Schreibmaschinenkurs hätte. Das war eine ganz überraschende Frage. „Ja, das könnte mich schon interessieren, aber ich kann schon ein wenig schreiben", antwortete ich. Jetzt sagte mir die junge Frau, worum es ihr wirklich ging: Sie nahm selbst an einem solchen Kurs teil. Nur war es ihr diese Woche wirklich unmöglich, dorthin zu gehen. Könnte ich es nicht an ihrer Stelle machen, nur damit der Platz nicht leer bliebe? Man muss nur am Eingang die Anwesenheitsliste unterschreiben, sonst nichts. Es kämen sehr viele Frauen und man kenne sich untereinander gar nicht. Dann sollte ich ihr die gemachte Übung mitbringen und erzählen, wie man gearbeitet hatte. Sie müsste es nur wissen. „Ich will es schon machen, wenn mich aber jemand fragt ..." – Niemand wird Sie etwas fragen, aber damit Sie keine Angst haben, werde ich Ihnen eine Bescheinigung geben." Sie gab mir eine schriftliche Genehmigung, an ihrer Stelle an einer Stunde des Schreibmaschinenkurses teilzunehmen und ihr darüber zu berichten.

Nach Arbeitsschluss des betreffenden Tages ging ich also zum Kursus. Die Adresse, wo er stattfand, habe ich leider vergessen, jedenfalls war es in der Altstadt. Es muss entweder im Spätherbst oder im Frühling gewesen sein, denn es war schon dunkel. Ich erinnere mich an eine Halle und breite Treppen. Im ersten Stock gab es einen großen Saal mit mehr als 50 Tischen mit überwiegend sehr alten Schreibmaschinen. Am Eingang lag eine Liste auf einem Tisch. Ich machte ein Zeichen unter den Namen des Fräuleins und setzte mich an eine Maschine ganz hinten im Saal.

„Heute werden wir etwas ganz Neues lernen", begann die Lehrerin ihren Unterricht, „wir werden lernen, mit Musik zu tippen, rhythmisch zu schreiben. Unsere Arbeit wird an Tempo gewinnen etc." Dieser Vortrag dauerte ungefähr zehn Minuten. Schreibmaschinen als Trommeln? Ich hatte schon davon gehört, doch die Idee schien mir verrückt. Schreiben, das ist eine Sache, Musik hören eine andere.

Die Lehrerin legte eine Schallplatte auf und wir tippten. Wie sollte ich aber tippen, möchte ich fragen, langsam, schneller? Wenn ich es sehr eilig habe und die Musik gleichzeitig sehr langsam fließt? Was soll man machen, wenn der Text seine eigene Melodie, seinen Rhythmus hat? Kann ein Brief, in dem hundert Schachteln Seife bestellt werden, mit der gleichen Musik geschrieben werden wie ein Liebesbrief oder ein gelehrter Vortrag?

Am Tisch rechts neben mir saß auch ein junges Mädchen. Sie lachte, ich auch, sie fragte mich etwas, ich antwortete, dann sagte sie: „Sie sind wohl aus dem Warthegau?" – Nicht direkt aus dem Warthegau, aber aus derselben Richtung", antwortete ich und war erleichtert, als sie sich damit begnügte.

Nach etwa zwanzig Minuten dieser rhythmischen Kakophonie wurde der Kurs unterbrochen. Für heute war noch ein weiterer Programmpunkt vorgesehen, ein Vortrag über Erste Hilfe während der Fliegerangriffe. Eine sympathische rundliche Dame sprach von Verletzungen aller Art und den angeblich jedem zur Verfügung stehenden Arzneimitteln. Im Saal vernahm man hie und da leise Kommentare. Mit den Angriffen und ihren Folgen kannte man sich schon etwas aus. Der Vortrag und die Dame schienen dagegen naiv zu sein und deshalb wurden sie nicht ernst genommen. Der Höhepunkt war erreicht, als sie von Brandwunden sprach: Am besten sei es, so sagte sie, diese Wunden mit Öl zu bestreichen oder mit einem anderem Fett und mit ein wenig Mehl zu bestreuen. Da sagte eine freche Stimme im Saal halblaut, aber für alle gut hörbar: „Und wenn's noch a Ei drauftun, da hamm's an Pfannkuchen." Es folgte allgemeines Gelächter.

Dieser Vortrag dauerte noch eine Weile. Ich dachte an die Tausende Tuben für Brandsalbe, die ich bei VDM eingepackt hatte. Schon diese Tuben schienen mir ganz lächerlich angesichts der Brände und der Wunden – und hier sprach man davon, als ob es sich um einen kleinen Unfall in der Küche handelte. Als alles zu Ende war, ging ich als Erste hinaus und hörte noch auf der Treppe und im Flur das Lachen über den „Pfannkuchen".

Den Rückweg vom Kurs habe ich besonders im Gedächtnis behalten. Es war noch nicht spät, aber die verdunkelten Straßen der Altstadt waren wie pechschwarze Schluchten. Zu allem Überfluss war der Himmel auch noch dicht verhangen. Man sah buchstäblich nichts. Es waren fast keine Passanten unterwegs. Einige von ihnen trugen kleine fluoreszierende Anstecker am Mantel, um nicht übereinander zu fallen.

Ich hielt mich an den Mauern fest. Dieser Gang im Dunklen machte mir Spaß, wie einst eines der Kinderspiele. Ich versuchte zu raten, wo ich gerade war, wo ich abbiegen musste, verlief mich, musste eine breitere Straße durchqueren ohne zu wissen, welche es war, und wieder ging ich an der Mauer entlang. Es war gut, dass man sich in dieser Stadt nach den Richtungen bergauf und bergab orientieren konnte. Dann gab es noch die Pegnitz: Es hieß nur eine der Brücken zu finden. Gerade in dem Moment, als ich schon dachte, ich würde die Häuser der Altstadt bis zum Morgengrauen umarmen, fand ich Pegnitz und Brücke. Nur noch einige Schritte, schon hörte ich die Straßenbahn.

Wenn ich noch nach sechzig Jahren mit Fug und Recht von mir behaupten kann, mich in dieser Stadt mit geschlossenen Augen zurechtfinden zu können, dann liegt dies nicht zuletzt an jener Wanderung im Dunklen. Die Dunkelheit ist ein Raum, in dem man durch die veränderte Wahrnehmung auf besondere Weise etwas lernen kann, solange sie ohne Gefahr ist.

Als ich der jungen Beamtin die Blätter mit den „rhythmisch getippten Texten" und die Notizen über die Brandwunden-Behandlung überreichte, war ich ganz ernst. Als sie diese aber gelesen hatte, da musste sie lauthals lachen und ich lachte mit. Für einen Augenblick waren wir nicht eine deutsche Beamtin und eine polnische Fremdarbeiterin, sondern einfach zwei junge Mädchen, die sich verstanden, was umso leichter war, als sich sonst niemand in der Nähe befand.

Siebels Arie

Sie waren Schwestern und ebenso fahl wie alle anderen, wenn sie zur Arbeit gingen oder ins Lager zurückkehrten. Dennoch waren sie nicht zu übersehen. Sie gehörten einer anderen Zeit und einer anderen Welt an.

Beide waren schon um die fünfzig Jahre, was allein sie von der Mehrheit der Frauen unterschied. In einer sowjetisch geprägten Umgebung mussten sie zusätzlich aufgefallen sein. Ihre Haltung, die Art, den Kopf zu tragen, ihr Gang, ihre Gesichter, die an Porträts aus dem 16. Jahrhundert erinnerten, alles an ihnen atmete den Geist des alten Russland. Sie waren zwei Damen aus dem Zarenreich, ihr Platz war der Salon der besseren Gesellschaft. Sogar jetzt, in dieser armseligen Kleidung, war ihr Stil offenkundig, dem sich selbst die kleinsten Details unterordneten. Bei ihnen wirkte sogar ein unscheinbarer Kragenknopf wie eine wertvolle Brosche.

Ich weiß nicht mehr, wie ich mit ihnen in Kontakt gekommen war. Sie wohnten in einer abgelegenen Baracke und wussten, dass ich Polin bin. Eines Tages sagten sie, dass sie mit mir sprechen wollten. Wir fanden einen stillen Platz, wo wir uns auf der Erde sitzend in Ruhe unterhalten konnten. Sie waren beglückt, als ich ihnen sagte, dass ich Tolstoj und Mereschkowski in polnischer Übersetzung gelesen und mir ihre Werke sehr gefallen hatten. Dostojewski kannte ich damals noch nicht, sie meinten aber, dass ich dies unbedingt nachholen müsste. Dann erzählten sie von ihrem Leben: In ihrer Jugend hatten sie Sankt Petersburg und Moskau gesehen. Sie hatten keine Familie mehr, alle wurden während der Revolution getötet oder deportiert. Sie beide hatten überlebt, aber es war schwer gewesen. Zum Transport nach Deutschland hatten sie sich freiwillig gemeldet in der Hoffnung, so der sowjetischen Realität entfliehen zu können.

Die Ältere, klein und blond, fast schon ergraut, war vor der Revolution Sängerin gewesen, danach sang sie noch in Volkschören. Die Jüngere arbeitete in einer Kleiderfabrik. Sie verstanden ein wenig Deutsch, gerade genug, um ein Gespräch im Salon zu führen. Stammte Katharina die Große nicht aus Deutschland? Französisch hingegen sprachen sie perfekt, oh ja, Französisch und französische Literatur, die hatten sie schon immer geliebt.

Nach ihrer Ankunft in Deutschland mussten sie eine schreckliche Enttäuschung hinnehmen. Niemand wollte ihre Erklärungen hören. In den ersten Wochen waren sie krank gewesen, dann, noch nicht ganz gesund, wurden sie zu einer sehr schweren Arbeit geschickt. Sklavenarbeit und Barackenwelt, so endete ihre letzte Hoffnung im Leben.

„Wir möchten so sehr wenigstens einmal ausgehen können, diese Stadt sehen! Im Vorbeifahren zum Krankenhaus haben wir wunderbare Sachen gesehen, eine wahre Dekoration zur Oper ‚Faust' von Gounod", sagte die Sängerin und ich verstand sie nur zu gut, denn dies waren auch meine ersten Eindrücke gewesen. Diese Stadt war eine Märchenwelt, wie aus dem „Faust", I. Teil. „Im ‚Faust' von Gounod habe ich Siebels Arie gesungen ..." Sie begann mit gedämpfter Stimme zu singen: „Rosskaschitie jej, cwiety moi ..."[52] Diesen Text findet man bei Goethe nicht, nur in der Oper. „Wenn Sie erlebt hätten, wie Schaljapin[53] den Mephisto spielte und sang, einfach himmlisch!" – „Himmlisch, der Mephisto?", fragte ich, „wohl eher höllisch?" Mein Versuch, mit einem Sonnenstrahl von Humor diese Erinnerungen aus ihrer verlorenen Welt aufzuheitern. So wie einst das Gespräch mit dem Transportbegleiter war diese Unterhaltung ganz und gar untypisch für diese Umgebung, für diese Situation.

„Könnten Sie uns nicht einen Rat geben? Wir haben keine Kraft mehr, die jüngere Schwester ist magenkrank. Kann man nicht einen verständnisvollen Menschen finden? Sollen wir wirklich die letzte Hoffnung aufgeben und bereuen, sie überhaupt gehabt zu haben? Wir haben so gehofft, so sehr gehofft ..." Sie mussten aufbrechen, morgen früh um fünf Uhr ging es wieder zur Arbeit.

Am nächsten Tag hatte der Lagerführer Hauenstein Dienst. Ausnahmsweise war er noch nüchtern und ich riskierte die Frage: „Was könnte man für zwei Frauen tun, die zu schwach sind, um in ihrem Alter noch eine schwere Arbeit zu verrichten, und die zugleich eine gewisse Bildung besitzen?" Der Lagerführer lachte höhnisch: „Ach, diese zwei alte Spinnen? Sie haben sich schon einmal beklagt. Das geht uns nichts an, sie sollen mit ihrem Betriebsleiter sprechen!" Tags darauf versuchte ich es bei dem anderen Lagerführer, doch auch er war abweisend: „Uns geht das nichts an. Vielleicht sollten sie ein Gesuch an die DAF oder das Arbeitsamt schreiben – was weiß ich!?"

Das wäre vielleicht doch eine Möglichkeit? Bei nächster Gelegenheit sprach ich mit den beiden Damen darüber. Sie waren ganz begeistert. Daran hatten sie noch nicht gedacht und wollten es sofort machen. Ich beschaffte Papier, und während zwei oder drei Begegnungen verfassten wir gemeinsam einen Brief an die Nürnberger DAF-Hauptverwaltung. Die Buchhalterin

---

52 Russisch für „Erzählt ihr, meine Blumen ...".
53 Fjodor Iwanowitsch Schaljapin (1873–1938), berühmter russischer Opernsänger.

bestätigte mir, dass dies der richtige Adressat war, und meinte zunächst nur, es wäre vielleicht besser, sich an das Arbeitsamt zu wenden. Nach kurzer Überlegung fiel ihr aber ein, dass das Schreiben ohnehin auch dem Arbeitsamt zugeleitet würde. Ich besorgte noch den Briefumschlag und Briefmarken und warf den Brief eigenhändig in den Briefkasten.

Kurz darauf kamen die beiden Schwestern zu mir. Es war Abend und sie sahen zunächst nach, ob ich allein war. Dann gaben sie mir ein Päckchen. Darin befand sich ein Zweiteiler, Jacke und Rock, Ton in Ton, aus dem schönsten Naturleinen auf alte Weise gewebt und wunderbar bestickt. Sie wollten nichts hören, ich musste ihr Geschenk annehmen, sonst würde ich ihnen Kummer bereiten. Sie verschwanden gleich wieder aus meiner Baracke. Jetzt hatten sie wieder Hoffnung, aber für wie lange? Dieses Kleid, zweifellos die wertvollste Sache, die ihnen noch geblieben war, hatte ich als Lohn für diesen Brief und diese schüchterne Hoffnung bekommen.

Ich wusste wohl, dass ich lange keine Gelegenheit haben würde, so etwas tragen zu können, und war mir auch gar nicht sicher, ob ich es überhaupt wollte. Deshalb brachte ich es in die „Villa Windschief", um es zu meinen „sieben Zwetschgen" in den Verschlag zu legen. Als ich es später einmal auspackte, war Traute zunächst sprachlos: „Ist das eine Pracht!" Ich erzählte ihr von den beiden russischen Damen und von Siebels Arie. Sie hörte mir zu, streichelte dabei dieses Leinen und bewunderte die Stickerei. Da sagte ich kurz entschlossen, dass das Kleid ab jetzt ihr gehörte. „Hätte ich Sie und Onkel Hans nicht, würde ich heute auch verzweifelt nach Hoffnung suchen, wie diese Schwestern." Traute verschlug es wieder für einen Augenblick die Sprache. „Kind, ist das dein Ernst? Weißt du, wie wertvoll dieses Kleid ist?"

An handgearbeitete und wunderbar bestickte Sachen war ich seit meiner Kindheit gewöhnt. Sie gehörten zum Alltag. „Wenn diese russische Stickerei von großem Wert ist, dann haben Sie sich diese umso mehr verdient, Traute, da Sie sie zu schätzen wissen."

Es ist mir leider nicht gelungen, die beiden Schwestern noch einmal zu sehen. Ich wagte nicht, nach ihnen zu fragen, um keine Aufmerksamkeit auf sie zu lenken. Es genügte schon, dass sie nicht so wie alle anderen waren. Sollten sie Antwort bekommen, so würden sie mir schon ein Zeichen geben.

Diese Damen waren anders. Und die Mehrheit, die niemals den „Faust" gehört hatte, kein Deutsch, kein Französisch sprach, keine Hoffnung auf die bessere, kultivierte Welt im Westen setzte?

An einem Samstagnachmittag vernahm ich ein leises Singen hinter einer der Baracken, das von einem rhythmischen Stampfen begleitet war. Eine Gruppe der Frauen aus dieser Baracke stand im Kreis, sang und stampfte mit den Füßen den Rhythmus. In der Mitte tanzte ein Mädchen, eines der jüngsten und der kleinsten, mager, nicht gerade schön, aber mit einem lachenden blassen Gesicht. Sie tanzte leichtfüßig, ihr dünnes Zöpfchen flog ihr nach. Es war wie das Aufschwingen einer kleinen Feldwachtel im Käfig.

In unserem Lateinbuch in der Schule gab es ein Bild, das eine römische Skulptur darstellte. Die Unterschrift lautete „sclavus saltans", der tanzende Sklave.

Der singende Sklave

Es gab aber auch den „sclavus cantans", den singenden Sklaven, oder besser die singenden Sklavinnen.

Sie sangen sehr schön, freilich niemals laut und selten im Chor. Ich hörte aufmerksam zu, wann immer es nur möglich war. So lernte ich viele Lieder, vor allem alte, romantische Lieder. Bis dahin hatte ich keine Gelegenheit gehabt, um russische Lieder kennen zu lernen – außer die Soldatenlieder der Roten Armee. Jetzt hörte ich andere Lieder: „Krasawiza Fieja", die schöne Fee, fast ein russisches Gegenstück zur Loreley, „Moj kastior w tumanie swietit" (Im Nebel lodert mein Lagerfeuer) und andere.

Die Russen sangen und musizierten auf eine besondere Weise. Man spürte in dieser Musik, auch in den einfachsten Melodien, einen sehr weiten, offenen Raum, ein tiefes Atmen, den Wind. Auch in den Gesängen der Rotarmisten ließ sich diese Weite vernehmen: und „Poluszko, pole"[54] oder „Katjusza"[55] gehörten dazu. Es gab auch ein Lied, das ich oft gehört hatte damals bei uns, im Winter 1940. Es passte gut zur Jahreszeit und handelte

---

54 Russisches Volkslied „Feld, o mein Feld".
55 Koseform von Katharina.

vom tristen Soldatenleben im Schnee und mit dem Rauch der Feldküchen. Es wurde in Ukrainisch gesungen. Ein einfaches Lied sprach vom stillen Leid der Frauen und ihrer Sehnsucht, dem unerbittlichen Geschick ergeben. „Proszczaj mij choroszyj, proszczaj ... ty budesz zi mnoju w ostanniu chwylynu, bez tebe zytia perejde": „Lebe wohl, mein Schöner, lebe wohl ... das ist die letzte Stunde, in der ich mit dir bin, das Leben wird ohne dich vergehen." Dieses Lied schien mir auch ein deutsches Pendant zu besitzen: „Die blauen Dragoner, sie reiten, mein Liebster wird bei ihnen sein, morgen in alle Weiten, morgen da bin ich allein."

Dieses Lied habe ich von Traute gelernt. Die Verwandtschaft der Wörter und der Melodie war erstaunlich, obwohl diese zwei Lieder aus zwei verschiedenen Epochen und Welten stammten.

Es schmuggelte sich auch ein echt sowjetisches Liedchen in diese Baracken, weit hinein in das Naziland, nur dass es nicht zu Ende gesungen wurde, die politischen Strophen wurden einfach „vergessen". Die zwei Endstrophen werde ich erst nach dem Krieg erfahren. Das Lied sprach von der Liebe: Zwei junge Menschen sind ineinander verliebt, sehnen sich aber auch nach der Fülle, der Vollkommenheit, dem Sinn des Lebens. Es begann mit einem Lobgesang des Geliebten: „Tania, Taniusza, Tatiane moja, pomnisz ty znojnoje leto eto, – kakze my możem s toboj pozabyt, to czto pryszlos piereszit." („Tania, kleine Tania, meine Tatiana, gedenkst du noch dieses glühenden Sommers? Wie könnten wir es vergessen, alles was wir erlebt haben?") Nach Jahren würde mir eine Russin, einst Mitglied des Komsomol, den Text der letzten Strophen des Liedes vorsagen: Tania erscheint Jahre später wieder. Sie trägt eine Uniform, die der Roten Armee oder des Komsomol. Tania, Taniusza, hatte sie die Fülle und den Sinn des Lebens gefunden? Das Lied trug in sich die Wünsche und die Träume der Jugend, die sich so leicht manipulieren lassen. Im Grund sind sie von aller Politik und allen Systemen weit entfernt. Sie können nur von diesen Systemen vereinnahmt werden.

In Deutschland habe ich kein einziges Lied aus dieser Epoche gehört, von dem man sagen könnte, es sei während der Nazizeit komponiert worden, aber dennoch interessant. Was man hörte, waren die Märsche, den Stiefelschritten und Trommeln verwandt. Sie waren wirklich nicht schön. Auch „Heimat, deine Sterne" erinnerte mich an die Alarmsirenen wie auch

„Es geht alles vorüber". In Trautes Repertoire hörte ich niemals diese „zeitgemäßen" Lieder. Es war eben wie mit der „neuen Art" zu grüßen, als ich kurz und bündig belehrt wurde: „Es gibt Leute, die sich so begrüßen, bei uns sagt man wie immer ‚Grüß Gott'!"

Ein Konzert

Die Zerstreuungen im eintönigen Lagerleben musste man selbst erfinden: leises Singen, kleine Basteleien aus Papierresten oder gefundenem Holz, Schmuck aus den Kürbiskernschalen (die Kürbiskerne kamen in winzigen Päckchen aus Russland). Alles musste vor allem sehr klein sein, um keine Unordnung in dem gemeinsamen Leben zu verursachen.

Es gab Ausnahmen, wie zum Beispiel ein richtiges Konzert, organisiert durch die KdF.[56] Ohne jede Ankündigung, ohne das kleinste Plakat wird an einem Nachmittag eine Baracke geräumt, Bänke darin aufgestellt, ein Podium errichtet. Dann kommen die Musiker und Sänger und erst jetzt werden die Mädchen aus ihren Baracken geholt, außer denen, die gerade auf Nachtschicht sind. Der so eingerichtete „Konzertsaal" ist brechend voll, die Stimmung sehr belebt und aufgeregt.

Es tritt eine russische Sängergruppe auf, wahrscheinlich eher zufällig aus Ostarbeitern zusammengestellt, die Sänger oder Musiker von Beruf sind, auch drei Geiger. Sie sind alle adrett angezogen. Die Frauen tragen schlichte dunkle Abendkleider, die Herren schwarze Anzüge. Das Programm ist abwechslungsreich. Sicher kann man hier nicht erwarten, dass man die großen russischen Komponisten spielen und singen wird. Vor allem gibt es Strauß mit seinen leichten Operettenarien. Sie werden in Russisch gesungen.

Je länger das Konzert dauert, desto öfter sieht man die Taschentücher, die die Zuschauerinnen auf ihre Augen drücken. Es ist seltsam, die Arien aus der Operette „Das Land des Lächelns" hier zu hören. Nach dem Konzert laufen alle Zuhörerinnen zum Podium. Es wird viel geredet, gefragt, geweint, umarmt, aber nicht lange. Die Gruppe wird zusammengeholt, um weiterzufahren.

---

56 „Kraft durch Freude" (KdF), Abteilung der „Deutschen Arbeitsfront" zur organisierten Freizeitgestaltung der deutschen und ausländischen Arbeiter.

Ich habe nie erfahren können, wo die Sänger damals wohnten. Vielleicht haben sie nach diesem Konzert ihre Anzüge und Kleider abgeben müssen, um in die monotone Welt ihrer Lager und Arbeitsstellen zurückzukehren. Ich habe sie weinen sehen, wie die Mädchen aus den Baracken. Geprüfte Menschen sangen für ihresgleichen, haben ihnen eine Stunde Zerstreuung, oder sagen wir besser guten, nostalgischen Weinens geschenkt.

Bevor noch dieses Konzert zu Ende geht, suche ich überall nach den zwei Schwestern, die mehr als alle anderen über Musik wissen, finde sie aber nirgends. Gehören sie zur Nachtschicht? Am nächsten Tag frage ich eine Frau, die in derselben Baracke wohnt. So erfahre ich, dass eine von ihnen bei der Arbeit krank geworden war und ins Krankenhaus gebracht wurde, während die andere in ein anderes Lager versetzt worden war, niemand weiß wohin. So ist Siebels Arie verklungen, wie in Gounods „Faust" in einer bitteren Enttäuschung.

Eine vornehme Dame (Frühjahr 1943)

Ich gehe mit Traute in die Stadt. Es muss wohl ein Samstagabend gewesen sein, sonst hätte sie keine Zeit gehabt.

Etwa in der Mitte der Karolinenstraße begegnen wir einer eleganten Dame, von einem jungen, ebenso eleganten Leutnant begleitet. Traute begrüßt sie als jemand, den sie schon seit langem kennt, aber auch schon seit langem nicht mehr gesehen hat, und die beiden sprechen miteinander. Die Dame ist sehr glücklich, da ihr Sohn gerade auf Urlaub gekommen ist. Traute sagt, dass diese junge Person, die neben ihr steht, Polin sei. Sie sei mit einem Arbeiterzug gekommen, den ihr Mann begleitete: „Es ist wirklich gut gewesen, dass es eben Hans war bei diesem Transport, so habe ich sie kennen gelernt. Sie spricht Deutsch und wird als Dolmetscherin eingesetzt, auch für die russische Sprache."

„Wie müssen doch diese Leute aus dem Osten glücklich sein, dass sie nicht mehr unter den Russen leben müssen", meint die Dame. „Außerdem ist es ein glücklicher Zufall, dass ich Ihnen gerade jetzt begegne, denn ich brauche auch eine Dolmetscherin. Wir haben ein russisches Hausmädchen, mein Mann hat dafür gesorgt, damit ich jemand zur Hilfe habe, also hat man uns diese junge Russin zugewiesen. Sie arbeitet gut, ist sauber, folgsam, man kann ihr nichts vorwerfen, nur ist sie immer traurig und weint und weint und ich verstehe nicht weshalb! Krank ist sie nicht, sie hat alles, was sie braucht, aber sie weint und weint, als ob ihr ein Unrecht geschehe, das geht einem auf die Nerven! Also, denke ich, da diese junge Person auch Russisch versteht, könnte sie vielleicht mit ihr sprechen, damit ich endlich weiß, um was es geht?"

Traute geht ihre Einkäufe machen, der junge Offizier seine Freunde besuchen und ich mit der Dame zu ihr nach Hause. Es ist nicht weit, vielleicht in der Adler- oder Kaiserstraße. Ein elegantes Haus mit einem repräsentativen Eingang, im ersten Stock eine gepflegte Wohnung mit antiken Möbeln. Ein langer Korridor verläuft an der Küchenseite zu einem kleinen Zimmer. Solche Zimmer für die Dienstmädchen sieht man in der ganzen Welt, in Lwow, in Krakau, in Paris. Das Zimmer ist eng, das Fenster zum Flur lässt nicht viel Licht herein, aber das ist kein Problem, denn die Dienstmädchen überall auf der Welt verbringen nur wenig Zeit in ihren Zimmern, wenn die Sonne scheint. Ein schmales Bett, ein Schrank, ein kleiner Tisch, eine Waschecke. Die Wände sind nackt. Anderswo habe ich solche Räume immer mit Fotos, Postkarten und Zeitungsausschnitten geschmückt gesehen. Auf dem Tisch ein Haufen Wäsche, hier wird repariert vor dem Bügeln.

In der Mitte dieser Kammer steht ein junges Mädchen in blauer Schürze. Sie hat rote, verweinte Augen, das stimmt. Sie scheint erschrocken, ich lächle ihr zu und sage, dass ich Polin bin, aber Russisch verstehe, dass ich gekommen bin, weil sich die Dame Sorgen um sie macht und wissen möchte, warum sie weint und traurig ist. „Ich bin nicht traurig", sagt das Mädchen.

„Was sagt sie?", fragt die Dame. – „Dass sie nicht traurig ist." – „Das ist doch nicht wahr! Sagen Sie ihr, dass es nicht wahr ist!"

Dieses Gespräch wird nicht einfach sein. Ich sage dem Mädchen: „Die Dame sieht, dass Sie weinen. Sie will wissen, weshalb." Das Mädchen antwortet nicht. Die Dame wird ungeduldig: „Warum spricht sie nicht? Hat sie verstanden, was Sie ihr gesagt haben?" Das Mädchen nickt. – „Also, warum antwortet sie nicht?" – „Ich glaube, sie ist sehr schüchtern, und da sie mich zum ersten Mal sieht ..." Wenn mich diese Dame nur ein Weilchen mit dem Mädchen allein ließe! Aber wie soll ich es der vornehmen Dame zu verstehen geben?

„Schüchtern? Seit fünf Monaten ist sie schon hier und immer noch schüchtern? Nein, nein! Fragen Sie nur weiter! Geht es ihr hier nicht gut?" Oh gnädige Frau, vornehme Dame, welch eine Frage! „Fühlen Sie sich schlecht hier?", frage ich und sehe, dass sie nun noch mehr erschrickt. „Nein, hier ist alles gut, alles gut!", antwortet sie hastig selbst auf Deutsch. Die Dame wird immer ungeduldiger: „Das hätte mir gerade noch gefehlt, dass sie sich beschwert! Sie hat hier alles, Zimmer, Kost, die Arbeit ist auch ganz leicht. Hat sie das alles gehabt dort in Russland unter den Kommunisten? Fragen Sie sie, fragen Sie nur!"

Ich tue alles, um diese Frage nicht so impertinent zu formulieren, und sage ungefähr Folgendes: „Die Dame meint, in Russland ist das Leben schwer, vieles fehlt, und hier haben Sie alles. Sie wünscht, dass Sie sich gut fühlen ..." – „Ja, ja!", bestätigt das Mädchen ein bisschen zu heftig und ich gebe „Nachhilfe": „Sie schätzt alles, sie ist zufrieden!" Gnädige Frau, dort in Russland musste sie wie alle anderen auch immer zufrieden sein. Sie ist die obligatorische Zufriedenheit gewohnt, singt man doch in der Hymne der UdSSR: „Ich kenne kein Land in der ganzen Welt, wo man so frei atmen kann ..." – „Na also! Wenn sie zufrieden ist, warum weint sie dann immer wieder? Meine Freundin, Frau Oberregierungsrat N., hat auch so ein Mädchen bekommen. Sie hätten sie sehen müssen, wie entzückt sie war, ein Zimmer allein für sich zu haben, viel kleiner als dieses hier! Als sie ihr schwarzes Dienstkleid sah und die Schürze, da lachte sie vor Glück! Und die da ... – Ziehen Sie es ihr aus der Nase, ich muss unbedingt wissen, worum es geht!"

Werte Dame, worum es geht, ist anscheinend zu einfach, damit S*ie* es verstehen können. Ich nähere mich dem Mädchen und flüstere ihr zu: „Heimweh, Sehnsucht? Niemand, mit dem man sprechen kann?" Die Dame wird diese Worte nicht verstehen, aber die Russin soll wenigstens wissen, dass die Polin etwas verstanden hat. Meine Worte haben aber nur zur Folge, dass sich das Mädchen heftig abwendet und aufschluchzt.

„Sehen Sie", triumphiert die Dame, „so ist es immer, jetzt haben Sie es selbst gesehen! So etwas kann man doch nicht auf Dauer ertragen!"

Ich will dem Mädchen die Hand auf die Schulter legen, aber sie zieht sie weg. Sie schluchzt nicht mehr und trocknet ihre Tränen. Jetzt spricht sie mit harter Stimme: „Ich verspreche niemals mehr zu weinen, ich verspreche es. Übersetzen Sie!" – „Was sagt sie, was sagt sie?" Die Dame wird fast hysterisch. Während ich übersetze, schaut das Mädchen der Dame in die Augen und nickt mit dem Kopf. Dann sagt sie auf Deutsch: „Ich nicht weinen. Nicht mehr weinen, Schluss!"

„Ach so?" Die Dame ist etwas enttäuscht. „Gut, aber warum hat sie bisher geweint, fehlte ihr etwas?" – „Nichts", entgegnet das Mädchen. „Gar nichts. Ich werde nicht mehr weinen. Das war nur so ... – ich weiß nicht warum. Jetzt ist Schluss damit!"

Ich habe diese gewaltige innere Anstrengung des Mädchens fast körperlich gespürt, diesen schmerzvollen Sieg über ihre Einsamkeit, über die völlige Abwesenheit irgendeiner Perspektive, eines echten menschlichen Kontakts. Mir gelingt es noch, der Russin einige freundliche Worte zu sagen. Ich möchte ihr so gerne den Schrecken nehmen, den dieses Verhör ihr eingejagt haben muss, doch schon bin ich mit der Dame im Korridor. Als wir ihre Kammer verlassen haben, knallt sie hinter uns die Tür zu. Sie wird ab jetzt genauso sein, wie es sich die Dame wünscht.

„Ihr fehlt nichts", versichere ich der Dame, „das war nur ..." – „Was war das?" – „Eine vorübergehende Schwäche." Wie bin ich stolz auf mich, dass mir diese schöne, richtig vornehme Formulierung zur rechten Zeit eingefallen ist! Die Dame ist verdutzt: „Schwäche, sagen Sie? Meinen Sie, das Mädchen hat Ihnen die ganze Wahrheit gesagt?" – „Ja, ich bin sicher. Sie hat nichts zu verheimlichen. Vielleicht denkt sie manchmal an ihre Mutter, sie ist doch noch so jung." – „Nein, ihre Mutter lebt nicht mehr, darüber weiß ich Bescheid!" – „Also dann an ihre Familie ..." – „Geht es ihr hier nicht besser als mit ihrer Familie dort?"

Schon will ich das Wort „Heimweh" aussprechen, da hält mich ein Gedanke davon ab. Ist es erlaubt, Heimweh nach Russland zu haben, dem Land der Kommunisten? Ich ändere meinen Plan: „Vielleicht hat sie dort jemand, einen Freund." Irgendetwas muss diese Dame doch aus ihrer eigenen Erfahrung kennen, sie hat doch Familie, einen Mann, einen Sohn! Was empfindet sie denn, wenn er an der Front ist?

In der Tat, jetzt scheint es, als ob die Dame endlich zufrieden wäre. Sie reißt die Augen weit auf, strahlt und ruft aus: „Da haben wir es, das habe ich mir schon gedacht: Da muss ein Mannsbild im Spiel sein!" Mein Gott, hoffentlich wird sie von jetzt an nicht das Mädchen mit Anspielungen auf das „Mannsbild" quälen! Schnell versuche ich ihre Phantasie zu beruhigen: „Wenn es auch so wäre, so ist es schon lange vorbei. Sie wird nun immer tapfer sein und sich eingewöhnen." – „Glauben Sie?" – „Ich bin ganz sicher."

Traute erzähle ich die Sache nur ganz kurz. Ihr erstes Wort ist: „Ein riesiges Heimweh muss diese Kleine haben, meinst du nicht?" – „Ja, aber die Dame versteht nichts davon, da kann der beste Dolmetscher nicht helfen." – „War es nicht schön, dass sie dich um Hilfe gebeten hat, weil sie das Mädchen besser verstehen wollte? Sie ist eine richtig vornehme Dame."

Ebenso vornehm wie unfähig, ihre Mitmenschen zu verstehen. Die weniger vornehmen Damen verstehen die Menschen vielleicht auch ohne Dolmetscher. Mein Glück, dass Traute nicht vornehm ist. Das werde ich ihr aber nicht sagen.

Die Nächte

Im Frühjahr 1943 blieb ich manchmal sogar die ganze Nacht in der „Villa Windschief". Im Lager erklärte ich keck, dass ich bei der deutschen Familie bleiben würde, die der Verwaltung bekannt war. Vielleicht kam Traute auch einmal ins Lager, um es in ihrer so überzeugend biederen Art zu bestätigen.

Meist blieb ich in der „Villa Windschief", wenn Hans Nachtschicht oder Luftschutzdienst hatte und Traute allein war. Ich schlief dann auf dem kleinen Sofa mit den bunten Kissen, das „Mei Ruah will i ham" unterm Kopf, unter einer bunten Decke.

Ich erinnere mich einer Nacht, als Hans zu Hause war und auf einmal das Radio verstummte. Hans drehte an den Knöpfen, man hörte aber nur Krach und sonderbare Töne. Traute hatte eine Vermutung: „Fliegergefahr!" Sie kümmerte sich sofort um das Gepäck, das immer bereitstand und das man im Falle des Alarms in den Keller mitnahm. Sie wandte sich an ihren Mann: „Meinst du nicht, wir sollten auch die schönen Figuren in die Kisten hineintun und hinunter tragen?" Sie hing sehr an ihren kleinen Schätzen aus sächsischem Porzellan. Aber Hans war der Meinung, dass es heute Nacht nicht nötig sein würde. In der Tat gab es keinen Alarm. Bevor aber das Radio wieder normal funktionierte, fragte ihn Traute: „Und wenn es wirklich einmal so weit ist: Wir werden runtergehen – und die Klaa?" Hans brummte als Antwort: „Mit uns, sie geht mit uns."

Erst viel später habe ich Trautes Frage verstanden. Im Keller versammelten sich alle Bewohner des Hauses, die Leute aus den Nachbarhäusern vielleicht auch. Sie kannten mich nicht, ich war eine Fremde. Wie viele von ihnen waren bereit, eine Fremde wohlwollend in ihrem Luftschutzraum aufzunehmen?

In diesen Nächten gehörte ich jedenfalls, so wie die Porzellanfiguren, zu den Dingen, die das Ehepaar Zäh mit in den Schutzraum genommen hätte.

Morgens trank man Ersatzkaffee und aß eine Schnitte Brot. Was die Qualität anbetraf, so war das Frühstück fast ebenso dürftig wie im Lager. Aber hier aß ich mit am Tisch. Das Brot wurde von Traute geschnitten und man konnte etwas Marmelade oder Margarine draufstreichen. Dann ging ich aus dem Haus zur Arbeit. Es war zwar nicht mein Haus, aber fast. Als ich dann ins Lager kam, war es für mich nicht mehr „das Lager", sondern nur mein Arbeitsplatz. So ging es mir schon seit Beginn meiner Bekanntschaft mit den Zähs. Eine kleine normale Ersatzwelt in einer anormalen Umwelt. Das konnte nicht dauern, so viel war sicher. Aber es wurde mir doch gegeben.

Im Feuer (8./9. März 1943)

Ende Februar 1943 kehrte die Fliegergefahr zurück. Am 25./26. Februar wurde Nürnberg angegriffen. Die Bomben fielen zum größten Teil auf den nordöstlichen Teil der Stadt, aber auch in der Altstadt um den Panier- und den Theresienplatz. Der Angriff dauerte zwei Stunden, am nächsten Tag gab es noch einmal Fliegeralarm, doch ohne einen Angriff. Ich persönlich habe keine Erinnerung an diese zwei Tage behalten. Ich verstehe nicht, wie es möglich war. Habe ich wirklich die ganze Nacht ruhig durchgeschlafen? Alles ist möglich, wenn man 17 Jahre alt ist.

Dagegen ist mir der Angriff in der Nacht vom 8. auf den 9. März 1943 sehr gut im Gedächtnis geblieben. Es musste etwa um 22 Uhr sein, als ich zum Lagerführer gerufen wurde. Das war bisher noch nie vorgekommen. Der Lagerführer sagte mir, dass ich ausnahmsweise im Büro würde bleiben müssen. Es musste jemand da sein, weil er etwas außerhalb des Lagers zu erledigen hatte. Beiläufig erwähnte er, dass zwar Fliegergefahr bestehe, er aber heute nicht mit einem Angriff rechne. Sollte jemand anrufen, so musste ich sagen, dass die Lagerführer gerade einen Rundgang machten, und mir die Nummer des Anrufers aufschreiben. Und noch etwas: Der Hund des deutschen Lagerarztes war da, zusammengekauert in der Ecke. Ich musste aufpassen, dass er nicht weglief. So blieb ich allein in der Bürobaracke. Der Hund kam aus seinem Winkel heraus und legte sich bei mir auf dem Fußboden. Alles war ruhig.

Auf einmal bemerke ich, dass das Verhalten des Hundes sich seltsam veränderte. Das Tier bebte heftig am ganzen Körper, seine Augen verrieten eine schreckliche Angst. Der Hund versuchte unter den Bürotisch zu kriechen und drückte sich derart auf den Boden, als ob er in der Erde versinken wollte. Ich wollte ihn beruhigen und legte ihm die Hand auf den Kopf. Ich spürte, dass seine Haut fiebrig war. So saßen wir in der Dunkelheit. Dann heulten die Sirenen.

Für eine lange Weile blieb noch alles still. Ich stand an der Tür der Baracke. Man hörte in der Ferne, aus der Richtung des Rangierbahnhofs, einen ratternden Zug. Dann ließ sich ein Brummen in großer Höhe vernehmen. Sofort fegten die langen, sich überkreuzenden Lichtkegel der Flakscheinwerfer über den Himmel. Nach einigen Minuten erschien in einem solchen Strahlenbündel ein leuchtender Punkt. Die Flak setzte ein. Das höllische Getöse dauerte lange und hörte abrupt wieder auf. Man hörte das Brummen nicht mehr. War alles schon vorbei?

Im Gegenteil! Der Himmel verwandelte sich jetzt in ein unheimliches Feuerwerk. Zum ersten Mal sah ich die Leuchtbomben, die „Christbäume". Sie boten ein herrliches Schauspiel, wenn es kein Unheil angekündigt hätte. Wie war es möglich, dass man die Flugzeuge nicht mehr hörte? Die Christbäume erloschen langsam, wieder kehrte für einige Sekunden Ruhe ein.

Auf einmal schlägt eine ungeheuer schwere Faust auf die Erde nieder, gerade vor mir, in Richtung des Rangierbahnhofs. Ein Vulkan von Funken sprüht auf und die Hölle bricht los. Ein Regen von Spreng- und Brandbomben fällt herab. Aus allen Baracken laufen die Mädchen heraus, alle drängen zum Ausgang, sie schreien: „Wohin gehen?!" In diesem Moment begreife ich: Wir sind im Lager ganz allein, auch die Wachleute sind nicht da, geschweige denn jemand von der Lagerführung.

Keine Zeit, um nachzudenken, schon fallen die Brandbomben in unmittelbarer Nähe. Hinten im Lager, bei den alten Baracken am Rand, brennt es bereits. Unter dem Druck unserer Hände gibt das große hölzerne Eingangstor nach und wir stürzen auf die Straße. Überall sind Flammen. Eine große Bombe muss in die Schrebergärten auf der anderen Seite der Straße gefallen sein, ihre Explosion wirft uns alle auf die Erde. Wohin gehen? Ich schreie: „Nach links, nach links!" Ich weiß nicht genau warum, habe aber das Gefühl, dass es die gute Richtung ist, wahrscheinlich weil sie stadtauswärts führt. Die Mädchen folgen, wir laufen, wir fallen, wir laufen wieder, die brennenden Stabbomben fallen überall um uns herum. Es ist der Instinkt, der uns auf die Erde wirft, bevor etwas in der Nähe explodiert. Auf einmal sehen wir vor uns einen großen Eingang: „Öffentlicher Luftschutzraum". Wir werfen uns alle hinein. Der Bunker ist nicht überfüllt, vielleicht sind die meisten Umwohner in ihren Luftschutzkellern geblieben. In dieser großen Betonmasse hört man die Hölle nicht, nur dumpfe Schläge.

Niemand hatte uns von diesem Luftschutzraum erzählt, niemand die Lagerinsassinnen auf die Luftgefahr vorbereitet. In jeder Baracke gab es eine Kiste mit Sand, Schaufel und Eimer, es gab auch Geräte zum Feuerlöschen im Lager, das war alles. Wie hatten sich die Mädchen bei den vorherigen Bombardierungen verhalten? Wahrscheinlich sind sie in den Baracken geblieben. Bis heute waren die Bomben nicht auf dieses Stadtviertel gefallen. Heute war es anders. Es war der Anfang der Zerstörung, der andere Städte wie Hamburg und Bremen schon erlegen waren.

Der Angriff dauert an. Nach drei Stunden beruhigt es sich allmählich. Schließlich wird Entwarnung gegeben.

Wir kommen aus dem Bunker. Die Luft ist voll Ruß. Man sieht nicht viele Flammen, nur die in der Nähe und auf der Straße, wo immer noch die Reste der Stabbrandbomben brennen, die wie ein richtiger Regen heruntergeprasselt waren.

Im Lager ist immer noch kein Wachmann da. Im Büro aber tobt „der Seltsame". Sein auch sonst schon verschrecktes Gesicht ist zu einer Maske der Angst erstarrt. Was macht er hier?

Er brüllt mich an: „Weggegangen, weggegangen, alle ausgerissen! Die Gestapo soll man rufen, sofort! Gestapo!!" – „Herr Lagerführer, wir sind im Luftschutzraum gewesen und wir sind schon alle wieder da." – „Ausgerissen! Das war ein Fluchtversuch! Die Russinnen sind aus dem Lager ausgerissen!" Er packt mich am Arm und gibt mir das Telefon in die Hand: „Da, rufen Sie sofort an!" – „Wen soll ich anrufen?" – „Den Untersturmführer[57] Beetz, sofort!" – „Herr Lagerführer, ich darf es nicht, ich habe kein Recht dazu, können Sie es nicht selbst machen?" – „Keine Ausreden, Sie sprechen genug Deutsch, Sie rufen an, sofort!" – „Das ist ... das ist aber die Sache der Lagerführung." Seine Stimme überschlägt sich in Hysterie: „Ich frage Sie nicht nach Ihrer Meinung! Außerdem bin ich nicht im Dienst! Wo sind die anderen? Rufen Sie an! Sie sagen, dass niemand da ist und die Russinnen ausgerissen sind!" – „Herr Lagerführer, bitte, sehen Sie doch selbst, sie sind schon alle wieder da!" – „Sie rufen an! Haben Sie gehört!?" Er hebt die Hand, als ob er mich schlagen will. Er zittert am ganzen Körper. Sein Anblick erinnert mich an den Hund. Wo ist er hingelaufen? Das arme Tier, es ist nicht da.

Ich nehme das Telefon, „der Seltsame" zeigt mir die Nummer, eine erschrockene Frauenstimme antwortet: „Mein Mann ist nicht da, er ist auswärts ...", und dann, etwas unsicher „... im Dienst". Jetzt hat der Lagerführer keine andere Idee mehr und verschwindet.

Die Mädchen sind schon fast alle zurück. Zum Glück sind die Brandbomben nur auf zwei alte unbewohnte Baracken gefallen, die bereits gänzlich abgebrannt sind. Sonst keine Schäden im Lager, nur ist alles durcheinandergewürfelt: Kein Tisch steht auf seinem Platz, die eisernen Öfen haben sich selbstständig gemacht und von den Schornsteinröhren gelöst.

Es herrscht wieder Ruhe. Wo mag nur der Hund sein, den man mir anvertraut hat? Aus Neugier gehe ich noch einmal auf die Straße vor den Eingang, der sperrangelweit offen steht, man könnte weglaufen, wenn man wollte. Auf der Straße sehe ich aus der Richtung des Bunkers zwei Silhouetten kommen, zwei Männer, sie sprechen Russisch. Sie tragen jeder zwei große Wasserkannen. Sie waren wahrscheinlich beim Löschen und müssen recht müde sein, denn sie wanken. Ich glaube sogar, dass einer von ihnen

---

57 SS-Dienstgrad (Leutnant)

weint. Als sie mich sehen, spricht mich einer auf Russisch an: „Mädchen, sieh doch, kann man das verderben lassen, das wäre doch eine Sünde, so eine Herrlichkeit, diewotschka! Mehr konnte ich nicht heraustragen, ich hatte keine Kanne mehr." Unvermittelt drückt er mir eine der Kannen in die Hand. O weh, ist die schwer! Er sagt noch: „Da biery diewotschka, da nimm nur, Mädchen, auf dein Wohl, ich werde noch einmal zurückkehren, ich muss noch eine leere Kanne finden."

Er lässt die andere Kanne am Straßenrand stehen und läuft davon, der andere ist schon über alle Berge. Nun stehe ich da, diese Kanne in der Hand. Sie ist voll – Weinbrand! Ein Behälter in der Umgebung musste wohl beschädigt worden sein.

Die Kanne ist schwer, aber ich trage sie doch in die Baracke, wo ich vorläufig ganz allein schlafe. Hier sieht auch alles wie nach einem Tornado aus, aber Ordnung werde ich erst später machen. Jetzt muss ich mal sehen, was ich mit dem Inhalt der Kanne – eine schöne weiße Kanne, solche haben wir im Lager nicht – anfangen soll. An das, was man riskiert, wenn man beim Plündern erwischt wird, denke ich gar nicht. Ich weiß, wo man die leeren Weinflaschen aufbewahrt. Wenn sie nach so einer Nacht nicht mehr da sind, wird sich keiner wundern. Schnell hole ich die Flaschen. Korken, wo werde ich Korken finden? Die Küche ist unzugänglich. Ich habe eine gute Idee: Hinter den Baracken beim Holzhaufen liegen auch kleine Holzabfälle. Ein Messer habe ich. So verbringe ich den Rest der Nacht. Es ist schon fast wieder hell, als ich mich noch einmal auf die Straße hinausschleiche, um die Kanne loszuwerden. Ich lege sie an den Straßenrand. Man hört noch eine Explosion, ein Spätzünder vielleicht.

Nun verstecke ich alle meine Flaschen hinter meinem Bett und seufze, dass ich fast einen halben Liter weggießen musste, weil ich keine gute Flasche mehr hatte. Kein einziges Tröpfchen habe ich getrunken, naja, vielleicht ein oder zwei schon, sonst war ich aber damals gegen Alkohol, das Bier trank ich ganz einfach, um den Hunger zu stillen. Diese Flaschen, was werde ich mit ihnen machen? Ist es überhaupt moralisch, dass ich nach dieser schrecklichen Nacht nur *solche* Sorgen habe?[58]

---

58 In dieser Nacht gab es 343 Tote, darunter 121 ausländische Arbeiter, und 12 000 Obdachlose. Das alles habe ich erst nach Jahren erfahren.

Man hört Stimmen. Die Wachleute kommen, dann die Arbeiter, um den Eingang wiederherzustellen. Die Lagerführer kommen mit Verspätung, die Buchhalterin erst am Mittag. Man spricht nicht von der vergangenen Nacht, das Lagerleben geht weiter.

Der Hund ist verschwunden. Sein Verhalten war ganz sonderbar. Fühlte er, noch lange vor dem Alarm, die Gefahr heranziehen? War es sein Instinkt, der es ihn erahnen ließ? Oder hatte er vielleicht schon etwas Ähnliches erlebt? Kurzum, das Tier war verschwunden, aber niemand hat mich danach gefragt.

Der Weinbrand

Die alten abgebrannten Baracken sollten wiederaufgebaut werden. Man brachte Material, Bauholz, Balken und Bretter. Es fehlten aber noch viele Sachen, die es vorläufig nicht gab, und wenn, dann hatten andere Baumaßnahmen Priorität. Mit den Holzlieferungen sah ich einen Italiener kommen aus der Regensburgerstraße, den ich manchmal mit Berto sprechen gesehen hatte. Ich fragte ihn, wo und wann ich Nino treffen könnte. „Nino" war entweder sein wirklicher Name oder nur ein Codewort. Der Mann war jedenfalls nach Bertos Aussage ein Spezialist für allerlei Geschäfte unter den Ausländern. Er konnte *alles* beschaffen. Der Italiener hat mich mit diesem „Nino" zusammengebracht und dabei ganz nebenbei, wie zu sich selbst gesagt: „Aber Zigaretten habe ich auch."

So bin ich meinen Spirituosenvorrat losgeworden. „Nino" hat mich sehr zuvorkommend behandelt. Die Herkunft des Stoffs interessierte ihn gar nicht. Er probierte, war sichtlich sehr zufrieden und machte mir sogar ein Kompliment: Er wusste schon immer, dass die Polen sehr tüchtig wären, im Kampf und an der Flasche. Nach seiner Meinung bezahlte er mich „sehr gut", ob es stimmte, konnte ich schlecht überprüfen. Jedoch fühlte ich mich sehr reich. Mit den ersten Flaschen im Sack bin ich noch zu „Nino" in die Regensburgerstraße gefahren, mit dem Rest musste ich nur bis zum Plärrer, dort wartete er auf mich. Ich hatte dabei keine Angst, das wundert mich noch heute. Wahrscheinlich war diese Kaltblütigkeit nur meinem Alter zuzuschreiben.

„Nino" hat aber nicht alle Flaschen bekommen. Zwei davon habe ich zu Traute getragen. Als sie sie sah, wurde sie ganz blass. Ich war sorgenlos, sie aber wusste, was eine „Plünderung während eines Fliegerangriffs" zur Folge haben konnte. Als ich ihr erzählte, dass es einfach nicht möglich war, alles auf die Straße auszugießen und wirklich niemand von meiner „Erbschaft" wusste, hat sie eine der Flaschen geöffnet: „Weinbrand! Hätte ich ihn nur schon früher gehabt ..." – „Warum früher?" – „Als Hansi so schwer krank war."

So erfuhr ich, dass nach dem Angriff und den damit verbundenen Löscharbeiten und zusätzlichen Schichten im Betrieb Hans eine Lungenentzündung mit Komplikationen erwischt hatte. Er lag nebenan im Schlafzimmer. Ich kam und ging, ich wusste von nichts, Traute sprach nicht darüber, die Sorgen behielt sie für sich. Dabei war es zeitweise ganz schlimm.

„Vielleicht wird ihm dieses Tröpfchen helfen", sagte ich, „Nachbarin, euer Fläschchen ..."[59] Sie wusste, worauf ich anspielte, dass ich sie aufheitern wollte, und war gerührt: „Danke, Muschi!"

Nun war alles wieder in Ordnung, das Leben ging weiter. Mein Talent zum Schwarzhandel hatte sich auch in Deutschland bewiesen.

Wider das Blut

Die Wachleute am Eingang waren meist ältere Männer. Sie waren eher Pförtner als Wachposten. Sie hätten höchstens einem Unbekannten den Zutritt zum Lager verwehrt oder die Russinnen davon abgehalten, abends unbegleitet durch die kleine Nebentür auszugehen. Diese Pforte war von 6 bis 22 Uhr geöffnet. Sie diente den Lagerführern, dem Lagerpersonal und sonstigen Einzelpersonen. Für die Gruppen, also vor allem die Frauen auf dem Weg zum und vom Beschäftigungsbetrieb und für Lieferungen öffnete man das große Tor. Als Mitarbeiterin der Lagerverwaltung ging ich durch die kleine Pforte ein und aus. Mit der Zeit kannte mich die Wache so gut, dass sie mich fast nicht mehr bemerkte.

---

59 Johann Wolfgang von Goethe, Faust. Der Tragödie erster Teil (Szene mit Gretchen im Dom, in der sie ohnmächtig wird und um eine Stärkung bittet).

Ein kleiner Skandal war mit den Wachmännern verbunden: Eine der Wachen war ein Exhibitionist. Er war wohl nicht ganz richtig im Kopf – oder trieb ihn die Sehnsucht nach einem großen Publikum? Jedenfalls hatte er für seine „Darbietungen" nicht lange Gelegenheit. Von Anfang an gab es Geschrei und Gelächter, als die Gruppen der Frauen hinein- und hinausgingen, was die Aufmerksamkeit des Begleitpersonals weckte. Dann kam die Sittenpolizei ins Lager. Ein sehr langer und gründlicher Bericht wurde auf der Schreibmaschine getippt, mehrere Personen wurden befragt, auch einige Russinnen, ich musste übersetzen. Es gab dabei nicht viel zu sagen, immer dasselbe. Außerhalb des Büros verspotteten die Mädchen den Kerl und machten Kommentare etwa wie: „Der da glaubt wohl, dass die Russinnen zu dumm sind, um zu wissen, wie ein Mann aussieht." Sie lachten auch insgeheim über den ermittelnden Polizisten. Er sah aus wie die personifizierte Tugend und errötete ständig beim Verhör. Das alles war nur eine Episode und die Sittenpolizei etwas anderes als die Gestapo, die andere Delikte verfolgte. Einen solchen Fall hat das Lager auch erlebt.

Alle wussten, dass sich die Lagerführung manchmal abends in einem Zimmer versammelte, um einen Schnaps zu trinken, aber das ging keinen von uns etwas an. Daran nahmen in der Regel die Lagerführer Benesch und Hauenstein, der Trinker, teil, außerdem der Koch, der Lagerarzt und auch ein Offizier der Flakstellung in der Nähe. Es ist möglich, dass sich an manchen dieser Abende auch die Köchin oder die Küchenhilfen hinzugesellten.

Niemals habe ich bemerkt, dass russische Mädchen bei solchen Abenden dabei waren. Dies schien im Lager auch ganz undenkbar zu sein. Ich selbst ging einmal an einem verschneiten Winterabend an der Bürobaracke vorbei, als Lagerführer Benesch aus der Tür trat und mich ansprach: „Möchten Sie nicht ein kleines Gläschen bei dieser Kälte?" Ich habe diese Worte gar nicht ernst genommen, es war sicher nur ein Scherz gewesen, denn das kam doch nicht in Frage. Deshalb sagte ich „nein, danke" und ging weiter. Noch undenkbarer war es, dass solche Abende außerhalb des Lager stattfanden.

Es gab im Lager eine Gruppe von Mädchen, die gleich auffielen, ein halbes Dutzend vielleicht, hübsche und kesse Mädchen. Eine von ihnen war Kosmetikerin von Beruf, hatte einst Kontakte zu russischen Schauspielerinnen gehabt, eine andere tanzte im Ballett, eine dritte war eine talentierte Schneiderin. Ich weiß nicht mehr, in welchem Betrieb sie arbeiteten, jedenfalls ging die Anpassung dieser Mädchen schneller vor sich als die der anderen. Sie waren gut frisiert und geschminkt und selbstbewusst. Die junge Frau, deren Namen ich als einzigen von dieser Gruppe behalten habe, hieß Tamara, eine hoch gewachsene dunkeläugige russische Schönheit. Eines Abends habe ich gesehen, wie sie im Lichte des Scheinwerfers das Lager verließ. Da aber Lagerführer Benesch sie begleitete, machte ich mir keine Gedanken, habe mich nur später daran erinnert.

Lagerführer Benesch war ein umgänglicher Typ, kein übertrieben diensteifriger oder aggressiver Mann. Er blieb nur im Lager, wenn er unbedingt da sein musste, sonst ging er heim. Wenn er da war, kam öfters seine Frau zu Besuch, eine originelle kleine und sehr schlanke Frau, gekleidet und geschminkt auf eine Weise, die man sonst bei den deutschen Frauen kaum sah, die eher an Paris denken ließ oder an einen Filmstar. Die beiden Töchterchen in ihren einheitlichen dunkelblauen Mänteln und weißen Kniestrümpfen (auch im Winter) und mit ihren karierten Haarbändern erinnerten mich an Bilder aus den Büchern, die von englischen Schulen handelten. Der Lagerführer empfing bisweilen auch andere Damenbesuche. Das konnte nicht unbemerkt bleiben, da man, um zur Lagerführung zu gelangen, den Platz zwischen dem Eingang und den Bürobaracken überqueren musste.

Benesch schien den Lagerinsassinnen gegenüber freundlicher gestimmt zu sein als die anderen. Von der russischen Ärztin sagte er einmal, sie sei eine hervorragende Frau, von einem vorbeigehenden Mädchen: „Welch ein bildschönes Ding!" Vielleicht betrachtete er diese Barackenwelt als ein großes erzwungenes Mädchenpensionat?

In dieser Zeit wurde ich mehrmals als Botin in die Stadt geschickt. Einmal gab mir Benesch einen Brief, den ich in der Altstadt abgeben sollte. Es war, glaube ich, ein kleines Gässchen hinter dem Obstmarkt. Das Lokal musste früher ein Laden gewesen sein, aber jetzt war das Schaufenster leer, mit einem bunten Vorhang. Eine freundliche Dame empfing mich, nahm den Brief, lud mich ein. Es war eine kleiner Raum mit Lehnstühlen, einem Sofa, kleinen Tischen und einer ebensolchen Theke und sah für mich aus wie ein Café. Nachdem ich den Brief abgegeben und die Dame ihn gelesen hatte, fragte ich, ob ich Herrn Benesch etwas ausrichten sollte. „Gehen Sie doch nicht so schnell weg", sagte die Dame, „setzen Sie sich, erzählen Sie ein wenig über das Lager." Andere junge Frauen kamen herbei, alle waren sehr freundlich. Waren es Verwandte der Dame oder nur ihre Bekannten? Alle kannten Herrn Benesch gut. „Er ist so höflich, nicht wahr? Wie lebt man in diesem Lager? Ist es wirklich so, dass es unter den Russinnen so viele schöne Mädchen gibt? Wie schade, dass sie nicht mehr ausgehen dürfen. Und Sie selbst, finden Sie ihre Arbeit nicht zu langweilig? Haben Sie niemals an eine andere Beschäftigung gedacht? Wir kennen eine Polin, die jetzt in einem Café arbeitet, sie ist zufrieden." In diesem Moment kam mir Jozia-Krista in den Sinn und, auf einmal sah ich dieses Lokal mit ganz anderen Augen ... „Sollten sie an etwas Ähnliches denken, oder nur Lust haben, sich ein wenig zu zerstreuen, nette Herren kennen zu lernen ..." – Krista!!! – „... dann kommen Sie nur hierher oder sagen Sie es ganz offen Herrn Benesch, er wird es schon einzurichten wissen." – „Eine Antwort für ihn?" – „Nein, keine, nur Grüße, und wir freuen uns schon auf seinen nächsten Besuch."

Da ich schon einmal in der Stadt und es nach 17 Uhr war, ging ich noch auf einen Sprung bei Traute vorbei. Sie war allein und machte Heimarbeit. Ich erzählte ihr, wo ich soeben war, und fand nicht die richtigen Worte (das eine richtige Wort!), um dieses Lokal und seinen Charakter zu beschreiben. Traute stellte viele Fragen: „Was, du sollst dorthin, um dich ‚zu zerstreuen' und ‚nette Herren kennen zu lernen'? Ja, was ist denn dös? Des gefällt mir gar nett! Wie ist es möglich, dass dich der Lagerführer dorthin schickt?" – „Einen Brief sollte ich abgeben, sonst nichts!" – „Sei nur vorsichtig! Geh nimmer hin, dass kann eine Gefahr für dich sein!" – „Ich werde sicher nicht mehr hingehen", brach ich dieses Gespräch ab. Plötzlich kam mir das passende Wort in den Sinn, die Bezeichnung eines speziellen Hauses. Dieses Wort stand nicht in den Schulbüchern, man konnte es in den Romanen über das unstete Leben der Künstler finden.

Im Lager richtete ich Herrn Benesch die Grüße aus. „Sonst haben Sie mir nichts anderes zu sagen?" – „Nein." – „Gut." Ich hätte diesen Vorfall vergessen, wenn es dann nicht andere Ereignisse gegeben hätte, obwohl ich nicht wusste, ob das eine mit dem anderen im Zusammenhang stand.

Im Lager sah man fast alles. Wenn man es nicht mit eigenen Augen sah, so gab es noch das „drahtlose Telefon", denn die Wände hatten Ohren.

An einem Vormittag kommt ein Mädchen in die Wirtschaftsbaracke gerannt, in der ich arbeite, und stößt atemlos hervor: „Die Gestapo ist im

Lager! Sie verhaften unsere Mädchen! Es ist furchtbar!" Gleich danach ist die Buchhalterin bei mir und sagt, ich solle ihr sofort folgen, man brauche mich zum Dolmetschen.

Als ich ankomme, spielt sich im Büro schon das Jüngste Gericht ab. Die Mädchen sind da, vier oder fünf, die schönsten des Lagers. Sie weinen laut, sind verzweifelt. Tamara ist nicht dabei. Der Gestapomann Beetz ist mit seinen eigenen zwei Dolmetschern gekommen, einem Russen und einem Ukrainer. Mir sagt man zunächst, dass ich hier nichts zu suchen habe, dann aber: „Oder doch, wenn Sie schon da sind, sagen Sie ihnen, sie sollen alles mitnehmen, was sie zur Frauenhygiene nötig haben, sonst aber keine Kleider, nichts, alles wird später abgeholt."

Als die Mädchen das hören, werden ihre panische Angst und ihr Jammern noch größer. Eine von ihnen versucht sich Beetz zu nähern und greift nach seiner Hand. Sie fleht ihn an, doch er ist völlig gleichgültig und weist sie grob ab. Jetzt gehen die Mädchen mit dem ukrainischen Dolmetscher in die Baracken, sie bleiben nicht einmal eine Minute drinnen, dann verschwindet die immer noch jammernde Gruppe durch die Pforte und man hört einen Wagen starten.

Der Lagerführer Benesch ist nicht dabei. Er erscheint erst am Nachmittag, ist unruhig und ratlos, kann nicht stillsitzen und verschwindet sofort in seinem Zimmer. Später erfahren wir, dass er der Buchhalterin gestanden hat: „Ich habe einen Fehler begangen und Tamara ins Theater mitgenommen." Ich habe an meine Theater- und Kinobesuche mit Traute gedacht, und es überlief mich ein kalter Schauer, doch vertrieb ich diese Gedanken so schnell wie möglich. Tamara war bereits verhaftet worden, aber was hatten die anderen Mädchen damit zu tun?

Am nächsten Tag ist der Lagerführer Benesch nicht da und die zwei anderen sind sehr verwirrt. Wieder erscheint der Gestapomann Beetz mit seinen Gehilfen. Sie durchsuchen Büro und Zimmer des Lagerführers. Buchhalterin und Bürohilfe müssen die Baracke verlassen, sie nehmen ihre Arbeit mit und quartieren sich im Zimmer neben der Küche ein. Tags darauf setzt Beetz die Untersuchung fort, indem alle Leute verhört werden, die im Lager arbeiten. Auch ich komme an die Reihe. Ob es Zechgelage im Lager gab, im Büro oder anderswo, während oder nach der Arbeit? – „Nein, niemals, ich habe so etwas nie gesehen." Ob die Lagerführer Frauenbesuche empfingen? – „Ja, ich habe einmal Frau Benesch gesehen, sie ist mit ihren Kindern gekommen." Ob der Lagerführer Personen einlud, um mit ihm zu trinken? – „Ich weiß es nicht. Vielleicht saßen die Herren in der Tat zusammen, zum Beispiel nach dem Abendessen, mit dem Koch." – Und Frauen waren niemals dabei? „Wenn schon, dann vielleicht die Köchin." Beetz wird ungeduldig: „Ich meine die Frauen aus den Baracken, die Russinnen!" – Ich antworte mit gespielter Empörung: „Wenn es solche Abende gab, so waren sie selbstverständlich nur für Deutsche!" Das war eine dumme Antwort, aber eine bessere fiel mir im Moment nicht ein. Damit gab ich doch zu, dass sich etwas an diesen Abenden abspielte. Zumindest hielt ich aber die Mädchen heraus!

Meine Antwort scheint Beetz zu verblüffen, er wiederholt: „Ja, ja, nur für Deutsche ... Und Sie wissen natürlich nicht, dass der Lagerführer mit mehreren Russinnen ein Lokal in der Stadt besuchte?" – „Die Russinnen werden immer von den Begleitmannschaften aus den Betrieben geholt und zurückgebracht, die Lagerführer haben damit nichts zu tun", antworte ich, als ob ich gar nicht kapierte, worum es geht. Beetz gibt noch nicht auf und sagt etwas, was wahrscheinlich als Demütigung oder Provokation gedacht ist, das mich verletzen soll, damit ich mich räche und die anderen denunziere: „Na ja, ich kann es mir denken. Die anderen haben von Ihnen gesagt: ‚Mit der da ist nichts zu machen ...'" Er beobachtet gespannt meine Reaktion. Ich bleibe sehr ernst und sage kein Wort mehr.

Einmal entlassen, muss ich fast ein Lachen unterdrücken, wenn nur diese Geschichte nicht so traurig wäre! Der gemeine Nazi[60] hätte sich sicherlich nicht vorstellen können, dass er mir mit seinem „Mit der da ist nichts zu machen" ein Kompliment gemacht hatte.

Immer dank der Buchhalterin erfahren wir, dass Benesch verhaftet worden ist und sich seine Frau von ihm scheiden lassen will. Der neue Lagerführer heißt Holzmann, ist ein stämmiger und biederer Mann, der viel und laut redet.

Die Mädchen standen unter Schock. Es ist nicht unmöglich, dass die Denunziation aus ihren Reihen kam. In den Baracken, in dieser kleinen

---

60 Von Beetz, „dem Ungeheuer", spricht auch Joseph Gelin in seinem Buch „Nürnberg 1943–1945", S. 96.

Welt, wusste man am besten, wer nicht da war, wer zu spät kam, wer nach Parfüm oder Schnaps roch. Die Mädchen, die verhaftet wurden, hatten manche Vorteile genossen. Das vertrug sich nicht mit dem Kollektiv. Beide Systeme, das sowjetische und das nazistische, waren durch die Gleichschaltung gekennzeichnet, und die Welt der Lager, die sie aufgebaut hatten, war Gleichschaltung in ihrer reinsten Form. Auch gab es in dieser düsteren Welt auf beiden Seiten die Fanatiker mit ihren „Prinzipien". Hier sprachen sie von der Kollaboration, dort vom „Verbrechen wider das Blut". Der Tugendwächter wird leicht zum Denunzianten. Vielleicht gab es in diesen Baracken einige, die eifersüchtig waren, oder es hatten sich auch Vorfälle außerhalb des Lagers, in den Betrieben ereignet. Ein kleiner boshafter Zwerg – sie gehörte freilich zu den Ausnahmen – machte kein Hehl daraus, dass sie diese Verhaftung für gerecht hielt: „Das waren richtige Verführerinnen ..."

Von den verhafteten Mädchen haben wir nichts mehr gehört. Die Straflager „Russenwiese" und Langenzenn waren unter den Fremdarbeitern berühmt-berüchtigt. In Langenzenn wurden die Neuankömmlinge von Beetz in Empfang genommen.[61]

Frosia (März 1943)

Nach einer Nacht wie der vom 8. auf den 9. März 1943 geht man nicht einfach ins Bett und schläft, sondern liegt so lange auf der Lauer, bis die Müdigkeit stärker ist als die Angst. Wenn dann noch die Vollmondnächte kommen, dann fühlt man sich ausgeliefert wie ein exakt markiertes Ziel. Doch sind diese Nächte so schön.

Der Himmel war ganz klar und vom Vollmond erleuchtet. Man hätte bei diesem weißlich grünen Licht lesen können. Alle Geräusche des Tages waren verstummt, auch aus der Stadt. Die Baracken schienen in diesem Licht wie eine Theaterdekoration. Würde es auch in dieser Nacht Luftgefahr geben? Nein, in dieser klaren Mondnacht würde die Stadt, die nicht laut zu atmen wagte, nicht angegriffen.[62]

---

61 Ebenda.
62 Die Szene mit Frosia muss sich um den 21. März 1943, einem Donnerstag, abgespielt haben, da in jener Nacht Vollmond war.

Da ich nicht schlafen kann, schleiche ich aus der Baracke hinaus ins Freie. Es wäre schön, wenn man in dieser unheimlichen, aber ungefährlichen Beleuchtung die Stadt besichtigen könnte. Eine Promenade im Mondenschein? Ein verrückter Gedanke!

Meine Schritte sind dank der Gummisohlen lautlos. In der Baracke der Wache regt sich niemand. Auf dem freien Platz, wo man die Balken und Latten für eine neue Baracke abgeladen hat, will ich mich eine Weile hinsetzen. Auf einmal sehe ich etwas, das sich bewegt, geräuschlos, ganz in Weiß im Mondlicht, eine weibliche Silhouette. Ihr Gesicht glänzt wie Silber, ihr Schatten ist lang. Endlich erkenne ich sie. Es ist Frosia.[63]

Frosia ist eine der Ältesten im Lager, obwohl man ihr Alter nicht leicht bestimmen kann. Groß gewachsen, ein wenig gebeugt beim Gehen, wie die Frauen, die viele Lasten getragen haben. Diesmal hält sie sich aufrecht und scheint in diesem Licht noch größer. Sie ist komplett angezogen wie zum Aufbruch am Morgen und trägt ein dreieckiges Tuch über den Schultern.

Wir begrüßen uns fast gleichzeitig und mit denselben Worten: „Sie schlafen nicht?" (Wy nie spytie?)

Frosia lächelt: „Es ist so hell wie am Tag, man hat keine Lust zum Schlafen. Dabei ist diese Nacht ganz sonderbar, sie ist so ruhig ..."

Wir denken beide, dass eine solche ruhige Nacht eine Ausnahme ist, die man nicht verpassen sollte. Doch die Gefahr ist immer gegenwärtig. Während wir still im Mondschein sitzen, spielen sich Gott weiß was für unheimliche Dinge ab, auch in unserer Nähe. Durch die Luft, durch den Weltraum fließt ein unablässiger Strom geheimer Signale des Krieges. Doch hier, in diesem Moment, ist alles friedlich.

„Was für eine Pracht, welch ein Licht! Und zugleich wie viel Leiden, wie viel Qual!"

„Wir können nichts dafür, Frosia. Wir alle sehnen uns nach Frieden, und es gibt ihn dennoch nicht."

„Wieso nicht? Wenn man in der Tiefe seines Herzens den Frieden gefunden hat, dann herrscht wahrer Friede."

---

63 Frosia ist die Kurzform von Eufrosina. Der Name stammt aus dem Griechischen und bedeutet „froh, freudig, jauchzend". Er ist verwandt mit dem griechischen Wort „eufróne", die Nacht, die guten Rat bringt.

Vielleicht hat Frosia Recht, denn sie strahlt ihn aus.

„Heute Nacht wird nichts Schlechtes geschehen. Sie wird nicht angegriffen werden, diese Stadt."

„Sie ist schön, diese Stadt. Es ist schade um sie."

„Wirklich schade, eine herrliche Stadt. Nur einmal haben wir sie gesehen, im Vorbeigehen. An Kiew habe ich dabei gedacht, an die Lavra Pietcherskaja.[64] Das ist aber etwas ganz anderes, diese Stadt hier. Wie gerne möchte ich sie besser kennen lernen."

„Das wird vielleicht noch kommen, später ..."

„Wenn diese Stadt und wir dann noch da sind. Die Kirchen, eine Pracht. Das bedeutet, dass es hier Menschen gibt, die beten. Wenn nur einer da ist, der betet, dann ist es schon gut."

Was für ein Gespräch! Wir sprechen ganz leise, es gibt lange Pausen.

„Ich hoffte, dass man hier wenigstens frei beten könnte. Bei uns, Sie wissen es doch, ist Atheismus Pflicht. Ich weiß, die Polen sind gläubig. Das gibt Ihnen Zuversicht. In der Nacht, als wir durch das Feuer liefen, habe ich diese Zuversicht in Ihnen gespürt. Ich habe sie auch. Ich bin schon alt und wurde noch so erzogen, im Frieden und in der Zuversicht."

Es ist eine Orthodoxe, die mit mir spricht. Der Orthodoxie war ich bisher niemals direkt begegnet, es war für mich der „häretische" Glaube des zaristischen Russland. Die orthodoxe Kirche stand im Dienste der zaristischen Politik und der Russifikation, das wussten wir schon aus der Schule, so wie auch von den anderen Häretikern, den Protestanten. Und doch, als ich Frosia sprechen höre in dieser weißen Mondnacht, taucht etwas in meiner Erinnerung auf: Die orthodoxe Kirche hatte ich zwar niemals gesehen, aber die griechisch-katholische und auch sie hatte den östlichen Ritus beibehalten.

Ich war damals noch ganz klein, Marynia ließ mich unter den Bäumen sitzen, bei der alten byzantinischen Kirche in K. Ich hörte die Gesänge, die Chorproben, die tiefe Stimme des Diakons: „Gospody pomyluj ..."[65] Später hatte ich noch mehr Gelegenheit, diese östlichen Gesänge zu hören und

---

64 Wörtlich übersetzt Höhlenkloster; Klosterbezirk und orthodoxer Wallfahrtsort bei Kiew, entstanden seit dem 11. Jahrhundert aus einer Ansammlung von Einsiedlerhöhlen.

65 Russisch für „Herr, erbarme dich ...".

zu erlernen. Nun versuche ich leise das vorzusingen, was ich mir damals eingeprägt hatte, und Frosia strahlt: „Ich war mir sicher, dass es Ihnen bekannt sein muss."

Sie wurde in dieses Land gebracht, wo die schönen Kirchen eine Verheißung waren. Nicht freiwillig ist sie gekommen, aber mit einer kleinen Hoffnung. Noch eine mehr, die hoffte, die glaubte, vor allem an die Menschen.

„Es gibt manche, die sagen: Die Welt ist von Gott verlassen. Sie ist gottlos im Osten wie im Westen. Das ist aber nicht wahr."

Frosia sagt das ganz selbstverständlich, sie spricht einfach das aus, was sie erfüllt:

„Das ist nicht wahr, Gott ist da. Er ist in uns, also leidet er hier mit uns. Aber in ihm sind wir stark. Seine Macht ist eben eine ganz andere als die der Welt."

Stille, lange Stille. Dann frage ich: „Sind Sie nicht müde, Frosia?"

„Nein, ebenso wenig wie Sie, oder? Beten und Verweilen in der Nacht stärkt mehr als der Schlaf."

Schon will ich diese Feststellung Frosias ganz sanft korrigieren, denn ich habe nicht gebetet, da gibt sie schon die Antwort auf meine unausgesprochene Frage: „Das Gebet lebt in uns. Das Beste ist, wenn wir es nicht bemerken. Es ist wie das Atmen."

Ich suche in meinem Gedächtnis nach etwas, was Frosia erfreuen könnte. In einem aus der deutschen Sprache ins Polnische übersetzten Buch habe ich über eine Begegnung eines Westeuropäers mit dem russischen Gebet gelesen, davon habe ich einige Sätze behalten. Ich verstehe sie zwar nicht, denn es ist die altrussische Sprache der Liturgie, aber ich finde die Worte schön und sage sie vor.

Dass es sich dabei um den 43. Psalm handelte, werde ich erst später mit Staunen erfahren, denn die Worte trafen genau unsere damalige Lage. Sie sind das Flehen eines von einer feindlichen Macht bedrohten Menschen.

Frosia ist entzückt. Sie wiederholt die Worte wieder und wieder. Dann sitzen wir wieder wortlos da. Der Mond entfernt sich und wird blass, der Himmel fahl. Etwas bewegt sich in der Baracke der Wache beim Eingang. Wir trennen uns ohne Worte, nur mit einem Blick.

Ich bin nicht müde. Ich möchte gerne solche Nächte nochmals erleben. Doch es gibt keinen Mondschein in der nächsten Nacht, der Himmel ist wolkenbedeckt, kein Mond, kein Alarm, kein Beten. Ich schlafe wie ein Murmeltier.

Das war mein einziges Gespräch in der Nürnberger Zeit über solche Themen, denn die Begegnung mit Frieda in der Frauenkirche war doch eher ein Witz. Als es mit Traute das einzige Mal um Glauben ging, hatte ich das Gespräch in Komik verwandelt. So gab es nur dieses Gespräch von zwei Sklaven auf dem Platz hinter den Baracken im Lager Witschelstraße. Seine Schönheit habe ich erst nach Jahren empfunden.

Ostern = Paska (April 1943)

Im April 1943, es musste wohl um die Zeit des orthodoxen Osterfestes gewesen sein, wurde ich Zeugin eines Gottesdienstes im Lager Witschelstraße, und zwar ganz offen und mit offizieller Genehmigung. Wie im Fall des Konzerts wusste ich gar nichts davon, und es war eine Überraschung für mich.

An einem Sonntagmorgen sah ich die Mädchen den großen Speisesaal ausräumen, die Tische und die Stühle im hinteren Teil aufeinander stapeln. Dann gab es eine große Versammlung. Zuerst dachte ich, dass es sich um eine Lagerangelegenheit handelte und man mich zum Dolmetschen brauchen würde. Vom deutschen Personal war aber niemand da, weder im Büro noch in der Küche. Dann sah ich einen Mann in einem langen schwarzen Gewand, einem Priesterrock, und mit langen Haaren, also einen Popen[66] kommen. Er

---

66 Vielleicht handelte es sich bei dem Geistlichen um denjenigen, der in dem Buch „Langwasser. Heimisch werden in Nürnbergs jüngstem Stadtteil" (hrsg. v. Geschichte für Alle e. V., Nürnberg 2001, S. 54) folgendermaßen beschrieben wird: „Ein Langwasser-Original, an das sich noch viele ältere Langwasser-Bewohner erinnern, war der orthodoxe Priester Nikolai Michnenko. Als ehemaliger Bewohner des Valka-Lagers betreute er nicht nur den Ausländer-Friedhof am Dr.-Linnert-Ring und sorgte für die Einrichtung eines orthodoxen Kreuzes, sondern errichtete auch eine Barackenkirche. Dort lebte er später auch unter einfachsten Bedingungen und versammelte eine Schar orthodoxer Christen aus dem Valka-Lager um sich. Vater Nikolai starb im Frühjahr 1966 in ‚seiner' Kirche." Das „Valka-Lager", ursprünglich errichtet für die Teilnehmer der Reichsparteitage der NSDAP und während des Krieges Kriegsgefangenen- und Fremdarbeiterlager, wurde seit 1945 als Lager für ausländische „Displaced Persons" genutzt. Der Name rührt vermutlich von der Grenzstadt Valka zwischen Estland und Lettland her.

wurde von einigen Personen begleitet. Jemand sagte: „Ein Gottesdienst wird gehalten."

Ob die Lagerinsassinnen über diesen Gottesdienst schon vorher informiert waren, wusste ich nicht, ebenso wenig, ob sie den Wunsch dazu geäußert hatten. Wenn die Initiative von Seiten der Russinnen ausgegangen war, so hätte mich interessiert, ob nur die älteren wie Frosia es waren oder auch die jüngeren, die schon im Atheismus erzogen wurden. Hätten sie solche Fragen überhaupt unter sich erörtern können, wenn die Barackenälteste eine ehemalige Komsomol-Aktivistin war? War es da nicht gefährlich, religiöse Wünsche zu äußern, wenn man an die Rückkehr dachte und sie ersehnte? Vielleicht hatte aber auch jemand „von oben" den Gottesdienst angeordnet: Wir werden ihnen bieten, was Stalin ihnen verbot, dafür werden sie dankbar sein und besser arbeiten.

Ich wäre gerne geblieben, denn ich war neugierig auf diese orthodoxe Feier inmitten des Krieges, im von den Nazis regierten Deutschland, in einem Fremdarbeiterlager. Das war etwas ganz Ungewöhnliches. Doch war es eben eine orthodoxe Liturgie, eine Polin würde nur stören. So hörte ich nur aus der Entfernung das leise Singen, vor allem die Rufe des Priesters und die Antworten des Diakons, kein Chorgesang, ohne den die orthodoxe Liturgie an sich nicht denkbar ist.

Als die Frauen den Saal verließen, konnte ich es mir nicht versagen, noch einmal hineinzugucken. Der Pope sprach noch mit einigen Mädchen, während seine Gehilfen den provisorischen Altar und die tragbare Ikonostase[67] abbauten. Ich sah Frosia vorübergehen, wie sie eine tiefe Verbeugung vor den Ikonen machte, eine „Proskynese", und sich auf Russisch dreimal bekreuzigte. Da ich sie danach nie mehr gesehen habe, so ist sie in meiner Erinnerung für immer mit der Orthodoxie verbunden, mit der mondhellen Nacht und diesem Gottesdienst.

Möglicherweise war der Gottesdienst für einige Teilnehmerinnen die erste Berührung mit ihrem Glauben, so wie es für mich erstmals die Gelegenheit war, im wahrsten Sinne des Wortes durch einen schmalen Spalt einen kurzen Blick auf die Kultur eines Landes zu werfen, das mir in meiner Heimat trotz der geografischen Nähe so fremd geblieben war.

---

67 Mit Heiligendarstellungen reich verzierte Trennwand zwischen Gottesdienst- und Altarraum in orthodoxen Kirchen.

An dieser Erinnerung an den orthodoxen Gottesdienst im Nürnberger Ostarbeiterinnenlager Witschelstraße im Kriegsjahr 1943 hängen aber noch viele andere Fragen, die über die Religion hinausgehen. Das Ereignis ist wie ein Knotenpunkt der zahlreichen und manchmal verwirrenden Handlungsstränge, die den wahren Verlauf der Geschichte ausmachen. Indem ich davon berichte, will ich den Nachgeborenen bei der nicht einfachen Aufgabe helfen, diesen Knoten aufzuschnüren und seine Bestandteile zu erforschen.

Eine Niederlage

Ein junger Soldat der Wehrmacht will den Lagerführer sehen. Es ist nur einer da, „der Seltsame". Der Soldat ist auf Urlaub. Er kommt von der Ostfront, wo er verwundet wurde und länger krank gewesen ist. Er hat einen Abstecher nach Nürnberg gemacht, da er einen besonderen Auftrag hat. Als er dort in Russland verwundet wurde, konnte er nicht ins Lazarett transportiert werden und blieb im Quartier bei einer russischen Bauernfamilie. Die Leute haben ihn nicht als einen Feind, nicht einmal als einen Fremden betrachtet. Sie haben sich um ihn gekümmert wie um ihren eigenen Sohn. Dann haben sie ihm ihre Sorge anvertraut. Ihre Tochter wurde zur Arbeit nach Deutschland verschleppt. „Wir denken manchmal, gute Menschen gibt es überall, und hoffen, dass unsere Maschenka solchen Menschen begegnen wird ..."

Als er stark genug war, um in Urlaub zu fahren, haben sie ihm die Adresse des Mädchens und einen Brief gegeben. Sie lebt hier in Nürnberg, in diesem Lager, und so würde der Brief der Eltern schneller und sicherer bei ihr ankommen. „Also dachte ich", sagt der junge Mann, „einen Tag meines Urlaubs kann ich doch opfern und diesen Brief persönlich abgeben, dem Mädchen von ihren Eltern erzählen ..."

Bis jetzt ist das eine schöne romantische Geschichte. Ähnliche gibt es wohl in allen Kriegen. Ein Märchen unter dem Zeichen des Roten Kreuzes oder eines anderen humanitären Unternehmens, unter dem Zeichen des größten Gebotes vielleicht? Nein, von den Geboten sprechen wir hier lieber nicht.

Der Soldat spricht mit einem Menschen aus seiner Heimat, in seiner Heimat, in seiner Muttersprache. Er erzählt dem Lagerführer, was er erlebt hatte, vom russischen Winter, von der Kälte, der Gefahr, der Verwundung, der ärmlichen Wärme des Bauernhauses, dem Edelmut dieser Menschen und auch von seiner Freude, eine solche Botschaft bei sich zu tragen.

Der Lagerführer ist wie ein Eisblock. Scheinbar hat er kein Wort verstanden.

Der Soldat fängt von Neuem an, diesmal noch ausführlicher, mit einigen Ausschmückungen: Wie gut es einem tut, wieder nach Hause zu kommen. Seine Eltern waren überglücklich, als sie ihn genesen sahen. In drei Tagen schon wird er gestärkt zurück an die Front gehen. Vorher möchte er nur noch die Botschaft an das Mädchen weitergeben.

„Der Seltsame" schweigt noch immer. Er steht da mit seinem halb erschrockenen, halb verwunderten Gesicht, darin seine starren Augen. Dann spürt er wahrscheinlich, dass ein ausgezeichneter Moment gekommen ist, um sich wichtig zu machen. Er ist Herr der Situation, jemand der erlauben und verbieten kann, und er trifft seine Wahl: Jetzt wird etwas verboten! Und wie!

„Auf keinen Fall!"

Jetzt versteht der junge Soldat nichts mehr. Angst kann man ihm nicht so schnell einjagen, also wiederholt er noch einmal ganz ruhig seine Bitte:

„Sie verstehen, diese Leute haben für mich alles Mögliche und Unmögliche gemacht. Ohne sie hätte ich wahrscheinlich nicht überlebt, da ist es doch eine Selbstverständlichkeit, dass ich jetzt ..."

„Auf keinen Fall! Sie sind Soldat, Sie waren an der Front, haben Sie dort nichts gelernt? Hat man Ihnen nicht genug beigebracht? Wissen Sie überhaupt, was Sie da verlangen?"

„Herr Lagerführer, es handelt sich doch nur um einen Gruß der Eltern an ihre Tochter, das ist eine ganz einfache Angelegenheit!"

Eine einfache Angelegenheit? Junger Mann, dort warst du unter einfachen Menschen und Umständen. Die Bauern haben deine Wunde, deine Schwäche sofort verstanden, die Sprache war dabei kein Hindernis. Aber hier gibt es seit langem keine einfachen Angelegenheiten mehr.

Außerdem, was für eine Sprache sprichst du? Du solltest eine ganz andere Sprache gebrauchen! Du solltest von den „Untermenschen" reden, die vom roten Terror befreit, ihren edlen Rettern so unendlich dankbar sind, dass sie jeden von ihnen mit Ehrfurcht pflegen und glücklich sind zu wissen, dass ihre Tochter im Übermenschenland den Übermenschen dienen kann! Dies ist hier der angemessene Ton!

„Ich werde Sie ihren Vorgesetzten melden müssen, wenn Sie sich nicht gleich davonmachen!"

Wird er kapitulieren? Nein, noch ein Angriff, noch ein Versuch, um durchzubrechen:

„Und wenn ich mich zum Beispiel an die Hauptverwaltung der DAF wende, um eine Genehmigung zu bekommen?"

„Was?! Das ist einfach unerhört! Dann wird sich die Gestapo für Sie interessieren! Ein illegaler Kontakt zwischen der Front und Russen im Reich! Wenn Sie nicht gleich abhauen, rufe ich selbst die Gestapo an!"

Da sagt der junge Mann nichts mehr und steckt den mitgebrachten Brief wieder in seine Tasche. Der Lagerführer begleitet ihn bis zum Tor. So kann ich ihm nicht nachlaufen, um wenigstens den Namen des Mädchens zu erfahren. Dann verschwindet die graue Wehrmachtsuniform hinter der Pforte.

„Der Seltsame" tobt noch eine Weile wortlos. Er geht von einem Raum in den anderen und gestikuliert. Er ist noch voll des unerbittlichen Willens zum Triumph, am besten über einen Schwächeren. In diesem Menschen spürt man eine gefährliche Angst. Er selbst hat eine schwere Niederlage erlebt, vielleicht erlebt er sie noch immer täglich und sucht dafür bittere Revanche. Das hier ist aber nun eine Niederlage mehr. Das muss wohl auch er spüren.

Das alles habe ich selbst gehört und gesehen. Einen Moment zuvor war die Briefträgerin gekommen mit einem Sack voll kleiner Päckchen aus Russland für die Lagerinsassinnen, kleine, in ein Stück Stoff eingepackte und sorgfältig vernähte Säckchen mit Sonnenblumen- und Kürbiskernen *von dort*, aus der Heimat. Winzige Päckchen mit exakt vorgeschriebenem Höchstgewicht, darauf mit lila Kopierstift geschriebene Adressen, manchmal verwischt. Jetzt galt es, die Adressen abzulesen, und die, die in ein anderes Lager gehörten, der Briefträgerin am nächsten Tag wieder mitzugeben. Dieser Haufen von kleinen Sendungen war gut angekommen, besser als die persönlich überbrachte Botschaft.

Ich tat, als ob ich mich nur für diese Sendungen interessierte. Auch hätte ich gar nicht hinausgehen können, denn der Soldat und der Lagerführer standen am Eingang. Ebenso wie ich hörte die Buchhalterin an ihrem Tisch mit weit aufgerissenen Augen zu.

Ich habe ihn, der im Ausgang verschwand, niemals vergessen. Wie war er erzogen? War er nicht in der „Hitlerjugend" gewesen? Glaubte er an einen gerechten Krieg für eine bessere Welt? Glaubte er an ein ritterliches Soldatenideal? Woran hat er gedacht, als er fiebernd in der ärmlichen „Isba" der Bauersleute lag? An dieses Ideal? „Bedenke doch, du trägst die Uniform des Clausewitz"?[68] Hatte er dort, inmitten des russischen Winters, einen Reifeprozess durchgemacht? Zur Front zurückgekehrt, hat er überlebt? Die Eltern des russischen Mädchens, das Mädchen selbst, die Eltern des jungen Mannes in der bombardierten Heimat, was ist aus ihnen geworden? Unbeantwortete Fragen.

Die Stadt Streichers

Von Julius Streicher habe ich damals in Nürnberg nichts gehört, sein berüchtigtes Blatt „Der Stürmer" niemals gesehen. Nur einmal, im Vorübergehen an einer Mauer oder Plakatsäule, sah ich eine vergrößerte Seite aus seiner Zeitschrift. Sie diente als Plakat, dessen Text ich nicht las. Die Zeichnungen aber und ihren Stil erkannte ich sofort. Derlei hatte ich vor dem Krieg oft in einer bestimmten Art von Presse bei uns gesehen. Auch war meine Reaktion unmittelbar: Ein Plagiat, das ist ein Plagiat! Die haben es aus unseren Zeitungen gestohlen oder nachgeahmt!

Es war freilich genau das Gegenteil. Streichers Schule der gemeinen und erniedrigenden Karikatur hatte ihre Nachahmer auch in Polen gefunden und entsprach anscheinend einer bestimmten internationalen Mentalität. In meiner Kindheit hatte ich keine Reaktionen meiner Umwelt auf diese antisemitischen Bilder vernommen, keine Warnung, kein Verbot, kein vernichtendes Urteil. Diese Karikaturen gehörten nicht zu den Dingen, die

---

68 Die unruhige Nacht, in: Albrecht Goes, Aber im Winde das Wort. Prosa und Verse aus 20 Jahren. Frankfurt a. M. 1963, S. 98. Diese Kriegserzählung spielt in der Ukraine und der zitierte Satz ist darin ein Aufruf zu Courage und Gerechtigkeit.

den Kindern verboten waren, sie wurden niemals als unanständig, bösartig oder gefährlich bezeichnet. Keiner von unseren damaligen Religionslehrern hat ein einziges Wort darüber verloren. Es gab hingegen mehrere, die solche Zeichnungen komisch fanden und darüber lachten. Die Jugend bekam solche Presseerzeugnisse problemlos in ihre Hände. Sie stifteten Unheil, dem nur die stärksten Charaktere entgehen konnten. Und, unglaublich: Heute findet man in bestimmten polnischen Blättern immer noch solche Zeichnungen! Julius Streicher wurde 1946 hingerichtet, doch er hat immer noch seine Schüler.

Streicher war hier Gauleiter und gab bis in die letzten Wochen des Krieges den „Stürmer" heraus. Seine Spezialität: die Juden verhasst zu machen. Das Hetzblatt lieferte die Motivation zum Holocaust, bereitete ihm den Weg in den Köpfen der Menschen. Der Hass fand seine Anhänger zuerst unter denen, die am leichtesten zu manipulieren sind, die nicht selbstständig denken, die nur zu gehorchen wissen. Mit ihnen kommt man leicht an die Macht. „El sueno de la razon produce monstros": Der Schlaf des Verstandes erzeugt die Bestien (Goya), der Hass wird zur Tugend erklärt.

Als ich nach dem Krieg von Streicher und seinen Untaten erfuhr, wunderte ich mich über den sonderbaren Zufall, der mich eben in seine Stadt geführt hatte, gerade mich, mit meinen Gesichtszügen, die Merkmale tragen, die zu erkennen er seine begierigen Leserinnen und Lesern unablässig in Karikaturen, Broschüren und Ausstellungen lehrte. In Streichers Stadt ist es mir gelungen, ein Jahr (fast) unbemerkt zu verbringen. Mir ist es gelungen, den Nürnberger „Volljuden", „Halbjuden" oder „Vierteljuden" nicht, auch wenn sie typisch „arische" Gesichtszüge hatten.

Die Gefahr war aber da, ganz nah.

Erste Vorwarnung

Es war wohl im Frühjahr 1943. Ich bin eben bei Traute, da hört man jemanden hastig die Treppe hinaufsteigen und heftig an der Tür klingeln. Ein unerwarteter Besuch, eine dunkel gekleidete, grauhaarige Frau, deren Erscheinung vornehm ist. Nur das Gesicht ist vor Zorn gerötet, ihr Blick unruhig und ihre Stimme bebt. Sie spricht viel und laut in diesem erregten

Tonfall mit Traute. Sie scheint ihr Vorwürfe zu machen. Traute antwortet sehr ruhig, lädt sie ein hereinzukommen, doch die andere bleibt im Eingang stehen. Sie habe keine Zeit, sie müsse nur unbedingt Traute warnen, da sagt Traute: „Willst du vielleicht, dass ich später zu dir komme?" Die Frau stimmt zu, sie sagt noch etwas in diesem heftigen Ton und dann geht sie weg.

Während des ganzen Auftritts hat sie mich durch die halboffene Zimmertür unablässig mit ihren vor Ärger und Wut blitzenden Augen fixiert. Diese Augen waren gerötet, als ob sie viel geweint hatte. Ich empfinde diesen Blick als sehr feindlich und weiß nicht warum.

„Das ist meine Schwägerin", erklärt Traute. „Hab keine Angst, sie ist halt so heftig. Sie hat viel gelitten, ist früh Witwe geworden. Ihr Mann, mein Bruder, ist im ersten Krieg in russischer Gefangenschaft gestorben, nun hat sie auch noch ihren ältesten Sohn, Hermann, an der Ostfront verloren. Sie weiß nicht einmal, wo er begraben wurde. Es ist kein Wunder, dass sie so geworden ist."

Ich weiß, ich weiß, Elli hatte es mir schon erzählt. Die Trauer in der Familie und die Wut einer verbitterten, untröstlichen Frau.

Bei meinem nächsten Besuch eröffnet mir Traute: „Ich habe mit meiner Schwägerin gesprochen. Jetzt muss ich dir etwas sagen, denn es ist besser, wenn du es weißt. Sie macht sich Sorgen um Rudi ... auf einmal macht sie sich Sorgen um ihn! Sie meint, dass ich mich nicht mehr um ihn kümmere, seitdem du zu uns kommst. Was für ein Blödsinn, meinst du nicht?" Sie setzt noch eins drauf: „Meine Schwägerin ist allem, was aus dem Osten kommt, gegenüber sehr misstrauisch. Sie meint, wir sollen mit den Leuten, die von dort kommen, keine Beziehungen haben. Alle sind – so sagt sie – verdächtig, wenn man es ihnen auch nicht unbedingt ansieht. Sie hat gesagt – das ist wirklich schon zu blöd –, dass du vielleicht keine Polin bist. Ich habe sie ausgelacht und sie hat sich beruhigt, aber jetzt weißt du, wie sie ist. Das alles versteht man schon, wenn man weiß, was sie erlitten hat, dass sich aber Rudi bei ihr beklagt, das hätte ich nicht geglaubt. Da siehst du, wie empfindlich er ist!"

Von diesem Tag an stellt Traute einen „Stundenplan" auf: Ich werde niemals in den Stunden kommen, wenn Rudi da ist. Auf alle Fälle soll ich immer unten beim Eingang nachsehen, ob dort nicht Rudis Rad steht.

Über Rudi, nach Jahren

Rudi sah also seine einzige Zuflucht, sein einziges Heim gefährdet. Zutiefst verletzt hat er sich bei seiner Mutter beklagt, ihr anvertraut, um ausgerechnet bei ihr, die sich doch bis jetzt nicht als seine Aliierte, eher als seine Feindin erwiesen hatte, Hilfe zu suchen. Er hat sich nicht geirrt. Vielleicht hat dieses Rufen ihres hilflosen Sohnes etwas in ihr geweckt. Dabei ging es ihr nicht so sehr um einen Kampf *für* etwas, viel mehr um einen Kampf *gegen* etwas.

Niemals, weder damals noch heute, habe ich Rudi sein Verhalten übel genommen. Die Art, mit der man ihn in der Familie und in der Gesellschaft behandelte, sein persönliches Leid und seine Unfähigkeit, ihm zu entkommen, das alles war so deutlich, dass man nicht viel Einfühlungsvermögen brauchte, um es wahrzunehmen. Seine Reaktion war ein Ringen um seinen Platz im Leben, es war die Abwehrreaktion eines Geschundenen, deshalb konnte sie leicht niederträchtig werden. Ich will damit sagen, dass jegliche aufrichtige Abwehr Rudi verwehrt blieb. Aufrichtig – ist es nicht etymologisch verwandt mit aufrecht? Rudi konnte sich nicht, in keiner Hinsicht, aufrichten und sich in seiner ganzen Größe zeigen.

So kämpfte er um das, was ihm blieb, als einzige Bestätigung seines Wertes, um seinen Platz in diesem kleinen menschlichen Nest. Hier hatte man ihn angenommen, wie er war, ihn geliebt. Durch seine Behinderung und sein Leiden war er hier nicht als „unwert", sondern als wertvoll anerkannt. Und jetzt hatte er entdeckt, dass es in dieser kleinen Welt einen Eindringling gab.

Um einer solchen Entwicklung standzuhalten, war ich damals noch nicht vorbereitet. Ich hatte sie bemerkt, Elli hatte mich gewarnt, doch ich war nicht umsichtig genug und viel zu sorglos. Meine Plaudereien mit Traute mussten ihn ärgern, er nahm niemals daran teil. Direkt angesprochen, antwortete er unwirsch, sarkastisch oder gar nicht.

Traute bemerkte wohl, was sich in Rudi abspielte, aber auch sie glaubte zunächst, dass sich alles mit der Zeit regeln würde. Als sie die Gefahr spürte, war es schon zu spät. Rudi hatte seinen verzweifelten und kindischen Kampf bereits aufgenommen.

Er rief seine Mutter zu Hilfe. Wenn sie ihn schon nicht lieben konnte, so wäre sie vielleicht fähig, mit ihm zusammen zu hassen? Er hatte sich nicht geirrt, denn sie ging sofort los, um den Platz ihres Buben gegen den Eindringling, eine verdächtige Ausländerin, zu verteidigen. Die nötigen Waffen hatte ihr die „NS-Frauenschaft" verschafft. Mit ihrer Kampfansage setzte sie Traute unter Druck. Der nächste Schritt musste von Traute selbst ausgeführt werden, indem sie den Eindringling aus dem Haus und aus ihrem Herzen verjagte.

Rudi und ich wurden in dieser Welt als nichtvollwertig betrachtet, er als Behinderter und ich als „Fremdvölkische". Er als Deutscher stand sogar noch etwas höher auf der Werteskala als ich. Nun aber stellte er sich, paradoxerweise, auf die Seite unserer gemeinsamen Verfolger. Als ich nach vielen Jahren daran dachte, erschien mir dieser Zusammenstoß zwischen zwei Behinderten, einem physischen und einer sozialen, in einem Haus, wo beide als vollwertige Menschen anerkannt wurden, von einer großen Tragik.

Ein Jahr ist vorbei

Meine letzte Erinnerung an „Onkel Hans" stammt etwa vom Mai 1943, aus der Zeit, als ich mich schon bedroht fühlte, mir aber nichts anmerken ließ.

Ich sah Hans sehr selten. Er hatte oft Nachtschichten und Luftschutzwachen. Diesmal war er aber da und aß schnell etwas, weil er zur Nachtschicht musste. Er sprach nicht viel. Auf einmal dachte ich daran, dass nun schon ein Jahr vergangen war, seit er den Transport begleitet hatte, mit der Stablampe den Zug entlanggegangen war und gefragt hatte, ob da jemand Deutsch verstünde. Ich hörte noch immer diese tiefe Stimme eines Menschen, der den anderen helfen wollte. Er trug eine Uniform. Die Erinnerung an diese feindliche Uniform wird mich später innerlich hemmen. Ich werde viel Zeit dazu brauchen, um seine Stimme vom Kontext dieser Uniform zu lösen, denn sie war in der Tat frei.

Ich sagte also: „Es ist schon ein Jahr vorbei, seit Sie mich aus dem Wagen herausgeholt haben, seit ich in Nürnberg bin." Der „große Bär" schwieg eine lange Weile, dann sagte er: „Jo. Und? Schöne Reise? Schöne Stadt?"

Er hatte es nicht vergessen! „Ja, schöne Stadt, gute, sehr gute Menschen!"

Er sagte immer noch nichts, lächelte nur ein wenig, stand auf und nahm seine Mappe. Im Hinausgehen sagte er nur: „Auf Wiedersehen, Thusnelda!"

Was sollte das heißen, wer war Thusnelda?! Ich musste mir schnell etwas Passendes einfallen lassen, um schlagfertig zu antworten!

„Auf Wiedersehen, Lohengrin!"

Traute, die seit der „Thusnelda" die Luft angehalten hatte, da sie nicht wusste, wie ich das verstehen würde, brach in Gelächter aus: „Nein, das ist ja die Krönung! Lohengrin! So hat man ihn noch nie im Leben genannt!" Hans lachte auch und ging lachend hinaus. „Lohengrin! Der Hansi auf einem Schwan! Nein, eher auf einem Bierfass!"

Dieses schöne Zusammensein würde nur noch wenige Wochen dauern, wie Lorenzo il Magnifico geschrieben hatte: „Chi vuol esser lieto, sia, di doman non è certezza."

Zweite Vorwarnung

Es muss wohl Anfang April 1943 gewesen sein. Eines Tages sagt mir Traute, inmitten eines alltäglichen Gespräches und in ihrem gewohnt heiteren Ton: „Kannst du dir vorstellen, ich wurde deinetwegen vorgeladen!"

Mein erster Gedanke ist: Das hat bestimmt mit dem Skandal im Lager zu tun. Vielleicht machte die Verwaltung eine Umfrage über die Führung im Lager und außerhalb. Nun gut, ich war mit Traute im Theater gewesen, aber schließlich war das kein Geheimnis. Die Lagerführung wusste, dass ich in Kontakt mit einer Familie in der Stadt war. Also hörte ich ihr wenig beunruhigt weiter zu: „Man hat mir allerhand Fragen über dich gestellt, aber hab keine Angst, ich wusste sehr gut, wie man antworten und mit diesen Herren sprechen muss! Ich habe ihnen gesagt, was sie hören wollten, und auch, dass man doch den Leuten ein wenig Anerkennung für die Arbeit zukommen lassen müsse, damit sie weiterhin gute Arbeit leisten. Du kannst ganz beruhigt sein."

Ich war ja ganz ruhig, so ruhig, dass ich nicht einmal zurückfragte, mit wem Traute überhaupt gesprochen hatte.

Kurz nach diesem Gespräch bemerkte ich, dass ich auf meinem Weg in die Stadt sehr oft dem ukrainischen Dolmetscher begegnete, der bei der Verhaftung der Mädchen im März anwesend war. Manchmal war er in Uniform, manchmal in Zivil. Dieser Mann weckte in mir keine Angst, nur Ekel. Zuerst meinte ich, dass unsere Begegnungen reiner Zufall waren, doch dann kam er ins Lager, nur um zu sehen, was ich machte, anscheinend nur ein freundlicher Besuch. Zum Glück fand er mich immer sehr beschäftigt vor, weshalb ich keine Zeit hatte, um länger mit ihm zu sprechen. Er stellte mir immer dieselben Fragen: Ob ich mit der Arbeit zufrieden sei, ob ich nicht woanders arbeiten möchte? Denn es wäre durchaus möglich, ich sollte es nur sagen. Ob ich etwas Ablenkung hätte, ob ich mit jemand ausgehe? Das alles schien mir zunehmend verdächtig und ich beschied ihn kurz angebunden: „Es geht mir gut. Ich habe niemals an etwas anderes gedacht. Außerdem bin ich in Kontakt mit einer deutschen Familie, die aber sehr auf mich aufpasst ist und in Verbindung mit der Verwaltung steht."

Da sagte er, er habe von seinem Chef Beetz eine Sondergenehmigung, um mit den Ostarbeiterinnen ausgehen zu dürfen, und dass er mich schon lange einmal einladen möchte. Das war für mich wie eine Alarmglocke, denn ich spürte eine Falle. Wollte er, dass ich in diese Falle hineintappe wie Tamara und die anderen Mädchen? Vielleicht war er darauf abgerichtet, solche Fallen zu stellen? Zugleich wusste ich, dass meine Antwort sehr geschickt sein musste. Ich schaute ihm in die Augen und sagte, dass bei uns ein Mädchen, das noch nicht 18 Jahre alt und somit noch unmündig ist, prinzipiell nicht mit Männern ausgeht. Das war natürlich eine Lüge, aber diesmal genügte es, denn er hatte keine Argumente mehr. „Mit der da ist nichts zu machen", hatte sein Chef gesagt, nun wusste auch der Ukrainer Bescheid.

Nach diesem Gespräch sah ich ihn noch mehrmals auf der Straße oder in der Trambahn. Dann tauchte er plötzlich auf der Straße auf, als ich mit Traute spazieren ging. Er kam direkt auf uns zu, lächelte mich an, blickte zu Traute und ging wortlos weiter. „Wer ist der Mann?" Traute war irritiert. Er ist doch nicht aus dem Lager?" Sie hatte gleich die Uniform bemerkt.

Nun musste ich Traute alles von der Verhaftung der Russinnen erzählen. Bis jetzt hatte ich es nicht einmal erwähnt, denn es war so traurig und ich schämte mich, darüber zu berichten. Lager war Lager, die „Villa Windschief" war eine andere Welt.

Zum ersten Mal sah ich Traute so unruhig: „Gibt es noch mehr solche Affären im Lager? Warum hast du niemals etwas davon gesagt? Und er geht dir jetzt nach und ist von der Gestapo? Du musst sehr vorsichtig sein! Er wird dich vielleicht in Ruhe lassen, wenn er sieht, dass man dir nichts vorwerfen kann."

Ich schränkte also meine Stadtbesuche auf ein Minimum ein, auf die Besuche in der Gostenhofer Schulgasse. Tatsächlich wurden die unheimlichen Begegnungen mit dem Ukrainer immer seltener. Schließlich verschwand er endgültig, vielleicht versetzt oder mit einer anderen „Aufgabe" betraut. Etwas hatte sich aber dauerhaft geändert: Ich schaute mich jetzt öfters um, wenn ich auf der Straße war.

Meine Mutter hatte mir seit mehreren Wochen nicht mehr geschrieben. Ihr letzter Brief, der zehn Tage nach Nürnberg gebraucht hatte, war sehr traurig. Es war dort die Rede, dass sie nun mit keiner Hilfe mehr rechnen könne und sie nicht wisse, wie und wo sie den nächsten Winter überleben werde. Wir waren noch nicht im Sommer und sie hatte schon Angst vor dem Winter? Wollte sie damit sagen, dass ihre Vorräte und das, was sie noch zum Eintauschen besaß, nur noch für kurze Zeit ausreichen würden? Ein Satz in diesem Brief lautete: „Die alte Kati ist gestorben und ich bin alleingeblieben." „Kati", das war der Vorname der Großmutter.[69]

Mir wurde ebenso klar, dass ich etwas für sie tun musste, aber von hier aus keine Hilfe senden konnte. Eine Adresse war mir noch übrig geblieben auf meiner Odyssee, die Adresse der Verwandten meiner Mutter in Schlesien. Sie war nicht vollständig, aber der Ort war klein, der Briefträger würde sie schon finden. Ich schrieb also einen ganz kurzen Brief, ob sie sich noch meiner erinnerten. Ich sei jetzt in Deutschland, vielleicht wäre es möglich sie zu besuchen. Jede Nachricht würde mich freuen. Mit besten Grüßen!

---

[69] Wahrscheinlich ermordet bei einer „Sonderaktion" in Tarnopol.

Letzte Vorwarnung

Ich fand Traute bekümmert. Zunächst wollte sie nicht darüber sprechen, dann sagte sie es aber doch und mich packte die Angst am Hals.

Schon seit langem brachte ich meine Lebensmittelmarken zu Traute. Was man darauf kaufen konnte, waren geringwertige Sachen, weil der größte Teil für die Verpflegung im Lager eingezogen wurde. Da ich wusste, wie man sich Brot ohne Marken besorgen konnte und manchmal auch andere Güter, so benötigte ich sie nicht unbedingt. Außerdem aß ich ja auch oft bei den Zähs, und so konnte ich mich etwas dafür revanchieren. Traute hatte ganz große Augen gemacht, als ich ihr zum ersten Mal diese Marken brachte, denn jede auch noch so geringe Menge von Lebensmitteln war für einen Haushalt in dieser Zeit kostbar. „Brauchst du die Marken wirklich nicht, bist du sicher?" – „Nein, ich esse doch auch oft bei Ihnen. Ich bin hier jemand, dem man alles gibt, der aber niemals etwas mitgebracht hat." Danach war es wie abgemacht, ich brachte die Karten und legte sie auf die Kommode.

Hatte Traute mit jemandem darüber gesprochen oder kam alles direkt von Frau E., der Besitzerin der Molkerei in der Schulgasse? Denn es war eben Frau E. gewesen, die diese Marken in Frage stellte. Es waren Ausländermarken, Traute hatte kein Recht, solche Marken zu besitzen. Daran hatte ich nicht gedacht, Traute auch nicht. Mir schien es, dass ich mit diesen Marken fast überall einkaufen konnte. Welchen Unterschied machte es, ob ich das tat oder eine andere Person?

„Ich meine, jemand hat mit Frau E. darüber gesprochen", sagte Traute traurig. Bis jetzt hatte sie die Nachbarn eher als Freunde betrachtet. Frau E. aus dem Molkereiladen kannte sie seit langem, auch deren Familie. „Es ist ein gutes Geschäft, sogar die Schwägerin kommt manchmal hierher, um einen der kleinen Käse zu kaufen, die sind wirklich gut ... – Die Schwägerin!? Ist es möglich, dass sie ... – nein, unvorstellbar!" Wie auch sonst immer, Traute blieb zuversichtlich: „Hab keine Angst, ich weiß, wie ich die Sache wieder geradebiegen kann."

Das kannte ich schon aus eigener Erfahrung. Es ist nicht einfach, sich vor einem unerwarteten Angriff der Nächsten zu schützen, wenn sie sich plötzlich als Feinde entpuppen. Die Nachbarn in dieser malerischen Gasse, sollten sie auch so gefährlich sein wie manche dort, weit im Osten?

Ich hatte diese letzte Warnung endlich verstanden: Verschwinde, sonst wird die Gefahr zu groß, nicht nur für dich allein!

Amici Italiani

Kurz vor Feierabend kommt der Kraftfahrer, um die großen Kästen mit der Wäsche aufzuladen. So wird sie morgen früh in der Wäscherei abgeliefert. Er flüstert mir zu: „Jemand braucht eine Dolmetscherin, ein junger Mann, er wartet ein Stück weiter die Straße hinunter." Ich denke gleich an den Gestapo-Ukrainer, der ist aber nicht mehr jung. Der Kraftfahrer sieht, dass ich unruhig werde, und sagt: „Ich wollte ihn hierher bringen, er wollte aber nicht." Nein, das ist er nicht, er hätte nicht mit dem Kraftfahrer gesprochen, sondern wäre direkt gekommen. „Kennen Sie diesen Mann?", frage ich. „Ja, ein wenig, die Italiener sind allgemein bekannt", antwortet er. Ein Italiener? Ich schiebe alles weg, nehme Mantel und Handtasche, laufe auf die Straße – und wen sehe ich da? Berto! Ich falle ihm fast um den Hals, das wäre zwar sehr im italienischen Stil, aber wir befinden uns doch auf der Straße.

Meine ersten Worte sind kein Gruß, sondern: „Berto, Nadia?" Er lacht! „Nadia lässt dich grüßen, es geht ihr gut. Ich habe dir etwas von ihr mitgebracht." – „Aber wo ist sie, in einem Lager?" – „Lager, nein, sie ist in Italia bei mamma mia!" Mir wird schwindelig. Berto sieht es und amüsiert sich. „Berto, wie haben Sie es geschafft?" – „Ganz einfach: Ich habe dir doch gesagt, dass sie so bald wie möglich von hier weg sein wird." Hatte Nadia nicht gesagt, dass Berto alles kann?

Wir steigen in die Straßenbahn. Auf dem Plärrer beim „Plärrer-Automat"[70] finden wir einen ruhigen Platz. Berto zieht ein kleines Päckchen aus der Tasche. Darauf steht mein Name, von Nadias Hand in kyrillischen Buchstaben geschrieben. Im Päckchen finde ich ein Paar Strümpfe! Ja, die Strümpfe, das war unser großes Problem! Diese hier sind etwas eigenwillig, wie gewebt. „Das ist ein Geschenk von meiner Mama für dich, sie trägt

---

70 Ein Automatenrestaurant, nach Aussage zahlreicher Betroffener wegen der günstigen Lage und der Anonymität ein beliebter Treffpunkt der Fremdarbeiter in Nürnberg.

auch solche. Sie sind nicht elegant, aber haltbar." Dabei liegt ein kleiner Zettel mit wenigen Worten: „Ich bin sehr glücklich, was ich auch dir wünsche. Ich werde niemals vergessen, wie gut du zu mir gewesen bist. Berto wird dir alles erzählen. Ich umarme dich innig, Nadia" Und noch eine Seife? „Die ist von Nadia. Sie hat gesagt, das wird dich an etwas erinnern." Die Seife? Ach ja, damals in der Regensburgerstraße habe ich Nadia eine kleine Seife geschenkt. Ich hatte sie aus Polen mitgebracht, alles hat diese Seife überstanden, sogar die Desinfektion in Przemyśl. Ich habe sie niemals ausgepackt, sie roch immer so bezaubernd wie vor dem Krieg. Es war eine der besten Seifen. Sie roch, man möchte sagen, „tröstlich" nach Friedenszeiten. Nadia war damals traurig und ich wollte sie aufheitern. Nun bekomme ich eine große weiße italienische Seife, keine Luxusseife, aber eine gute.

„Jetzt kommt die Überraschung: Wir heiraten, Nadia und ich, am 15. August!" Alles ist Überraschung, alles wunderbar. „Wie schade", sagt Berto, „dass ich dich zur Hochzeit nicht einladen kann." – „Ich werde an Nadia schreiben." – „Gut, ich werde den Brief mitnehmen. Bitte beeile dich mit dem Schreiben, ich bleibe nur drei Wochen hier." – „Und die Arbeit?" – „Ich werde anderswo arbeiten."

Nadia hatte geschrieben, „Berto wird dir alles erzählen", auch will ich ihm viele Fragen stellen, aber nun kommt mir ein anderer Gedanke: Er ist der einzige Mensch, mit dem ich offen über meine Probleme sprechen kann, noch offener als mit Traute.

„Ich glaube, dass auch ich bald weggehen muss. Erstens ist meine Mutter im Osten allein und bald ohne das Nötigste zum Leben, und zweitens – bin ich hier in Gefahr." Ich erzähle ihm sachlich und kurz, worin diese Gefahr besteht, und fühle, dass Berto mehr versteht, als ich ihm erkläre. Während ich rede, sieht er mich aufmerksam an, aber diese Aufmerksamkeit macht mir keine Angst. „Schon als du von deiner Reise mit den italienischen Soldaten erzählt hast, habe ich mir gedacht, dass du ..." Er spricht es nicht aus. „Ich verstehe deine Sorge um deine Mama. Diese dumme Geschichte mit den Lebensmittelmarken kann wirklich gefährlich werden. Es wäre besser, wenn du weggehst, aber wie willst du es machen? Entlassen werden sie dich nicht." – „Das weiß ich." – „Wärst du Italienerin oder Französin, man könnte vielleicht etwas machen. Aber mit dem Osten, das ist etwas ganz anderes. Hast du keine Angst, zu den Roten zu gehen? Weißt du, wie es dort zugeht?" – "Nein, woher sollte ich das wissen? Ich weiß nur, dass ich weg muss. Bald wird es Änderungen im Lager geben, wahrscheinlich werde ich nach Neumarkt versetzt. Ich meine, bei dieser Gelegenheit könnte ich vielleicht einen Ausweg finden. Einmal in Neumarkt, werde ich sicher keine so große Freiheit haben wie hier."

Berto findet meine Ideen kindisch: "Nein, so einfach verschwinden kannst du nicht, weglaufen aus einem Lager auch nicht. Hast du an diese Leute gedacht, die so gut zu dir gewesen sind, an die Frau, die jetzt so große Schwierigkeiten hat? Ihre Probleme würden noch viel schlimmer, wenn man feststellt, dass du getürmt bist. Besser wäre es, wenn du doch nach Neumarkt gehst, weg von hier. Mit der Zeit wird man sehen ..." – "Und meine Mutter?" – "Ach ja, deine Mama!" Dieses Problem versteht jeder Italiener sehr gut. Berto denkt nach. "Hast du schon versucht, um Urlaub zu bitten?" – "Niemals, es wäre zwecklos. Ich wollte nicht auffallen. Man sagt auch, dass jetzt nicht einmal mehr Westukrainer auf Heimaturlaub dürfen, Polen auch nicht. Etwas hat sich geändert." – "Viel hat sich geändert", sagt Berto sarkastisch, "und bald wird sich noch mehr ändern. Du solltest trotzdem Urlaub beantragen und es versuchen. Nur schicke den Antrag nicht mit der Post und gib ihn nicht im Lager ab, gib ihn mir." – "Wieso?" – "Ich kenne zwei Personen in der Verwaltung, die, wenn sie etwas machen können, es auch tun."

Hier nennt er zwei Namen, einen von ihnen kannte ich, leider habe ich diesen Namen vergessen. Ich habe nur eine flüchtige Erinnerung an den Menschen: Es war ein älterer Herr, um die Sechzig und schon grau. Er hatte etwas mit der Personalverwaltung zu tun. Ich musste ihn entweder im Lager Regensburgerstraße gesehen haben oder als man mich als Bote in die Verwaltung gesandt hat. Berto sagt: "Solche Menschen muss man schonen. Man muss aufpassen, um sie nicht zu gefährden, denn sie tun viel Gutes. – Bitte um Urlaub aus familiären Gründen, bevor man dich nach Neumarkt versetzt. Das ist wohl die beste Idee. Mit dem Urlaub hast du zwei Wochen Ruhe, bevor es losgeht." – "Wird man mich dann bei meiner Mutter suchen? Man sagt, dass, wenn ein Fremdarbeiter wegläuft, er vor allem bei seiner Familie gesucht und diese Familie dann bestraft wird."

Berto hat bis jetzt von keinem solchen Fall gehört. "Gesucht, geschnappt und bestraft werden nur die Flüchtigen selbst. Außerdem haben die Deutschen im Osten jetzt wichtigere Dinge im Kopf. Die Gefahr besteht vor allem im Reich, denn du kannst nicht legal nach Galizien gehen. Du müsstest dafür noch andere Papiere haben, einen „Durchlassschein", um die Grenze zu passieren. Nein, nur kein Wort über Galizien, du gehst in Urlaub. – „Ich weiß, Berto. Ich werde nach Schlesien gehen, Verwandte meiner Mutter leben dort." – „Pass aber auf, schreibe die Adresse dieser Familie nirgends auf. Erfinde einfach eine andere und bringe mir diesen Brief morgen, um sieben Uhr abends, zum Bahnhof."

Nachdem wir uns verabschiedet hatten, fühle ich mich, als ob ich eine unumkehrbare Entscheidung getroffen habe. Dabei bin ich voll Bewunderung für Berto. Wenn er auch nicht „alles machen" kann, wie Nadia sagte, so weiß er zumindest wirklich fast alles, was man wissen muss, um sich im Leben durchzusetzen.

Die Bitte um Urlaub wurde geschrieben. Den Urlaubsort habe ich auf der Landkarte gefunden. Berto wartete schon auf mich, nahm den Brief und versprach mir, in einer Woche wieder um dieselbe Zeit am Bahnhof zu sein, um den Brief für Nadia mitzunehmen.

Die Tage verrinnen, ich habe noch keine Antwort auf mein Schreiben bekommen. Dagegen steht das Datum der Versetzung nach Neumarkt fest. Die Buchhalterin hat es mir gesagt. Im Lager überrascht eine solche Versetzung niemand. Die Deutschen bleiben hier auch nicht lange auf ihren Posten, um die Ausländer kümmert sich niemand. Die Beamtin bemerkte nur: „Das wird Ihnen sicher leid tun, die Stadt zu verlassen?" Dann fügt sie aber hinzu: „Andererseits ist es heutzutage auf dem Lande viel besser."

Ich bin fast resigniert, jetzt gibt es keine Perspektive mehr. In Neumarkt werde ich sehr wenige Freiheiten haben. Ich werde in einer Baracke mit anderen Polinnen oder Ukrainerinnen wohnen oder vielleicht auf einem Bauernhof bei einem Landwirt arbeiten. Dennoch kommt diese Versetzung zur rechten Zeit. Es ist besser, dass man mich in der „Villa Windschief" nicht mehr sieht und ich dem kleinen Nest unterm Dach keine Sorgen oder Schlimmeres bereite.

Es ist die Zeit, alles Traute zu sagen. Sie setzt sich hin, sie wird sehr ernst, sie hört aufmerksam zu.

„Wer wird jetzt deine Arbeit machen?" – „In der letzten Zeit gab es immer weniger zum Dolmetschen. Die Russinnen verstehen jetzt schon besser Deutsch. In den Betrieben sind sie angelernt worden. Als Lagerhilfe wird sich schon jemand finden. Auch werde ich als Polin demnächst mit anderen Polinnen untergebracht, bis jetzt war ich eine Ausnahme, auch wusste ich immer, dass ich überall nur vorläufig arbeitete."

Traute sagt nichts, sie denkt nach. „Vorläufig sagst du? Neumarkt wird wohl auch vorläufig sein. Ich hoffe, dass es nur für kurze Zeit ist, dann wird alles so sein wie bis jetzt. Neumarkt ist nicht weit. Du wirst doch am Sonntag kommen können?" – „Ich weiß es nicht. Hier war ich frei. Hier war ich vorläufig frei." „Und deine ‚schöne Stadt', Muschi?" – „Ich muss sie verlassen, das heißt vorläufig verlassen. Keine Spaziergänge in der Stadt und – das ist das Schlimmste – keine ‚Villa Windschief' mehr. Es wird aber besser sein, wenn ich von hier verschwinde, wenn Sie sagen können: ‚Die Ausländerin ist weg, die haben wir uns vom Hals geschafft'." Traute wird zornig: „Was für ein Quatsch! Wie kannst du so etwas sagen?!" – „Ich meine diese Geschichte mit den Lebensmittelmarken ..." – „Das wird doch alles bald geregelt sein! Eines sollst du wissen, hier ist die Tür für dich immer offen!" Ich weiß es, nur muss ich jetzt weg, vorläufig oder – für eine etwas längere Zeit.

Die Antwort auf meine Bitte um Urlaub kommt im Lager an. Die Beamtin lässt mich rufen, sie ist sehr verwundert: „Wir wussten nicht, dass Sie in Urlaub gehen wollen. Solche Bitten sollten doch hier im Büro eingereicht werden." Ich antworte sehr ruhig: „Ich habe um Urlaub in der Zeit nach der Entlassung von hier und vor der Versetzung nach Neumarkt gebeten. Deshalb dachte ich, dass ich direkt an die Verwaltung schreiben muss." Sie geht zum Lagerführer, er schaut den Brief an, dann höre ich, wie er sagt: „Sie sollte jedenfalls an diesem Tag abgehen, der Rest geht uns nichts an. Allerdings können Sie die Hauptverwaltung anrufen, wenn Sie wollen." Du lieber Himmel, wenn sie das macht, was wird dann passieren? Sie sagt aber nichts und gibt mir den Briefumschlag mit dem Urlaubsschein. „Bevor Sie in Urlaub gehen, werden Sie zuerst nach Neumarkt umziehen müssen. Ich werde Sie benachrichtigen, wenn es so weit ist."

„Du hast Post bekommen", sagt Traute. „Post? Von meiner Mutter?" – „Nein, nicht aus Galizien." Heute muss mein Tag sein! Ich habe meinen Urlaubsschein in der Tasche und die Karte kommt aus Schlesien. Man bedankt sich für meine Karte, man freut sich, dass ich in Deutschland bin, vielleicht werde ich einmal zu Besuch kommen können? Viele Grüße ...

Diese Postkarte kommt genau zur rechten Zeit. Jetzt sieht Traute, dass ich doch Verwandte in Schlesien habe, auch wenn mit der „schwäbischen Familie" meiner Mutter etwas nicht stimmte. Ich werde also von meinem Urlaub sprechen können, ohne dass sie sich zu viele Sorgen macht und zu viele Fragen stellt, somit muss ich weniger lügen. Ganz vorsichtig sage ich: „Ich muss diese Familie so schnell wie möglich besuchen. Sie wird vielleicht meiner Mutter ein wenig helfen können. Ich werde gleich um Urlaub bitten. Vielleicht werde ich ihn bekommen, bevor man mich versetzt. Was meinen Sie?" Erst nach einer Weile antwortet Traute: „Auf Urlaub willst du gehen? Wie lange wird er dauern?" – „Nicht länger als zwei Wochen", antworte ich, dabei ist es mir schon übel von all diesen Lügen. Traute fühlt meine innere Anspannung, sie versteht mehr, als ich sage. „Vielleicht wirst du diesen Urlaub bekommen", sagt sie endlich. Ihre Stimme ist sehr ernst, fast traurig.

Berto wartet schon auf der Straße auf mich. Er hat es eilig und ist nicht überrascht, als ich ihm sage, dass ich Urlaub bekommen habe. „Ich war sicher, dass du ihn bekommen wirst. Außerdem, sag doch, ist es nicht einmal so gewesen, dass du jemand einen kleinen Dienst erwiesen hast?" – „Wem? Welchen Dienst?" – „Einer jungen Frau. Du hast an ihrer Stelle an einem Kurs teilgenommen oder so." Jetzt fällt es mir wieder ein: Die junge Beamtin aus der Hauptverwaltung und der Schreibmaschinenkurs. Ich frage Berto, ob er die Frau kennt, doch er weicht der Frage aus: „An diesem Abend war sie mit jemand zusammen, der mein Freund ist." – „Was hat das mit meinem Urlaub zu tun?" – „Stelle doch nicht so viele Fragen, du dummes Ding!" Er sieht mich mit seinen freundlichen Augen an: „Mehr kann ich wirklich nicht für dich tun. Ich habe aber an noch etwas gedacht. Was hast du als Ausweis?" – „Eine Arbeitskarte, wie wir alle." – „Mit einem großen ‚P'-Zeichen?" – „Natürlich." – „Ich werde dir einen Ausweis verschaffen, der auf der Reise im Fall einer Kontrolle einen guten Eindruck macht. Hast du ein Bild bei dir?" Ich hatte eines in der Handtasche, das ich einmal im Fotoautomaten im Kaufhaus Tietz gemacht hatte. „Gib mir dieses Bild. Du hast doch im Lager in der Regensburgerstraße gearbeitet?" – „Das war vor einem halben Jahr! Dort wird man mir jetzt keinen Arbeitsausweis ausstellen wollen!" – „Wir werden sie auch nicht bitten. Das Datum der Ausstellung wird, sagen wir, September 1942 sein."

– „Darf eine Ausländerin einen solchen Ausweis überhaupt besitzen?" – „Ja, das ist ein einfacher Arbeitsausweis – und fast echt! Wir haben uns verstanden, in drei Tagen um dieselbe Zeit. Das wird unsere letzte Begegnung sein. Arrivederci!"

Arrivederci

Unser letztes Treffen am Hauptbahnhof war kurz. Berto kam diesmal mit Verspätung. Er trug einen Reisesack und war ruhig wie immer, wenn auch etwas angespannt. Ich dachte, es müsse wohl das Reisefieber sein. Ich hatte meinen Brief für Nadia mitgebracht, eine schöne Karte mit einem Rosenstrauß.

Berto hatte die Papiere nicht bei sich. Sein Freund, der sonst solche Sachen machte, war nicht hier und würde mir alles durch einen Bekannten schicken. „Jetzt pass gut auf: Der Mann, der es dir bringen wird, kommt manchmal hierher, um jemand im Opernhaus zu vertreten." – „Ist er Sänger?" – „Ach nein, Bühnenarbeiter. Ich konnte keine andere Möglichkeit finden. Auch war es undenkbar, dass er dich im Lager besucht, er ist nur ganz kurz in Nürnberg. Du musst ihn im Opernhaus treffen, an dem Tag, wenn er Dienst hat."

Er sah, dass ich erschrak. „Ich weiß, das ist nicht ganz einfach, aber ich konnte wirklich keine andere Lösung finden. Hier hast du eine Eintrittskarte, das ist ein Sitzplatz, den man eigentlich den Leuten gibt, die in der Oper arbeiten oder ihren Familien. Ganz hoch auf dem obersten Balkon." – „Berto, ich kann unmöglich in die Oper gehen, die Vorstellung fängt sicher sehr spät an!" – „Mache das mit deiner befreundeten Familie aus." – „Wie werde ich den Mann erkennen?" – „Er wird dich erkennen, eben an diesem Platz. Außerdem hat er doch dein Bild. Das ist alles, was ich für dich machen konnte. Ich hoffe, dass es dir gelingen wird, wie es schon manchen gelungen ist. Nur musst du sehr vorsichtig sein. Nun das Wichtigste: Einmal außerhalb des Reiches, musst du dieses Papier vernichten. Fahre gleich am ersten Tag des Urlaubs weg. Zwei Wochen später wird es losgehen und du wirst gesucht. In diesem Moment musst du schon in Sicherheit sein. Ab jetzt kann ich leider nichts mehr für dich tun." –

„Berto, Sie haben schon so viel für mich getan, wie kann ich Ihnen danken?" – „Ich habe dir schon gesagt, dass ich es für Nadia gemacht habe, sonst könnte ich ihr nicht in die Augen schauen." – „Kann ich eure Adresse haben?" Berto zögerte. „Nein, besser nicht." – „Und später, nach dem Krieg, wenn ich einmal nach Italien komme?" – „Nach dem Krieg werde ich so schnell wie möglich emigrieren. Alle meine Verwandten leben seit langem in Amerika." Er bemerkte meine Enttäuschung. Um mich zu trösten, sagte er noch: „Wenn du nach dem Krieg einmal nach Rom kommst, frage bei den Franziskanern nach den Leuten, die die russischen Flüchtlinge in Italien betreuten. Die Welt ist nicht so groß, wie man denkt."

Dann umarmte mich Berto: „Arrivederci, Warenka, alles Gute, du weißt schon: Italiani buoni amici, sie bringen Glück, nicht wahr, no e vero?" Ich dachte an den anderen Bahnhof, damals in Lwow. Berto hatte Recht, Italiener sind gute Freunde. Ich möchte ihm auch etwas Schönes sagen bei diesem Abschied: „Berto, wissen Sie, was ‚Nadia' heißt? Das ist ‚die Hoffnung' auf Russisch, speranza!" Das wusste er noch nicht. Er lächelte, es gefiel ihm gut. „Piccolina speranza ... Grazie tante, Warenka, arrivederci!" Er ging zu den Bahnsteigen.

Die Oper (25. Juni 1943)

Als Traute hört, dass ich eine Eintrittskarte für die Oper „Die Walküre" bekommen habe, ist sie mehr als überrascht. Auch klingt meine Stimme offenbar etwas unsicher. „Von wem hast du sie bekommen?" Ich erkläre (zu) ausführlich, dass es die russische Dame aus dem Büro in der Regensburgerstraße war, die wusste, dass ich mich für die Oper interessiere. Sie selbst wollte einmal Wagner hören, aber nun konnte sie nicht hingehen. Ich sei ihr zufällig in der Stadt beggnet, wir haben davon gesprochen und heute habe ich diese Eintrittskarte von ihr bekommen, sie hat sie ganz einfach mit der Post gesandt. „Du wirst doch diese Karte bezahlen müssen?" – „Nein, sie hat sie mir zum Geschenk gemacht. Sie sagte, es wäre schade, diese Karte zu vergeuden."

„Sie hat nur eine Karte? Gewöhnlich geht man zu zweit in die Oper. – „Nein, ich glaube nicht." – „Ist es ein sehr teurer Platz?" – „Der billigste, den es gibt." – „Diese Dame aus dem Büro hat einen so schlechten Platz gewählt? Muschi, sag doch, wäre es nicht besser, diese Eintrittskarte ganz einfach bei der Kasse zurückzugeben? Ich sehe gar nicht ein, dass du ganz allein in dieser Oper sitzt! Wären es zwei Plätze gewesen, könnte ich mitgehen oder Elli."

Könnte ich doch etwas besser lügen! Dabei ist es mir ganz zuwider, Traute anzulügen. Es ist zum Verzweifeln, sie glaubt nicht an diese großzügige Spenderin. Doch bleibe ich hartnäckig: „Ich habe mich so gefreut, als ich diese Karte bekommen habe. Endlich kann ich kostenlos die Oper besuchen! Es wird wohl spät werden, kann ich danach hier schlafen?" – „Natürlich, du schläfst hier. Wenn die Tür unten schon geschlossen sein sollte, dann rufe mich leise, ich werde dir öffnen." Ich weiß nicht, was ich gemacht hätte, wenn mich Traute um jeden Preis hätte begleiten wollen.

Am vereinbarten Tag, einem Freitag, gehe ich also um 17 Uhr 30 ins Opernhaus am Frauentorgraben, ganz allein, sehr tapfer. Mein Platz ist wirklich der allerbilligste, den es hier gibt. Ich klettere auf den höchsten Balkon. Bei uns nannte man solche Plätze „Paradies links vom Eingang". Neben diesem Paradies ist eine Tür mit der Aufschrift „Diensteingang". Auf dem Balkon sind die Sitzreihen eng aneinandergerückt, die Sitze selbst sehr klein. Die Bühne sieht man von hier fast gar nicht. Mein Platz ist der letzte in der hintersten Reihe, gleich neben dem Eingang.

Diesmal komme ich gar nicht dazu, an dieser Geschichte Spaß zu haben. Unter dem Dach des Opernhauses fühle ich mich wie auf einem Hexenberg, keine Rede vom Genuss der Musik, auch ist sie zu gewaltig für mich, sie donnert regelrecht. Die Walküren reiten: „Ho-io ho, ho-io ho!" Sie sind alle schwerfällig und dick.

Anstatt zuzuhören warte ich nur, bis alles vorbei ist. Mein Herz schlägt immerfort. Während der Pausen tue ich so, als ob mich die Architektur des Saales über alle Maßen interessieren würde, und bleibe auf meinem Platz sitzen, damit mich nur niemand anspricht! Zum Glück gibt es nur wenige Zuschauer auf diesem Balkon. Es dauert so lange, viel länger, als ich vorausgesehen habe. Wie viel Uhr mag es schon sein? Traute wartet auf mich, um mir die Haustüre zu öffnen. Die Walküre stirbt und stirbt und singt immer noch ... – 21 Uhr 30, endlich Schluss! Und nun? Mein Puls rast, die Zuschauer klatschen.

Noch bevor alle aufgestanden sind, kommt jemand herein, vielleicht durch den „Diensteingang", und stellt sich hinter meinen Platz. Ich drehe mich um. Im Halbdunkel erkenne ich einen Mann. Wenn einer wie ein Italiener aussehen soll, so ist es dieser da.[71] Er lächelt mich an, sagt leise: „Buona sera, Signorina, saluti di Berto", schon habe ich einen Briefumschlag in der Hand und der Mann ist verschwunden. Nun renne ich so schnell wie möglich die Treppe hinunter, doch ohne aufzufallen. Endlich bin ich draußen am Frauentorgraben! Die Nacht ist pechschwarz und schwül. Du lieber Himmel, wie weit ist es noch bis zum Plärrer! Ohne Ende ist der Weg, kein Mensch, kein Hund auf der Straße.

Endlich komme ich an. Ich rufe ganz leise. Aus dem Fenster mit den Blumen im obersten Stock beugt sich Traute hinaus und, großer Gott, sie ist zornig! Traute schimpft! Sie grummelt etwas wie: „Und du willst dass ich dir glaube ..." Nein, nein, bitte, alles lieber als das, dann schon lieber die Bomben! Traute steigt schwer die Treppe hinunter, sie öffnet, sie ist sehr böse: „Ich glaube dir kein Wort", zischt sie kurz, als ich ihr stammelnd erkläre, wie unendlich leid es mir tut, aber diese Oper dauerte viel länger, als ich gedacht habe. Sie wiederholt noch einmal: „An diese Operngeschichte werde ich niemals glauben können!" – „Traute, ich bitte Sie ...", flehe ich ganz zerknirscht, aber schon lässt sie mich allein und verschwindet im Schlafzimmer.

Niemals hatte ich in Nürnberg so große Angst wie in dieser Nacht. Alles Gute schien zugrunde zu gehen. Ich habe mich in die hinterste Ecke des kleinen Sofas hineingedrückt. Um fünf Uhr höre ich Hans zur Arbeit gehen. Dann sehe ich Traute. Sie hat sich beruhigt, obwohl sie nicht so fröhlich ist wie sonst. „Komm in die Küche, Muschi, trink deinen Kaffee. Nimm noch ein Stück Brot." – „Traute, gestern, das heißt in der Nacht, ich habe nicht gelogen, ich habe mich mit niemand herumgetrieben, ich war wirklich im Opernhaus, es hat schrecklich lange gedauert, ich war schon ganz verzweifelt ..." – „Schon gut, schon gut. Gestern war ich unruhig. Auch gab es Luftgefahr. Außerdem ist mir etwas über die Leber gelaufen." – „Was denn, darf ich es wissen?" – „Jetzt nicht, geh schon!"

---

71 Viele Jahre später erfuhr ich von einer ehemaligen niederländischen Fremdarbeiterin in der Kantine des Opernhauses, dass der Mann vermutlich in Wirklichkeit ein Grieche war.

Erst am Abend, nach der Arbeit, öffne ich den Briefumschlag. Ein Arbeitsausweis – genial, ein Meisterstück! Beruf Dolmetscherin, Arbeitsstelle Gemeinnützige Heimstätten DAF, Regensburgerstraße, mit Stempel und Unterschrift. Na also! Was hatte Nadia gesagt: „Berto hat hier viele Kontakte."

Ich stecke dieses kostbare Dokument unter das Futter meiner Handtasche, meiner Meinung nach ein sicherer Platz.

Vollalarm

Diesmal schien Traute entspannter zu sein und begann selbst, von der „Opernnacht" zu sprechen: „Du hast es mir doch nicht übel genommen, nicht wahr? Ich bin nicht misstrauisch gewesen, nur habe ich lang auf dich gewartet. Ich hatte solche Angst. Außerdem habe ich an diesem Tag große Unannehmlichkeiten gehabt. Von den Lebensmittelmarken habe ich dir schon erzählt ..." – „Ist die Sache immer noch nicht erledigt?" – „Diesmal geht es noch um etwas anderes. Ich bin seit langem für die Verteilung der Lebensmittelkarten hier im Haus verantwortlich. Bis jetzt habe ich keine Probleme damit gehabt. Nun hat mich jemand angezeigt, dass ich mit diesen Marken Schwarzhandel betreibe, dass ich in großen Mengen Lebensmittel kaufe, kurzum dass ich stehle." Das Unglück ist da. Eine Lawine hat sich in Bewegung gesetzt. Unerlaubter Verkehr mit Fremdarbeitern, Veruntreuung von Lebensmittelmarken, was wird man Traute noch alles vorwerfen?

„Nur keine Angst." Traute beruhigte mich, vielleicht sich selbst auch. „Ich werde mir schon zu helfen wissen. Ich habe Hansi alles erzählt. Er war fast böse, dass ich es ihm nicht früher gesagt habe. Er kennt die Menschen, die mir helfen werden. Alles wird gut gehen. Und jetzt, erzähle mir doch ein wenig, hat dir die Oper gefallen?"

Von der Oper habe ich kaum etwas gesehen und zum Erzählen habe ich einfach keine Kraft, deshalb erfand ich eine Ausrede: „Ich muss jetzt ins Lager zurück. Morgen werde ich Ihnen alles erzählen." – „Morgen komme lieber nicht, meine Schwägerin wird da sein. Ich habe sie eingeladen, wir müssen einmal ein ernstes Wort mit ihr sprechen, Hans und ich. Es scheint mir ..."

Ich wusste, was sie sagen wollte: „... dass sie hinter all diesen Anzeigen steckt". Ich fasste mir ein Herz: „Traute, sagen Sie Rudis Mutter, dass die Ausländerin weg ist und man sie hier nicht mehr sehen wird. Ich habe Urlaub bekommen. Nach dem Urlaub werde ich nach Neumarkt versetzt und Sie werden mich hier so lange nicht mehr sehen, bis das alles wirklich vorbei ist. Das alles tut mir so sehr leid." Es ist wirklich so, als ob ich mit diesem Haus schon nichts mehr zu tun habe. Etwas hatte sich gelöst.

Wir waren beide bedrückt, Traute und ich. „So schnell hast du Urlaub bekommen?" Ich holte den Urlaubsschein aus der Handtasche, sie las ihn aufmerksam. „Was steht hier? Das ist doch nicht der Ort, wo deine schlesischen Verwandten wohnen?" O weh, das hatte ich nicht vorhergesehen! „Das ist ein Irrtum, nicht wichtig, die Richtung ist dieselbe", antwortete ich.

Ich weiß nicht mehr, wie ich die letzten Tage in Nürnberg verbracht habe. Nun musste ich diese schöne Stadt schweren Herzens verlassen. Mit einem einzigen Wunsch: Dass Traute und Hans keine Schwierigkeiten mehr haben würden und der Friede wieder in die „Villa Windschief" zurückkehrte.

Der Reisesack

Am Abend vor meiner Versetzung packe ich bei Traute meinen Rucksack, so wie für einen Urlaub, nur die notwendigsten Sommersachen. Alles andere, meine „sieben Zwetschgen", bleiben in „meinem" Verschlag, wie ein Zeichen, dass ich wiederkommen werde. Als ich aber einen Moment lang zögere, ob ich nicht doch wenigstens eine der Radierungen als Andenken in den Sack stecken soll, da sagt Traute: „Ich weiß, dieser Urlaub wird wohl lange dauern. Kind, pass auf, dass du nicht einer großen Gefahr entgegenläufst."

Ich weiß nicht, was ich antworten soll. Es tut mir sehr leid, diese Menschen anzulügen und noch dazu jetzt, am Ende. Also sage ich nur: „Aus Neumarkt werde ich einmal wiederkommen." Traute schüttelt den Kopf: „Schade, wie schade ..."

Dann geht sie in die Küche und kommt mit einem Paar Sandalen in der Hand zurück. „Ich habe gestern diese Holzsandalen bekommen, aus Rafia und Holz, aber hübsch, nicht wahr? Ich habe gedacht, sie werden dir Freude machen – und auch ein Andenken sein. Auch meine ich, dein Urlaub ist wohl kurz, aber die warme Jacke solltest du doch mitnehmen."

Am letzten Tag im Lager stehe ich um fünf Uhr auf, um sechs Uhr kommt ein Kraftwagen mit einigen Russinnen. Sie kommen aus verschiedenen Betrieben und werden jetzt nach Neumarkt oder zu Landwirtschaften in der Umgebung geschickt. Ein nicht allzu intelligenter Aufseher aus Neumarkt ist dabei. Er ist froh, dass jemand da ist, der Russisch versteht. Solche Reisen nach Neumarkt habe ich bereits einige Male machen müssen. Wir fahren aber mit diesem Kraftwagen nicht bis nach Neumarkt, nur zum Bahnhof.

Während der Aufseher die Fahrkarten kauft, spreche ich mit den Mädchen. Fast alle haben eine Krankheit oder einen Betriebsunfall hinter sich, eine hat noch den Arm in Gips, „aber mit dem rechten", sagt sie gleich, „kann ich doch noch vieles machen". In Neumarkt werden alle der Liste gemäß gezählt und aufgenommen. Ich stehe noch nicht auf dieser Liste, bin nur Begleiterin, mache kehrt, gehe zur Bahnstation zurück und noch vor Mittag bin ich wieder in Nürnberg. In Nürnberg, das heißt diesmal nirgends.

Ich kaufe mir meine Fahrkarte nach Schlesien. Heute Abend, um 19 Uhr, werde ich diese Stadt verlassen. Ich habe großen Hunger. Aus dem Lager habe ich nur zwei Stück Brot mitgenommen. Die esse ich jetzt langsam auf, während ich meinen letzten Rundgang durch die Stadt mache, einen unendlich traurigen Rundgang. Hie und da, wenn ich einen stillen Platz im Gebüsch finde, setze ich mich hin. Jedes Mal habe ich eine andere Sicht vor Augen.

Am späten Nachmittag gehe ich mit zitternden Knien zu Traute. Wir sprechen kaum. Hans ist nicht da. Er lässt mich grüßen, er sagt mir Auf Wiedersehen. „Hat er nicht ‚Auf Wiedersehen, Thusnelda' gesagt?" – „Nein", sagt Traute mit einem traurigen Lächeln, „Lohengrin hat nichts gesagt".

Sie gibt mir zu essen, was sie hat. „Du musst Hunger haben, nicht wahr? Und du hast eine lange Reise vor dir." Sie packt mir Brotschnitten ein.

Dann ist es Zeit. „Ich weiß nicht, ob ich dich begleiten kann", sagt Traute zögernd, „ob ich es machen soll. Hansi wird bald aus dem Betrieb kommen. Wird jemand mit dir am Bahnhof sein?" – „Wer sollte es sein?" –

„Ich weiß nicht. Also warte, ich werde mit dir gehen." Da sage ich zum letzten Mal etwas, was ein Scherz sein soll, doch diesmal hat keine von uns beiden Lust zu scherzen: „Bin weder Fräulein, weder schön, kann ganz allein auf die Reise geh'n."[72]

Traute zieht ihren alten Sommermantel an, und wir gehen zum Bahnhof. Auf dem Bahnsteig bleiben wir noch lange stehen, der Zug hat Verspätung. Als er ankommt, sagt Traute: „Ich werde nicht bis zur Abfahrt warten können, Muschi. Bleib mit Gott, komm einmal zurück, wir sind immer da, so lange wir leben."

Ich weiß nicht, was ich Traute zum Abschied gesagt habe. Alle Worte waren sowieso nicht treffend. Ich stieg ein, dann drehte ich mich noch einmal um. Sie war schon weit weg, als sie mir ein letztes Mal zuwinkte.

Der Zug rollt nach Osten. Wegen der Verdunkelung ist er fast nicht beleuchtet, außer von kleinen violett-blauen Lampen. Man spricht nicht. Man bemüht sich zu schlafen. In der Nacht wird der Zug langsamer, er hält an, die Lichter verlöschen. Niemand rührt sich, nur wenige Worte werden flüsternd gewechselt. Nach einer halben Stunde flackert das fahle Licht wieder auf. Alle sind erleichtert und atmen auf. Es klingt wie ein kollektiver Seufzer. Nun rollen wir wieder. Der Zug wird noch mehrmals warten müssen, aber die Stimmung ist besser, der Tag bricht an. Ich höre jemand sagen: „Sicher, es muss Fliegergefahr gewesen sein."

Um sieben Uhr steige ich in Breslau aus, hier muss ich umsteigen. Auf dem fast leeren Bahnsteig kommt ein Mann auf mich zu: Ledermantel, Tirolerhut, Furcht erregendes Gesicht mit blauen Augen: „Ausweiskontrolle." Ich ziehe ruhig meinen Arbeitsausweis heraus, dann meinen Urlaubsschein. Er schaut sie prüfend an und gibt sie mir zurück. Alles hat geklappt, meine Dokumente sind glaubwürdig. Dann fahre ich weiter, einer anderen Welt, anderen, viel schlimmeren Erfahrungen entgegen. Ich weiß nicht, was mich erwartet, es ist auch besser so. Eine Seite wurde umgeblättert, meine „schöne Reise" ist zu Ende.

---

72 Johann Wolfgang von Goethe, Faust. Der Tragödie erster Teil (Gretchens erste Begegnung mit Faust).

Abbildungen

Abb. 1: Das alte Galizien: Bauersfrauen auf dem Markt in Lwow, um 1914
(Quelle: Stadtarchiv Nürnberg)

Abb. 2: Jüdischer Händler auf dem Markt in Lwow, um 1914
(Quelle: Stadtarchiv Nürnberg)

Abb. 3: Der Damensalon des Cafés „Awenue" in Lwow, Maryackiplatz, nach 1908 *(Quelle: Stadtarchiv Nürnberg)*

Abb. 4: Herrenmenschen: Ein deutscher Soldat beaufsichtigt jüdische Zwangsarbeiter beim Straßenbau in Annopol (Polen), März 1940
(Quelle: Stadtarchiv Nürnberg)

Abb. 5: „Partisanenbekämpfung" der Wehrmacht in Staraja Russa (Sowjetunion), Dezember 1941 *(Quelle: Stadtarchiv Nürnberg)*

Abb. 6: Die Lorenzkirche in Nürnberg, um 1935
(Quelle: Stadtarchiv Nürnberg)

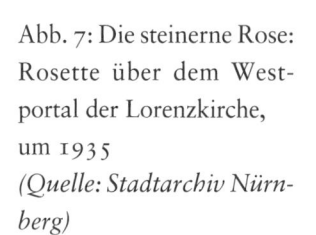

Abb. 7: Die steinerne Rose: Rosette über dem Westportal der Lorenzkirche, um 1935
(Quelle: Stadtarchiv Nürnberg)

Abb. 8: Die Zeppelintribüne auf dem Reichsparteitagsgelände, um 1937
(Quelle: Stadtarchiv Nürnberg)

Abb. 9: Die Nürnberger Frauenkirche mit Splitterschutzvorbau für das Hauptportal, um 1942
(Quelle: Stadtarchiv Nürnberg)

Abb. 10: Eiserne Jungfrau im Kriminalmuseum („Folterkammer") auf der Nürnberger Kaiserburg, 1930
(Quelle: Stadtarchiv Nürnberg)

Abb. 11: Die schöne Stadt: Burg mit Altstadt zwischen Neutorturm und Sankt Sebald, um 1935 *(Quelle: Stadtarchiv Nürnberg)*

Abb. 12: Hans Zäh, um 1923
(Quelle: Stadtarchiv Nürnberg)

Abb. 13: Traute Zäh, um 1928
(Quelle: Stadtarchiv Nürnberg)

Abb. 14: Das Eckhaus Gostenhofer Schulgasse 15: Im Erdgeschoß die Werkstatt der Gebrüder Massari, unter dem Dach die „Villa Windschief", vor 1945 *(Quelle: Stadtarchiv Nürnberg)*

Abb. 15: Vereinigte Deutsche Metallwerke, Geisseestraße 89, 1983
(Quelle: Stadtarchiv Nürnberg)

Abb. 16: Die Kaserne des Reichsarbeitsdienstes an der Regensburger Straße, seit Oktober 1940 Gemeinschaftslager für Fremdarbeiter, 1935
(Quelle: Stadtarchiv Nürnberg)

Abb. 17: Ostarbeiterinnen der Firma Metall-, Guß- & Preßwerk Heinrich Diehl, um 1942 (*Foto: Frau Antonina Batjuk, Lewowka, Ukraine*)

Abb. 18: Ostarbeiterinnen aus der ukrainischen Stadt Kriwoj Rog bei der Firma Karl Schöller, JOPA-Eiskrem-Fabrik in Nürnberg, um 1943 (*Foto: Frau Marija Trunewskaja, Kamenez-Podolskij, Ukraine*)

Abb. 19: Der Plärrer an der Einmündung der Rothenburger Straße, links unten die Gostenhofer Schulgasse, rechts das Rondell des „Plärrer-Automat", vor 1944 *(Quelle: Stadtarchiv Nürnberg)*

Abb. 20: Der Nürnberger Bahnhofsplatz beim Königstor, um 1942
(Quelle: Stadtarchiv Nürnberg)

Abb. 21: Das Nürnberger Opernhaus, 1937 *(Quelle: Stadtarchiv Nürnberg)*

Abb. 22: Das Ende der schönen Stadt: Amerikanischer Sherman-Panzer in der Karolinenstraße, im Hintergrund die Ruine der Lorenzkirche, April 1945 *(Quelle: Stadtarchiv Nürnberg)*